KB038760

관점

오늘을 관찰하고
미래를 전망하다

관점

쏭훙빙 지음 | 차혜정 옮김

와이즈베리
WISEBERRY

차례

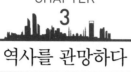

CHAPTER

3

역사를 관망하다

CHAPTER
1

시사를 보다

근원을 거슬러 올라가야
옳고 그름을 식별할 수 있다.

1장

예멘전쟁 배후의 대국 간 경쟁

2015년 상반기, 사우디아라비아와 OPEC 회원국들은 중국과 약속한 100퍼센트 석유 공급을 이행하지 않았다. 2015년 5월과 6월에 중국은 더 많은 석유를 공급해 달라고 요청했으나 그들은 이것을 일방적으로 거부했다. 게다가 사우디아라비아와 예멘 후티 반군의 전쟁 국면도 악화일로에 있었다. 일련의 사건 배후에는 사우디아라비아와 이란의 지정학적 충돌과 더불어 중동 지역을 둘러싼 각 대국의 어마어마한 암투가 숨어 있다. 과연 중동의 정세는 어떤 방향으로 흘러갈까?

사우디아라비아는 왜 예멘을 공격했는가?

2015년 3월, 사우디아라비아가 주도하는 10개국 연합군이 예멘의 후티 반군에 대규모 공습을 개시했다. 당시 중국은 아덴만에 군함을 파견해 교민을 철수시켰다. 대부분의 이목이 예멘의 중국 교민 철수와 인도주의의 위기에 쏠렸지만, 다른 한편으로 전쟁의 배경과 이를 둘러싼 각국의 이익 관계를 눈여겨봐야 한다.

먼저 이 전쟁의 성격을 정의할 필요가 있다. 겉으로 보기에 예멘전쟁은 중동의 주도권을 둘러싼 사우디아라비아와 이란의 충돌이지만, 본질적으로는 정치, 경제, 역사, 외부 세력의 개입 등 여러 요인이 복합된 지정학적 충돌이다. 우리는 습관적으로 국가와 국가 간의 관계를 중심으로 정국을 분석해 왔다. 하지만 좀더 심층적으로 분석할 필요가 있으며, 그러기 위해서는 역사에 대한 안목이 있어야 한다.

이슬람교가 시아파와 수니파로 분열된 것은 680년 카르발라 사건에 기인한다. 알리의 아들이자 선지자 무함마드의 외손자인 후세인이 우마이야 왕조에 의해 피살된 이 사건으로 이슬람교가 분열되면서 시아파가 출현한 것이다.

시아파는 무함마드의 사위인 알리와 그 후예를 추종하는 종파이다. 1300년부터 시아파와 수니파의 갈등은 간헐적으로 지속되어 왔다. 제2차 세계대전 이후 반세기 동안 주춤하기도 했는데, 그 당시에는 아랍권 국가들이 서방의 식민통치에서 해방되어 각자 독립국가를 세우느라 여념이 없었기 때문이다.

중동의 '4대 천왕'

범아랍주의 열기

서방의 식민통치에서 잇따라 독립한 아랍 세계에는 민족주의 열기가 고조되었다. 각자 열심히 나라를 세운 후 모든 아랍인을 하나로 통합하는 범아랍주의 운동이 일어났다. 그들은 종파와 상관없이 알라를 믿는 한 가족으로 서로를 형제라고 불렀다. 이런 분위기에서 일명 중동의 '4대 천왕'이 출현했으니, 이라크의 사담 후세인, 이집트의 호스니 무바라크, 리비아의 무아마르 카다피, 시리아의 하피즈 알아사드이다. 이 '4대 천왕'은 당시 가장 활발하고 야심 차게 아랍 세계의 통일을 추진했다.

물론 이상은 화려했지만 현실은 결코 녹록하지 않았다. '4대 천왕'의 역량을 모두 합쳐도 국제사회와 겨루기에는 역부족이었던 것이다. 당시 미

무바라크(이집트)   카다피(리비아)   알아사드(시리아)   사담 후세인(이라크)

국과 구소련의 세력 다툼이 치열했기에 아랍권 전체가 동서 양 진영 사이에 긴 상태였다. 또 하나의 원인은 많은 석유를 보유한 아랍 세계가 독립을 시도했으나 여의치 않았다는 데 있다. 약자가 강자를 당해 낼 재간이 없었던 것이다.

독재자의 시대

범아랍주의 열기가 점점 사그라진 후 이상을 실현하지 못한 '4대 천왕'은 각자의 국가에서 독재자로 군림했다. 강자가 정권을 잡으면서 종교 갈등은 잠시 자취를 감추었다. 독재자들이 강압적인 통치를 실시했기 때문이다.

당시 아랍 세계에서 사담 후세인과 알아사드 같은 권력자의 공통점은 경제 자원과 정부 요직의 독점이었다. 독재자의 측근들이 국가 경제와 정치를 독점함으로써 계층사회를 형성한 것이다.

아랍 사회에는 신흥 정치 가문과 측근 집단 외에 또 하나의 중요한 세력이 존재했다. 바로 부족의 수장과 성직자 집단으로 대표되는 전통 세력이다. 지금까지도 부족을 사회의 기초단위로 삼고 있는 아랍 국가들이 많다. 영향력이 매우 강한 부족 수장들과 신앙의 근본인 성직자 집단을 무시할 수 없다. 따라서 신흥 정치 가문과 전통 세력 집단이 국가의 통치 계층을 이뤘다. '4대 천왕' 시대에 독재자들은 종교 세력과 부족의 수장을 자기편으로 끌어들임과 동시에 압박을 가하는 방식을 취했다.

종교 세력의 급부상

강권 통치 국가의 경우 겉으로는 통치자와 피지배자 간의 정치 갈등만 두드러지는데, 이것은 일종의 착각이다. 독재자를 몰아내면 중동 국가의 내부 문제가 저절로 해결되며, 민주적이고 자유로운 선거를 통해 국가 지도자를 선출하면 평화가 올 거라고 생각한다. 그러나 이런 생각은 국내의 권력 구조, 특히 종교 세력의 영향력을 도외시한 발상이다.

독재자를 제거했을 때 전체적으로 어떤 변화가 일어날지 예측해 보자. 아랍 세계는 공업화와는 거리가 먼 사회이기 때문에 자본가와 상인, 중산 계층의 기반이 매우 취약하며, 양대 권력 기반인 부족의 수장과 성직자 집단이 여전히 사회 운영을 주도한다. 독재자들은 폭력을 동원해 사회질서를 유지하며, 두 세력을 이용하거나 때로는 압박을 가하는 방식으로 안정적인 국면을 근근이 이끌어나간다.

독재자가 제거되면 자본가와 상인 계층 중 뛰어난 사람들이 과거 독재자가 통제하던 경제 자원을 분배하는 데 참여할 수 있다. 그러나 중산층은 권력 기반이 취약하고 군사를 통제할 능력이 없기 때문에 실질적인 권력은 독재자에 훨씬 못 미친다. 부족의 수장들도 물론 권력을 쟁취하더라도 각 부족의 인구가 많지 않기 때문에 통제 범위가 제한적이다. 따라서 두 세력은 다른 부족과 종교 연맹을 결성할 수밖에 없다.

이슬람 사회 최후의 승자는 누구인가?

강권 통치 세력을 제거한 후에는 종교 세력도 매우 강력해진다. 종교 세력은 부족, 민족, 국가, 심지어 대륙을 초월하기 때문이다. 독재자의 압제가 사라진 자리에 종교 세력이 맹렬한 기세로 등장해 순식간에 권력의 공백을 메우는 것이다.

극단주의의 형성

혼란 정국에 종교 세력이 권력을 확장하는 과정에서 극단주의자들이 두각을 나타내기 쉽다. 이들은 자극적인 구호와 과격한 행동을 내세워 쉽게 추종자들을 끌어모으고, 주도 세력으로 부상하면서 최종 승자로 등극한다. 미국은 사담 후세인을 제거하고 '아랍의 봄' 열기가 한창일 때, 이런 결과를 예측하지 못했다. 그들은 아랍 사람들이 미국을 위대한 해방가로 여기며 자연스럽게 친미·친서방 정부가 형성될 것이라고 예측했다.

그러나 결과는 미국의 예측과 딴판으로 흘러갔다. 몇 년 후 중동의 상황은 미국이 경악할 만한 국면으로 전개되었다. 사담 후세인의 제거로 인해 아랍 세계에는 종교 극단 세력 '이슬람국가(Islamic State, IS)'가 결성된 것이다. 극단적인 반미·반서방 노선을 표방하는 IS는 중동에서 그 세력을 빠르게 확장해 미국을 긴장하게 만들었다.

미군 철수와 종교 세력의 균형

아프가니스탄에서 미군은 십수 년 동안 탈레반을 섬멸하지 못했다. 미군 병사 한 명이 아프가니스탄에 1년간 주둔하는 데 드는 비용은 50만 달러에 달한다. 10만 명 이상이 주둔하는 데 600억~700억 달러가 지출된다. 테러 사건이 빈발하는 이라크에서는 더 많은 비용이 들어간다. 이런 비용을 감당하면서까지 미군이 계속 주둔할 수 있겠는가.

결국 미군이 철수하자 중동의 요지는 권력의 공백 상태가 되었고, 그 틈을 타서 수니파 극단주의 집단인 IS가 빠른 속도로 세력을 키웠다. 여기에 기존의 알카에다와 수많은 극단주의 무장 단체까지 가세해 중동 일대는 극심한 혼란에 빠졌다. 이런 상황에서 아랍권 전체에는 역사와 전통으로 회귀하려는 움직임이 나타났다. 범아랍주의 움직임이 점차 퇴조한 자리에는 독재자들만 남았고, 독재자들이 제거된 후에는 종교만이 남아 중동은 지금 천 년 전으로 회귀하고 있다.

미국은 중동에서 세력 균형을 회복하려면 종교의 역량을 고려해야 한다는 사실을 깨달았다. 수니파의 역량이 비대해지면, 특히 극단주의 세력이 과도하게 팽창하면 중동에서 미국의 이익이 심각한 타격을 받을 것이다. 그들이 미국과 서방을 극단적으로 증오한다는 사실을 잊지 말아야 한다. 해결할 수 있는 길은 시아파의 역량을 이용해 수니파와의 균형을 유지하는 것으로, 미국이 이란에 접근한 배경이기도 하다. 미국은 중동의 국면을 전략적으로 조정했다. 먼저 이란을 이용해 수니파의 지나친 세력 확장을 막는 한편 중동에서 IS를 견제하고자 했다. 미국이 이란과 핵 협상을 진행한 것은 전략적 조정의 중요한 단계였다. 그러나 시아파에게 유리한 이 사건이 사우디아라비아의 신경을 건드렸다.

초조한 사우디아라비아

미국과의 약속을 어긴 사우디아라비아

2015년 6월 〈워싱턴포스트〉에 눈길을 끄는 뉴스가 보도되었다. 5월 7일 미국의 존 케리 국무장관이 사우디아라비아를 방문해 새 국왕 살만 빈 압둘아지즈와 회동하고, 미국 캠프 데이비드에서 열리는 오바마 주재의 걸프협력회의 정상회담에 초청했다. 살만 국왕은 그 자리에서 초청을 수락하고, 케리 장관에게는 "다음 주에 봅시다"라고 말하기까지 했다. 백악관은 오바마 대통령이 살만 국왕을 만날 것이라고 공식 발표했다. 그러나 회의를 앞두고 살만 국왕이 돌연 불참 의사를 통보했다. 사우디아라비아의 예멘 공습이 5일간 중단됨에 따라 국왕이 자국에 남아 예멘의 형세를 주시해야 한다는 이유였다. 물론 이것은 억지로 꾸며낸 핑계로, 사우디아라비아 측이 미국과의 약속을 고의로 어긴 혐의가 짙다. 바레인 국왕은 국정이 바쁘다는 핑계로 불참했으나, 사실 그즈음 왕비와 함께 서커스 공연을 관람했다고 한다. 결과적으로 걸프협력회의 정상회담에는 단 두 나라 정상만 참석함으로써 오바마의 체면이 크게 손상되었다.

'국가를 위해 전쟁한다'는 사우디아라비아

사우디아라비아 국왕이 오바마와의 약속을 어긴 데는 그만한 이유가 있었다. 당시 미국은 6월 말 이란과 핵 문제에 관한 최종 협의를 체결할 가능성이 컸다. 당시 양측은 이미 포괄적 협의를 이뤘으며, 협의 당사자 중 한쪽은 이란, 다른 한쪽은 미국을 포함한 유엔 안전보장이사회 5대 상임이사국과 독일이었다. 최종적으로 결정된 중대 협의가 무엇이었기에 사우디아라비아의 신경이 그토록 곤두섰을까? 그것은 이란이 핵무기 개발을

014

포기하되 민간 차원의 원자력 이용은 합법화한다는 내용이었다.

협의 조건에 따라 미국은 이란에 대한 경제제재를 점차 풀어주기로 했다. 이것은 이란의 석유와 천연가스 수출이 빠르게 회복된다는 것을 의미했다. 당시 이란의 일간 석유 수출량은 290만 배럴(약 4억 6천만 리터)이었다. 제재가 풀리면 수출량이 400만 배럴 이상으로 급증해 이란 경제에 큰 도움이 될 것이다. 게다가 이란은 천연가스 매장량이 세계에서 두 번째로 많은 나라로 벌써 파키스탄 국경까지 수송관을 연결해 놓은 상태였다. 미국이 제재를 철회하는 즉시 이란은 천연가스를 수송할 수 있으며, 그에 따라 외화 수입도 급증할 것이다. 따라서 사우디아라비아는 초조할 수밖에 없었다. 핵시설을 보유하고 있는 상황에서 경제제재가 풀리면 이란의 국력은 빠르게 증강할 것이며, 언젠가 핵무기를 개발하지 않는다는 보장이 없기 때문이다.

중동에서 이란의 영향력이 갈수록 강화될 것이라는 예측은 사우디아라비아를 자극하기에 충분했다. 이 밖에도 사우디아라비아가 불만을 품은 이유가 또 있었다. 이란이 이라크에 병력을 투입해 IS와 교전하는 것을 미국이 묵인한 것이다. 2천여 명의 이란혁명수비대와 전쟁 경험이 풍부한 이란 장군들이 이미 이라크의 최전방에서 전투를 벌이고 있었다. 이란 군대의 깃발이 바그다드 상공에 나부끼는 장면이 텔레비전에 방송되자 이란 사람들은 감격의 눈물을 흘렸다. "우리 페르시아인이, 키루스 대제의 후예이며 천 년의 억압에 시달리던 시아파가 마침내 기를 펴게 되었도다!"

이처럼 극도로 민감하고 초조한 상황에서 사우디아라비아는 중동에서 진정한 강자의 면모를 보여주고자 했다. 예멘의 후티 반군이 사나(Sana)를 점령하고 아덴만에 접근해 친(親)사우디 성향의 대통령을 쫓아내자, 사우디아라비아는 모든 수니파 형제들을 끌어모아 공동 작전에 나섰다. 사우디의 입장에서는 반드시 전쟁을 치러서 예멘 시아파를 철저히 무너뜨려야 했다. 사우디아라비아는 방대한 진격 계획을 세웠다. 서방의 분석가들에 따르면 전쟁은 6단계로 진행되었으며, 공습은 초기 단계에 불과했다. 더 강력한 공세는 지상 공격이었다. 사우디아라비아는 단지 세력을 과시하는 데 그치지 않고 실질적인 승리를 거두기 위해 15만 대군을 총동원했다.

왕실 권력 교체 배후의 비밀

여기서 한 가지 의문이 생긴다. 사우디아라비아가 왜 그토록 정세가 불안한 시리아를 침공하지 않았을까? 시리아에도 시아파가 득세하고 있는 데도 말이다. 사우디아라비아가 공격 목표 선정에 신중을 기한 것은 그 전쟁이 종교와 지정학적 분쟁임과 동시에 왕위 계승자의 기반을 다지는 계기가 되기 때문이었다.

2015년 4월 29일, 사우디아라비아의 새 국왕 살만은 자신의 아우 무크린(Muqrin bin Abdulaziz) 왕세제를 폐위하고 자신의 조카 나예프(Mohammed bin Nayef)를 왕위 계승 1순위 왕세자로, 자신의 아들 무함마드(Mohammed bin Salman)를 왕위 계승 2순위 왕세자로 지명했다.

이것은 매우 중요한 권력 교체였다. 이로써 살만 국왕과 그의 조카, 아들이 사우디아라비아의 최고 권력 3인방을 형성했으며, 사우디아라비아는 수다이리 7형제(초대 국왕 이븐 사우드의 총애를 받은 여덟 번째 아내 수다이리 왕비의 일곱 아들)의 천하가 되었다. 살만 국왕은 수다이리 7형제의 후손을 왕위 계승자로 정해 놓고 전임 압둘라 국왕이 애써 구축한 세력 구도를 무너뜨린 것이다.

아랍 세계에는 "사촌형제와 손잡고 외부와 싸운 다음 친형제와 손잡고 사촌형제와 싸운다"는 속담이 있다. 가까운 사람들과 힘을 합쳐 관계가 먼 사람들을 몰아낸 다음 좀더 가까운 사람들과 힘을 합쳐 그보다 덜 가까운 사람들을 밀어낸다는 뜻이다. 사우디아라비아 왕위 계승자의 권력 교체 과정이야말로 이 속담에 가장 충실한 것이었다. 살만 국왕의 권력 교체는 다음과 같은 구상으로 진행되었다. 먼저 '수다이리 7형제'는 반드시 왕위 계승권을 손에 쥐어야 한다. 그러기 위해 살만 국왕은 전임 국왕의 아들 나예프 왕자를 왕위 계승 1순위로 지명함으로써 겉으로는 수다이리 형제가 친밀

사우디아라비아 국왕 살만 빈 압둘아지즈.

살만 국왕의 아들 무함마드 왕자. 요직을 차지하고 군권과 재정권을 장악한 예멘전쟁의 총지휘관.

한 관계임을 과시했다. 그러자 수다이리 파벌은 살만 국왕이 사심이 없다고 여기고 단결하여 전 국왕 압둘라의 권력 구조를 뒤집은 것이다.

살만 국왕은 자신의 아들 무함마드를 왕위 계승 2순위 왕세자로 지명하고 국방장관과 경제발전사무위원회 위원장을 겸임하게 했다. 한 손에는 군사를, 다른 한 손에는 경제를 장악한 것이다. 예멘전쟁은 그의 아들 무함마드 왕자가 직접 지휘했다. 전승을 거두면 사우디아라비아에 큰 공을 세우고 국제적인 명성과 국내의 인기가 폭발적으로 올라갈 것이다. 그러면 자연스럽게 왕위 계승 1순위가 될 가능성이 크다. 친아들에게 왕위를 물려주고 싶지 않은 왕이 어디 있겠는가?

그러나 당시 30세의 무함마드 왕자는 아직 군사작전 경험이 없었기 때문에 몇 년간의 내전으로 경험을 쌓은 시리아 정규군에 맞서 싸우기에는 역부족이었다. 그에 비해 예멘의 후티 반군은 상대하기 쉬운 편이었다. 오합지졸에 불과했으며 공군과 해군도 없고 중화기도 부족했던 것이다. 사우디아라비아와 10개국 공군의 계속되는 공습과 치밀한 봉쇄 작전에 카다피처럼 순식간에 와해될 가능성이 컸다.

이것은 사실상 국가와 국가 간의 힘겨루기일 뿐 아니라 종파 간의 세력 대결로서 그 안에는 깊은 의미가 함축되어 있다. 사우디아라비아 왕위 계승자의 기반을 다지기 위한 전쟁이라는 것이다.

예멘 공격에 대한 사우디아라비아의 문제점

전쟁에서 최상의 병법은 적의 전략을 미리 파악해서 깨뜨리는 것이고, 그다음이 외교 관계를 공격하는 것이라고 한다. 사우디아라비아의 예멘 공략은 전략과 외교 둘 다 문제가 있었다.

첫째, 목표를 예멘으로 정한 것은 이란과 힘겨루기를 위한 목적이었다. 미국의 관용 정책으로 이란의 세력이 점점 강해지는 상황이 사우디아라비아의 신경을 건드렸다. 사우디아라비아는 홧김에 행동에 나선 것인데, 전략적으로 적절하지 않은 동기라고 할 수 있다.

둘째, 각 대국과의 관계를 둘러싼 외교 차원에서도 적절하지 않은 조치였다. 중동 지역을 주시하고 있는 4대 세력을 고려하지 않은 것이다. 그중 가장 강한 나라가 미국이고, 그다음이 러시아, 나머지는 유럽연합(EU)과 중국이다. 이 4대 세력은 사우디아라비아의 예멘 공격을 찬성하지 않았다.

미국은 비록 내키지는 않으나 사우디아라비아를 지지할 수밖에 없었다. 2014년 미국이 사우디아라비아에 힘입어 유가를 잡지 못했다면 경제 전쟁에서 푸틴을 압박하기 어려웠기 때문이다. 사우디아라비아의 도움은 석유 수출을 통한 수입 증대로 돌아왔다. 미국의 속내는 사우디아라비아의 막강한 군사 역량이 IS 퇴치에 동원되는 것이었다. 그러나 IS는 수니파 집단이므로 사우디아라비아, 터키, 파키스탄 등 수니파 군사 대국은 IS나 탈레반 제거에 소극적일 수밖에 없다. 왜냐하면 이것은 명백한 종교 전쟁이기 때문이다. 미국은 분통이 터졌지만 이란 측에도 출병 지원을 요청했다. 미국은 예멘전쟁에 지원하고 싶지 않았지만, 사우디아라비아에 신세 진일 때문에 외면하지 못했다. 따라서 미국의 지원은 정보 공유나 후방 병참 지원에 국한되었다.

러시아도 내키지 않기는 마찬가지였다. 이란은 러시아의 우방국이기 때문에 당연히 예멘에서 전쟁이 나는 것을 원치 않았다. 따라서 러시아는 이번 전쟁에 반대했다. EU도 전쟁을 반대했다. 국제적 무역 통로인 아덴만이 전화로 물들면 EU에 좋을 것이 없었다. 그렇다면 중국은 어땠을까? 중국도 당연히 반대했다. 예멘은 중국의 '일대일로(一帶一路, 중국의 육상 및 해상 실크로드 경제 벨트)' 전략 중 해상 실크로드의 필수 경유지이기 때문이다. 예멘의 아덴만에 전쟁이 난다면 중국의 '일대일로'가 영향을 받을 것이다. 따라서 중국은 이런 정세가 크게 못마땅했다.

2015년 3월 30일 중국 해군이 예멘에 도착해 교민을 철수시켰다. 물론 교민 철수만이 아니라 중국의 군사력을 과시하기 위한 목적도 있었다. 중국의 의도가 극명하게 드러난 일은 또 있었다. 2015년 5월 중국과 러시아가 지중해에서 대규모 해상 군사훈련을 전개한 것이다. 많은 사람들이 왜하필이면 지중해를 선택했는지 의아해했다. 과연 누구에게 보여주기 위한

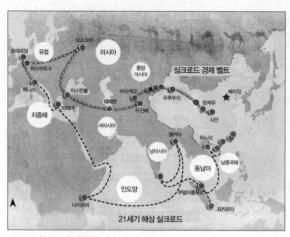

중국의 '일대일로' 설명도.

군사훈련이었을까? 지중해 인근의 그리스나 이탈리아가 아니라 중동을 대상으로 군사력을 과시해 겁주려는 것이었다.

　미국의 26대 대통령 시어도어 루스벨트는 "말은 부드럽게 하되 큰 몽둥이 하나를 들고 다닌다"고 했다. 손에 몽둥이를 들고 있는 사람이 싸움을 말린다면, 막상 싸움을 하면서도 마음이 불안할 것이다. 이것은 중국 외교 전략의 중대한 변화로, 교민 철수는 사실상 군사적 위력을 발휘한 것이었다.

허장성세에 그친 전쟁 국면

　4개 대국 모두 전쟁에 찬성하지 않는 상황에서는 사우디아라비아의 전략과 외교는 발이 묶이게 된다. 따라서 예멘전쟁은 처음부터 순조롭지 않았다. 사우디아라비아를 중심으로 한 진영은 '10국 연합군'이라는 호칭이 무색할 정도로 수니파 3대 강국인 이집트, 터키, 파키스탄은 참여하지 않았다.

이집트 정부는 사우디아라비아의 재정적 지원을 받고 있었지만 이제 막 내전이 끝난 상태에서 국력이 취약하니 지상군을 파견하지 않겠다고 선언했다. 터키는 처음부터 사우디아라비아의 결정을 가장 적극적으로 옹호했다. 그러나 러시아의 푸틴 대통령이 터키를 방문한 후 태도가 돌변했다. 푸틴이 당초 러시아에서 흑해 해저를 통해 불가리아로 연결될 예정이었던 천연가스 수송관을 취소하고 흑해에서 터키를 경유하여 그리스와 아드리아해를 거쳐 이탈리아로 그 경로를 변경한 것이다. 터키 입장에서는 그야말로 굴러온 호박이 아닐 수 없었다. 매년 수십억 달러를 벌어들일 수 있는 좋은 기회 앞에서 사우디아라비아에 대한 지지의 목소리가 잦아드는 것은 당연했다.

러시아가 터키를 경유해 남부 유럽으로 연결하는 가스관 계획을 검토한 목적이 무엇일까? 이란을 돕고 자국을 위한다는 2가지 목적이 있었다. 이 수송관의 주요 목적은 유럽 등이 건설하려는 다른 수송관을 전복하는 것이었다. 터키를 가로질러 유럽과 연결되는 수송관이 카스피해 부근의 아제르바이잔에 건설되면 유럽은 천연가스에 대해 러시아의 의존에서 벗어날 수 있었다. 따라서 러시아는 유럽의 전략을 교란하기 위해 새 수송관 건설 계획을 세운 것이다. 유럽의 계획은 아제르바이잔에서 투르크메니스탄과 연결하는 것이었다. 이렇게 카스피해에 해저 수송관을 건설하면 중국으로 갈 천연가스의 일부가 유럽으로 운반될 것이며, 이것은 중국에 확실히 불리한 일이었다.

하지만 러시아가 이런 식으로 개입함으로써 터키와 유럽을 잇는 새 수송관이 아무 의미가 없게 되었다. 이 조치로 푸틴은 일거양득의 효과를 얻었다. 이란을 자기편으로 끌어들여 시아파 형제를 돕게 했을 뿐 아니라 잠재적인 경쟁 상대를 제거함으로써 유럽에 대한 러시아의 천연가스 독점 구도를 유지한 것이다.

이러한 발표 후 터키는 잔뜩 고무되어 그리스와 회담을 가졌다. 그동안 두 나라의 관계는 매우 경직되어 있었는데, 그 시초는 1453년 5월 29일로 거슬러 올라간다. 당시 오스만튀르크(오스만제국)가 콘스탄티노플을 침공해 동로마제국을 멸망시켰다. 터키는 매년 이날을 기념해 승리를 경축하고, 인터넷에서는 그리스와 터키 사람들 간에 비방전이 벌어진다. 역사적 원한으로 인해 그리스와 터키는 줄곧 앙숙 관계였다. 그러나 경제적으로 극도의 궁핍 상태에 놓인 그리스는 터키의 솔깃한 제안을 거부할 도리가 없었다. 그리스와 협상에 성공한 터키는 푸틴과 세부 사항을 협의하기에 이르렀다.

대국들이 지지하지 않음으로써 연합군을 조직하려던 사우디아라비아의 계획에 차질이 생겼다. 그 후 터키는 이란과도 협상을 했다. 터키는 이란에서 석유를 수입하기 때문에 사우디의 예멘 공격을 지원할 입장이 아니었다. 이란과의 관계가 악화되면 좋을 것이 없었다. 지정학적 구도에서 터키가 천연가스는 러시아에, 석유는 이란에 의지하고 있었던 것이다. 이란과 회동한 후 사우디를 지지하는 터키의 목소리가 수그러들었을 뿐 아니라 전체적인 입장에 변화가 생겼다. 결국 터키는 참전하지 않았고, 예멘 문제의 평화적 해결을 지지한다는 성명을 발표하기에 이르렀다.

또 하나의 수니파 대국 파키스탄의 경우를 살펴보자. 파키스탄도 사우디아라비아의 도움을 많이 받는 나라이다. 2012년 사우디아라비아는 석유 구입용으로 파키스탄에 15억 달러를 제공했다. 따라서 사우디아라비아가 전쟁에 나설 때 파키스탄의 병력 지원을 기대하는 것은 당연했다. 그러나 파키스탄 의회는 사우디의 예멘 공격 소식을 듣자마자 곧바로 지원 의제를 부결했다. 하지만 한편으로는 사우디아라비아의 주권이 심각한 위협을 당할 경우 파키스탄은 반드시 출병하겠다는 성명을 발표했다.

책임을 회피하려는 술수가 빤히 드러나는 이 성명에 사우디아라비아는 어이가 없었다. 예멘 후티 반군의 세력이 과연 사우디아라비아의 주권을 위협할 정도란 말인가? 파키스탄의 성명은 지원하지 않겠다는 뜻이나 마찬가지였다. 이런 결정을 내린 배경에는 중국의 태도와 관련이 있다. 중국은 450억 달러를 투자해 중국-파키스탄 경제 벨트 건설을 준비 중이었다. 사우디아라비아의 투자액보다 몇 배 더 많은 투자 금액이다. 중국의 투자를 앞두고 파키스탄이 중국의 태도를 고려하지 않을 수 없었던 것이다.

결국 3대 수니파 대국 중 단 한 국가도 참가하지 않았다. 기껏해야 약소국들만 참전했으며, 이들 중에도 종국에는 참전하지 않은 나라가 많았다. 지원국들을 믿고 작전을 전개한다기보다는 허장성세에 그친 측면이 많았다. 게다가 모든 군비 지출은 사우디아라비아가 전담했으니, 모든 부담을 고스란히 떠안게 되었다. 이번 전쟁은 처음부터 결코 순조롭지 않았다.

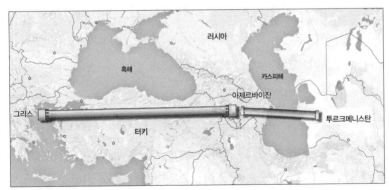

유럽과 미국의 천연가스 수송관. 투르크메니스탄-아제르바이잔-터키-그리스를 잇는 수송관을 통해 유럽은 러시아의 의존에서 벗어날 수 있다.

사우디아라비아의 퇴진 vs 이란의 승승장구

사우디아라비아는 입수한 정보에 따라 처음 무차별 폭격을 시행하고 나면 예멘에 내란이 발생하고, 그들 중 사우디를 지지하는 세력이 있을 것이라고 판단했다. 예멘 내부의 수니파 부족은 후티 반군에 대한 적대감이 깊기 때문에 사우디의 출병을 쌍수 들고 환영하리라는 것이었다.

예멘 인구의 50퍼센트가 수니파였으므로 결코 과장된 정보는 아니었다. 그러나 한 달이 지났지만 예측은 완전히 빗나갔다. 사실 예멘의 수니파도 처음에는 사우디의 출병을 지지했다. 그러나 무차별 폭격으로 민간인 사망자가 늘어났고, 도시의 주택과 인프라 시설이 심각하게 파괴되었다. 막대한 경제 손실에 수십만 명이 집과 터전을 잃고 거리를 헤매는 신세가 된 것이다. 그중에는 수니파도 대거 포함되었다. 이런 상황에서 사우디의 예멘 공습을 지지하면 민심을 잃을 수밖에 없었다. 결국 사우디를 지지하는 예멘의 내부 세력도 순식간에 자취를 감췄다.

예멘전쟁을 놓고 이런 생각을 해볼 수 있다. 미군이 십수 년 동안 탈레반 소탕 작전에 나서지 않았다면 사우디가 후티 반군을 소멸하기도 쉽지 않았을 것이다. 장기간의 소모전으로 전개될 경우, 사우디를 지지하는 연맹군들이 버틸 수 없을 뿐 아니라 사우디 자체도 지속하기 어려울 것이다. 특히 민간인 사상자 수가 대폭 증가함에 따라 인도주의 위기가 대두되면서 국제 여론도 부정적인 방향으로 흘러갔다. 게다가 지상전에서도 수많은 사상자가 나올 것이며, 그들 중에는 수니파도 많을 것이다. 삶의 터전을 빼앗고 경제적 재앙까지 초래함으로써 사우디아라비아 해방군이 침략군으로 둔갑하는 순간이었다. 그런 상대를 예멘 사람들이 어떻게 환영하겠는가? 내부 세력이 적극적으로 협조하지 않으면 후티 반군을 제거하기도 어려울 것이다.

물론 사우디아라비아에 기회가 없는 것은 아니었다. 중동 대국의 위상을 확립하고자 한다면 무력 동원보다 정치 협상이 훨씬 효과적일 것이다. 첫째, 외부의 4대 세력이 평화협상을 즉각 동의하면 모든 압박이 후티 반군에 쏠릴 것이다. 이어서 사우디아라비아가 대규모 병력을 집중해 무력으로 평화협상을 촉구할 수 있다. 이러한 전략적 구상으로 전환한다면 전체적 국면도 순조롭게 풀릴 것이다. 모두가 평화협상을 지지한다면 후티 반군은 여러 대국의 압박에 밀려 설 자리를 잃을 것이다. 사우디가 협상 테이블에 앉기만 한다면 큰 발언권을 가질 수 있다.

그러나 사우디아라비아가 이 기회를 마다하고 끝까지 무력으로 해결하고자 한다면 상황은 갈수록 어려워질 수밖에 없다. 결국 자국의 병력도 사기가 떨어지게 된다. 사우디아라비아의 무력 동원이 실패로 끝나면 왕위 계승 2위의 무함마드가 왕위에 오를 가능성은 희박해진다.

마지막으로 이란을 살펴보자. 이란의 상황은 매우 유리하다. 4대 세력이 모두 이란에 러브콜을 보내고 있다. 미국은 이란의 시아파를 이용해 수니파와 균형을 유지하기 위해 제재를 철회했다. 이란의 석유와 천연가스에 눈독 들이고 있던 유럽은 이란이 천연가스를 조속히 EU에 팔기를 바란다. 그러면 러시아에 뒷목을 잡히지 않아도 되기 때문이다. EU까지 이란에 호의적인 마당에 동맹 관계인 러시아는 두말할 나위도 없다.

중국과 이란의 관계도 매우 우호적이다. 향후 중국이 천연가스를 이란에서 공급받아야 하기 때문이다. 이란은 천연가스 매장량 세계 2위 국가이며, 중국과 파키스탄 간의 천연가스 수송관이 이미 과다르까지 연결되었고, 앞으로 90킬로미터만 더 건설하면 이란의 가스 수송관과 연결할 수 있다. 미국의 제재가 철회되기만 하면 이란의 천연가스를 즉시 파키스탄으로 수송할 수 있으며, 앞으로 수송관을 카스(喀什)까지 연결하면 중국은 이란의 천연가스를 이용할 수 있다. 또 하나의 이유는 중국의 육상 실크로 드가 중앙아시아 5개국을 경유한 후 이란을 통과해야만 터키를 경유해 최종 목적지인 유럽까지 진입할 수 있다는 것이다. 따라서 새로운 실크로드를 건설하려면 중국은 반드시 이란과 우호적인 관계를 유지해야 한다.

　이런 국면을 카드 패에 비유한다면 이란은 마치 손에 조커와 2포카드를 들고 있는 것과 같다. 좋은 패를 들고 있으니 잘 풀릴 수밖에 없는 상황이다. 일단 미국이 이란에 대한 제재를 철회하면 35년간 봉쇄되었던 이란은 즉시 개혁 개방에 돌입할 것이다. 세계에서 잠재력이 가장 큰 이곳은 장차 급격한 발전을 구가할 것이다.

2장
남중국해 문제, '풍파'인가 '쓰나미'인가

2015년 6월 22일 워싱턴에서 개최된 제5차 미중전략안보대회에서 논의의 초점은 남중국해 문제였다. 앞서 미국은 중국과 군사적 대항을 하지 않을 것이며 각국이 평화적 외교를 통해 남중국해 분쟁을 해결하기를 기대한다고 밝힌 바 있다. 그러나 2015년 6월 22일부터 26일까지 필리핀 해군과 일본 해상자위대가 남중국해를 겨냥한 연합 해상 훈련을 또다시 거행했다. 남중국해 문제는 과연 작은 마찰일까, 아니면 미국의 전략적 조정의 일부일까? 미중 관계는 어떤 방향으로 흘러갈까?

남중국해 분쟁의 이면

2015년에 발생한 2가지 사건과 중국 관련 국제적 빅 이슈는 심층 분석할 필요가 있다. 하나는 아시아인프라투자은행(The Asian Infrastructure Investment Bank, AIIB)이고, 나머지 하나는 남중국해 문제이다.

2015년 3월 12일 아시아인프라투자은행은 획기적인 진전을 거뒀다. 영국은 미국의 강한 반대에도 아랑곳하지 않고 AIIB 가입을 선포했다. 이것이 결정적인 국면 전환을 가져왔으며, 그 결과 영국을 필두로 유럽 각국과 오스트레일리아가 잇따라 미국에 등을 돌리고 AIIB에 가입했다. 결국 미국과 일본만 남은 형세가 되자 미국은 크게 체면을 구기고 말았다. 이것은 냉전 종식 후 미국이 국제적으로 가장 고립된 사건이었다.

영국의 태도가 돌변하자 미국 재무장관이 분개하여 영국 재무장관에게

AIIB(아시아인프라투자은행) 회원국. 3월 12일 영국이 가입함에 따라 많은 선진국 및 개발도상국들이 속속 가입했다.

전화를 걸어 30분이나 강하게 따진 것도 무리가 아니었다. 미국은 영국이 "2014년 가을부터 중국에 대한 정책을 수시로 변경했으며, 배신과 정의를 저버린 영국의 행동을 용인하기 어렵다"고 지적했다. 영국의 AIIB 참여가 미국에 얼마나 큰 충격을 주었는지 알 수 있는 대목이다.

이번에는 남중국해 분쟁을 뜨겁게 달군 중국의 암초 인공섬 건설에 대해 살펴보자. 미국의 군함과 전투기들이 속속 남중국해로 파견되었고, 일본은 안보법 수정을 단단히 벼르고 있다. 필리핀은 연이어 비난을 퍼부었으며, 베트남과 미국은 물밑 작업에 여념이 없다.

2015년 6월의 남중국해 문제는 꽤나 당혹스러웠다. 이것은 AIIB에 대한 미국의 보복일까? 자국의 체면을 구기게 했으니 가만히 있지 않겠다는 엄포인가? 이런 심리라면 남중국해 문제는 작은 풍파에 지나지 않을 것이다. 그러나 우리는 다른 상황을 염두에 두어야 한다. 미국이 푸틴과 힘을 합쳐 중국을 손보기로 결정한 것이다. 그렇게 되면 남중국해 문제는 풍파로 끝나지 않고 '쓰나미'로 발전할 것이다.

사실 우리가 접하는 뉴스는 표면적인 현상에 불과하며, 그 이면에는 보이지 않는 힘이 존재한다. 2015년 3월 AIIB와 남중국해 문제가 불거지기 직전, 미국외교협회(CFR)는 '중국에 대한 미국의 대전략 개편(Revising U. S. Grand Strategy Toward China)'이라는 중량급 보고서를 발표했다. 당시 발생한 많은 이슈들과 이 보고서의 연관성을 배제할 수 없다.

미국외교협회의 대전략

간단히 말해 미국외교협회는 통치 엘리트들의 베이스캠프 격으로 중국 공산당 '중앙당교(고위 간부 양성 기관)'에 해당한다. 이곳 출신들은 미국 외교 정책의 핵심 인물 또는 외교를 주관하는 고위급 관리가 되며, 이들의 목소리는 미국의 정책 조정에 반영된다.

중량급 보고서라고 하는 이유는 미국외교협회의 리처드 하스(Richard Haas) 회장이 강력 추천했기 때문이다. 그는 서문에서 이렇게 강조했다. "이 보고서는 미국 내부에서 필연적으로 논쟁을 일으킬 것이다. 사람들의 반응이 어떻든 이 보고서는 미중 외교사의 이정표가 될 것이다." 그의 높은 평가가 이 보고서에 힘을 실어주었다.

이 보고서는 서두에 '대전략'에 대한 정의를 내렸다. "이른바 대전략이란 한 국가가 모든 자원을 통제하고 동원하는 기술이며, 그 목적은 이 자원들을 효과적으로 이용하여 실제 및 잠재적인 적을 제압하기 위한 것이다." 이 정의에서 미국 대전략의 2가지 특징이 드러난

'중국에 대한 미국의 대전략 개편'

다. 첫째는 반드시 상대가 있어야 하고, 둘째는 반드시 목적이 있어야 한다는 것이다. 요컨대 경쟁 상대를 제압하는 것이다.

미국의 대전략 '3단계'

이 보고서는 미국 건국 이래 확고하게 견지해 온 대전략을 강조했다. 미국의 대전략은 3단계로 나눌 수 있다. 첫 번째 단계는 북미 대륙에서 주요 경쟁자를 제압하는 것이고, 두 번째는 서반구 전체에서 경쟁 상대를 제압하는 것이며, 세 번째는 전 세계에서 경쟁 상대를 제압하는 것이다.

미국의 역사적 발전을 돌이켜보면 전략적 경쟁자를 명확하게 설정하지 않았음을 알 수 있다. 미국의 패권 노선을 가로막는 상대는 이데올로기나 문명에 상관없이 무조건 미국의 경쟁 상대로 간주한다.

역사적으로 미국은 먼저 영국으로부터 독립을 쟁취했으며, 이어서 멕시코를 물리치고 북미 대륙을 장악했다. 그 후 스페인에게 중남미 지역을 쟁취해 아메리카 대륙을 자국의 뒷마당으로 만들었다. 이후 세계대전에서는 독일과 일본을 제압해 통치 세력을 대서양과 태평양까지 확대했다. 마지막으로는 소련을 와해하고 글로벌 패권을 장악했다.

미국이 물리친 다섯 경쟁국 중에는 기독교 국가도 있고, 가톨릭 국가도 있으며, 특정한 종교를 가지지 않은 국가도 있다. 국가 제도 측면에서 보면 자본주의, 제국주의, 사회주의 국가가 포함된다. 이를 통해 미국의 전략적 경쟁자는 종교나 신앙, 국가 제도와 무관함을 알 수 있다. 따라서 미국의 대전략에는 적대 국가나 경쟁 상대를 구체적으로 명시하지 않으며, 미국의 노선을 가로막는 상대는 누구나 적으로 간주한다.

해당 보고서는 냉전을 승리로 이끈 경험을 종합해 봤을 때 소련에 대한 경제 봉쇄가 소련을 와해한 핵심 요인이라는 점을 명시했다. 소련과 세계 주요 경제 중심국과의 연계를 차단함으로써 소련은 오랫동안 세계시장의 물자, 자금, 기술, 정보와 인재를 확보할 수 없었다. 소련의 경제 판도를 자국과 동구권으로 압축하고 경제력을 조금씩 압살함으로써 마침내 붕괴하게 만들었다.

미국외교협회 리처드 하스 회장. '중국에 대한 미국의 대전략 개편'의 주요 추천인.

또한 보고서는 역사적으로 미국 대전략의 성공 경험을 돌아본 후 미국이 이미 대전략의 통찰력을 상실했음을 뼈아프게 지적했다. 역대 대통령들이 입으로는 잠재적인 글로벌 경쟁자의 출현을 방지해야 한다고 주장했지만, 그 목표가 불분명하고 그 수단은 모순투성이며 효과가 불투명하다는 것이다. 특히 중국의 부상에 직면하여 미국의 대전략에는 중대한 실책이 존재하며, 접촉과 억제를 병행해서는 소기의 성과를 달성할 수 없다고 주장했다. 접촉으로는 중국을 변화시키지 못했으며, 제대로 억제하지도 못했다는 것이다. 그 결과 아시아에서 미국의 영향력을 행사하는 데 중국이 걸림돌이 되었을 뿐 아니라 향후 미국의 글로벌 패권에 위협이 될 가능성을 좌시하게 되었다.

중국에 대한 미국의 '냉전격문' 6개 항

해당 보고서는 미국이 중국에 대한 대전략을 과감히 조정하여 접촉과 억제의 균형 정책을 폐기할 것을 주장했다. 주로 억제를 하고 접촉으로 보완하는 새로운 구상을 추진해야 한다는 것이다. 그 구체적인 조치로 6개

TPP를 '경제 NATO'라고도 한다.

항을 제시했다.

첫째, 미국 경제의 비대칭적 우위, 특히 혁신 능력을 재현한다.

둘째, 새로운 무역협정 TPP(환태평양경제동반자협정)의 혁신을 통해 동맹국과의 경제적 연계를 공고히 하고, 중국을 의식적으로 배제함으로써 경제적으로 중국을 포위하는 구도를 형성한다.

셋째, 중국에 대한 기술 봉쇄를 재개한다. 즉, 동맹국과 새롭게 기술 확산 관련 협의를 이룬다. 군민 양용 기술은 중국에 절대 수출하지 않으며, 중국이 신기술을 확보할 루트를 억제한다.

넷째, 중국 주변을 둘러싼 동맹국 전선을 구축하여 중국의 경제 부상과 정치 역량을 차단한다.

다섯째, 중국의 반대를 아랑곳하지 않고 아시아 지역에서 미국의 군사 수송 능력을 강화한다.

여섯째, 전제 조건하에 중국과 접촉한다. 즉, 미국에 유리한 상황에서만 중국과 접촉한다.

중국과 제한적인 접촉을 유지한다는 조항을 제외하고, 나머지는 모두 중국에 대한 억제를 주장하고 있다. 이것은 소폭의 조정이 아니라 중대한 국책의 변화이다.

이렇게 되면 중국은 자연스럽게 미국의 전략적 경쟁자가 된다. 이 전략이 얼마나 오랫동안 지속될 것인가? 또 그 목적은 무엇일까? 보고서 말미에는 이렇게 적혀 있다. "중국 경제의 대붕괴가 일어나지 않는 한 미국은 전략을 쉽게 변경해서는 안 되며, 일반적인 경제 위기로는 부족하다. 왜냐하면 중국은 아시아와 주변 지역에서 미국의 위상을 위협하는 존재이기 때문이다."

단도직입적으로 말해 완전히 말살하겠다는 의지다. 이것은 매우 심각한 문제이다. 보고서는 일반적인 전략 조정이 아닌 '냉전 격문'에 속하며, 미국이 중국을 주요 타격 대상으로 지목했음을 의미한다. 이를 증명이나 하듯 보고서를 발표한 지 3개월 뒤 서문에서 밝힌 2가지 사건이 잇따라 벌어졌다.

대전략의 정의에 입각하여 전략적 경쟁 대상을 지목했다면, 다음 단계는 모든 자원을 동원하여 전략적 적수에게 타격을 가하는 것이다. 그러나 미국이 전 세계의 자원을 동원해 중국을 포위하려면 전 세계의 공감을 얻어야 한다. 공감을 얻지 않고서는 자원을 동원하기 어렵다. 따라서 미국의 대전략을 냉정히 분석해 보면 미국의 외교 엘리트층이 주관적으로는 이런 의도를 가지고 있지만 객관적으로는 실현될 가능성이 없음을 알 수 있다.

미국 양대 파벌의 경쟁

이 문제를 이해하려면 미국 내에 존재하는 파벌의 이익과 갈등에 대해 알아야 한다. 현재 미국 내에는 '국가이익파'와 '상업제국파'라는 양대 파벌이 존재한다. 두 파벌의 이익이 일치할 때만 공감대가 형성되어 안정적으로 대전략을 실행할 수 있다. 위의 보고서는 국가이익파가 작성한 것이다. 외교와 군사 분야 전문가 그리고 일부 국회의원들이 하나의 이익 체계를 형성하여 중국을 주요 타격 대상으로 삼고 있는 것이다. 이들과는 달리 미국의 상업제국파가 추구하는 것은 이윤이다. 그것을 위해 그들은 전 세계를 무대로 새로운 글로벌 통치 모델을 창조했다. 이처럼 두 집단의 이익은 서로 일치하지 않는다. 국가 이익을 중시하는 집단은 중국을 적대시하지만, 상업적 이익을 중시하는 집난은 당연히 이런 생각에 동의하지 않는다.

북대서양조약기구(NATO)의 동진 정책은 구소련 가맹공화국과 중유럽 및 동유럽 국가를 가입시키는 것이며, 근본적인 목적은 러시아를 누르고 세계를 주재하는 데 있다.

양대 집단이 힘을 합쳐 러시아를 공략하다

소련이 해체된 후에도 미국의 국가이익파는 러시아에 대한 경계를 늦추지 않았다. 러시아는 잠재적인 자원을 많이 보유하고 있는 나라이기 때문에 미국의 주요 경쟁국으로 재기할 가능성이 우려되었다.

미국의 새로운 전략은 전 세계의 잠재적 경쟁자를 억제하는 것이다. 어떤 국가를 막론하고 위협적인 존재로 부상하면 제압해야 한다. 미국이 NATO의 동진 정책과 미사일방어체제(Missile Defence, MD)를 계속 추진하는 것은 국가이익파가 잠재력을 가진 대국을 신뢰하지 않기 때문이다. 이것이 그들의 본성이다. 구소련이 해체된 마당에 더 이상 존재할 필요가 없는 NATO는 곧 해산될 것이라고 사람들은 예측했다. 그러나 NATO는 해산되지 않았을 뿐 아니라 전보다 더 강화되어 더 많은 동유럽 국가를 흡수하면서 러시아 접경 지역을 향해 한 걸음 한 걸음 나아가고 있다. 우크라이나 사태의 근본적인 원인은 우크라이나가 NATO에 가입해 미사일을 모스크바 턱밑에 배치할 수 있다는 우려에서 비롯된 것이다.

1990년대 러시아의 혼란을 틈타 미국의 상업제국파는 러시아의 중요 자원인 석유와 천연가스를 매우 싼값에 대량으로 확보함으로써 거대한 냉

가입 시기	NATO 가입국
1949년 4월 결성	미국, 벨기에, 캐나다, 덴마크, 프랑스, 아이슬란드, 이탈리아, 룩셈부르크, 노르웨이, 네덜란드, 포르투갈, 영국
1952년 2월	터키, 그리스
1955년 5월	독일
1982년 5월	스페인
1999년 3월	폴란드, 헝가리, 체코
2004년 3월	불가리아, 에스토니아, 라트비아, 리투아니아, 슬로베니아, 슬로바키아
2008년 3월	크로아티아, 알바니아

전 이익을 거둬들였다. 이 시기에는 양대 파벌의 이익이 상충하지 않고 각자 필요한 것을 얻었기 때문에 서로 간섭하지 않았다.

그러나 푸틴이 취임한 1999년부터 상황이 바뀌었다. 취임 직후부터 푸틴은 에너지 산업의 국유화를 추진하고, 모든 수단을 동원해 과거 싼값에 매각한 천연자원을 회수했다. 합리성이나 정당성은 중요하지 않았다. 그리고 그것이 푸틴의 일처리 방식이었다.

러시아는 외국 기업에 매각한 유전과 가스전을 체계적으로 회수해 미국의 상업제국파가 러시아에서 얻는 이익을 배격했다. 2003년 석유 재벌 호도르코프스키가 체포된 것은 상징적인 사건이었다. 표면적으로 호도르코프스키는 유코스 사의 최대 주주였지만 실상은 글로벌 기업의 대리인에 불과했다. 여기에서 글로벌 기업의 독점적 지위를 박탈하려는 푸틴의 의지를 읽을 수 있다.

이때부터 국가이익파와 상업제국파의 이익이 맞물리기 시작했으며, 미국과 러시아의 관계는 점점 악화되었다. 미국의 역사를 돌아보면 양 파벌

2013년 11월 22일 약 3천 명의 시민들이 키예프 중심에 있는 독립광장에 모여 EU와 자유무역협정을 거부한 정부의 결정에 항의하는 시위를 벌임으로써 우크라이나 위기가 촉발되었다.

의 이익이 완전히 일치해야만 국가 정책이 안정적으로 추진되는 것을 알 수 있다. 양대 세력의 생각이 일치하지 않으면 국가 정책을 수립하기 어렵다.

2003년 12월을 전후해 러시아와 서방 여론에 대한 미국의 전략이 근본적으로 바뀌었다.

그때부터 국제사회에서 푸틴의 이미지는 점점 폄훼되어 '괴수'로까지 비쳐졌다. 그 전까지만 해도 서방 매체는 그를 개혁파로 묘사하며 긍정적 이미지를 부각했다. 이러한 변화가 생긴 것은 두 파벌의 이익이 일치되었기 때문이다.

2014년 우크라이나 사태가 발생했을 때 미국의 두 파벌은 이미 확고한 공감대를 형성하고 있었다. 즉, 강력한 푸틴을 왕좌에서 몰아내 러시아의 잠재력을 압박하고 천연자원을 통제하자는 것이었다. 이러한 공감대로 러시아에 대해 확고한 전략이 세워졌다. 우크라이나 내전으로 러시아의 경제 자원을 소모하고, 석유를 이용해 러시아의 재정에 타격을 입히며, 동시에 유럽연합(EU)과 손잡고 경제 및 금융 제재를 가함으로써 푸틴을 무너뜨리는 전략이었다. 러시아 경제가 무너지면 상업제국파가 다시 진입해 헐값으로 러시아의 천연자원을 사들이려고 했던 것이다.

오묘한 미중 관계가 궤도를 유지하는 비결

이번에는 중국에 대해 살펴보자. 미국과 중국의 수교 이후 30여 년을 돌아보면 미중 관계 역시 미국 양대 파벌의 경쟁으로 결정되었다.

1980년대 중국이 개혁 개방을 시작하자 상업제국파는 중국의 값싼 노동력을 이용해 국제 경쟁에서 우위를 얻고자 했다. 동시에 국가이익파는 중국을 통해 구소련을 견제하고자 했다. 양 파벌의 이익이 일치했기 때문에 미국의 대전략은 필연적으로 중국과 외교적으로 공조하면서 경제협력을 추진하는 것이었다.

그러나 1990년대 들어 소련이 해체됨에 따라 양대 파벌은 갈라지기 시작했다. 1993년 대선 경선 기간 중국에 대한 클린턴의 태도는 매우 단호했다. 소련 붕괴 이후 중국의 이용 가치가 줄어들었다고 여긴 국가이익파가 협력에서 억제로 전략을 수정했기 때문이다.

그러나 상업제국파가 이를 반대했다. 그들은 중국에 투자하여 큰 이익을 보고 있었기 때문에 상업적 이익을 포기해야 하는 전략을 받아들일 리 없었다. 따라서 1990년대 미중 관계는 심한 기복을 보였다. 미국이 중국에 최혜국 지위를 계속 부여할지를 알 수 없는 상황이었다. 하지만 결정적인 시기마다 상업제국파의 이익이 우선하게 되었다. 그들은 막대한 자금으로 선거와 의원들에게 영향을 미쳤고, 결국 최혜국 관련 표결은 언제나 그들의 승리로 끝났다. 이런 상황은 중국이 WTO에 가입할 때까지 지속되었다. 앞으로도 미중 관계는 삐걱거릴지언정 궤도 이탈은 하지 않을 것으로 보인다.

그러나 이 기간에 미중 관계에도 커다란 마찰이 여러 차례 있었다. 1996년 타이완해협 군사훈련, 1999년 미군의 유고슬라비아 중국 대사관 오폭 사건, 2001년 남중국해에서 미국 정찰기와 중국 전투기가 충돌할 뻔한 사건 등이었다. 이러한 돌발 사건들은 모두 간헐적으로 미중 관계에 타격을 입혔으나 심각한 궤도 이탈로 이어지지는 않았다. 왜냐하면 발언권이 큰 상업제국파들이 부결권을 쥐고 있었기 때문이다. 애초에 국가이익파는 위의 3가지 사건을 이용해 국가 전략을 송두리째 바꾸려고 했으나 마지막 순간에 꺾이고 말았다. 상업제국파가 힘의 우위를 차지하고 있음을 알 수 있는 대목이다.

2001년 9·11테러가 발생하자 국가이익파의 신경은 온통 중동에 집중되어 당분간 중국에 눈을 돌릴 새가 없었다. 동시에 미국은 반테러 행동에 중국이 동참하기를 바랐다. 이에 따라 2001년 이후 국가이익파와 상업제국파의 이익이 다시 맞물리게 되었다. 중국과 우호 관계를 유지하고 경제 협력을 계속 추진했다. 국가이익파는 중국을 반테러 행동에 참여하도록 했으며, 상업제국파는 중국에서 많은 돈을 벌어들였다. 이 과정에서 중국 경제도 한 단계 도약했다. 2008년 금융위기가 도래할 때까지 미중 관계는 안정적으로 협력 상태를 유지했다.

2008년의 금융위기로 미국 경제는 큰 타격을 입은 반면 중국 경제는 큰 문제 없이 넘어갔다. 그러자 국가이익파는 다시 초조해지기 시작했다. 미국은 중국이 강해지는 것을 보면서도 러시아와 중동 문제에 발이 묶여 중국에 집중할 여력이 없었다. 금융위기 이후 중국 시장은 계속 확장되었고, 상업제국파는 글로벌 경기 침체 속에서 거대한 '오아시스'를 발견한 형국이었다. 그들은 중국 시장을 포기할 수 없었으며, 이런 국면은 지금까지 지속되고 있다.

1990년대부터 국가이익파는 중국의 부상이 미국의 패권을 위협할 거라고 끊임없이 경고했다. 그러나 상업제국파의 눈에는 이런 경고가 근거 없는 위협론에 불과했다. 중국 시장에서 훨씬 실질적인 이익을 거둬들이고 있었던 것이다. 양 파벌은 중국에 대한 입장 차이를 좁히지 못했다. 상업제국파가 중국 시장에서 여전히 거대한 이익을 거둬들이는 상황에서 국가이익파는 설 자리가 없었다. 결국 중국을 전면적으로 억제하자는 전략이 자리 잡을 수 없었다.

2008년 금융위기 때 미국 4대 투자은행 리먼 브러더스가 거액의 손해를 보고 파산 신청을 했다.

위의 분석을 토대로 미국이 갑자기 남중국해 문제를 들고 나온 것은 오랫동안 억눌려 있던 국가이익파의 간헐적 제스처임을 알 수 있다. 그러나 양 파벌의 역량에는 별다른 변화가 없었다. 상업제국파가 여전히 우위에 서서 국면을 주도하고 있었던 것이다. 국가이익파가 판을 뒤집으려고 해도 역부족이었다.

미국의 상업제국파와 국가이익파는 대중국 정책에 대해 공감대를 형성하지 못했다. 미국의 대전략은 양 파벌의 공감대가 형성되는 상황에서만 국내외 자원을 동원하여 경쟁자에 대응할 수 있다. 양쪽의 의견이 일치하지 않으면 이 자원들을 동원할 수 없다.

미국의 중국 배제 전략에 미온적인 국제사회

미국의 양대 파벌이 국내에서 공감대를 형성하지 못한 상황에서 국제적인 공감대를 얻기는 불가능하다. EU는 경제 문제를 겪고 있기 때문에 러시아에 대한 경제제재에도 유럽 각국의 원성이 높다. 여기에 중국에 대한 경제 봉쇄까지 실시하면 EU의 경제는 더욱 어려워질 것이다.

오스트레일리아, 뉴질랜드, 캐나다 등은 중국을 봉쇄해 봐야 이득은커녕 손해만 초래한다는 사실을 잘 알고 있다. 특히 캐나다와 오스트레일리아는 중국으로 천연자원을 수출하고 있다. 다른 나라도 상황이 비슷하다. 말로는 미국의 행동에 동참하겠다고 하지만 미국이 충분한 보상을 하지 않는 한 중국과의 무역은 그대로 진행할 수밖에 없다.

아세안(ASEAN, 동남아시아국가연합)과 인도는 '일대일로'를 통한 호시절을 기대하면서도 미국의 힘을 빌려 흥정에 유리한 여건을 만들고자 한다. 중국과의 무역을 막는다면 당장 경제적 이익이 차단되는 상황이므로 아무도 진심으로 협조하지 않을 것이다. 아시아태평양 지역에서 유일하게 예외적인 나라는 일본이다. 일본의 주요 목표는 제2차세계대전 이후 평화헌법의 멍에에서 벗어나는 것이다. 일본이 유엔 안보리 법안 수정을 요구하는 것은 정치 대국과 군사 대국으로 거듭나기 위해서이다. 유일하게 일본만 미국에 협조할 것으로 보인다. 그러나 일본의 역량을 더한다 해도 미국이 중국과의 장기적인 경제 소모전에 동원할 수 있는 국제 자원은 한계가 있다. 따라서 국가이익파의 전략은 실현되기 어렵다.

'중국에 대한 미국의 대전략 개편'은 미국의 핵심 권력층에 큰 반향을 불러일으켰다. 하지만 국가이익파가 가장 집중하는 외교부와 국방부, 그리고 일부 강경파 의원들 사이에서 영향력을 발휘하는 데 그쳤다. 상업제국파가 반대하기 때문에 그들의 통제하에 있는 주류 매체들도 이 보고서에 관해 제대로 보도하지 않았으며, 공개적인 정책 논쟁도 벌어지지 않았다.

미국은 국가 전략을 바꾸기에 앞서 내부의 충분한 토론과 매체의 광범위한 보도가 진행된다. 심층 토론은 물론이고 심지어 격렬한 논쟁이 벌어지기도 한다. 그러나 중국에 대한 전략 조정 문제를 다루는 목소리는 거의 들리지 않았다. 중량급 보고서가 발표되었는데도 보도하는 매체는 극소수에 지나지 않았다. 이는 상업제국파가 부정적으로 생각한다는 뜻이다.

미국 매체는 대부분 남중국해 문제를 핫뉴스 식으로 다루고 있다. 국가 전략 조정에 대해 단계별, 조직적, 중점적으로 다루는 심층 보도와는 거리가 멀고, 상대를 체계적으로 폄훼하지도 않는다. 2014년 미국 매체가 러시아에 관해 보도할 때와는 명백한 차이가 있다. 당시에는 상대를 폄훼하는 언론 플레이가 단계별, 체계적으로 진행되었다. 그러나 중국 문제에 관해서는 지금까지 이러한 움직임이 보이지 않는다.

따라서 우리가 도출할 수 있는 결론은 미국의 양대 파벌은 중국에 관해 공감대를 이루지 못한다는 것이다. 이는 상업제국파가 미국 외교 정책의 주도권을 통제하고 있고, 국가이익파는 이러한 판세를 뒤집을 힘이 아직 없다는 것을 의미한다.

남중국해 문제를 단기적 돌발 사건이나 핫뉴스 거리 정도로 생각해서는 안 된다. 한 나라, 특히 미국 같은 큰 나라가 국가 전략을 조정하려면 반드시 공감대가 형성되어야 한다. 양 파벌 간에 공감대가 형성되지 않으면 전략이 형성되거나 시행되기 어렵다. 따라서 남중국해 문제는 작은 풍파에 불과하며, 쓰나미로 발전될 가능성이 없다. 국제사회는 늘 큰 이슈로 들끓는다. 중국이 꿋꿋하게 버티고 심각한 돌발 사건을 일으키지만 않는다면 국제적 이슈는 다른 곳으로 옮겨 갈 것이다. 그렇게 되면 여론의 관심도 그쪽으로 옮겨 갈 것이고, 국가이익파가 목소리를 내기 어려울 것이다. 냉정히 분석해 보면 양대 파벌의 의견이 일치하는 사안은 푸틴을 제거하는 것이다. 요컨대 남중국해 문제로 한동안 시끄럽기는 하겠지만 이후에는 이슈가 러시아로 넘어가리라고 예측된다.

태생적 결함이 존재하는 국가이익파의 대중국 전략

그동안 중국에 대한 미국의 인식은 국가 관계에 국한되었다. 이제는 미국 내 권력 파벌의 이익 추세와 역량을 깊이 있게 분석할 필요가 있다. 이런 사정을 알고 나면 국가이익파가 설계한 중국 대전략은 선천적으로 결함을 안고 있음을 발견할 수 있다.

단기적으로 볼 때, 남중국해 문제와 관련해 가장 중요한 것은 중국이 돌발 사태를 일으키지 않음으로써 국가이익파의 주의를 다른 국제적 이슈로 돌리는 것이다. 장기적으로 볼 때, 중국이 개혁 개방을 견지하는 한 상업제국파를 끌어들이는 흡입력만으로도 국가이익파의 적의를 충분히 덮을 수 있다. 양 파벌이 공감대를 형성하지 않는 한 국가이익파의 대전략은 힘을 쓸 수 없을 것이다.

중국은 미래 국가 전략, 특히 '일대일로'와 AIIB(아시아인프라투자은행)를

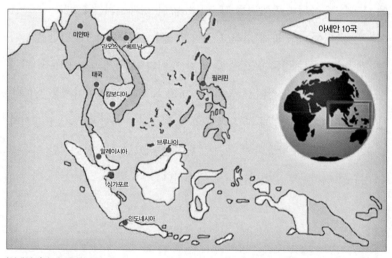

'일대일로'의 새로운 청사진.

계획함에 있어서는 미국의 국가이익파와 상업제국파의 관계를 충분히 고려해야 한다. 상업제국파가 협력 발전을 통한 이익을 겨냥해 적극적으로 참여하며 긍정적 에너지를 발휘할 수 있도록 유도해야 한다는 것이다. 그렇게 하면 3가지 목적을 이룰 수 있다. 첫째, 양 파벌의 이익이 합치되지 않도록 효과적으로 분산한다. 둘째, 중국은 상업제국파의 긍정적 에너지를 효과적으로 이용하여 경제적으로 유라시아 대륙 통합이라는 장기적인 목표에 도달할 수 있다. 셋째, 전 세계가 좀더 협력하여 반목과 적대적인 상황을 줄일 수 있다.

3장
이란 핵 협상 타결

2015년 7월 14일 이란과 6개국 당사자 간에 핵 협상이 최종 타결되었다. 십수 년간 이란 상공을 뒤덮었던 핵무기의 그림자가 마침내 사방으로 흩어졌다. 장기간 끌어온 줄다리기 끝에 협상이 타결되기까지 미국의 큰 양보를 유도한 힘은 과연 무엇일까? 개혁 개방의 길을 걷게 될 이란은 앞으로 어떻게 될까?

이란 핵 문제의 오랜 유래

2015년 7월 이란의 핵 협상이 마침내 일단락되었다. 이란은 핵무기 개발을 포기하고 국제사회의 전면적인 감독을 받아들이기로 약속했으며, 유럽과 미국은 이란에 대한 각종 경제제재를 전면 철회하기로 했다. 이 파격적인 협상 결과에 전 세계가 환호했다. 사람들은 중동에서 가장 큰 위험 요소가 마침내 제거되었다고 생각했다. 핵 협상 타결은 장차 중동 지역의 권력 구조에 매우 큰 영향력을 미칠 것이다.

9·11테러 이후 당시 미국 대통령 부시는 이란을 '악의 축'으로 지목했다. 대량살상 무기 개발 및 테러 지원 국가인 이란은 미국과 양립할 수 없는 적대국이었다. 당시 미국의 노선은 확실했다. 이라크에게 그랬듯이 이란의 정권 교체를 추구하고 모든 핵무기를 철저히 파괴한다는 정책이었

다. 이때부터 오랫동안 핵 문제를 둘러싼 미국과 이란의 분쟁이 지속되었다. 미국은 이란에 대해 혹독한 경제제재를 단행했다. 2012년에는 금융 제재까지 추가함으로써

2015년 7월 14일 6개국(미국, 영국, 프랑스, 러시아, 중국, 독일)과 이란이 핵 문제 해결에 관한 공감대를 형성했다.

이란의 국민경제가 큰 타격을 입었다.

그러나 2015년 극적인 핵 협상 타결로 전 세계가 안도의 한숨을 쉬었다. 사람들은 경제전에서 상처투성이가 된 이란이 압박 끝에 타협한 것인지, 아니면 미국이 어느 정도 양보한 것인지 궁금했다.

경제 및 금융 제재가 핵 협상 타결에 어느 정도 영향을 미친 것은 사실이지만 결정적인 요소는 아니라는 것이 개인적인 견해이다. 미국이 전략적으로 중대한 양보를 한 것이 가장 결정적이었다.

이란은 핵무기를 개발하고 있었다. 이것은 미국과 전 세계가 절대 용납할 수 없는 일이었다. 사실 이란은 원자력을 민간 차원에서 평화롭게 이용할 권리가 있다고 주장할 수 있다. 다른 국가들도 원자력발전을 이용하고 있기 때문이다. 그러나 이 문제에 대해 미국은 한 번도 강경한 입장을 굽히지 않았다. 이란이 민간 차원에서 원전을 개발하는 것마저 허용하지 않았던 것이다.

미국은 이란에 '악의 축'이라는 꼬리표를 붙였다. 이란이 민간 차원에서만 원전을 개발하겠다고 해도 미국은 믿지 않았다. 원유 매장량 세계 4위, 천연가스 매장량 세계 2위 국가인 이란이 자국의 풍부한 에너지를 두고

원자력발전을 이용한다는 것은 이치에 맞지 않다. 따라서 미국은 이란이 원자력발전을 개발하는 주요 목적이 핵무기에 있다고 판단했다. 민간 차원에서 이용한다 하더라도 원자력을 허용할 수 없으며, 심지어 정권까지 교체하려고 한 것이 미국의 일관된 입장이었다.

미국의 중대한 양보가 협상 타결로 이어졌다

그러나 협상이 타결된 것으로 보아 미국이 그동안 견지해 온 입장을 바꿔 중대한 양보를 했음을 알 수 있다.

핵무기를 제조하려면 농축우라늄이 필요하다. 그것을 핵무기에 사용하든 원전에 사용하든 상관없이 말이다. 지금까지 이란은 약 1만 9천 대의 원심분리기를 보유하고 있으며, 그 모두가 농축우라늄 생산용이다. 우라늄 235 동위원소의 농축 비율이 5퍼센트 이하면 주로 원자력발전에 사용되며 민간용에 해당한다. 그러나 20퍼센트 이상이면 핵무기 제조에 사용할 수 있다.

이란의 생산 규모로 볼 때 첫 번째 핵탄두를 만들기까지 불과 2개월밖에 걸리지 않는다. 따라서 미국이 바짝 긴장한 것은 당연하다. 사실 미국보다 더 긴장한 나라는 이스라엘이다. 미국이 이토록 이란과의 협상을 서두른 이유는 막다른 곳까지 몰려서 전쟁과 협상 외에 다른 선택지가 없었기 때문이다.

최종 협상 결과는 무엇이었을까? 이란이 원심분리기 수량을 3분의 2 삭감하고 이를

이란 전 대통령 마흐무드 아흐마디네자드가 우라늄 원심분리기를 살펴보고 있다.

봉인하는 것이었다. 이 밖에 이란의 농축우라늄 저장량이 수백 킬로그램 이상 넘지 않게 했다. 이란이 합법적으로 핵을 연구하고 생산 능력을 보유할 수 있음을 미국이 최초로 인정한 것이다. 그동안 미국은 이 점에 관해 한 치의 양보도 하지 않았다.

이렇게 해서 이란이 첫 번째 원자탄을 생산할 수 있는 기간이 2개월에서 1년으로 연장되었다. 미국이 양보한 것은 중대한 원칙적 타협이었으며, 이것이 협상 타결의 결정적 이유였다.

이란의 정교일치가 평화 협상에 영향을 미쳤다

이란의 신임 대통령 하산 로하니가 이번 협상의 성공에 결정적 역할을 했다고 생각하는 사람이 많다. 2013년 취임한 로하니 대통령은 실용주의자로 이란 개혁파 세력을 대표하는 인물이다. 그는 서방이 이란에 대한 경제 봉쇄를 해제하고 이란이 국제사회로 귀환하기를 갈망했다. 그러나 그의 타협이 협상의 돌파구를 마련했다는 관점은 오해다.

우리는 이란이 정치와 종교가 일치하는 신권 국가임을 알아야 한다. 사우디아라비아도 정교일치의 신권국가라고 생각하는 사람이 많으나 사실은 그렇지 않다. 사우디아라비아의 국왕은 절대 권위를 갖고 있으며, 종교를 이끄는 와하비즘(Wahhabism, 엄격한 수니파 이슬람 근본주의 운동으로 사우디아라비아 건국이념의 기반이 되었다.-옮긴이)은 종속적인 지위를 갖고 있다.

국왕은 종교 세력의 지지가 필요하

현재 이란 대통령 하산 로하니. 전투성직자협회(CCA)에 예속되어 있으며 온건보수파에 속한다. 이란 핵 협상 수석대표.

1994년 12월 하메네이가 이슬람교 시아파 8천만 무슬림의 정신적 지도자로 선출되었다.

지만 국가 방침에 대한 결정권은 왕에게 있다. 예멘을 침공한 것이 가장 대표적인 예로 국왕이 전쟁을 하려면 와하비파가 나서서 이를 해명한다. 그러나 이란의 상황은 전혀 다르다. 이란의 최고지도자는 아야톨라 알리 하메네이이며, 성직자의 지위가 대통령보다 높은 경우도 많다. 이란 대통령은 국가 정책을 수행하는 역할에 불과하다. 종교 지도자가 동의하지 않으면 이란 대통령은 미국과 협상할 수 없으며, 중대한 타협은 생각조차 할 수 없다. 모든 핵심적인 사안은 종교 지도자가 결정한다. 로하니 대통령을 협상 테이블에 내보내서 타결되면 그 공이 종교 지도자에게 돌아가고, 불발되면 그 책임은 대통령에게 있는 것이다. 따라서 미국과 이란의 협상 결과는 로하니 대통령 스스로 양보한 것도 아니고, 그의 의사에 따라 결정한 것도 아니다. 종교 지도자가 고개를 끄덕여야 로하니는 협상을 진행할 수 있다. 최후의 결정권은 종교 지도자에게 있는 것이다.

이란의 정치 구조에서는 종교 지도자가 대통령에게 불만이 있으면 당장 교체할 수 있다. 이란의 정치 구조가 이번 협상에 영향을 미쳤음을 알아야 한다. 협상 타결의 결정적 요인은 이란에 대한 미국의 경제 및 금융 제재도 아니고, 로하니 대통령의 태도도 아니었다. 종교 지도자가 미국의 원칙적 양보에 동의한 것이 결정적 이유였다. 게다가 이란 경제가 당장 붕괴할 정도는 아니었다. 한동안 버티기에 무리가 없었으며, 몇 년 내로 어떤 문제가 발생할 가능성도 없었다. 이런 상황에서 핵 협상을 타결하기 위해 결정적인 양보를 한 것은 이란이 아니라 미국이다.

이란의 핵무기 개발 능력은 철저히 소멸해야 한다는 것이 미국의 일관된 생각이었다. 그런데 이번 협상에서는 이란이 핵무기 원료를 만들 수 있는 기간을 2개월에서 1년으로 연장한 것에 불과하다. 비록 많은 감독 조항이 딸려 있지만 이란은 합법적으로 민간용 원자력 개발을 할 수 있으며, 농축우라늄 추출은 그대로 두고 핵무기 제조에 당장 사용할 수 없도록 양만 줄였을 뿐이다.

핵의 완전한 소멸에서 제한적인 보유로 방향을 전환하는 데는 결정적으로 미국이 양보했기 때문이다. 이란은 핵보유국의 문턱에 도달했으며 언젠가는 그 문턱을 넘어설 수 있음을 의미한다. 핵 개발 규모를 줄이면 제재를 철회하겠다는 솔깃한 제안을 이란이 거절할 리 없었다. 따라서 이란의 종교 지도자가 동의했고, 로하니는 이에 따라 협상을 성공적으로 이끌 수 있었다.

미국의 대이란 전략을 뒤흔든 IS의 급부상

미국이 대이란 전략을 서둘러 조정한 데는 IS의 거대한 위협에 대응하기 위해서였다. IS에 대한 인식과 초기 대응에서 미국은 시행착오를 겪었다. IS의 위험성은 알카에다를 훨씬 능가했다. 그러나 미국은 IS가 종교라는 외피를 두른 정치조직일 뿐이라고 오판했다. 이런 태도로 IS를 대한 것은 실로 중대한 실수였다.

IS는 극단적으로 순수한 신앙을 강조하고 선지자 무함마드의 모든 언행을 엄격히 따르며, 경전을 성실히 믿는다. 그들은 서기 630년에 만들어진 이슬람 교리를 그대로 따르고 있다. 가령 IS는 배교자를 극히 엄격하게 정의하고, 그들을 모조리 사살해야 한다고 주장한다.

이라크 인구 대부분은 시아파에 속하며, 시아파는 IS가 내세우는 배교자의 정의에 부합한다. IS는 시아파가 이슬람 경전《코란》을 왜곡한 것을 경전의 완벽성을 부정한 것으로 여기기 때문이다. 따라서 시아파는 모두 배교자로 간주한다. 그들의 논리에 따르면 시아파는 모두 제거되어야 한다. 징벌 방식으로는 십자가에 못 박기, 노예제, 참수 등이 있다. IS는 중세 이념을 그대로 현대사회에 적용하려는 것이다. 이런 정의에 따르면 많은 사람이 처벌을 받게 된다. 따라서 IS가 점령한 지역에는 학살 소식이 끊임없이 들려온다.

IS의 급진적 원리주의는 알카에다를 훨씬 능가한다. 알카에다는 대중의 반응을 고려하며 국제사회를 적당히 의식하는 태도를 보인다. 따라서 노예제 같은 율법을 의식적으로 회피하며, 100퍼센트 순수한 원리주의를 지키지는 않는다. 사우디아라비아의 와하비즘 신봉파는 상당히 엄격한 이슬람 교파라고 할 수 있으나 애초의 교리와는 거리가 있다. 가령 이슬람교는 공평한 재산 분배를 강조하지만 사우디아라비아는 빈부 격차가 매우 심하다. 따라서 IS는 알카에다와 와하비파를 언행이 일치하지 않는 수정주의로 치부한다. 중세 이슬람 율법을 100퍼센트 따르는 IS의 태도가 국외의 수많은 극렬 교도들을 끌어모았다.

사실 IS의 신앙이 독실한 만큼 그들의 행위는 예측 가능하다. 그러나 미국의 입장에서 IS는 두통거리이며 알카에다보다 위험한 존재다. 그들의 교리에 따르면 시리아의 다비크에서 종말론적 결전이 벌어질 것이다. IS의 상대는 '로마인'이다. 여기서 말하는 '로마인'이란 미국을 위시한 NATO부대를 가리킨다. 그들의 교리에 따르면 시급한 임무는 사우디아라비아의

메카   메디나

양대 성지를 빼앗는 일이다. 그들은 터키의 이스탄불도 함락하고자 하며, 마지막에는 예루살렘에서 총력전을 벌이는 것이다. 그 이후에는 선지자가 인간세계로 돌아와 그들을 구제할 것이라고 믿는다.

이해할 수 없는 국제적 사건들도 이러한 교리에 근거하여 분석하면 조금도 의아할 것이 없다. 예를 들어 사우디아라비아의 이슬람 사원이 폭발했고, 터키 국경에서도 폭발 사건이 발생했다. 교리에 따르면 예상된 일이었다.

고도의 순수한 신앙이 호소력을 갖고 세력을 형성하면 알카에다도 결국 압박에 못 이겨 그들에게 동참할 가능성이 있다. 중동의 극단주의 무장세력이 IS의 세력권으로 들어갈 가능성도 배제할 수 없다. 그렇게 되면 IS의 전투력과 응집력은 유례없는 수준에 도달할 것이다. 그들은 반(反)서방, 특히 반미 노선을 표방한다. 결국 중동 정세는 통제 불능 상태에 빠질 것이며, 이것은 미국이 가장 우려하는 상황이다. 미국은 IS가 알카에다보다 훨씬 강력하며, 전투력과 정신력, 신앙이 한 단계 위라고 판단한다.

미국이 IS에 대응하기 위해 자신들의 병력을 내보낼 가능성은 없다. 아프가니스탄과 이라크에서 전쟁을 치른 후 미국 내에서는 IS를 소탕하기 위한 병력 동원을 반대하는 분위기다. 따라서 동원할 수 있는 군대는 공군

2003년 3월 20일 미국이 이라크에 대한 전쟁을 공식 선포한 후 미국의 많은 도시에서 반전 시위가 벌어졌다.

이 유일하며, 지상 부대는 다른 국가에서 동원해야 한다. 수니파가 득세하는 사우디아라비아와 터키는 암암리에 IS에 동조하면서 그들을 섬멸하기 위한 군사 행동을 꺼린다. 그들의 지상 병력 동원을 낙관할 수 없는 상황에서 미국이 기댈 수 있는 유일한 나라가 이란이다. 이란은 시아파 국가이며 IS에 동조하는 수니파는 소수의 극단주의자들이기 때문이다. 미국은 이란 시아파의 역량을 빌려 중동 수니파의 소수 극단주의자를 제압하려는 것이다. 미국이 대이란 전략을 대폭 조정한 이유가 바로 여기에 있다.

이란 내부에 연쇄반응을 일으킨 핵 협상

이란은 정교일치의 신권 국가이므로 종교 지도자가 최고 권위를 가진다. 1979년 이란혁명 이후 이란 내에는 종교파와 세속파라는 양대 세력이 형성되었다. 방대한 종교 재단과 혁명수비대가 종교 세력에 속하며, 그 정상에 종교 지도자가 있다. 그러나 그들은 완전한 권력 집중 제도를 채택하지는 않는다. 종교 지도자들이 상대하는 것은 국내 각종 세력 집단의 수많은 엘리트 대표들이다. 집단마다 각자의 이익을 종교 지도자에게 요구한다. 종교 지도자는 많은 이익집단 간의 균형을 유지해야 한다. 이것이 그 체제의 핵심이다.

이른바 혁명수비대는 육해공 모든 병과를 포함하며 이란 육군과 수평을 이루는 조직이다. 혁명수비대는 종교 집단을 지키는 군대로, 그 통제권은 정부가 아닌 종교 지도자에게 있다. 종교 집단과 혁명수비대는 종교와 군사 업무를 관장하는 데 그치지 않고, 실제로는 이란의 주요 경제를 장악하고 있다. 금융, 통신, 광산, 제조업, 농업, 건설업 분야의 주요 기업은 대부분 양대 종교 세력이 장악하고 있으며, 규모가 이란 GDP의 약 85퍼센트에 달한다. 이들은 절대 우위를 차지하며, 대부분의 면세 특권을 누린다. 이와는 반대로 세속파의 이란 민영 경제는 취약하기 이를 데 없다. 그들은 시장에서 의존적 위치에 놓여 있으며, 대형 기업은 거의 찾아볼 수 없다.

2013년 6월 15일 하산 로하니가 이란 대통령에 당선되었다.

종교 집단은 사실 이란 강경파의 총본산이다. 그들은 미국과의 협상이나 문호 개방에 반대한다. 주된 동기는 경제적으로 기득권을 빼앗기지 않기 위해서다. 개혁파는 세속의 역량을 대표하며, 사회 중하층 인사와 학생을 포함한다. 그들은 봉쇄되고 격리된 세상에서 벗어나 현대사회에 유입되기를 갈망한다. 그들은 경제 자원을 장악하지 않았으나 수적으로 많기 때문에 강력한 민의로 종교 집단에 거대한 압력을 가한다. 2013년 로하니가 대통령에 당선될 수 있었던 것도 사람들이 변화를 요구했기 때문이다. 종교 지도자는 최종적으로 로하니를 지지했다.

이란 개혁 개방이 직면한 도전들

개혁파가 우위를 차지했으나 이란의 경제문제는 개방만으로 해결될 수 없으며, 많은 어려움이 도사리고 있다.

첫째, 이란 사람들의 관념에 문제가 있다. 이란이 장기적으로 봉쇄되면서 형성된 기괴한 관념이 개혁과 개방을 저해한다. 예를 들어 그들은 상업에 종사하는 것을 제로섬 게임으로 여기며, 이윤을 나눠 주면 자기 것이 줄어든다고 생각한다. 그들에게는 새로운 가치를 창조한다는 사고방식이 없다.

석유 탐사에도 같은 문제가 존재한다. 구미 지역의 많은 대기업들이 석유와 천연가스를 보유한 이란에 진출하려고 한다. 그러나 이란이 환매 협의에서 가혹한 조건을 제시하고 있다. 외국의 석유기업이 이란에 진출해서 석유를 탐사하고 유정을 시추하려면 많은 리스크를 떠안아야 한다. 석유와 천연가스가 나오지 않으면 그 기업은 투자금을 잃고 손을 털어야 한다. 석유와 천연가스를 발견하면 그 기업은 이란 측을 생산에 동참시켜야 하며, 경영 기간도 지나치게 짧은 5~7년이 고작이다.

외국의 석유기업이 취할 수 있는 장점은 유전을 시추한 후 이란 정부가 비교적 낮은 가격에 환매하는 것이다. 외국 기업이 받는 돈은 수고비를 챙기는 것에 불과하다. 이렇게 리스크가 크고 수익률이 낮은 조건 때문에 국제적인 석유 재벌들이 꺼리게 된다. 이란이 외부의 투자를 제대로 유치하지 못한 것은 미국의 경제제재 때문이라고 볼 수만은 없다. 이란 사람들의 이러한 관념은 국제적 대기업의 이란 진출에 걸림돌로 작용한다.

이란은 최근 들어서야 기존의 생각을 바꾸고 이윤 공유라는 새로운 방법을 내놓기 시작했다. 외국의 기업이 위험을 무릅쓰고 투자해서 석유와 가스전을 발견하면 20~25년간 돈을 벌 수 있게 해주며, 생산한 석유를 일정 비율로 나누는 것이다. 이것은 이란 주변의 다른 산유국보다 훨씬 유리한 조건이다. 유럽과 미국의 대형 석유 재벌들은 이런 이유로 이란 진출을 서두르고 있다.

이란 경제의 전반적인 운영 과정에서 기존 관념이 바뀌지 않은 경우도 많다. 이란의 한 지인은 이런 이야기를 해주었다. 중국 기업이 이란에 투자했는데, 실제로는 이란에 자금 대출을 제공하는 것이었다고 한다. 중국 기업이 대출을 해주는 조건으로 이란 측에 중국의 설비나 물품을 구매해 달라고 요구했는데 이란 측 기업이 동의하지 않았다. 그들은 중국 측이 대출해 준 돈으로 중국 측 물품과 설비를 구매한다면 상대에게 좋은 일만 하는 것이라고 생각한다. 통상적인 비즈니스 원칙을 위반하는 의식을 갖고 있으니 사업을 순조롭게 추진하기 어렵다.

이런 사례도 있다. 이란 내에서는 중국산 제품에 불만이 많으며 평판이 썩 좋지 않다. 사실 이것은 일종의 경제문제다. 가령 중국 소비자들은 일본이 가장 좋은 제품은 미국에 팔고 그다음으로 좋은 제품은 유럽에 수출하며, 품질이 가장 나쁜 제품을 중국에 수출한다고 불만을 토로한다. 일본이 중국을 무시한다고 생각하는 것이다. 그러나 이런 관점은 문제가 있다. 중국의 수입업체가 가격을 지나치게 낮추다 보니 정상적인 품질로는 수익을 낼 수 없게 된 일본 상인들은 구매자가 제시한 가격에 맞춰 제품의 품질을 낮출 수밖에 없다. 가령 자동차의 경우 특정 부품을 빼거나 다른 재질로 바꾼다. 그 결과 중국으로 수입되는 일본 자동차의 품질에는 당연히 문제가 생기게 마련이다. 하지만 중국 사람들은 일본 자동차 업체가 중국 소비자를 무시했다고 불만을 터뜨린다.

사실은 모든 국가가 유사한 문제를 가지고 있다. 중국 제품이 중동 국가로 수출될 때도 상황은 마찬가지다. 이란의 수입업체가 중국에 와서 제품을 구매할 때 형편없이 낮은 가격을 제시한다. 상품을 팔아야 하는 중국 상인은 그 가격에 맞는 품질 낮은 상품을 팔 수밖에 없다. 그뿐이 아니다. 이란 수입업체들은 높은 관세를 피하려고 완제품을 분해해서 관세가 낮은 부품 형태로 수입한다. 그 부품을 이란에서 다시 조립하는 과정에서 오류를 피할 수 없으며 상품의 품질에 문제가 생기게 마련이다.

이란 시장에서 상당히 멋진 중국산 벽시계를 샀는데, 벽에 걸어둔 지 이틀 만에 작동을 멈췄다고 한다. 그 사람은 화가 나서 중국 제품이 형편없다고 투덜댔다. 그런데 그가 중국 이우(義烏)에서 중국산 제품을 구입했는데 이란에서 산 것보다 훨씬 좋다는 것이었다. 이렇듯 제품에 대한 평가에는 경제적 요인이 숨어 있다.

이란 사람들은 독일 제품을 상당히 선호한다. 비즈니스에서 고집스러운 독일 사람들에게는 가격 후려치기 수법이 통하지 않기 때문이다. 이란 수입업체가 낮은 가격을 제시하면 독일 수출업체는 품질을 보장할 수 없기 때문에 브랜드 명성에 먹칠할 사업은 할 수 없다고 거절한다. 독일 수출업체가 원칙을 지킴으로써 이란 사람들의 신뢰를 얻게 되었고, 시간이 지나면서 독일 제품은 가격을 깎을 수 없다는 인식이 자리 잡게 되었다. 따라서 독일 브랜드는 이란 소비자들 사이에서 높은 위상을 차지하며, 이란 소비자들도 독일 제품의 높은 가격을 당연하게 받아들인다.

'융통성 없는' 독일 사람에 비해 중국, 일본, 아랍 상인은 융통성이 지나치다. 그들은 이란의 구매업자와 쉽게 타협하고 최저 가격을 받아들인다. 장기적으로 볼 때 이런 비즈니스는 얻는 것보다 잃는 것이 더 많다.

관념 문제 외에도 이란 경제의 동력이 부족한 또 하나의 원인은 심각한 투자 부족이다. 종교 집단과 혁명수비대가 장악하고 있는 산업은 세금이 면제된다. 이에 따라 이란은 석유 수출에 의존하게 되며, 유가가 지나치게 낮은 데다 경제제재까지 겹쳐서 석유로 인한 수입은 턱없이 부족하다. 빚지는 것을 꺼리는 이슬람 국가들은 돈을 찍어내서 재정 문제를 해결하는데, 이것은 심각한 인플레이션과 통화가치 하락을 초래했다. 국가의 재정 수입 부족으로 도로, 교량, 지하철 같은 대규모 인프라 건설이 차질을 빚게 된다. 테헤란에 부실 공사가 많은 것은 자금 부족으로 인해 수리할 여력이 없기 때문이다. 인프라 투자 부족 현상은 이란 경제의 성장 잠재력을 크게 억누르고 있다.

이란 주식시장 개방과 대통령 로하니의 묘책

이란의 경제가 회복하려면 반드시 대규모 투자를 유치해야 한다. 그러나 이란 정부는 재정이 부족하고 유가가 하락하는 상황에서 개혁을 추진할 수밖에 없었다. 신임 대통령 로하니는 우선 세무 개혁을 단행했다. 종교 집단이나 혁명수비대 산하 기업을 막론하고 모든 기업에 세금을 걷기로 했다. 종교 집단의 면세 특권을 폐지한 것이다. 이란 GDP의 85퍼센트에 달하는 놀라운 숫자였다. 매우 단호한 이 조치는 종교 강경파의 입속에 든

음식을 빼앗는 것과 같았다. 따라서 강경파의 강력한 반대가 예상되었다. 그들의 불만을 무마하기 위해 정부는 채찍과 당근 정책을 적절히 구사할 필요가 있었다.

로하니 대통령은 중국 모델을 이용해 이란의 주식시장을 활성화하기로 했다. 그는 혁명수비대와 종교 집단의 많은 자산을 주식제로 전환해 증시에 공개하기로 했다. 그동안 혁명수비대와 종교 집단은 밀수나 여타 정당하지 않은 수단으로 고액의 이익을 벌어들였다. 그러나 이러한 이익은 엄밀히 말해 종교 재산이었다. 강경파가 중간에서 적잖은 이익을 취하기는 했지만 종교 재산은 개인 소유가 아니다.

이러한 종교 재산을 주식제로 전환하자 강경파 인사들은 순식간에 주주로 변신했다. 이때부터 종교 재산을 합법적으로 자신의 주머니에 집어넣을 수 있었다. 이렇게 하니 강경파 중 많은 사람들이 주식시장 활성화라는 말만 들어도 반색하며 환영했다. 개인적으로 많은 이익을 거둬들일 수 있는 좋은 기회라고 여긴 그들은 개혁 개방을 극력 반대하던 태도에서 로하니를 지지하는 쪽으로 돌아섰다. 바로 이런 이유로 이란과 미국의 협상이 진행될 수 있었다. 강경파가 반대하지 않은 것이다. 이와 동시에 재산세 개혁을 추진할 수 있었다.

리스크가 큰 이란 주식시장

이란 주식시장의 시가총액은 1천억 달러에 불과하다. 약 6천억 위안으로 중국에 비하면 훨씬 작은 규모다. 주가 수익률은 6배에 지나지 않으며, 일일 거래량은 2억 달러에 불과한 '미니 시장'이다. 로하니 대통령이 주식제를 본격적으로 추진해 종교 재산을 점차 자본시장에 풀어놓은 것은 대단한 묘책이다. 강경파는 세금 부과에 강한 반감을 드러내면서도 주식시장 개혁을 통해 일부 사람들을 먼저 부유하게 한다는 '선부론'은 효과적이었다. 주식제의 유혹은 너무나 강렬했다. 종교 집단과 혁명수비대가 통제하는 것은 국유자산이지만, 주식제 전환 후 상장기업은 종교계 엘리트 인사들에게 큰 이익을 가져다줄 것이다. 따라서 세금으로 인한 손실을 주식으로 충분히 메울 수 있었다. 이렇게 하면 대다수 강경파 종교 인사들이 개혁파 진영에 가담하게 된다.

로하니의 당근과 채찍 정책이 성공을 거두면 개혁파가 세력을 굳히고 이란의 경제 개혁을 이끌 수 있다. 그렇게 되면 이란 주식시장도 큰 흡입력을 갖게 될 것이다. 이란의 주식시장은 잠재력도 크지만 리스크도 크다. 이란의 상장기업들은 종교 집단 및 혁명수비대와 복잡하게 얽혀 있기 때문이다. 투자자가 상장기업의 배후를 모르고 해당 주식을 무턱대고 사들였다가는 막대한 손해를 볼 수도 있다. 중국 주식시장은 20여 년간 운영되면서 비유통주 거래 금지가 해제되고 동일한 주식이 동일한 권리를 갖는 투쟁을 거쳐 이제야 안정 상태에 접어들었다. 이에 비하면 이란은 개혁 개방 초기 단계에 놓여 있다. 따라서 종교 집단 및 혁명수비대의 재산을 사들이면 몇 년 동안 자금이 묶일 가능성이 크다.

이란 핵 협상 타결이 중동의 지정학 정국에 미치는 영향

이란과 미국의 핵 협상으로 사우디아라비아의 자존심에는 큰 상처가 났다. 사우디아라비아는 원래 미국의 우방이며 중동 이슬람 세계의 지도자였다. 그러나 미국이 이란과 더 가까워지면서 사우디아라비아의 이익은 전혀 고려하지 않았다. 사우디아라비아로서는 큰 타격이었으며, 체면에도 큰 손상을 입었다. 물론 사우디아라비아는 만만한 상대가 아니다.

사우디아라비아 살만 왕의 아들 무함마드가 러시아로 날아가 푸틴과 회동하고 직접 100억 달러의 러시아 농업 투자를 결정했다. 이것은 러시아 역사상 최대의 외자 프로젝트였다. 사우디아라비아가 미국을 향해 보란 듯이 취한 행동이었던 것이다.

이란과 사우디아라비아 관계 발전의 2가지 가능성

로하니의 집권 철학으로 볼 때 그가 대통령 자리를 지킬 수 있다면 개혁파와 강경파가 공동의 이익을 얻었음을 의미한다. 그는 어떤 대외 전략을 취할 것인가? 나는 2가지 가능성을 예상한다.

그중 하나는 이란이 1980년대 중국의 개혁 개방처럼 경제 발전 우선 전략을 채택하여 내부적으로 핵무기 문제에서 자율성을 유지하고 대외적으로는 평화 외교를 추진하는 것이다. 간단히 말해 1979년 이후 계속된 종교혁명 색채를 벗고 지역 패권과의 관계를 완화하는 것이다.

종교 요소를 배제하고 보면 이란은 페르시아인, 사우디아라비아는 아랍인, 터키는 튀르크족으로 각각 인종이 다르다. 이란은 한 번도 아랍인과 튀르크족을 이끌 생각을 하지 않았다. 이란이 이슬람 세계의 패권을 둘러싼 경쟁을 포기한다면 사우디아라비아의 민감한 신경과 초조한 심리는 크게 완화될 것이다. 사우디아라비아가 이란, 이라크, 시리아, 레바논과 예멘 시아파의 '초승달' 지형에 포위되는 데 따르는 공포도 점점 줄어들 것이다. 이란은 종교혁명을 전파하고자 하는 열정도 점차 줄어들 것이다. 이런 방향으로 발전한다면 중동 지역에는 모처럼 종교 화해 국면이 나타날 것이다. 이것은 가장 이상적인 상황이다.

또 다른 가능성은 이란과 사우디아라비아의 갈등이 격화되는 것이다.

이란 내부 강경파는 전반적으로 좌파 성향을 띤다. 로하니가 국내에서 시종일관 종교 강경파의 압박을 받는 상황에서, 설사 경제개혁으로 양쪽이 모두 혜택을 본다 해도 이데올로기의 갈등은 여전히 뜨거울 것이다. 로하니가 압박에 못 이겨 대외정책에서 강경한 태도를 유지하고 적대 관계를 계속 유지할 가능성도 있다.

이란의 석유 수출이 재개되고 경제가 개방되면서 국력도 강화될 것이다. 이러한 시기에 이란이 강경파의 요구에 따라 패권 경쟁을 한다면 사우디아라비아를 자극하는 것은 물론 중동의 형세가 전반적으로 복잡해진다.

이란과 이스라엘의 미묘한 관계

위의 아랍 국가들과 복잡하게 얽혀 있는 나라가 이스라엘이다. 사우디아라비아와 이란이 경쟁하면 이스라엘은 강 건너 불 구경하듯 그 틈에서 여유롭게 이익을 볼 수 있다. 현재 이스라엘은 최적의 상태에 있다. 중동의 주요 적수는 모두 힘을 잃었다. 이집트, 리비아, 이라크, 시리아 등은 미군이 진압했으며, 일부 국가는 아랍의 봄을 맞아 정권 교체를 이룩했다. 따라서 이스라엘은 유례없는 평화 시기를 구가하는 중이다. 군사적으로 이스라엘 군대는 절대 우위를 차지하고 있으며, 유일하게 남은 적수가 이란이다. 이런 상황에서 미국과 이란의 핵 협상 타결은 이스라엘에게 결코 좋은 소식이 아니다.

이스라엘과 이란의 관계는 매우 흥미롭다. 이란은 이스라엘을 지도에서 없애버리겠다고 선언했으며, 이스라엘은 이란의 핵시설을 무력으로 파괴하겠다고 선언한 바 있다. 그러나 두 나라는 한 번도 전쟁을 벌인 적이 없다. 이란 국민은 페르시아인이다. 과거 페르시아제국의 키루스 대제가 신(新)바빌로니아를 함락한 후 바빌로니아의 포로를 풀어주고 유대인이 가나안을 되찾게 해주었으며, 심지어 그들의 성전 재건을 지지했다. 제2차 세계대전 시기에는 이란의 외교관이 위험을 무릅쓰고 수천 명의 유대인을 유럽에서 탈출시켰다. 피난민이었던 많은 유대인들은 이란으로 이주했다. 페르시아인이 유대인에게 은혜를 베푼 것이다. 이스라엘 건국을 전후해서 이라크와 다른 아랍 국가에 거주하던 유대인들은 모두 쫓겨났으나 이란에 거주하던 유대인들은 무사했으며, 지금까지도 거주하고 있다. 그뿐 아니라 유대인들은 이란에서 비교적 풍족한 생활을 누리고 있다.

비록 주류 민족에는 못 미치지만 이란은 유대인을 차별 대우하지 않았다. 종교적으로 매우 포용적인 이란의 태도를 알 수 있는 대목이다. 따라서 이란과 이스라엘의 갈등은 일종의 기괴하면서도 뚜렷한 정치적 갈등이지, 민족 간의 증오로 인한 갈등이 아니다. 서로 멀리 떨어져 있기 때문에 이스라엘이 중동에 잠재하는 모든 적수를 제거하려고 나서지 않는 한, 개혁개방을 추진하고 있는 이란과 유례없는 평화 시대를 구가하는 이스라엘 간에 격렬한 충돌이 발생할 가능성은 없다.

이란 핵 협상으로 실리를 챙기는 3대 승자

이란의 핵 협상 타결로 맨 먼저 이익을 보는 것은 중국과 EU이다.

중국이 이익을 취하는 이유는 간단하다. 첫째, 중국의 새로운 실크로드가 이란을 경유하기 때문이다. 이란이 평화와 안정을 유지하면 뉴실크로드 전략을 더욱 순조롭게 전개할 수 있다. 둘째, 현재와 미래를 막론하고 중국은 천연가스를 수입하여 석탄을 대체해야 한다. 중국 북부 지역의 스모그 문제는 천연가스로 대체해야 근본적으로 해결할 수 있다. 천연가스는 주로 투르크메니스탄과 매장량 세계 2위 국가 이란에서 수입한다. 따라서 핵 협상 타결로 이란이 경제제재에서 벗어나면 중국은 큰 혜택을 얻을 수 있다.

EU도 당연히 이란의 천연가스 수입을 통해 러시아에 의존해 온 불리한 국면을 전환하고자 할 것이다. 또 이란이 많은 석유와 천연가스 자원을 보유하고 있는 상황에서 EU 국가들은 무슨 수를 써서라도 이란에 진출하여 큰돈을 벌고자 한다. 따라서 EU도 이란의 핵 협상 타결을 환영하는 입장이다.

러시아의 천연가스와 이란의 천연가스를 모두 유럽 시장에 판매한다면, 이란과 러시아의 경쟁 구도가 형성될 것이다. 그러나 이란의 천연가스는 동서 방향의 수송관을 이미 완공하여 파키스탄 국경까지 연결되어 있다. 이 수송관은 장차 중국과 파키스탄의 천연가스 수송관과 연결되어 이란의 천연가스가 직접 중국으로 운반될 것이다. 인도 또한 중간에 수송관을 삽입하여 파키스탄으로부터 이란의 천연가스를 도입할 가능성이 크다.

이란의 천연가스는 중국과 인도의 거대한 수요를 충족하느라 유럽 시장까지 진출하여 러시아와 경쟁할 여력은 없을 것이다. 따라서 러시아는 압박감을 느끼지 않는다. 이란의 원자력 기술은 주로 러시아에 의존해 왔다. 핵보유국의 문턱을 넘어서고자 한다면 미국과 유럽의 결연한 반대에 부딪칠 것이 분명하므로 계속 러시아에 의존할 수밖에 없다. 푸틴의 가장 중요한 전략은 중앙아시아, 이란, 파키스탄, 인도와 단결하는 것이다. 물론 여기에는 중국도 포함된다. 중앙아시아 지역에 지정학적 협력 구도를 형성하여 미국의 영향력에 공동 대응하면 자국의 안보는 물론 러시아가 재기하는 발판을 다질 수 있다.

이란의 경제가 풀리면 장차 어떤 국면이 형성될까? 분명한 것은 러시아,

중국, 이란, 파키스탄, 인도 5개국이 중앙아시아 지역에서 석유와 천연가스 파이프라인에 합류한다는 점이다. 이렇게 해서 5개국은 중앙아시아에서 지정학적 협력 구도를 형성할 것이다.

이란의 핵 협상 체결로 단기적으로는 오바마가 정치 자산을 획득했지만, 장기적으로 미국은 중앙아시아의 지정학적 전략 배치에서 결정적으로 패한 것이다.

4장

아랍-이스라엘 분쟁이 끊이지 않는 이유

2015년 이란의 핵 협상이 타결되자 매체들은 이스라엘이 이란 핵시설을 세 차례나 공격할 계획을 세웠다고 보도했다. 이로써 이스라엘과 아랍 국가의 갈등이 또다시 세계의 이목을 끌었다. 중동 지역을 오랫동안 곤혹스럽게 한 아랍-이스라엘 분쟁은 오래된 것처럼 보이지만 사실상 지금의 상황을 만든 것은 전통 자본주의 강국 영국이었다. 역사는 과연 어떠했을까? 향후 아랍-이스라엘의 관계는 어떻게 전개될 것인가?

전 세계의 정신적 중심, 시온산

중동 문제를 논할 때 아랍과 이스라엘의 분쟁은 우리가 줄곧 회피해 온 화제였다. 관련 범위가 너무 넓고 역사적인 관계가 복잡하게 얽혀 있기 때문이다. 아랍-이스라엘 분쟁은 중동 전체 갈등의 핵심이며, 현재 중동의 모든 문제가 아랍-이스라엘 분쟁의 영향을 받은 것이다.

혹자는 예루살렘이 세상의 중심이며, 시온산(Mount Zion)은 예루살렘의 중심이라고 한다. 물론 여기서 말하는 '중심'은 지리상이 아니라 정신적인 중심이다. 알다시피 예루살렘은 유대교, 기독교, 이슬람교 3대 종교의 성지이며, 시온산은 바로 성지의 심장이다. 이곳에서 발생하는 모든 분쟁은 전 세계 십수억 기독교도와 무슬림의 정신세계를 뒤흔든다. 미국 최초의 달 착륙 우주인 닐 암스트롱은 시온산에 첫발을 내디뎠을 때의 심정이 달

예루살렘에 있는 시온산. 14헥타르에 못 미치는 지역에 많은 종교 유적이 보존되어 있는 시온산은 이슬람교, 유대교, 기독교의 성지이다.

에 첫발을 내디딘 순간보다 더 흥분되었다고 말했다.

세계대전을 일으킬 수도 있는 신성한 지역

시온산 입구에 다가갔을 때부터 긴장감이 몰려왔다. 한 무리의 완전 무장한 이스라엘 병사들이 입구를 지키며 경계심이 가득한 눈초리로 한 사람 한 사람을 자세히 뜯어보았다. 들어가기 전에 현지의 지인이 가방 속에 십자가, 성경, 불교 염주 같은 물품을 휴대해서는 안 된다고 거듭 당부했다. 시온산의 관리권은 이슬람교에 있기 때문에 다른 종교를 상징하는 물건은 가지고 들어갈 수 없으며, 발견하는 즉시 몰수당할 것이라고 했다.

시온산 입구의 문으로 들어서자, 이스라엘 사병이 초소를 지키는 외부와 달리 안쪽은 팔레스타인 경찰이 질서를 유지하고 있었다. 여기서 의문을 가지는 독자들도 있을 것이다. 이스라엘이 제3차 중동전쟁 때 예루살렘을 함락하지 않았던가? 그런데 어떻게 해서 시온산이 아직도 무슬림의 손에 있단 말인가? 유대인은 시온산에 들어가 기도할 수 없으며, 외부에 있는 통곡의 벽까지만 갈 수 있는 이유가 무엇일까?

첫째, 법률과 재산권의 측면에서 볼 때 살라딘(12세기경 티크리트 출신의 쿠르드족 무슬림 전사이자 이집트, 시리아의 술탄으로 1187년 십자군을 격파하고 예루살렘을 탈환했다. - 옮긴이) 시대부터 시온산은 이미 이슬람교의 자산이었다. 시온산 내에 있는 2개의 이슬람 사원, 즉 알아크사 모스크(Al-Aqsa Mosque)와 황금 돔의 바위 사원(Dome of the Rock)도 이슬람교 자산이다.

둘째, 시온산의 종교적 민감성을 고려해야 한다. 무력을 사용하면 이스라엘이 단 몇 분 만에 시온산을 손에 넣을 수 있다. 그런데도 그냥 두는 이유는 무엇일까? 이스라엘이 그렇게 하는 순간 전 세계 십수억 무슬림이 지하드(Jihad, 성전)를 발동할 것이며, 제3차세계대전으로 번질 수 있기 때문이다. 결국 시온산은 그 누구도 건드릴 수 없는 '종교 핵무기'인 셈이다. 이런 이유로 유대인들이 시온산에 진입하지 못하고 서쪽 통곡의 벽에서 기도할 수밖에 없는 것이다. 시온산 내부는 팔레스타인 사람들로 구성된 무장 경비대가 지키고 있어서 국가 안의 국가 같은 형세를 띤다.

아랍-이스라엘 분쟁을 직접 겪은 시온산

경계가 삼엄한 입구를 통과해 마침내 시온산에 발을 내딛은 우리 일행은 바위 사원으로 갔다. 푸른 하늘 아래 황금빛 지붕은 실로 아름답다. 나는 유쿠(Youku, 중국의 UCC 사이트 - 옮긴이) 촬영팀을 재촉해 카메라를 설치한 다음 시온산과 이슬람 사원의 역사에 관한 소개 멘트를 준비했다. 지나치게 흥분한 탓인지 나는 카메라를 향해 연신 과장된 손짓을 했고, 이 모습이 한 팔레스타인 경비대원의 주의를 끌었다. 아랍 젊은이는 내 쪽으로 다가오더니 경계하는 말투로 뭘 하느냐고 물었다. 나는 이슬람 사원의 역사를 소개하고 있다고 대답했는데, 여기서 치명적인 실수를 범하고 말았다. 내 입에서 '템플(temple)'이라는 단어가 튀어나온 것이다. '신전', '성전'

을 뜻하는 이 단어에 팔레스타인 경비대원은 노발대발하며 고함을 질렀다. "템플이 아니라 모스크(mosque)입니다. 여기서 촬영은 금지되어 있으니 즉시 이곳을 떠나시오!"

이슬람 사원을 가리킬 때는 '모스크'라고 해야 한다. 경비대원은 내가 이슬람 사원을 유대교 제2성전의 현장으로 소개하고 있다고 오해했다. 이것은 아랍인의 금기를 크게 어기는 것이었다. 재차 변명했으나 소용없었다. 상대는 이미 히스테리 상태에 빠져 카메라까지 압수하려 들었다. 그 전까지만 해도 나 스스로 중동 역사에 대해 잘 안다고 생각했다. 그러나 잘못 쓴 단어 하나에 상대가 그토록 큰 분노를 일으키는 것을 보고 이것이 얼마나 민감한 문제인지에 대한 인식이 부족했음을 깨달았다.

정작 큰일은 그 직후에 벌어졌다. 그것도 바로 내 옆에서. 유대인 몇 명이 시온산에 몰래 들어왔다가 아랍인에게 발각된 것이다. 쌍방이 격렬하게 욕설을 주고받으며 소란이 일어나자 팔레스타인 경비대원이 즉시 달려왔다. 입구의 이스라엘 병사들도 총을 겨눴다. 결국 이스라엘 병사들이 그 유대인들을 데려가면서 충돌 위기를 가까스로 피했다.

우리는 그동안 이스라엘과 아랍 간 갈등이 얼마나 민감한 사안인지 간과하고 있었다. 팔레스타인 사람들이 단어 하나에도 그토록 과민 반응을 보인다는 것은 그만큼 원한에 사무쳤기 때문이다. 상대의 격렬한 정서를 이해하지 못하는 것은 역사를 인지

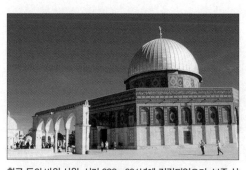

황금 돔의 바위 사원. 서기 688~691년에 건립되었으며, 보존 상태가 가장 완벽하고 가장 중요한 이슬람 초기 건축의 걸작이다.

하는 데 있어서 중대한 맹점이 존재한다는 것이다.

종교 차이는 민족 갈등의 도화선이 아니다

사실 유대인과 아랍인은 같은 언어를 쓰는 동일 민족이다. 그들 모두 셈 족이며 언어도 둘 다 셈어에 속한다. 또한 아브라함이 그들 공통의 조상임을 모두 인정한다.

종교 측면에서도 그들은 큰 차이가 없다. 선지자 무함마드는 유대인인 다윗 왕과 솔로몬 왕을 숭상했으며 유대인을 일컬어 경전을 가진 사람이라고 말했다. 사실상 이슬람교는 유대교의 합법적 계승자를 자처한다. 다만 그들은 유대인이 이미 신에게 버림받았기에 자신들만이 정통파이며 알라에게 선택된 사람들이라고 주장한다.

역사적으로 이슬람교와 유대교 자체는 서로 첨예한 충돌이 없었다. 무슬림과 유대교는 서로에게 비교적 너그러웠다. 아랍제국이든 오스만제국이든 유대인과 기타 종교의 신도가 인두세(각 개인에게 일률적으로 매기는 세금 – 옮긴이)를 내기만 하면 무슬림은 그들의 재산과 신분을 보호해 주었다. 인두세 또한 결코 차별적인 제도가 아니었다. 유대인은 이슬람 군대에 들어가 전투를 하지 않아도 되었기 때문에 돈을 내고 병역 의무를 면제받은 것으로 볼 수 있다. 이런 정책은 다른 종교에도 똑같이 적용되었다.

사실 무슬림은 유대교를 배격한 적이 한 번도 없다. 그렇다면 유대교와 진짜 갈등을 빚었던 상대는 누구였을까? 그것은 기독교다. 이유는 간단하다. 유대인은 예수가 구세주라는 것을 인정하지 않기 때문이다. 예수가 구세주라는 것은 기독교 전체의 근간이다. 따라서 기독교는 유대인들을 극히 적대시했다. 역사적으로 발생한 모든 유대교 배격 행위는 유럽의 기독교인들이 일으킨 것이다. 따라서 원래 교리상으로 보면 이슬람교와 유대교는 충돌과 갈등을 일으킬 이유가 없다.

현대 민족주의의 대두

물과 불처럼 병존할 수 없는 아랍인과 유대인의 갈등은 예전부터 시작된 것이 아니다. 1300여 년 동안 양측의 사이는 나쁘지 않았다. 오늘날 우리가 목격하는 치열한 분쟁은 최근 100여 년 전부터 시작된 것이다. 갈등의 기원은 현대 민족주의의 대두에서 비롯되었다.

민족주의는 '현대 세계의 종교'로 알려져 있다. 서방의 개념에서는 동일 민족에 속한 사람들이 공동의 독립국가를 세우고, 통치자, 법률, 정부기구를 갖고자 하는 것을 말한다. 이러한 민족주의 국가에서는 모든 사람들이 충성을 다한다. 이것은 전통의 민족 개념이 아니라 국가의 통치 방식이다. 겉으로 민족국가를 내세우며 대외적인 이익을 추구하는 것이다.

민족주의는 지리적 대발견의 시대에 유럽에서 처음 출현했다. 중세 유럽에는 민족주의라는 개념이 없었다. 중세 유럽 사람들에게 당신이 어떤 사람이냐고 물어보면 돌아오는 첫 대답은 천주교도, 두 번째로는 모 봉건 영주의 백성, 마지막에 가서야 프랑스 사람 또는 독일 사람이라고 대답할 것이다. 중세 유럽에는 민족국가라는 개념이 없었기 때문에 자신의 정체성이 모호했다.

당시에는 로마 교황과 교회의 권력이 가장 강했으며, 두 번째로 세력이 강한 것이 각국의 국왕과 봉건 귀족이었다. 교회와 봉건 지주가 연합하여 집권한 체제였던 것이다. 교회는 유럽 각국에 분포하여 경작지의 4분의 1을 지배했으니 유럽 최대의 지주라고 할 수 있었다. 각국의 왕족과 귀족은 비교적 규모가 작은 지주였다. 교회는 독자적인 체제를 이루었으며, 각국의 귀족들은 모두 친척 관계였기에 민족의 개념이 중요하지 않았으며, 통치자와 피통치자만 존재했을 뿐이다.

중국도 마찬가지였다. 청나라 이전에는 영토에 대한 개념이 모호했다. 사람들은 자기 영토의 경계를 표시하지도 않았다. 경계의 개념은 서방 민족주의 국가가 대두한 이후에 생겨난 것이다. 오늘날 우리가 생각하는 국가와 주권에 대한 인식은 모두 근대 이후에 형성된 것이다.

민족주의 사조가 중동을 석권하다

신대륙의 발견으로 상업혁명과 산업혁명의 서막이 열리면서 상인과 자본가가 대두했다. 그들은 점점 강대한 경제 자원을 보유하면서 전통의 통치 모델을 흔들기 시작했다. 그들은 우선 왕권을 끌어들여 신권을 무너뜨렸다. 그 후에는 하층 민중을 동원해 왕권을 쓰러뜨렸고, 마지막에는 현대의 민족국가라는 완전히 새로운 통치 모델을 구축했다.

19세기 말 이러한 민족주의 사조는 유대인과 아랍인에게까지 파고들었다. 양쪽 모두 자신의 민족국가를 세우고자 했다. 따라서 아랍인과 유대인 간의 첨예한 갈등은 사실상 19세기 말엽에야 시작된 것이다. 민족주의가 대두함에 따라 그들에게도 주권국가의 의식이 생겼다. 국가 이익을 둘러싼 주권국가 간의 충돌이야말로 문제의 근원이며, 종교는 갈등을 증폭시키는 장치에 불과했다. 그렇게 해서 커진 갈등이 수습할 수 없는 지경까지 오게 된 것이다.

영국이 중동 정국에 개입하다

민족주의 사조를 받아들인 아랍인들은 오스만제국의 통치에서 벗어나 자신들의 아랍 국가를 건설하고자 했다. 이로써 제1차세계대전 시기에 아랍인 대봉기가 일어났다. 〈아라비아의 로렌스(Lawrence Of Arabia)〉는 바로 이 시기의 역사를 배경으로 한 영화이다. 아랍인이 영국의 도움을 받아 대봉기를 일으키고 수백 년에 걸친 터키의 통치 구도를 뒤엎어버렸다.

영국과 손잡은 사람은 헤자즈의 국왕 후세인 이븐 알리였다. 아라비아 반도 서쪽의 홍해 연안에 있는 헤자즈는 메카와 메디나 두 성지를 포함하고 있다. 후세인은 선지자 무함마드의 직계 후손으로 성족(聖族)의 후예라고 불렸다. 그의 가문은 메카 관리 지위를 세습했다.

선지자 무함마드는 슬하에 파티마라는 딸 하나를 두었는데, 그녀는 무함마드의 사촌 동생 알리와 결혼해 하산과 후세인 두 아들을 낳았다. 훗날 후세인은 우마이야 왕조에 의해 피살되어 시아파의 분열을 초래했다. 가문의 명맥을 이은 하산의 37대 후손이 바로 헤자즈 왕국의 후세인 왕이다. 따라서 후세인은 선지자 무함마드의 혈통을 이어받은 직계 후손으로, 아랍 세계 전체에서 매우 숭고한 지위를 차지했다. 당시 비록 터키가 중동을 통치했지만 그들 역시 수니파였기 때문에 비교적 공경하는 자세로 후세인 가문을 대했다. 어쨌든 그는 선지자 무함마드의 혈통을 이어받은 후손이었기 때문이다.

제1차세계대전 시기 중동 지역에서 터키와 힘겨운 전투를 치르던 영국은 지원군이 시급했다. 이에 로렌스를 파

헤자즈 왕국의 후세인 이븐 알리.

견해 후세인의 아들들에게 영국군을 도와 터키 군대를 공격할 것을 요청했다. 후세인은 도와주는 대신 조건을 제시했다. 전쟁이 끝나면 아랍 지역이 완전히 독립하여 통일된 아랍 왕국을 세우는 데 동의해 달라는 것이었다. 이 아랍 왕국에는 오늘날의 사우디아라비아, 시리

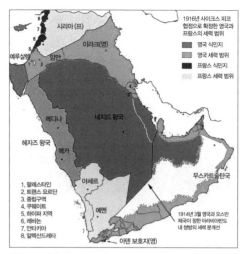

1916년 사이크스 피코 협정으로 확정한 영국과 프랑스의 세력 범위
- ■ 영국 식민지
- ■ 영국 세력 범위
- ■ 프랑스 식민지
- ■ 프랑스 세력 범위

시리아 (프)
이라크 (영)
예루살렘 암만
메디나
네지드 왕국
헤자즈 왕국 메카
무스카트술탄국
야세르
1. 팔레스타인
2. 트랜스 요르단
3. 중립구역
4. 쿠웨이트
5. 하이파 지역
6. 레바논
7. 안타키아
8. 알렉산드레타
예멘
1914년 3월 영국과 오스만 제국이 정한 아라비아반도 내 쌍방의 세력 분계선
아덴 보호국(영)

헤자즈 왕국은 홍해에 인접하며 아라비아반도 서쪽에 위치한다. 양대 성지 메카와 메디나가 있다.

아, 이라크, 요르단, 팔레스타인, 이스라엘과 레바논이 포함되었다.

영국의 기만술

당시 영국은 후세인의 조건을 수락했지만, 빠져나갈 구멍도 남겨두었다. 바로 일부 지역은 제외한다는 것이었다. 그러나 구체적으로 어떤 지역인지는 밝히지 않았다. 이렇게 명확하지 않은 조건으로 인해 훗날 많은 분쟁을 일으키는 지역이 생겨났다. 아랍의 요구를 수락한 후 교활한 영국은 프랑스와 비밀 협정을 맺고, 후세인에게 주기로 약속한 토지를 나눠 가짐으로써 오늘날 중동 문제의 후환을 남겨두었다.

영국은 프랑스와의 협정에서 이라크를 영국이 점령하고 시리아의 대부분을 프랑스에 할양하기로 했다. 그렇다면 훗날 중동 분쟁의 핵심 지역인 팔레스타인은 어느 나라에 돌아갔을까? 후세인은 영국이 당연히 팔레스타인을 자신들에게 주리라 믿었다. 그곳 주민의 절대다수가 아랍인이기

때문이었다. 그러나 영국은 당시 교활한 술수를 부려 아랍인과의 협상에서 확실한 동의도, 그렇다고 명확하게 반대하지도 않았다. 사실 영국은 팔레스타인을 자신들의 위임 통치 구역으로 편입할 작성이었다. 팔레스타인 지역을 이용해 유대인이라는 또 다른 대어를 낚으려 한 것이다.

서방의 민족주의는 아랍 세계에 전파됨과 동시에 중동의 유대인 사회에도 확산되었다. 유대인은 19세기 말에 민족주의의 영향을 받아 민족국가를 수립하고자 했다. 이렇게 해서 19세기 말 시오니즘(팔레스타인에 민족국가를 건설하려는 유대 민족주의 운동-옮긴이) 운동이 시작되었다. 그러나 그들에게는 나라를 세울 땅이 없었다. 유대인은 당시 세계적인 부호로 성장하여 각국의 금융과 재정을 좌우하며 유럽과 미국에서 막대한 부와 재력을 과시했다. 돈이 있으니 건국할 땅을 구하는 것은 문제없었다. 문제는 반드시 팔레스타인에 건국해야 한다는 것이었다. 앞서 유대인이 신앙에 상당히 집착한다고 언급한 바 있다. 신이 가나안, 즉 팔레스타인 지역을 유대인에게 주겠다고 약속한 이상 그들은 반드시 신과의 약속을 지켜야 했으며, 다른 지역은 고려하지 않았다. 이것이 시오니즘의 기본 정신이다.

독일계 유대인이 이스라엘 건국을 후원하다

제1차세계대전 이전에 시오니즘 운동의 중심은 독일의 베를린이었다. 제2차세계대전 시기 독일이 유대인을 학살한 것을 생각하면 이해되지 않을 것이다. 사실 역사적으로 볼 때, 독일은 유럽에서 유대인에게 가장 우호적인 나라였다. 1618년부터 1648년까지 치열한 30년전쟁으로 지역 경제가 무너지고 사람들은 비참한 처지에 놓이게 되었다.

당시의 프로이센은 게르만 민족을 내세우고자 했고, 이를 위해서는 투자를 유치할 필요가 있었다. 프로이센과 게르만의 소도시 국가들은 돈이 많은 유대인에게 여러 우대 조건을 제시하며 게르만 지역에 정착해 투자하도록 권유했다.

17세기부터 19세기까지 300년 동안 독일의 유대인 우대 정책으로 많은 유대인들이 독일로 이민을 갔다. 독일계 유대인은 훗날 엘리트가 되었다. 리먼 브러더스, 골드만 삭스 등 전 세계 금융 재벌의 조상들은 대부분 독일계 유대인이다.

독일 황제 빌헬름 2세는 유대인의 팔레스타인 건국을 돕고자 했으며, 이를 위해 오스만제국의 술탄(이슬람 통치자 – 옮긴이)을 설득하기도 했다. 빌헬름 2세는 유대인이 팔레스타인에서 건국하면 오스만제국에 2가지 이점이 있을 것이라고 주장했다. 첫째, 재정 파산 위기에 직면한 오스만제국이 팔레스타인을 독일계 유대인에게 내주면 대규모 금융 지원을 받아 국력을 강화할 수 있다. 둘째, 오스만제국은 독일의 우방이므로 협력하면 더욱 강력한 힘으로 영국에 대응할 수 있을 것이다. 그러나 오스만제국은 다민족으로 구성된 대제국이므로 유대인의 독립국가 건설에 동의하면 다른 민족도 독립을 요구하고 나설 것을 우려했다. 그렇게 되면 제국이 붕괴될 위험이 있다는 것이다. 빌헬름 2세는 시오니즘을 지지하느라 오스만제국이 해체되어서는 안 된다고 생각했다. 오스만제국은 독일의 가장 중요한 우방이며, 제1차세계대전 때 독일은 오스만제국과 동맹을 맺었기에 시오니즘을 지지할 수 없었다. 독일은 원래 미국의 독일계 유대 금융가들의 전폭적인 지지를 받을 수 있었으나 오스만제국과의 관계로 인해 한 걸음도 나아갈 수 없었다. 결국 그 기회를 영국에게 넘겨주고 말았다.

영국의 배신에 헤자즈 왕국이 멸망하다

제1차세계대전이 막바지에 이른 1917년, 독일과 영국의 경제는 이미 파산 지경에 이르렀다. 이때 미국의 지지를 얻는 쪽이 전쟁을 최후의 승리로 이끌 수 있었다. 미국의 유대인 금융가들은 미국의 참전에 지대한 영향력을 미쳤다.

처음에 미국의 유대인들은 독일을 동정했다. 그들 중 다수, 특히 강력한 세력을 가진 은행가들이 대부분 독일계 유대인이었기 때문이다. 독일 황제가 과거 그들을 호의적으로 대한 것이 그 이유였다. 또 하나의 이유는 그들이 제정러시아를 특히 싫어했기 때문이다. 상당히 가혹한 유대인 박해 정책을 펼친 제정러시아와 영국이 동맹을 맺고 독일과 전쟁하는 상황을 미국의 독일계 유대인들은 용납하기 어려웠다.

영국은 미국의 참전 없이는 독일과 싸워 이길 수 없다는 사실을 알고 있었다. 따라서 문제의 핵심은 미국의 유대인 은행가들을 설득하는 일이었다. 사실 해결책은 간단했다. 영국이 시오니즘 운동에 대해 확실한 태도를 보여주는 것이었다. 이에 1917년 영국 정부는 마침내 중요한 밸푸어 선언을 발표했다.

사실 밸푸어 선언은 한 통의 편지에 몇 마디를 붙인 것에 불과했다. 편지를 쓴 사람은 영국 외무부 장관 아서 제임스 밸푸어 경이며, 수신인은 당시 시오니즘 연맹의 명예 회장 로스차일드 경이었다. 밸푸어 선언의 요지는 "영국 정부가 팔레스타인에 유대인이 민족의 터전을 건설하는 것을 지지하며, 그 목표를 실현하기 위해 힘쓴다"는 것이었다. 현대사에서 지극히 중요한 의미를 갖는 이 외교 문건은 시오니즘 운동의 결정적 문서로 일컬어진다.

이 문서를 계기로 미국은 전쟁에 동참했으며, 유럽의 전쟁터에 대량의 병력을 투입했다. 전쟁은 영국의 승리로 끝났다. 그러나 영국은 각국과의 약속을 파기했다. 아랍인들은 속았다는 사실을 깨달았고, 후세인 국왕은

네지드 지역의 수장이었던 이븐 사우드, 사우디아
라비아의 국왕이기도 하다.

밸푸어 선언은 영국 정부가 팔레스타인에 유대인의
국가 건설을 지지한다는 공개적 보증이며, 세계 주
요 국가가 유대인의 팔레스타인 귀환을 지지하는
최초의 선언이다.

밸푸어 선언을 거부했다. 그렇다면 영국은 이전의 동맹을 어떻게 대했을
까? 어차피 전쟁이 끝난 마당에 아랍인은 필요 없었다. 대영제국에 협조하
지도 않은 아랍에 도움을 줄 필요가 없다고 생각한 것이다.

후세인이 통치하던 헤자즈 왕국의 동쪽은 아라비아반도 중부의 네지드
라는 지역이었다. 그곳은 유명한 무함마드 이븐 사우드 왕이 통치하고 있
었다. 오늘날 사우디아라비아의 국왕은 모두 그의 자손들이다.

당시 영국 사람들은 두 파로 나뉘었다. 런던의 영국 정부는 헤자즈의 후
세인 국왕을 지지했다. 그러나 인도에 있는 영국 총독은 네지드의 이븐 사
우드 쪽으로 기울었다. 당장 후세인이 협조하지 않자 영국은 그에 대한 지
지를 철회했다. 이븐 사우드는 원래 후세인과 반목하는 사이로, 양쪽은 아
라비아반도의 패권을 놓고 경쟁하고 있었다. 영국이 후세인에 대한 지지
를 거두자 이븐 사우드는 군대를 동원해 메카와 메디나를 함락했다. 후세

인은 쫓겨났으며, 사우드 가문은 아라비아반도를 통일하고 사우드 왕조를 세웠다.

하심 왕조의 수립

헤자즈 왕국의 후세인은 달아났지만 그의 두 아들은 다른 궁리를 모색했다. 그중 압둘라는 대세가 기울었음을 깨닫고 군정과 외교권을 고스란히 영국에 넘겼다. 영국은 압둘라가 순순히 굴복하자 그를 요르단 국왕으로 세웠다. 현재 요르단 국왕 후세인은 그의 친손자이며, 선지자 무함마드의 직계 혈통이다.

후세인의 다른 아들 파이살(Faisal)은 아랍 세계에서 권위가 높은 인물이었다. 제1차세계대전이 끝나기 전 그는 아랍 봉기군을 이끌고 시리아 수도 다마스쿠스를 함락했다. 그는 시리아 국왕 자리에 오르고 싶었으나 영국은 시리아를 프랑스에 넘겨버렸다. 파이살은 불만을 품었으나 프랑스를 상대로 싸울 힘이 없었기에 이라크로 쫓겨가서 이라크 국왕이 되었다. 이것이 파이살 왕조이다. 파이살 왕은 아랍 세계 전체를 통틀어 지위와 명망이 높은 편이었다. 1958년 파이살 왕조가 무너지고 이라크 공화국과 훗날의 사담 후세인이 등장했다.

후세인의 아들 압둘라 1세. 1946년 5월 25일 요르단 국왕이 되었다.

이라크 국왕과 요르단 국왕은 친형제였다. 그들은 선지자 무함마드의 자손이며 성족의 후예이다. 선지자 무함마드의 가문을 하심 가문으로 칭하기 때문에 두 국가를 합쳐서 하심 왕조라고 부른다.

아랍인과의 약속을 어긴 영국은 유대인과의 약속도 어겼다. 영국의 배신은 오늘날 세계의 가장 큰 골칫거리 중 하나인 아랍-이스라엘 분쟁의 단초가 되었다.

현재 요르단 국왕 후세인. 압둘라 1세의 손자로 선지자 무함마드의 유일한 혈통 계승자다.

5장

대영제국의 붕괴를 초래한 아랍-이스라엘 분쟁

2015년 9월 팔레스타인은 유엔 본부에 팔레스타인 국기를 게양할 수 있도록 요청했으나 유대인 단체의 거센 반발에 부딪혔다. 국기를 게양하는 것은 유엔 회원국만 누릴 수 있는 '특권'이라는 것이다. 팔레스타인 영토의 일부는 이스라엘을 적대시하는 단체 하마스가 통치하고 있다. 미국과 이스라엘은 팔레스타인의 국가 지위 승인에 반대하는 입장이다. 중동 평화 협상 노력을 무위로 만들 우려가 있다는 이유에서다. 아랍-이스라엘 분쟁은 어디서부터 시작되었으며, 과연 해결 방법이 있을까?

아랍-이스라엘 분쟁 해결의 난제

한 미국 기자가 만약 신이 죽는다면 아랍-이스라엘 분쟁을 해결하느라 지쳐서 죽을 거라는 농담을 한 적이 있다. 아랍-이스라엘 분쟁 해결이 그만큼 어렵다는 것을 풍자한 말이다. 과연 아랍-이스라엘 분쟁 해결이 어려운 이유가 무엇일까? 본질적으로 이것은 종교 분쟁이 아니다. 국가 간의 민족주의 갈등, 즉 국가 이익을 두고 빚어진 충돌이다. 그러나 종교적 요소가 부각되면서 점점 해결하기 어려운 지경에 빠져버렸다.

국가 발전의 관점에서 볼 때 이스라엘의 변신은 성공적이다. 유대인은 로마인에게 나라를 뺏기고 2천 년 가까이 한곳에 정착하지 못한 채 세계 곳곳을 떠돌았다. 그러나 오늘날 유대인이 세운 국가 이스라엘은 선진국 반열에 우뚝 섰다. 그에 비하면 아랍 국가는 완벽한 변신을 거두지 못했다.

그들은 여전히 고통스러운 시도를 하는 중이며, 그 과정에서 어쩔 수 없이 초조하고 민감한 정서, 심지어 극단적인 정서가 생겨나게 되었다.

역대 중동 전쟁을 돌아보면 아랍 국가가 이스라엘을 상대로 승리를 거둔 적이 한 번도 없다. 이러한 좌절감이 초조함과 극단주의를 더욱 키운 것이다. 한편 이스라엘은 성공을 거둘수록 더욱 강경해지고 타협을 하지 않았다. 아랍인의 상처에 소금을 뿌리는 격으로 그들을 더욱 자극했다. 결국 이스라엘과 아랍 모두 타협의 여지 없이 교착 상태에 빠졌다.

입장을 바꿔 생각하면 이 문제를 이해하기가 쉽다. 일본의 메이지유신이 성공하고 중국의 양무운동이 실패한 상황에서 중일전쟁이 발발했다. 일본에게 패한 중국은 나라가 망할 뻔한 상황에서 사회 전체가 집단적인 자괴감에 빠졌다. 과거의 모든 행동이 잘못되었다고 여긴 중국은 공자 타도를 부르짖으며 조상의 모든 것을 부정했다.

지금 중국은 자존심을 회복한 듯하다. 이미 성공적인 변신의 길을 걸어왔기 때문이다. 따라서 중국인의 마음은 평화로우며 빠르게 자신감을 되찾을 수 있었다. 그러나 이런 상황에서도 어느 날 일본이 도발적인 언사를 뱉거나 도발적 행위를 한다면 중국인은 다시 노발대발할 것이다.

1915년부터 지금까지 아랍 국가들은 100년에 걸쳐 전환을 모색 중이다. 중국은 1840년부터 지금까지 170년의 세월이 지난 후에야 이제 막 전환의 궤도에 올랐다. 오랜 역사를 가진 민족일수록 전환 과정에서 극도의 고통을 느낀다. 따라서 우리는 균형 잡힌 태도로 중동 역사를 바라보아야 한다. 이스라엘의 성공을 보는 한편 아랍인의 좌절감을 깊이 공감해야만 복잡한 중동 문제를 제대로 이해할 수 있다.

제1차세계대전에서 수단을 가리지 않았던 영국

영국은 독일과의 전쟁에서 승리를 거두기 위해 수단과 방법을 가리지 않았다. 기만 전략을 채택한 영국은 아랍인과 유대인에게 동시에 팔레스타인 지역을 주겠다고 약속했다. 하지만 실제로 영국은 팔레스타인 지역을 유대인이나 아랍인에게 줄 수 없었다. 그 이유는 무엇이었을까?

제1차세계대전이 끝난 후 영국이 가장 위험한 경쟁 적수 독일을 물리치자 유럽 대륙 전체가 뒤집힐 변화가 발생했다. 우선 프랑스는 시든 가지의 열매처럼 맥없이 무너졌다. 오랫동안 영국의 잠재적인 적수였던 제정러시아에는 10월혁명이 발생했고 내전이 끊이지 않았다. 중유럽의 강력한 세력 오스트리아-헝가리제국과 오스만제국도 붕괴했다. 미국은 제1차세계대전에서 영국을 지원했으나 임무를 완수하고 나서 영국에게 외면당했다. 따라서 이 시기 유럽 대륙 전체는 영국의 손에 좌우되었다.

영국은 중동 지역에서 거대한 이익을 거뒀다. 그들은 오스만제국의 기존 영토를 기반으로 대규모 확장을 감행했다. 이라크는 영국에 점령당했으며, 팔레스타인은 영국의 위임 통치하에 있었다. 영국의 세력은 심지어 이란과 페르시아만까지 침투했다. 이와 동시에 영국은 많은 아시아 식민지를 보유했다. "영국의 왕관을 장식하는 가장 큰 보석"이라고 불린 인도도 포함되었다. 아시아 식민지에는 충분한 원자재, 중동에는 풍부한 에너지가 있었다. 에너지와 원자재의 완벽한 공급 경로이자 시원하게 뚫린 무역 대통로이기도 했다. 전체 통로를 연결하는 가장 중요한 허브는 수에즈운하과 인근의 팔레스타인 지역이었다. 이곳은 유럽에 있는 영국과 아시아 전역의 방대한 식민 제국을 잇는 핵심 교량이었다.

수에즈운하를 차단하고 팔레스타인 지역을 점령한다면 대영제국의 허

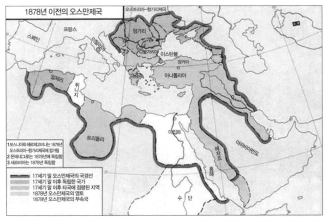

1878년 오스만제국의 판도. 1877~1878년 러시아–튀르크 전쟁 결과 세르비아, 루마니아, 몬테네그로, 불가리아는 정식으로 독립했으며, 보스니아는 오스트리아–헝가리제국에 점거되었다. 발칸의 기타 지역은 여전히 오스만제국의 통치하에 있었다.

리를 자르는 것과 다름없었다. 따라서 영국은 이 지역에 다른 나라가 개입하는 것을 절대 용인하지 않았다. 영국이 팔레스타인 지역을 아랍인에게 넘겨주지 않고, 유대인 국가를 세우지도 못하게 한 이유가 여기에 있다.

제1차세계대전이 끝난 후 영국은 공공연히 아랍과의 약속을 위반했다. 그들은 이 지역을 아랍에게 넘기겠다는 약속을 절대 인정하지 않았다. 아랍인들은 의리를 저버리고 배신한 영국을 혐오했으며, 오만하고 냉혹하며 이기적이라고 비난했다. 사실 모든 패권 국가들은 같은 행태를 보인다. 그렇게 하지 않았다면 영국도 패권 국가가 될 수 없었을 것이다.

유대인에 대한 영국의 태도 변화

영국이 유대인에게 약속한 내용은 1917년 발표한 밸푸어 선언에 나타난다. 이 선언에서 가장 중요한 대목은 유대인이 민족의 터전을 건설하는 것을 영국이 지지한다는 부분이다. 영국은 영리하게도 'National Home'이라는, 2가지로 해석할 수 있는 단어를 사용했다. 하나는 국가의 개념으로 '국가의 터전'이라는 뜻이고, 또 하나는 '민족의 터전'이라는 의미다.

영국은 약속 위반이라는 비난을 피하기 위해 유대인을 상대로 문자 유희를 한 것이다. 전쟁은 끝났고 유대인은 이용 가치를 상실했다. 영국은 유대인이 팔레스타인 지역에 자신들의 터전을 가질 수 있으며, 그것이 반드시 한 국가일 필요는 없다고 슬그머니 말을 바꿨다. 전 세계 유대인들은 이 말에 분노를 금치 못했다. 영국이 고의로 약속을 위반했다고 규탄했다. 그러나 영국은 자신들이 약속을 위반한 것이 아니며, 민족의 터전이 반드시 국가라는 법은 없다고 변명했다. 하지만 영국이 당시 유대인의 건국을 돕겠다는 약속을 했음을 사람들은 분명히 알고 있었다.

영국이 약속한 것이 또 하나 있다. 유대인의 팔레스타인 이민을 돕기로 한 것이다. 이 문제에 대해서도 영국은 한 걸음 물러나 이민자 수를 매년 1만 5천 명으로 제한했다. 1939년부터 1944년까지 매년 이민자 수가 이 선에서 제한되었다. 그 당시는 나치의 유대인 박해가 극도로 심한 시기였다. 영국이 이민자 수를 늘려주지 않으면 유대인들은 갈 곳이 없었다. 그러나 영국은 오히려 그들의 목을 옥죄었다.

이 밖에도 영국은 1944년 이후 모든 유대인 이민자 수를 아랍인의 동의를 거쳐서 정했다. 이것은 유대인의 이민이 계속될 수 없음을 의미했다. 아랍인들이 유대인의 대거 이민에 동의할 리 없기 때문이었다. 1939년 영국이 발표한 백서는 사실상 밸푸어 선언을 폐기하는 것이었다. 실제로 영국이 이행한 것은 시오니즘 반대 정책이었다.

영국은 또 팔레스타인을 10년간, 즉 1948년 5월까지 위임 통치한 후 철수하기로 약속했다. 사실 영국은 늘 이런 수법을 써왔다. 수에즈운하와 이집트 문제에서도 그들의 독립을 돕겠다고 말하고는 전제조건을 내세웠다. 결국 모든 것을 영국의 뜻대로 한 것이다.

1939년 영국이 아랍 편향 태도를 보인 이유가 무엇일까? 제2차세계대전을 앞두고 있었기 때문이다. 이것은 영국에게 중대한 도전이었다. 히틀러는 위력적이었고, 사우디아라비아는 1938년에 이미 대형 유전을 발견했다. 아랍인이 독일과 손잡으면 영국은 골치 아프게 된다. 따라서 영국은 1939년 결정적인 시기에 아랍인을 자기편으로 끌어들여야 했다.

영국이 무엇 때문에 유대인을 그토록 가혹하게 대했을까? 당시 히틀러가 유대인을 박해했기 때문에 유대인은 다른 선택의 여지 없이 영국 편이 될 수밖에 없었다. 이것이 영국의 일처리 특징이었다. 그들은 용의주도하게 계획을 세우고 노련하고 치밀하게 처리했다. 그러나 잊지 말아야 할 것이 있다. 아무리 머리를 쓰고 주도면밀하게 일을 처리하더라도 실력이 뒷받침되지 않으면 그 영리함을 잘못 사용하게 된다. 제2차세계대전이 끝난 후 대영제국의 식민 체계가 붕괴하자 유대인과 아랍인은 영국의 약속 위반에 대해 도덕적 채무를 변제하라고 촉구하기 시작했다.

영국을 향한 유대인의 보복

제2차세계대전이 일어나기 전 아랍인은 영국의 통치를 결연히 반대하며 폭동과 봉기를 일으켰다. 영국군은 피비린내 나는 진압을 자행했다. 제2차세계대전 이후에는 유대인이 들고일어났다. 제2차세계대전 시기에 유대인들은 지하 무장 조직을 결성해 동맹국의 작전에 참가함으로써 작전 능력이 크게 강화되었다. 당시 유대인은 팔레스타인 지역에 몇 개의 지하 군대를 조직하고, 팔레스타인의 공항과 열차역 등 영국의 군사 및 민간 시설을 끊임없이 습격했다. 영국 군경과 많은 정부 관원들이 사망하자 영국은 유대인의 테러 공격을 규탄하며 반드시 진압하겠다고 선언했다. 이에

버나드 몽고메리는 제2차세계대전 당시 덩케르크 철수 작전을 성공적으로 수행하여 명성을 떨쳤다. 엘 알라메인 전투, 시칠리아 상륙작전, 노르망디 상륙작전은 그의 군사작전 중 3대 걸작이다.

팔레스타인에 있는 유대인 지하 군사조직 이르군의 지도자였던 메나헴 베긴. 1978년 이집트의 사다트가 돌연 이스라엘과의 화해를 선포함에 따라 두 사람은 그해 노벨 평화상을 공동 수상했다. 1982년 제5차 중동전쟁을 일으켰다.

따라 영국 정부는 제2차세계대전에서 가장 뛰어난 전투 능력을 보여준 버나드 몽고메리를 팔레스타인에 파견했다. 그는 영국 육군 총사령관이자 참모총장이었다.

1946년 몽고메리 장군은 팔레스타인에 '검은 안식일 행동'이라는 대규모 군사작전을 감행했다. 영국은 대규모 병력으로 시온주의자 무장 단체를 공격했으며, 팔레스타인 전역에서 유대인 테러리스트 3천여 명을 체포했다. 전 세계 유대인들은 경악했다. 그들은 영국군이 '자기편'을 해친다는 사실을 알고 반드시 보복하겠다고 선언했다.

당시 팔레스타인에서 유대인들은 이르군(Irgun)이라는 매우 중요한 지하 군사조직을 보유하고 있었다. 이르군은 대외적으로 "우리는 반드시 세계를 뒤흔들 보복성 습격으로 영국에 교훈을 줄 것"이라고 선포했다. 그리고 1946년 7월 22일 강력한 폭탄 500파운드를 담은 우유통이 예루살렘의 킹 데이비드 호텔로 배달되었다. 당시 킹 데이비드 호텔은 팔레스타인을 위임 통치하는 영국군의 지휘 중심부였다. 이 호텔 측면에 있는 별도의 공간을 영국 정부가 통째로 빌려 행정요원과 정부 각 부처, 통치 기구와 내무성 정보보안부 사무실로 사용했다.

폭탄은 아무도 모르게 지하실에 설치되었다. 폭파 직전 이르군 대원은 영국 측에 전화를 걸어 호텔이 곧 폭파될 예정이니 인원을 소개하라고 경고했다. 영국은 그럴 리가 없다면서도 폭탄이 설치되었을 만한 곳을 조사했으나 찾아내지 못했다. 이르군이 근거 없는 협박을 했다고 판단한 영국 측은 소개 조치를 하지 않았다. 낮 12시 37분 굉음이 예루살렘 전역을 흔들었다. 킹 데이비드 호텔 측면의 사무실은 폭발로 폐허가 되었으며 91명이 현장에서 사망하고 더 많은 사람들이 부상당했다. 영국의 중요 관원, 행정요원, 군 장교 및 내무성 정보보안부의 많은 특수요원들이 폭발로 사망했다. 그중에는 아랍인과 유대인도 있었다.

격화되는 영국과 유대인의 충돌

킹 데이비드 호텔 폭파 사건은 9·11테러의 1946년 판이라고 할 수 있다. 그때까지만 해도 전 세계에 대규모 테러가 일어난 적이 없다. 영국은 유대인들이 감히 영국의 통치 기관이자 민간 호텔을 상대로 공개적인 테러를 자행했다며 맹렬히 규탄했다. 영국은 이 잔혹한 테러를 저지른 유대인을 피로 응징하리라 결심했다. 이때부터 별동대를 조직하여 거리를 지나다니는 유대인을 조사했으며, 조사에 불응하는 자는 그 자리에서 사살해도 좋다는 명령을 내렸다.

당시 유명한 사건이 있었다. 무기를 지니지 않은 유대인 소년 하나가 영국군 장교에게 붙잡혀 모진 고문을 당했다. 그들은 소년을 교외로 끌고 가서 나무에 묶고 돌로 머리를 찍어 죽였다. 그러나 소년의 시체를 찾을 수 없었는데 알고 보니 들개 떼에 뜯어 먹혔다고 한다.

이 사건이 밝혀지자 전 세계가 경악했다. 이르군은 유대인 소년을 그토록 잔혹하게 살해한 영국을 반드시 보복하리라 맹세했다. 당시 소년을 죽인 장교의 집에 폭탄이 든 우편물을 보냈고, 장교의 가족들은 현장에서 폭사했다.

물론 이 사건은 영국과 유대인 분쟁의 한 사례에 불과하다. 이 밖에도 영국이 이르군 대원을 체포해 즉각 교살한 사건이 발생했다. 그러자 이르군은 거리에 매복해 있다가 희생된 이르군 대원 수와 동일한 수의 영국군 병사들을 납치해 교살했다. 그야말로 피비린내 나는 항쟁이었다. 물론 영국도 이에 맞서 계속 피의 응징을 계속했고, 호락호락하지 않은 상대 이르군도 강경하게 저항했다. 1946년 10월 이르군이 로마 주재 영국 대사관을 폭파하자 격분한 영국은 진압의 강도를 높였다. 유대인도 더욱 강력한 복수로 맞섰고, 피로 얼룩진 양쪽의 대결에 전 세계가 경악했다.

영국과 미국의 바통 터치

영국의 부담은 점점 커져만 갔다. 대영제국이 무너지고 1947년 인도마저 독립함으로써 '영국의 왕관을 장식하는 가장 큰 보석'으로 향하는 길목이었던 팔레스타인의 의미도 퇴색했다. 1947년 영국은 더 이상 버티지 못하고 유엔에 보고서를 제출했다. 1948년 위임 통치를 종료함과 동시에 팔레스타인에서 철수하겠다고 선언한 것이다.

영국은 미국을 팔레스타인-이스라엘 분쟁의 무대 중앙으로 밀어 넣었다. 아랍 사람들은 미국이 개입한다는 소식에 매우 기뻐하며 희망에 들떴다. 영국을 극도로 증오했기 때문이다. 그들은 영국이 유대인만 편애하고, 아랍에 대해서는 변덕을 부린다고 생각했다. 반면 미국은 한 번도 식민 통

치의 야심을 드러내거나 다른 국가의
영토에 관심을 보인 적이 없었다. 더구
나 역사적으로 볼 때 미국은 중동 문제
에 늘 중립적인 태도를 지켰다. 따라서
아랍 세계는 미국이 영국의 뒤를 이어
중동 정책에 개입하기를 바랐다.

미국은 중동에 진출하자마자 시오
니즘을 지지하는 노선을 내세워 아랍
사람들은 크게 상심했다. 미국이 유대
인을 지지할 줄은 미처 예상하지 못했

미국의 군인, 정치가, 외교관, 육군 원수인 조
지 마셜. 유럽을 먼저, 아시아는 나중에 공략
하는 군사전략을 제정했으며 냉전 시기에 '마
셜플랜'을 추진했다.

던 것이다. 사실 이 정책은 미국 내부에서도 큰 논란을 불러일으켰다. 조지
마셜 당시 국무장관과 제임스 포레스탈 국방장관으로 대표되는 두 핵심
부서는 시오니즘을 극력 반대했다.

그 이유는 간단하다. 그들 모두 미국의 국가이익파였기 때문이다. 당시
중동은 이미 대형 유전을 발견한 뒤였으며, 미국은 향후 중동의 유전에 의
존해야 했다. 그러한 시기에 이스라엘의 국가 재건을 위해 무슬림의 비위
를 거스르는 것은 합당치 않은 일이었다. 당시 미국 대통령 해리 트루먼도
고민이 많았다. 이스라엘을 지지하면 아랍 세계 전체의 노여움을 살 것이
뻔했기 때문이다. 그러나 시오니즘을 로비하는 집단은 날마다 대통령을
찾아가 갖은 수단으로 귀찮게 했다.

시달리다 못한 트루먼 대통령이 하루는 이렇게 말했다. "설사 예수가
살아 있다 해도 유대인의 비위를 맞추기 어려울 것이다. 내게 왜 이런 시
련을 강요하는가?" 시오니즘 로비 집단은 지나치게 큰 요구를 제시했다.
그들의 요구를 들어주기도 어렵고, 그렇다고 무시할 수도 없었다. 매체와

미국 제33대 대통령 해리 트루먼. 유엔헌장을 제정했으며, 제2차세계대전 중 나가사키, 히로시마 원폭 투하 명령에 서명했다.

레바논
시리아
지중해
요르단강
예루살렘
이스라엘
사해
팔레스타인
요르단

1947년 11월 유엔 안보리 결의로 규정한 유대국(이스라엘) 국경

1947년 유엔 안보리에서 규정한 아랍 국가

팔레스타인 분할 통치도. 유엔 결의안에 따라 아랍인은 당시 팔레스타인 총 면적의 43퍼센트, 유대인은 57퍼센트를 차지했다.

사회적 영향력, 정치 자금을 장악하고 있는 그들의 요구를 들어주지 않으면 당선 확률이 크게 떨어진다. 트루먼 대통령은 어쩔 수 없이 시오니즘 로비 집단과 타협할 수밖에 없었다.

이것은 1947년 유엔 결의안 181호에 나타난다. 당시 팔레스타인에는 아랍인 120만 명과 유대인 60만 명이 거주하고 있었다. 아랍인 수가 유대인의 2배였다. 또 아랍인이 거주하는 지역은 팔레스타인의 94퍼센트에 달했으며, 유대인 거주 지역은 6퍼센트에 불과했다. 그러나 결의안 181호에서 유대인에게 토지의 57퍼센트를 할당했으며, 아랍인에게는 43퍼센트만을 할당했다. 뿐만 아니라 유대인에게 할당된 토지는 바다에 면한 비옥한 땅이었으며, 아랍인의 토지는 그나마 두 곳으로 떨어져 있었다. 이 결의안이 발표되자 아랍 세계의 격렬한 반대에 부딪혔다. 그들은 이 결의안대로 실행할 경우 전쟁을 불사하겠다고 선언했다. 아랍인들이 들고일어나는 것도 당연했다. 결의안 내용이 너무나 불공평했기 때문이다.

제1차 중동전쟁 : 수적 우위에도 이스라엘에 패한 아랍

1948년 5월 14일은 역사적으로 중요한 날이었다. 영국이 팔레스타인 통치를 끝내는 날이자, 이스라엘 건국일이었던 것이다. 아울러 이날은 중동 평화의 마지막을 고하는 날이었다. 그다음 날 제1차 중동전쟁이 발발한 것이다. 당시 역사를 이해할 수 없다고 여기는 사람들이 많을 것이다. 이스라엘의 유대인 인구는 60만 명에 불과했으며, 전쟁 초기 군대 병력은 2~3만 명으로 많아 봐야 10만 명 정도였다. 그런데 인구가 그보다 월등히 많은 아랍 국가들이 왜 이스라엘을 물리치지 못했을까?

사실 여기에는 중요한 원인이 있다. 중동의 역사를 제대로 이해하지 못하면 문제의 원인이 무엇인지 확실히 알지 못한다. 아랍연맹이 실패한 원인은 내부 단결이 이루어지지 않았기 때문이다. 당시 병력을 동원한 국가는 이집트, 요르단, 레바논, 시리아와 이라크 5개국이었다. 5국 연합군은 이론상으로는 16만 대군을 보유하고 있었다. 여기에 사우디아라비아까지 4만 명을 지원한다고 밝혔기 때문에 아랍 연합군은 총 20만 대군인 셈이었다. 물론 이것은 이론상의 숫자이며, 실제로는 그 정도로 많지는 않았다.

이렇게 많은 병력을 동원하고도 아랍은 이스라엘에 여지없이 참패했다. 유엔이 이스라엘에 할당한 토지는 57퍼센트였으나 전쟁이 끝난 후 팔레스타인 영토의 80퍼센트를 이스라엘이 점령했다.

단결되지 않는 3대 아랍 세력

아랍연맹의 내부 결속력이 낮은 이유를 분석하기 위해서는 아랍의 주요 세력에 대해 알아보아야 한다.

당시 아랍 세계의 최강국은 이집트로 그 위상은 지금의 사우디아라비아와 유사했다. 이집트는 수천만 인구를 보유한 대국으로 아랍에서 가장 먼저 서구화 개혁을 진행한 국가였다. 19세기에 단행된 이집트의 개혁은 이슬람 세계에서 가장 성공적이었다. 이집트의 국력은 빠르게 발전하여 오스만제국을 능가했다. 비록 명목상으로는 오스만제국이 이집트의 종주국이었지만 실제로 전쟁을 한다면 오스만제국은 이집트에 상대가 되지 않는 수준이었다. 당시 열강들과 연합하지 않았다면 이집트 군대가 오스만제국을 멸망시키고 아랍 세계를 통일할 수도 있었다. 물론 훗날 이집트는 영국과의 전쟁에서 제압되었지만 이것은 나중의 일이다. 그러나 중동전쟁이 발발하던 당시만 해도 이집트는 아랍 세계 최강국이었다.

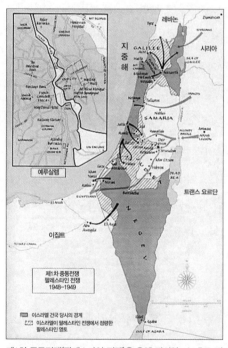

제1차 중동전쟁(팔레스타인 전쟁)은 유엔 결의안 181호로 갈등이 유발되어 1948년 5월 15일 새벽부터(충돌은 1947년 11월부터 시작됨) 시작되었다.

아랍 세계의 서열 2위는 하심 왕조였다. 하심 왕조는 요르단과 이라크 두 나라로 구성되었다. 요르단 국왕 압둘라는 이번 전쟁을 통해 팔레스타인의 영토를 삼킬 작정이었다. 점령 지역을 늘려가서 레바논과 시리아까지 합병할 계획이었다. 그의 꿈은 시리아, 레바논, 팔레스타인, 요르단을 포함한 대(大)시리아 국가를 세우는 것이었다.

요르단의 형제 국가 이라크도 나름의 계획이 있었

다. 그들은 이라크, 시리아, 레바논, 팔레스타인과 요르단으로 구성된 초승달 형태의 아랍 5국 연맹을 구축하고자 했다. 물론 이라크가 연맹을 이끌고 형제간에 계산도 확실히 할 것이다. 결국 두 형제가 각

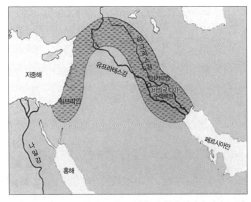

요르단과 이라크 두 형제 국가는 비옥한 초승달 지역의 아랍 5국을 통일할 계획을 세웠다.

각 초승달 지역의 아랍 5국을 통일할 생각이었다는 뜻이다. 하심 가문의 두 형제가 힘을 합하면 그들의 세력은 전체 아랍 국가에서 2위를 차지할 것이다.

아랍 세계의 서열 3위는 사우디아라비아였다. 당시 사우디아라비아는 요르단과 이라크 두 나라 국왕의 부친 후세인을 쫓아내고 그들의 성지 메카와 메디나를 빼앗았으며, 이 지역에 대한 두 나라의 세습 권한까지 앗아 갔다. 그때부터 사우디아라비아 국왕은 하심 가문과 철천지원수가 되었다. 요르단과 이라크 두 나라가 힘을 합하면 사우디아라비아는 상당히 불리할 것이다. 따라서 사우디아라비아는 하심 왕조의 부상을 극도로 경계했으며, 이것은 이집트도 마찬가지였다.

아랍 세계는 이렇게 3대 세력으로 분열되었으며, 저마다 다른 속셈을 가지고 있었다. 그러니 이들이 연맹해 이스라엘과의 전쟁에 나설 때 한마음 한뜻으로 협력했을 리 있겠는가?

아랍 국가의 참전에는 저마다 목적이 있었다

이번에는 전쟁 과정에서 어떤 일이 발생했는지 살펴보자. 요르단이 전쟁에 참가하는 주요 목적은 요르단강 서안의 팔레스타인 영토를 차지하기 위해서였다. 이를 위해 요르단은 이스라엘과 사전에 결탁했다. 요르단강 서안을 점령하게 해주면 유엔 결의안 181호를 받아들이고 이스라엘의 존재를 합법적으로 인정하겠다는 것이었다. 이스라엘은 그 제안에 솔깃했다. 최소한 요르단을 자기편으로 끌어들일 수 있었던 것이다. 결국 두 나라는 사전에 비밀협약을 맺었다.

이집트의 참전 목적은 이스라엘을 치는 것보다 하심 왕조의 세력을 막는 것이었다. 모든 국가의 동기는 단순하지 않았다. 사우디아라비아와 팔레스타인 사이에는 요르단이 있었다. 직접 국경을 맞댄 것이 아니므로 사

요르단이 전쟁에 참가한 주요 목적은 요르단강 서안의 팔레스타인 영토를 차지하기 위한 것이었다.

우디아라비아는 중동전쟁에서 얻는 이익이 별로 크지 않다고 생각했다. 그런 상황에서 굳이 군대를 파견해 남 좋은 일을 할 필요 없다고 판단했다. 결국 사우디아라비아는 병력 4만 명을 파견하겠다고 약속했으나 1948년 5월부터 10월까지 겨우 700여 명을 파견하는 것으로 시늉만 내는 데 그쳤다.

시리아의 참전 목적도 따로 있었다. 그들은 요르단 국왕이 요르단강 서안의 팔레스타인 지역을 차지하고 나면 다음 목표로 자신들을 지목

할 것을 우려했다. 따라서 시리아가 동맹을 맺은 국가는 이집트와 사우디아라비아였다. 심지어 그들은 요르단 군대를 상대로 작전을 벌이기까지 했다. 이렇게 아랍 국가들은 서로 이익 관계가 복잡하게 얽혀 있었다. 모든 국가들이 저마다 다른 속셈을 갖고 있는 상황에서 제대로 전쟁을 치를 리 없었다. 이것이 아랍 연합군이 실패한 가장 큰 원인이다. 20민 대군을 보유하고도 실제 전선에 파견된 병력은 몇만 명에 불과했다. 유대인은 초기에 2~3만 명에 불과했던 병력이 점점 강해져서 마지막에는 10만 대군으로 늘어났다. 이스라엘 군은 병력 규모에서도 우위를 차지했을 뿐 아니라 조직력과 작전 능력은 더욱 강했다. 이 전쟁의 참패는 아랍 국가에게 큰 교훈을 남겼다. 아랍 세계가 통일하여 협조하지 않으면 이스라엘에게 승리하지 못한다는 사실이었다.

외면당한 팔레스타인 난민

여러 차례의 중동전쟁을 겪으면서 가장 비참한 처지에 놓인 사람들은 팔레스타인 난민들이었다. 아랍 대국 중 어느 나라도 이들의 이익과 요구를 고려하지 않았다.

1948년 전쟁이 발발하자 수십만 명의 팔레스타인 사람들은 삶의 터전을 잃고 각국의 접경 지역에 있는 난민 캠프에서 전쟁이 끝나기만을 기다렸다. 그들은 전쟁이 끝나면 고향으로 돌아가 정상적인 생활을 할 수 있을 거라고 믿었다. 그러나 전쟁이 끝난 후 이스라엘은 팔레스타인 난민들의 귀향을 반대했다. 1948년부터 시작된 이 문제는 아직도 해결되지 못한 채 60~70년을 끌어오고 있다.

몇 차례에 걸친 중동전쟁으로 팔레스타인 난민 수는 300만~400만 명에 달한다. 이를 통해 다음과 같은 상황을 상상해 볼 수 있다. 원래 이스라엘 인구는 총 800만 명이었다. 300만~400만 명이나 되는 팔레스타인 난민이 모두 귀향했다면 이스라엘의 유대인은 소수민족으로 전락하고 말 것이다. 다른 아랍 국가들도 팔레스타인 난민을 꺼렸다.

수백만 명의 사람들이 수십 년 동안 난민 캠프에서 생활했다. 흔히 말하는 창업이나 재테크는 난민 캠프의 팔레스타인 젊은이들에게 꿈도 꿀 수 없는 일이었다. 그들은 태어나서 죽을 때까지 난민 캠프에서 생활했으며, 캠프 밖을 나간 적이 없는 사람이 부지기수였다.

입장을 바꿔서 생각해 보자. 당신이 난민 캠프에 거주하는 팔레스타인 젊은이라면 어떻겠는가? 아무런 희망 없는 삶에 깊이 절망할 것이다. 결국 그곳은 테러리즘의 온상이 되었다. 각 테러 조직이 신입 대원을 모집하기 위해 난민 캠프를 찾으면 대부분 쉽게 응한다. 난민 생활에서 삶의 희망과 가치를 찾지 못하기 때문이다. 이것이 팔레스타인 난민의 비참한 삶이다.

잘라존 난민 캠프. 요르단강 서안 도시 라무아나 북쪽에 위치하며 유엔이 1951년 건립하여 이스라엘 건국으로 터전을 잃은 팔레스타인 난민을 수용하고 있다.

이스라엘과 아랍의 민족주의를 비교해 보면 한 가지 사실을 발견할 수 있다. 건국 이래 이스라엘은 전 세계에서 유대인들을 소집해 이스라엘로 이주시켰다. 심지어 중국의 허난성 출신 중 이스라엘로 이민을 간 사람들이 많다. 유대인 혈통이라면 모계도 상관하지 않고 유대교에 귀의하면 모두 이스라엘 이민을 받아주었기 때문이다. 세계 어느 지역에 살고 있든 유대인이라면 모두 받아들였다. 그러나 아랍 국가 중 어느 한 나라도 팔레스타인 난민을 받아들이지 않았다. 아랍 국가의 민족주의는 처음부터 상대적으로 불리한 위치에 있음을 알 수 있다.

6장

전 국민이 보안에 나서는 이스라엘

이스라엘은 건국 초기에 끊임없는 내우외환에 시달렸다. 이런 상황에서 이스라엘 지도부는 사회주의식 경제 개혁을 통해 신생 정권을 안정시켰다. 전 국민의 단결로 구축한 이스라엘의 보안 체계는 외부의 침입을 더욱 효과적으로 막아냈다. 이번 장에서는 이스라엘이 중동에서 안정적으로 불패 행진을 거듭할 수 있었던 비결에 관해 하나하나 짚어보자.

철통같은 이스라엘의 보안 체계

이스라엘에게 제1차 중동전쟁은 그야말로 독립 전쟁이었다. 유대인들은 2천 년 가까운 유랑 생활을 끝내고 마침내 자신들의 국가를 세워 현대 국가로 발전시켰다. 공업화와 정보화 경제를 실현하여 국가 전체의 운영 효율도 매우 높았으며, 조직은 치밀하고 군사 동원력도 강했다.

이스라엘 항공의 초강력 보안 검색

미국에서 인터넷 보안 관련 기업을 운영하는 지인이 있다. 그가 이스라엘 항공을 이용했을 때의 일이다. 이스라엘 항공은 전 세계에서 가장 안전한 항공사로 단 한 건의 사고도 낸 적이 없다. 이스라엘 항공은 보안 검색이 무척 까다로워서 모든 승객은 출발 4시간 30분 전에 공항에 도착해 보

안 검색을 받아야 한다. 그는 항공
사가 요구한 시간에 공항에 도착했
다. 이스라엘 항공의 보안 검색은
듣던 대로 철저했다. 온갖 번거로
운 절차와 까다로운 검사를 모두
마치고 비행기에 오르려는데 이번
에는 위풍당당한 남자가 앞을 가로
막았다. 말로만 듣던 '모사드(이스
라엘의 비밀정보기관)' 같았다. 그 '모
사드 요원'은 이스라엘 방문 목적
을 캐물었다. 회의 참가차 방문하
며, 더불어 이스라엘의 IT 기업을
돌아볼 예정이라고 대답하자 '모사
드 요원'은 직업이 무엇이냐고 물
었다. 인터넷 보안 관련 일에 종사
한다고 대답하자 뜻밖에도 기술과
관련된 세부적인 부분을 추가로 질
문했다. 보안 검색 요원이 인터넷
보안 기술에 관해 그토록 많이 알

세계에서 손꼽히는 인터넷 보안 솔루션 공급업체
체크포인트 소프트웨어 기술 주식회사. 본사는 미
국 캘리포니아에 있고, 글로벌 본부는 이스라엘 텔
아비브에 있다.

세계 최초의 컴퓨터 바이러스 프로그램 해커 중 한
명인 이스라엘의 천재 프로그래머 니르 주크.

고 있다는 사실에 친구는 깜짝 놀랐다고 했다.

　조사를 시작한 지 10여 분이 지났으나 '모사드 요원'은 끝낼 기미를 보
이지 않았다. "인터넷 보안 분야에 종사한다면 이스라엘 기업에 대해 알고
계시겠군요?" "당연하죠. 이스라엘 최대의 인터넷 보안 기업 체크포인트
(CheckPoint)는 우리 회사의 경쟁 기업입니다." "그렇다면 그 회사의 니르

모사드(이스라엘 정보특수사령국)는 미국 CIA, 영국 MI6, 러시아 KGB와 함께 '세계 4대 정보기관'으로 불린다.

주크(Nir Zuk)라는 사람을 아십니까?" "잘 압니다. 니르 주크는 세계 최초의 컴퓨터 바이러스 프로그램 해커이고, 이스라엘의 천재 프로그래머이자 IT 영웅이죠. 그의 회사는 뉴욕 증시에 상장하여 120억 달러라는 높은 가격을 기록했습니다. 니르 주크가 미국에 있을 때 저희 직원이었고, 이번 방문 기간에 만나기로 되어 있습니다."

친구가 니르 주크를 안다는 말에 '모사드 요원'은 그 자리에서 그에게 전화를 하라고 했다. 이스라엘 시간으로 새벽 3시였다. "이 시간에 전화를 거는 건 실례 아닌가요?" '모사드 요원'은 그런 수법에 넘어가지 않겠다는 듯 "업무에 협조해 주십시오"라고 했다. 친구는 하는 수 없이 니르 주크에게 전화를 걸었다. 그런데 신호가 가자마자 전화를 받는 것이 아닌가! 니르 주크는 이런 일을 예상하고 확인 전화를 기다렸다고 했다. 이스라엘 전 국민이 보안 검색을 이 정도로 중시한다고 생각하니 놀라울 따름이었다. 검사 과정에서 조금이라도 수상한 정황을 보이면 큰 낭패를 볼 수도 있었다.

친구는 마침내 비행기에 탑승했다. 잠시 후 그 '모사드 요원'이 승객들에게 물을 가져다주었다. 친구는 소스라치게 놀라서 물었다. "이스라엘 정보기관에서 일하는 분이 어떻게 물을 갖다 주십니까?" 상대는 미소 띤 얼굴로 자신은 정보기관의 요원이 아니라 항공사 승무원이라고 대답했다. 승무원이 그토록 자세히 질문했다는 사실이 너무나 뜻밖이었다. 그는 이렇게 대답했다. "내 운명은 비행기의 안전과 함께하므로 보안 검색을 철저히 하는 것은 당연합니다."

이스라엘의 보안이 어느 한 사람의 노력으로 이루어지는 것이 아니라 완벽한 시스템으로 정착했음을 알 수 있다. 니르 주크 같은 유명 인사도 보안 검색 확인 전화를 받기 위해 한밤중에도 대기하고 있을 정도이니 말이다. 이스라엘은 전 국민이 보안 시스템을 숙지하고 상당히 협조적이다.

효율적인 이스라엘 국가 운영

사실 이스라엘의 보안 검색은 나도 직접 경험한 적이 있다. 이 절차는 비행기에 오를 때만 진행되는 것이 아니라 그 전부터 시작된다. 2015년 5월 18일 웨이보(微博)에 6월쯤 이스라엘을 방문할 계획이라고 공지했다. 포스팅을 한 지 5분도 지나지 않아 이스라엘 대사관에서 메일이 한 통 왔다.

"쑹 선생님의 이스라엘 방문을 환영합니다. 이스라엘 입국 후의 일정과 출발 일정을 알려주시면 고맙겠습니다. 이스라엘에서 리서치를 하실 경우 우리가 협조할 사항이 무엇인지 알려주십시오. 시간이 되신다면 이스라엘 대사관에 차를 한잔하러 오시겠습니까."

아직 출발도 하지 않았으며, 심지어 비행기 티켓도 예매하기 전이었다. 그저 이스라엘에 갈 예정이라고 올렸을 뿐인데 5분 내에 이스라엘 대사관에 알려진 것이다. 사람이 직접 하는 것은 아니고 인공지능 프로그램으로 웨이보의 정보를 수집하는 것 같았다. 많은 나라를 방문해 보았지만 이런 경우는 처음이었다. 이스라엘 대사관의 효율은 국가 운영 전반의 효율을 반영하고 있었다.

이스라엘 건국 초기 중동의 강적 이집트

이스라엘은 설립 초기부터 아랍 5국 연합군의 맹공을 받았다. 이스라엘이 이들을 물리칠 수 있었던 핵심 요인은 치밀한 조직과 강한 군사 동원력이었다. 그에 반해 아랍국이 실패한 요인은 내부 갈등으로 잇달아 결속력이 떨어졌기 때문이다.

1950년대 건국 초기부터 1970년대까지 30년간 이스라엘의 가장 위험한 적수는 이집트였다. 이집트는 아랍 세계의 맹주로 군림했으며, 당시 사우디아라비아는 그 수준에 이르지 못했다.

이집트는 아랍 국가 중 인구가 가장 많고 서구화가 가장 먼저 진행된 국가였다. 19세기부터 시작된 서구화로 고속 발전을 이뤘다. 당시 이집트의 발전을 이끈 것은 가말 압델 나세르였다. 그는 제1차 중동전쟁을 계기로 집권했다. 이집트와 아랍 국가 연합군은 건국 초기의 이스라엘에 패함으로써 아랍 세계에 크나큰 치욕을 안겨주었다.

이집트 제2대 대통령 가말 압델 나세르. 역사상 가장 중요한 이집트 지도자 중 한 명으로 꼽힌다.

이슬람교 탄생 후 1300여 년간 아랍인들은 줄곧 우월감을 갖고 있었다. 무슬림의 통치를 받는 중동 지역의 유대인들은 무척 고분고분했다. 따라서 아랍인들은 유대인이 장사와 고리대금업에만 소질이 있을 뿐 용맹스럽고 싸움을 잘하는 아랍인의 적수가 되지는 못한다고 생각했다. 그러나 이제 막 건국한 데다 인구가 60만 명에 불과한 이스라엘이 수십 배의 인구를 가진 아랍 국가를 물리친 것이다. 이번 참패는 아랍인의 자존심을 처참하게 무너뜨렸다.

1894년 청일전쟁에서 일본에 패한 청나라가 그랬을 것이다. 당시 기세등등했던 청나라는 서양인에게 지는 것은 받아들일 수 있었지만 하찮은 일본에게까지 패하자 자존심에 큰 상처를 입었다. 그 사건은 중국 현대 민족주의 의식의 대두와 각성을 불러일으켰다. 쑨원은 "만주족을 몰아내고 중화를 회복하자"는 혁명 구호를 내세웠다. 청 왕조의 몰락은 중국이 현대 민족주의에 대해 각성한 필연적 결과였다.

1952년 이집트의 상황도 그와 같았다. 제1차 중동전쟁의 참패로 아랍인의 민족주의가 끓어올랐다. 이집트의 파루크 왕이 축출되었고, 1954년 나세르가 중동의 역사 무대에 등장했다.

나세르는 집권하자 자신의 사상체계를 제시했다. 바로 나세르주의 또는 범(汎)아랍주의였다. 그는 제국주의와 봉건주의에 반대하는 민족주의의 기치를 높이 들고 아랍 세계가 힘을 합쳐 중동에서 서방 열강을 몰아내자고 호소했다. 나세르는 이스라엘 건국을 서방이 아랍인에 대해 식민지의 족쇄를 강화하는 사건으로 보았다. 아랍이 완전한 독립을 쟁취하려면 반드시 단결하여 이스라엘과 싸워 서방 세력을 중동에서 몰아내야 한다고 주장했다. 이것이 범아랍주의다.

이전까지 아랍인들에게는 이렇게 깊은 민족주의 의식이나 시야가 없었다. 아랍인들은 큰 깨달음을 얻었고 눈이 번쩍 뜨였다. 나세르의 말에 깊이 공감함으로써 범아랍주의가 중동 전체에 거대한 사상적 조류를 형성하게 되었다. 특히 많은 팔레스타인 사람들이 나세르가 자신들을 고향으로 안내해 줄 구세주라고 생각했다. 마치 살라딘이 1187년 십자군을 격파하고 예루살렘으로 향한 것처럼 말이다.

이스라엘은 나세르의 영향력을 크게 우려했다. 나세르의 범아랍주의는 팔레스타인, 시리아, 레바논에서 뜨거운 환영을 받았다. 사우디아라비아, 요르단, 이라크의 국왕들까지 나세르의 영향력을 거부할 수 없었다. 그들은 봉건 반대 구호를 좋아하지는 않았으나 서방 세력을 몰아내고 이스라엘을 타도하자는 데에는 지지했다. 나세르가 아랍 역량을 결집하는 것은 이스라엘에게 가장 큰 악몽이었다.

건국 초기 이스라엘의 고달픈 분투

건국 초기에 이스라엘은 어려움이 많았다. 비록 독립 전쟁에서 이겼으나 국가 경제는 파산 지경에 이르렀다. 아랍 국가는 이제 막 건국한 이스라엘에 가혹한 경제 봉쇄를 가했다. 주변 국가의 철도나 도로마저 전부 차단되었으며, 이스라엘을 오가는 비행기는 아랍 국가의 영공을 통과할 수 없었다. 이스라엘의 선박은 수에즈운하를 통과할 수도, 아랍 항구에 정박할 수도 없었다. 이집트는 이스라엘의 주요 항구가 있는 아카바만을 봉쇄하여 아시아 및 아프리카와의 해상무역을 차단했다. 주변 국가들은 이스라엘과 통상을 중단했을 뿐 아니라 심지어 이스라엘 주재 외국 기업들까지 아랍 국가의 제재를 받았다. 이렇게 해서 이스라엘은 건국 초기에 심각한 경제 위기에 직면했다.

어려운 상황에서도 이스라엘은 세계 각지의 유대인 이민자를 대량으로 받아들였다. 유대인 이민자들은 대부분 제2차세계대전 후 유럽 수용소에서 탈출한 사람들이었다. 또 상당수는 팔레스타인과 이라크 등 아랍 국가에서 쫓겨난 유대인이었다. 이들만 해도 60만 명에 달했는데, 이것은 이

스라엘 건국 초기 유대인 총
인구에 해당한다. 건국 후
1~2년 사이에 이렇게 많은
사람들이 유입되었으니 그
들의 거처를 마련하는 것만
해도 큰 문제였다. 더구나
설상가상으로 취업 문제까
지 막막했다. 이스라엘 사람
들에게 무엇보다 중요한 것

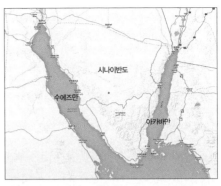

홍해에 있는 아카바만은 시나이반도 동쪽, 아라비아반도 서쪽에 위치하며, 인접한 국가로는 이집트, 이스라엘, 요르단과 사우디아라비아가 있다.

은 생존이었다. 새로운 이민자들로 인구가 빠르게 증가하자 군대를 강화할 수 있었다.

전쟁 준비에 여념이 없는 한편 생산에도 힘을 썼다. 동시에 많은 이민자들을 받아들여 그들의 정착과 취업 문제를 해결했다. 그러다 보니 이스라엘 정부의 적자는 눈덩이처럼 불어났고 통화가치는 형편없이 떨어졌다. 이스라엘은 생존을 위해 미국 정부와 세계 각국의 유대인에게 원조를 받았으며, 서독 정부로부터 거액의 전쟁 보상금을 받았다. 이러한 외부 원조가 없었다면 이스라엘은 건국 초기 경제 위기에서 벗어날 수 없었을 것이다.

중국 사람들은 "위급한 상황은 구제할 수 있지만 가난을 구제할 수는 없다"는 말을 자주 한다. 도와줄 수는 있지만 장기적인 발전은 스스로 모색해야 한다는 의미다. 이스라엘은 안정을 찾은 후 대량의 원조 자금을 현대화의 기반을 다지는 데 투입했다. 교통, 항구, 수리 시설, 전력, 통신 분야에 대규모 확장과 기술 혁신을 추진했다. 제2차세계대전 이전에는 팔레스타인 지역에서 간단한 농기구 수리 외에 이렇다 할 공업이 없었다. 제2차세계대전 때 팔레스타인이 영미 동맹군의 공급 기지 역할을 하면서 동맹군에 공급할 방직, 의류, 식품 등의 산업이 발달했다. 이를 기초로 이스라엘은 건국 10년 전부터 경공업을 발전시켰다. 식품, 가공, 섬유, 가구, 화학비료, 제약, 고무, 플라스틱, 철물 등은 적은 투자로 빠른 효과를 볼 수 있었고, 대량의 일자리를 창출할 수 있는 분야였다.

이스라엘은 경제성장에 박차를 가해 대외 의존도를 줄이고자 했다. 대량의 투자와 높은 자질의 인재가 이스라엘 경제의 기적을 창조했다. 건국 후 25년간 이스라엘의 경제성장률은 평균 10퍼센트에 달해 일본, 서독과 어깨를 나란히 했다.

사실 시시각각 전쟁 위험에 노출된 이스라엘이 중공업 발전을 우선시하지 않고 어떻게 전쟁에 임했을까? 사실 유대인들은 이 문제를 정확히 분석했다. 비록 유대인의 자질이 높지만 당시 이스라엘 인구는 100만 ~200만 명에 지나지 않았다. 더구나 자원이 부족하고 국토는 좁으며 국내 시장이 크지 않은 상황에서 중공업을 발전시킬 조건이 마련되지 않았다. 이스라엘은 이러한 실정에 맞는 발전 구조를 모색했다. 선진 무기와 군사 장비는 미국의 원조에 의존했다. 중공업보다 경공업을 선택함으로써 경제의 고속 발전을 꾀하고 국가가 부유해질 수 있었다. 돈이 있으니 무역을 할 수 있었고, 외화가 있으니 무기를 살 수 있었다. 이스라엘 사람들의 현실적인 태도를 볼 수 있는 대목이다.

헌법과 국교가 없는 사회주의 공화국

건국 초기 이스라엘의 4대 특징이 있다. 헌법이 없고, 국교(國敎)를 정하지 않았으며, 신을 내세우지 않고, 사회주의 공화국을 채택했다는 것이었다.

확실한 정교분리와 사회주의 성격의 경제제도

한 국가에 헌법이 없다는 것이 말이 되는가? 사실 유대인의 정신적 헌법은 성경이다. 이것은 인간과 신의 계약으로, 인간과 인간의 계약보다 훨씬 신뢰할 수 있다. 이스라엘 사람들은 헌법이 필요 없다고 말한다. 이것은 그들의 전통이며, 모든 민주주의 국가 중 유일하다.

이스라엘은 왜 국교와 신을 내세우지 않았을까? 유대교를 믿기는 하지만 정치와는 별개이다. 국교와 신을 정치와 분리하는 정책을 쓴 것이다. 이스라엘을 건국한 다비드 벤구리온과 추종자들은 개인적으로 유대교를 믿지 않았으며, 모든 유대교 율법을 지키지 않았다. 그들을 세속파 유대인이라고 부른다. 건국 초기에 이미 현대 국가의 구조를 익히 잘 알고 있었던 이들은 정치와 교회를 철저히 분리하고, 종교의 정치적 간섭을 용납하지 않았다. 종교의 랍비는 국가의 정책과 권력에 개입할 수 없었다. 이스라엘의 독립선언에도 신은 언급되지 않는다. 800만 인구 중 정통 유대인은 약 100만 명으로 총인구의 8분의 1에 불과하다. 대다수 이스라엘 사람들은 세속적 유대인이며, 정교분리는 현대 국가의 핵심 원칙이다.

이스라엘은 국유재산의 비율이 매우 높은 일종의 혼합 경제 모델을 채택하고 있다. 국가 통제, 합작 경영, 민영 경영(일반

이스라엘의 국부 다비드 벤구리온.

기업은 대체로 민영기업이다)이 결합된 것이다. 국가 계획, 민생 관련 중요 분야인 천연자원, 방위산업, 철도, 도로, 통신, 은행, 전력, 농업, 관개, 수리, 녹화 등은 모두 국가가 독점한다. 강적들이 둘러싸고 있는 상황에서 정부가 중요한 경제 자원을 독점하지 않으면 군사 동원이 어렵기 때문이다. 이처럼 이스라엘 건국 초기에는 사회주의 특징이 두드러졌다.

사회주의 특색을 갖춘 집단농장 키부츠

농업 분야에서 이스라엘은 뚜렷한 사회주의 특색을 띤다. 유대인은 키부츠(kibbutz)라는 사회주의 모델을 창조했다.

'키부츠'는 히브리어로 '집단'이라는 뜻이다. 사람들은 사유재산을 보유하지 않으며, 식사도 공동으로 해결한다. 어린아이 보육은 공공 유치원이 맡고, 모든 사회활동은 집단으로 진행된다. 각자 능력을 다해 일하고 필요한 것을 취하는 전형적인 사회주의 분배 원칙을 따른다.

이스라엘의 많은 유대인 이민자들은 러시아에서 건너온 사람들이다. 그들은 이스라엘에 키부츠라는 집단농장을 세웠고, 지금까지 100년이 넘는 역사를 갖고 있다. 이스라엘의 앞선 관개 기술은 키부츠가 연구하고 발명한 것으로 전 세계에서 많은 돈을 벌어들였다.

키부츠는 대량의 유대인 이민자를 흡수하는 데 중요한 역할을 했다. 제2차세계대전 이후 많은 유대인들이 수용소에서 구출되었다. 가족은 몰살되고 죽음의 문턱에서 홀로 살아남았다. 그들은 천신만고 끝에 이스라엘로 건너와 키부츠에 참가하면서 신의 은총을 느꼈다. 그들은 깊이 감사하는 마음으로 살아갔다. 비록 가족을 잃었지만 여러 사람과 집단생활을 하면서 행복을 느꼈다.

이스라엘 건국 초기에 대량의 유대인 이민자들이 들어와 현지의 아랍

이스라엘 키부츠에서 발명한 선진 관개 기술.

인들과 치열한 갈등을 빚었으며 심지어 군사 충돌까지 발생했다. 각지에 분포된 키부츠 구성원들은 스스로를 보호하기 위해 하가나(Haganah)라는 준(准)군사조직을 만들었다. 분산된 지휘권을 집중하여 최고사령부와 참모부 등을 설립했으며, 훗날 이스라엘 국방군으로 발전했다. 하가나의 전투력은 매우 강력했으며 작전 인원이 2만 5천 명이었다. 키부츠 회원으로 구성된 군대의 상당수가 구소련 출신이었다. 스탈린이 한때 이스라엘을 사회주의의 중동 교두보로 믿었기 때문이다. 전투력을 강화하기 위해 소련은 제2차세계대전에 참전한 경험이 있는 자국의 유대인 노병들이 가족을 이끌고 이스라엘로 이주하는 것을 장려했다. 하가나의 병사 2만 5천 명 중 소련 출신이 3분의 1이었다.

하가나의 탱크병, 포병, 비행원 등 전문 병과 모두 소련 출신 유대인이었다. 그들은 러시아어로만 대화해야 했다. 제1차 중동전쟁에서 아랍인들은 상대가 유대인 농부 출신인 줄 알았지만 사실은 백전의 경험을 가진 소련 정규군이 복장만 바꿨을 뿐이다.

수에즈운하를 둘러싼 나세르와의 경쟁

10년에 걸친 발전으로 이스라엘은 마침내 자리를 잡았다. 경제 발전도 이뤘고 정치도 안정되었으며 국방력은 규모를 갖췄다. 여기에 구미의 군사 원조까지 더해지자 이스라엘은 이집트라는 가장 위험한 상대와 싸울 준비가 되었다. 당시 맹렬하게 발전해 나가는 나세르의 이집트는 이스라엘에 심각한 위협이 될 수 있었다.

영국과 프랑스의 분노를 산 수에즈운하 국유화

1956년 이스라엘 사람들이 기다리던 시기가 무르익었다. 나세르가 수에즈운하의 국유화를 선포함으로써 영국과 프랑스의 분노를 산 것이다.

수에즈운하는 동양의 식민지와 영국 본토를 연결하는 영국의 생명줄이었다. 비록 대영제국은 무너졌지만 영국과 프랑스 및 유럽 각국에서 사용하는 석유는 중동의 페르시아만에서 수에즈운하를 통해 운반되었다. 영국의 입장에서 수에즈운하는 더할 나위 없이 중요한 전략적 위치였다.

수에즈운하는 수에즈운하회사의 소유였다. 19세기 이집트는 개혁 개방을 시도하면서 정부의 투자로 수에즈운하를 건설했다. 그러나 19세기 중엽 이집트가 재정적 어려움을 겪게 되면서 수에즈운하의 지분을 영국과 유럽의 투자자들에게 매각했다. 수에즈운하를 인수한 대규모 거래는 로스차일드 가문이 주도했다. 이 일로 로스차일드 가문의 이름이 영국에 크게 알려졌다.

1869년 개통 이래 수에즈운하의 수입은 거의 대부분 유럽으로 흘러 들어갔으며 이집트에는 아무런 이익도 돌아가지 않았다. 나세르는 여기에 큰 불만을 가졌다. 이때 나세르도 인프라 건설을 추진하고 있었으며, 최대 프로젝트는 아스완 댐이었다. 원래 미국이 대출을 제공하기로 했으나 나중에 변심했다. 미국은 이집트가 발전하면 자신들의 통제를 벗어날 가능성이 크다고

이집트 나일강 본류에 위치한 아스완 댐

판단했던 것이다. 1950년 미국이 돌연 투자를 취소하자 나세르는 수에즈 운하를 국유화하기로 결심했고, 운하 수입으로 아스완 댐의 건설에 들어가는 돈을 충당하기로 했다.

나세르와 아랍인의 관점은 다음과 같았다. 이집트가 이미 독립했으며 운하는 이집트 영토에 있다. 영국과 프랑스가 80여 년간 수에즈운하를 통해 거둬들인 이익은 운하 개발비의 몇 배에 달한다. 그들은 충분히 벌었으니 이제 오랫동안 영국의 식민지였던 이집트의 고통을 보상해야 한다는 논리였다. 그러나 영국과 프랑스는 이 논리에 황당하다는 반응을 보였다.

계약은 어디까지나 계약일 뿐이었다. 당시 이집트가 무능했기에 식민지로 만들었으며, 그 계약은 지금도 유효하다고 주장했다. 수에즈운하를 국유화하면 이집트를 공격하겠다는 것이 1956년 프랑스와 영국의 태도였다. 이에 아랍 세계도 맞서서 분노하며 일촉즉발의 위기에 놓였다.

제2차 중동전쟁 : 이스라엘이 영국, 프랑스와 손잡고 나세르 정부 전복을 기도하다

이번이 나설 기회라고 여긴 이스라엘은 영국과 프랑스와 손을 잡았다. 두 나라는 운하를 공략하고 이스라엘이 시나이반도를 함락하여 양쪽에서 협공하자 나세르는 물러날 수밖에 없었다. 이스라엘은 꺼림칙하게 여겼던

화근을 제거했다. 이것이 1956년 제2차 중동전쟁의 국제적 배경이었다.

영국과 프랑스는 연합하여 포트사이드항을 점령하고 운하 지역을 통제했다. 이스라엘은 이집트의 시나이반도를 점령했다. 이집트는 또다시 패배의 고배를 마셨고, 아랍인들의 분노는 극에 달했다. 제2차세계대전이 끝난 지 10년이 지났건만 식민 제국과 그들의 동조자들은 여전히 창궐하며 주권국가를 공공연히 침략한 것이다. 이스라엘의 간담을 서늘하게 했던 나세르는 실각하기는커녕 아랍 세계의 슈퍼 영웅으로 추앙받았다. 왜냐하면 그는 무력으로 제국주의 침략에 저항한 최초의 아랍 지도자였기 때문이다. 이번 전쟁에서 나세르는 비록 군사적으로는 졌지만 정치적으로는 큰 승리를 거뒀다. 아랍 세계 전체가 그에게 열광했던 것이다.

결국 미국은 계속 끌었다가는 끝이 좋지 않겠다는 판단을 했다. 아랍 세계 전체가 영국과 프랑스에 반대한다면 그들이 연대하여 서방 전체를 적대시할 우려가 있었기 때문이다. 게다가 중동 전체가 친소련으로 돌아서면 글로벌 전략 구도에 영향을 미칠 수도 있었다. 미국은 경제제재를 가하면서 영국에 병력 철수를 경고했다. 결국 영국과 프랑스, 이스라엘 3국은 압박에 못 이겨 손을 떼고 말았다.

중동의 정치적 등대가 된 나세르

나세르는 성공적으로 운하를 회수하고 서방 세력을 쫓아버렸다. 중동 전체에서 그의 명망과 지위가 전에 없이 강화되었다. 국제적으로 나세르는 인도의 네루 수상, 유고슬라비아의 티토 대통령과 함께 유명한 비동맹 운동을 발기하여 제3세계에서 명성이 자자한 지도자가 되었다.

제2차 중동전쟁 이후 범아랍주의 정서는 그 어느 때보다 강했다. 제국주의와 봉건주의에 반대하는 목소리가 중동 전역을 뒤덮었다. 1957년 요르단의 일부 소장과 군 장교들이 쿠데타를 일으켜 요르단 국왕 후세인의 왕궁을 포위해 왕조를 폐지하고 공화제를 수립하고자 했다. 이들은 모두 나세르의 열성 추종자들이었다. 친서방파였던 후세인 국왕은 군사정변으로 실각 위기를 맞았다. 사람들은 미국의 핵심 이익과 연관되기 때문에 미국이 요르단 왕조의 전복을 두고 보지 않을 것이라고 믿었다.

그러나 이 예상은 빗나갔다. 1958년 이라크의 군사정변이 성공했고, 국왕은 젊은 군 장교들에 의해 총살되었으며, 이라크는 공화국으로 변신했다. 요르단과 이라크 국왕은 원래 형제간으로 둘 다 선지자 무함마드의 직계 혈통이다. 한때 중동 3대 세력의 한 축이었던 하심 왕조는 이로써 종말을 고했고, 아랍 세계에는 이집트와 사우디아라비아 양대 강자만 남았다.

이때 나세르와 범아랍주의의 영향력은 절정에 달했다. 1958년 시리아는 국민선거를 통해 이집트와 합병하고 하나의 아랍연합공화국을 세우기

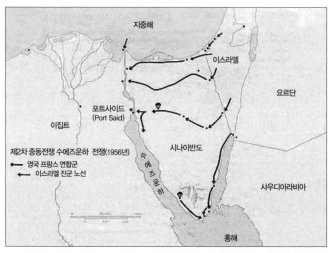

제2차 중동전쟁은 수에즈운하 전쟁으로도 불린다. 영국과 프랑스가 수에즈운하 통제권을 장악하기 위해 이스라엘과 손잡고 1956년 10월 29일 이집트에 전쟁을 포고했다. 영국, 프랑스, 이스라엘 3국의 행동은 국제사회의 비난을 받았으며, 미국과 소련은 이 사건에 개입하여 3국에 압박을 가했다.

비동맹 운동은 구속력이 약한 국제조직으로 냉전 시기인 1961년 9월에 결성되었다. 회원국은 자주독립을 강조하며 미·소 양대 강국과 어떠한 동맹도 맺지 않는다는 외교 노선을 주장했다.

로 했다. 양국 국민은 거의 만장일치로 나세르를 새로운 국가의 대통령으로 선출했다. 나세르의 투쟁이 큰 성과를 거둠으로써 그는 중동 전체의 사령탑이자 정신적 지도자로 등극했다. 시리아가 선례를 열자 예멘도 동참했고, 이에 국명을 '아랍합중국'으로 바꿨다. 이라크도 동참을 원했다. 그야말로 천지가 개벽할 변화였다. 아랍인은 정말 초강력 민족주의의 대단결을 실현할 단계까지 온 것일까?

사우디아라비아에 의해 암살될 뻔한 나세르

사우디아라비아 국왕은 이집트의 세력이 강대해지자 혁명성이 강한 정부가 중동에서 득세하면 언제라도 사우디아라비아 왕조를 전복할 수 있음을 우려했다. 선지자의 후예인 이라크 국왕마저 살해된 마당에 사우디아라비아에도 혁명이 일어난다면 왕실의 운명을 보장할 수 없었다. 이런 우려로 사우디아라비아 국왕은 아랍 세계를 통일하려는 나세르를 막아서기로 했다.

1953년 이븐 사우드 국왕이 사망하자 그의 큰아들 사우드가 즉위했다. 새 국왕은 나세르의 영향력을 질투했다. 그는 시리아의 장관을 매수해 나세르를 암살하고 이집트와 시리아의 통일을 막으려고 했다. 이것이 나세르 암살 모의 사건이다. 이 소식이 퍼져나가자 아랍 전역에서 규탄의 목

소리가 높아졌다. 심지어 사우디아라
비아 왕실의 안위마저 위협받았다. 사
우디아라비아 귀족들의 압박에 못 이
겨 국왕은 권력을 내놓고 그의 아우
파이살 빈 압둘아지즈 알 사우드가 섭
정했다. 6년 뒤 사우디아라비아 국왕
은 폐위되고 아우 파이살이 왕위를 계
승했다.

이븐 사우드 국왕의 큰아들 사우드 빈 압둘아
지즈 알 사우드.

물거품으로 끝난 아랍합중국의 꿈

파이살 국왕은 겉으로는 나세르를 존중하고 혁명의 사령탑임을 인정하
면서 지지하는 듯했다. 그러나 사우디아라비아는 아랍합중국에 동참할 생
각이 없었으며 신생 이라크 정부도 마지막에는 동참하지 않았다. 그 이유
가 무엇일까? 당연히 이익과 결부되었기 때문이다. 거대한 석유가 가져다
주는 이익 앞에서 아랍인들은 통일을 목전에 두고 와르르 무너져버렸다.

범아랍주의는 아랍인이 정치적 통일을 실현해야 전 세계에서 재산과
권세를 늘릴 수 있다고 강조했다. 나세르의 관점은 이랬다. 역사적으로 중
동 지역은 원래 완벽한 하나의 통합체였으나 제국주의와 왕조의 투쟁으로
인해 12개 국가로 해체되었다. 뿔뿔이 흩어졌기 때문에 아랍인은 1948년
팔레스타인을 잃었으며 외국의 음모에 번번이 당했다. 아랍 국가가 재건
하려면 반드시 정치적으로 통일해야 한다. 소수의 세습 군주와 외국 기업

사우디아라비아 제3대 국왕 겸 총리 파이살 빈 압둘아지즈 알 사우드.

들이 아랍 세계의 석유 수익을 통제하고 있다. 이 돈은 마땅히 아랍인들의 몫으로 되돌려야 한다. 봉건 왕권을 무너뜨리지 않으면 아랍 세계의 통일을 추진하기 어려울 것이다.

페르시아만 국가의 국왕들은 나세르의 관점에 경악했다. 그들은 나세르가 이집트 제국주의로 다른 나라를 통제하고 이익을 추구하고자 한다고 비난했다. 사실 본질은 석유 이익과 관련된 문제였다. 혁명을 일으킨 이집트, 시리아, 예멘은 모두 석유 자원이 부족한 국가다. 석유가 전혀 나지 않는 것은 아니지만 중동의 다른 나라에 비해 산유량이 훨씬 적다. 이라크와 사우디아라비아를 비롯한 페르시아만 국가들은 모두 석유로 많은 소득을 벌어들이고 있다. 그들이 합병하여 하나의 아랍합중국이 된다면 석유 자원이 풍부한 나라의 소득을 석유 자원이 부족한 아랍 형제들에게 나눠 줘야 한다. 그러므로 페르시아만 국가들이 통일을 꺼리는 것이 당연했다.

1958년 나세르의 범아랍주의 혁명은 절정기에 도달함과 동시에 강한 역류에 부딪쳤다. 아랍합중국 자체는 민족주의지만 석유 이익은 본능에 속했다. 2가지가 충돌하면 본능이 민족주의를 이기게 마련이다.

7장

중동 최강자가 된 이집트와 사우디아라비아

두 차례의 중동전쟁에서 패배한 후 공동의 적에 한마음으로 대처해 나가야 할 아랍 민족은 뜻밖에도 각국의 이익을 둘러싼 갈등에 휩싸였다. 일부 왕권 국가는 이집트 지도자 나세르가 주도하는 범아랍 민족주의 운동을 우려했다. 이집트와 사우디아라비아는 아랍 세계 최강자 지위를 놓고 힘겨루기에 들어갔다. 이번 장에서는 잘 알려지지 않은 아랍 맹주 쟁탈전에 관해 이야기해 본다.

혁명의 이집트 vs 보수적 사우디아라비아

1956년에 벌어진 제2차 중동전쟁은 범아랍주의의 전성기를 가져오며 아랍합중국의 탄생을 예고했다. 그러나 좋은 시절은 오래가지 않았다. 거대한 석유 이익 앞에서 아랍 세계의 응집력은 힘없이 무너졌다. 특히 이집트와 사우디아라비아의 갈등이 갈수록 격화되었으며, 급기야 양국의 갈등은 무장 충돌로 발전하기에 이르렀다.

예멘 내전의 역사적 기원

1962년 예멘의 소장파 장교들이 나세르주의의 기치를 들고 일어나 왕정을 무너뜨리고 공화국 건립을 선포했다. 나세르는 매우 고무되었다. 그는 아랍의 세습 군주들이 사리사욕을 채우기 위해 아랍 세계의 정치적 통

알리 압둘라 살레.1962년 밸더 왕조를 무너뜨린 '9·26혁명'의 지도자이자 예멘공화국 창시자.

합을 저해한다고 주장했다. 그는 대외적으로 제국주의에 반대할 뿐 아니라 대내적으로는 봉건주의에 반대했다. 왕정파가 무너질 때마다 나세르는 뛸 듯이 기뻤다.

그러나 예멘의 바드르 왕자는 피살되지 않고 산악지대로 도피했다. 현지의 왕당파 마을에서는 여전히 그들의 이맘(이슬람교 지도자를 가리키는 명칭 – 옮긴이)에게 충성을 다했다. 그들은 새로 들어선 정부와 투쟁하는 바드르 왕자를 계속 지지했으며, 양 진영 사이에 치열한 내전이 벌어졌다. 이것이 예멘 내전의 역사적 배경이다.

자국 남부의 접경 지역에 나세르식 혁명 공화국이 출현한 것을 우려한 사우디아라비아는 바드르 왕자를 적극 지지했다. 나세르는 이집트의 정예 부대를 예멘에 파견해 새 정부를 지지했다. 이렇게 해서 사우디아라비아와 이집트의 5년에 걸친 대리전이 시작되었다. 이 전쟁은 1967년 제3차 중동전쟁이 발발할 때까지 계속되었다.

혁명이 모든 것에 우선하는 시대

바드르 정부는 시아파이며, 반란을 일으킨 군 장교는 수니파였다. 사우디아라비아는 당연히 수니파이다. 그런데 사우디아라비아 국왕이 시아파 국왕을 지지하고 수니파 반란자에 대항했다. 이것은 1950~1960년대 민족주의 혁명 정신이 중동 전역을 석권할 때 아랍 민족주의 정서가 종교 계파의 갈등을 완전히 압도했음을 말해 준다. 당시 주된 갈등은 보수적인 사우디아라비아와 혁명적인 이집트였다.

젊은 장교들에게는 상대가 시아파인지 수니파인지는 중요하지 않았다. 그들은 혁명으로 왕조를 전복하고 제국주의를 몰아내는 것이 목적이었다. 이것이 당시 중동 사회의 일반적인 사조였다. 이런 강력한 사조 앞에서 종교 파벌과 각 계파를 내세울 수조차 없었다.

예멘 내전에 휘말리지 않은 이스라엘의 비약적 경제성장

나세르가 혁명에 한창일 때 이스라엘은 생산에 여념이 없었다. 1950~1955년, 건국 초기 5년간 이스라엘 경제성장률은 15퍼센트에 달했으며, 이후 15년 동안 10퍼센트에 육박하는 성장률을 기록했다. 1950년 이스라엘의 1인당 국민소득은 미국의 25퍼센트에 불과했으나 1970년에는 미국의 60퍼센트 수준으로 상승했다. 이스라엘 경제가 규모뿐 아니라 질적으로도 비약적인 성장을 거뒀음을 말해 준다.

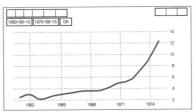

1950~1975년 이스라엘 GDP

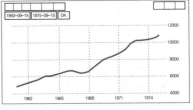

1950~1975년 이스라엘 1인당 평균 GDP

건국 초기 25년, 이스라엘 정부 주도의 경제 모델은 기적을 창조했다

이스라엘이 현대 국가 건설에서 20년의 경제 기적을 이룬 데는 2가지 비결이 있다.

첫째, 유대인은 우수한 노동력을 갖춘 민족이다. 유대인은 예로부터 교육과 독서를 중요시했다. 세계 각국 성인의 독서량을 비교한 유엔 보고서에 따르면, 중국의 성인이 1년 평균 4.54권의 책을 읽는 데 비해 이스라엘 사람들은 매년 평균 64권의 책을 읽는다고 한다. 무려 중국의 10배가 넘는다. 이런 이유로 유대인의 자질은 아랍 국가보다 훨씬 높으며, 이스라엘 노동 생산성이 고속 상승한 비결이 여기에 있다.

둘째, 이스라엘 정부의 개입이 중요한 작용을 했다. 특히 인프라에 대규모 투자를 감행하여 이스라엘 경제의 잠재력을 강화했다. 예를 들어 이스라엘 전국 강수량이 들쭉날쭉한 문제를 해결하기 위해 정부는 송수관을 설치해 북부 갈릴리호의 물을 남부의 건조한 사막 지역으로 수송했다. 정부의 투자로 경제성장을 이룬 것은 물론 낙후된 남부의 경제 잠재력까지 효과적으로 끌어올린 것이다. 키부츠의 주택 공급은 건설과 민간 공업을 자극하여 건축자재와 철물이 전면적으로 발전했다. 자동차 공업과 항공기 제조업이 탄생한 것도 정부 지원의 결과이다. 당시의 열악한 여건에서 개인 자본으로는 중공업의 발전이 불가능했다. 이스라엘

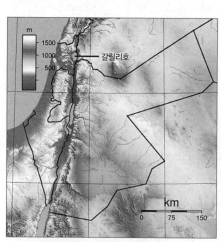

이스라엘 북부에는 갈릴리호가 있어서 강수량이 비교적 많으며, 남쪽은 사막지대로 강수량이 적다.

이 전투기를 생산할 수 있게 된 것은 당시에 정부가 기반을 다져놓았기 때문이다.

이스라엘의 경제 모델 전환은 실현되지 않았다

낙후된 국가가 비약적인 발전을 이루려면 일정 기간 동안 정부의 강력한 개입이 있어야 한다. 집중 투자를 해야 수리, 교량, 교통 시설 등 인프라가 개선되기 때문이다. 리스크가 크고 투자금을 회수하는 시기도 요원하기 때문에 개인은 투자를 꺼린다. 그러나 경제 발전에 필요한 대형 인프라 투자가 포화 상태에 이르면 민영기업이 등장해야 한다. 그들은 점점 복잡해지는 시장에서 새로운 기회를 찾기 때문이다. 말하자면 경제 모델의 전환이 필요한 시점이다.

1966년 이스라엘은 정부 주도의 계획경제에서 시장경제로 전환할 조건을 갖췄다. 20년에 가까운 대규모 투자를 통해 주요 대형 인프라 투자는 거의 마무리 단계에 도달했다. 1966년 1년간 이스라엘은 신규 투자가 없었다. 이로 말미암아 이스라엘 경제는 처음으로 제로 성장을 맞이했다.

현재 이스라엘 경제학자들은 그 당시 정부가 경제성장 모델을 전환했어야 한다고 주장한다. 정부가 경제의 최전방에서 물러나 경제 자원을 풀고 민영기업이 활약할 기회를 줬어야 한다는 것이다. 그러나 이스라엘은 경제 모델을 전환하지 않았다. 이스라엘 경제가 전환점을 맞은 1967년 갑작스런 제3차 중동전쟁이 발발했기 때문이다.

사실 이집트와 이스라엘 양국은 전쟁을 일으킬 생각이 없었다. 이것은 전형적인 전략적 오판에서 비롯된 전쟁이었다. 나세르는 무혈 승리를 꿈꾸고 기세등등한 태도를 보이면서도 정작 전쟁을 치를 준비는 하지 않았다. 선제공격을 하지 않는 한 앉아서 당할 운명에 놓여 있었던 이스라엘은 다른 선택의 여지가 없었다.

이집트의 나세르는 사우디아라비아와 예멘의 대리전을 끌어온 지 5년째였다. 이집트의 정예부대는 예멘 내전에 동원되느라 다른 여력이 없었다. 이스라엘을 상대로 전쟁을 일으킬 최적의 시기가 아니었다. 다른 관점에서 볼 때, 나세르의 혁명 열정은 1958년의 정점 이후 계속 쇠퇴일로에 있었다. 범아랍주의 이상은 이익과 내전의 시련 사이에서 퇴조하기 시작했다. 나세르는 자국의 경제 발전에 집중했지만, 아랍 세계의 맹주로서 우방 시리아를 지지하지 않을 수 없었다.

이스라엘도 전쟁을 할 마음이 없었다. 든든한 지원국 미국의 수십만 대군이 베트남전에 발이 묶여 있었기 때문이다. 따라서 미국은 이스라엘이 전쟁에 나서는 것을 강력히 만류했다. 미국이 지원할 수 없게 되자 이스라엘 내부에서도 전쟁을 우려하는 시각이 많았다.

제3차 중동전쟁 : 원치 않은 전쟁

경제 구조조정 문제를 앞두고 있었던 이스라엘은 이집트와의 전쟁을 원치 않았다. 그러나 양쪽 모두 꺼리는 상황에서 전쟁이 벌어졌다. 원인은 이집트의 동맹국 시리아였다. 시리아는 이집트와 합병하여 아랍연합공화국을 설립하고자 했으며, 1958년 양국이 합병함으로써 성공하는 듯했다. 그러나 좌익 성향의 나세르는 시리아의 은행, 대형 인프라 시설, 심지어 기업까지 국유화하는 정책을 시행했다. 이것이 시리아 민족 자본가들의 격렬한 반감을 샀고, 나세르를 옹호하던 사람들까지 그들의 "치즈를 옮겼다"며 동요했다. 결국 1961년 이집트와 시리아 공화국은 분리되었다.

시리아 내부 쿠데타가 불러온 이스라엘 공습

1966년 시리아에 또다시 정변이 일어나 시아파의 한 갈래인 알라위(Alawis)파 극단주의자들이 정권을 잡았다. 그들은 수니파의 지지를 얻기 위해 이스라엘에 더욱 적대적인 정책을 취했다. 이집트와 시리아는 군사 동맹을 결성한 관계였지만 나세르는 전쟁을 꺼리며 모험적인 우방 시리아의 마음을 돌리려고 했다. 그러나 시리아의 위정자는 자신의 지위를 공고히 하기 위해 급진적인 정책으로 선회했다. 그들은 팔레스타인 무장 병력의 이스라엘 공격을 전폭적으로 지지했다. 1967년 4월에는 이스라엘과의 공중전에 직접 개입하기도 했으나 결과는 참패로 끝났다.

부득이 시리아 돕기에 나선 '형님' 국가 이집트

'동생' 국가 시리아의 체면을 살려주기 위해 이집트 군대는 어쩔 수 없이 시나이반도로 진격했다. 제2차 중동전쟁이 끝난 후 이스라엘은 시나이반도에서 퇴각한 상태였다. 이스라엘과 이집트의 무력 충돌을 막기 위해 유엔군은 시나이에 주둔하며 '방화벽'을 형성해 양측을 떨어트려놓았다. 나세르는 '방화벽'이 형성된 후 시나이반도에 출격함으로써 정치적 제스처를 취했다. 이집트는 시리아를 지지하지만 전쟁을 원치 않는다는 태도를 보여준 것이다. 게다가 이집트는 전쟁을 치를 여력도 없었다.

사우디아라비아는 연합군 뒤에 숨어 있는 이집트가 과연 맹주 역할을 할 수 있겠느냐고 꼬집었다. 이에 자극받은 나세르는 1967년 5월 18일 이집트 외교부 장관을 통해 연합군의 철수를 요구했다. 그의 요구는 진심이 아니었으나 당시 유엔 사무총장 우 탄트(U Thant)는 유엔 안보리와 상의도 하지 않고 유엔군 철수 명령을 내렸다.

나세르 본인도 경악한 이 결정은 역사의 미스터리로 남아 있다. 유엔군이 철수하자 나세르는 참전을 두고 고민에 빠졌다. 전쟁을 피한다면 말만 앞세운 것으로 비쳐질 수 있기 때문이었다. 게다가 전 세계와 아랍 형제들이 이집트가 어떻게 처신하는지 지켜보고 있었다. 결국 나세르는 어쩔 수 없이 참전을 결정했다.

선제공격으로 아랍 대국을 퇴치한 이스라엘

유엔군이 철수하자 이집트는 당시 유엔군이 주둔했던 샤름 엘셰이크를 점령하고 아카바만을 봉쇄했다. 이스라엘 군대는 아카바만 최북단 도시 에일라트에 주둔했다. 수에즈운하를 이용할 수 없었기 때문에 에일라트항은 이스라엘에게 아시아, 아프리카와 무역할 수 있는 유일한 창구였다. 이스라엘에게 에일라트항과 아카바만, 그리고 홍해는 무척 중요한 무역 노선이었다.

인구 수백만 명으로 국내시장이 지나치게 작았던 이스라엘은 대외무역에 의존할 수밖에 없었다. 대외무역이 이스라엘 GDP에서 차지하는 비율이 무려 50퍼센트 이상이었다. 이집트가 샤름 엘셰이크를 점령하고 티란 해협까지 봉쇄한 것은 이스라엘의 목을 조르는 행위나 마찬가지였다. 싸우지 않고 가만히 있는 한 이스라엘은 망할 수밖에 없었다.

요르단도 이집트와 시리아를 지지할 수밖에 없었다. 그렇게 하지 않으면 아랍의 배신자라는 낙인이 찍혀 중동 사회에서 입지가 줄어들기 때문이었다. 요르단은

유엔 제3대 사무총장 우 탄트.

한때 요르단강 서안과 예루살렘의 절반을 점령한 적이 있으며, 그것이 팔레스타인 분쟁에서 얻은 최대의 수확이었다. 이스라엘은 북쪽의 시리아, 서쪽의 이집트, 동쪽의 요르단에 둘러싸인 불리한 형세였다. 삼면에서 협공을 당하고 미국의 지원을 받기도 어려운 절망적인 상황이었다.

그러나 이스라엘은 강하게 맞서기로 했다. 제2차세계대전을 겪으면서 유대인들은 크게 변했다. 나치의 박해를 받고 가스실로 끌려가면서도 반항하지 않은 그들이었지만, 이번에는 자칫 유대인이 멸종할 위험에 처한 것이다. 그들은 가만히 앉아서 죽음을 기다리기보다 행동에 나서기로 했다.

1967년 6월 5일 선제공격에 나선 이스라엘 공군은 단 1시간 만에 이집트와 시리아 공군을 섬멸하고 6일 만에 이집트, 시리아, 요르단을 격파했다. 이스라엘은 시나이반도와 가자 지구를 점령했을 뿐 아니라 시리아의 골란고원까지 함락했다. 요르단을 요르단강 동안으로 밀어내고 서안과 예루살렘을 완벽히 통제했으며, 성전산(Temple Mount)과 바위 사원도 이스라엘의 수중에 떨어졌다. 6일간의 전쟁으로 이스라엘의 국토가 3배 확장되었다. 이는 전쟁사상 일대 기적이었으며, 이스라엘은 다른 나라의 도움을 받지 않고 자국의 힘만으로 아랍 3개국을 휩쓸었다. 사실 이스라엘이 승리를 거둔 것은 당시 이집트가 전략적으로 전쟁 준비를 하지 않았고, 시리아는 무모하게 행동했지만 기본 실력이 부족했기 때문이다.

샤름 엘셰이크는 시나이반도 남단에 있는 사막 도시로, 시나이반도 동남단의 아카바만과 인접하여 포대와 군사 요새가 설치된 전략적 요충지였다.

전쟁 승리는 이스라엘의 경제 구조조정을 늦췄다

경제 구조조정을 계획하고 있었던 이스라엘은 갑작스러운 전쟁으로 국토 면적이 3배나 확대되자 즉시 인프라 건설에 착수했다. 골란고원에 도로와 철도를 놓고 다른 지역에도 도로, 교량, 전력을 확충했다. 1967년 이스라엘의 인프라 투자는 7배나 증가함에 따라 구조조정은 십수 년간 미뤄졌다. 1970년대 석유 위기를 맞아 세계 경제가 침체에 빠졌고, 1980년대 초에는 제5차 중동전쟁이 발발했다. 1985년이 되어서야 이스라엘은 진정한 구조조정을 시작할 수 있었다. 긴 시간 미뤄진 이스라엘의 경제 구조조정은 지금까지도 완료되지 않았다.

팔레스타인해방기구의 등장

1967년 이스라엘은 제3차 중동전쟁에서 큰 승리를 거뒀지만, 그 결과 팔레스타인해방기구라는 강력한 적이 등장했다.

그 전까지만 해도 아랍 세계에 '팔레스타인인'이라는 말이 없었다. 그들은 그저 팔레스타인에 거주하는 아랍 사람이었으며, 감정적으로는 이집트, 요르단, 또는 시리아에 속해 있었다. 1947년부터 1967년까지 20년 동안 세 차례의 중동전쟁을 겪으면서 가장 큰 피해를 입은 것은 팔레스타인인이었다. 이스라엘은 집과 재산을 잃은 팔레스타인 사람들이 자신들의 터전으로 돌아가는 것을 허락하지 않았다. 아랍 국가들도 이들을 받아들이지 않았다. 그들은 어쩔 수 없이 난민 캠프에서 생활하며 모든 사람들의 골칫거리로 전락했다. 비참한 생활을 통해 그들은 일반적인 아랍 사람이 아니라 팔레스타인 사람이라는 정체성을 확립했다. 아랍 정규군의 무능함을 지켜본 팔레스타인 사람들은 스스로 무장을 강화하고 무력을 통해 자

신들의 터전을 되찾기로 결심
했다.

야세르 아라파트. 1959년 팔레스타인해방기구의 최대 정치조직 파타의 설립자 겸 지도자.

팔레스타인 난민 캠프에는
새로운 세력이 등장했다. 팔레
스타인 정치조직 파타의 지도
자 야세르 아라파트가 이끄는
팔레스타인해방기구가 그것이
었다. 팔레스타인해방기구는
중앙 무대에 등장해 각종 굵직
한 사건에서 큰 활약을 했다.
아라파트는 카키색 군복에 아랍 두건을 쓰고 허리에 권총을 찬 모습으로
사방의 이스라엘 사람들을 공격했다. 당시 그의 거침없는 모습은 세계를
풍미했다.

이러한 적대 세력은 수십 년 동안 이스라엘의 골칫거리였다. 이스라엘
은 비록 제3차 중동전쟁에서 군사적으로는 승리했으나 팔레스타인해방기
구라는 심각한 부작용을 떠안게 되었다.

제3차 중동전쟁으로 큰 타격을 입은 나세르

제3차 중동전쟁으로 가장 큰 타격을 입은 사람은 나세르였다. 아랍 세
계에서도 그의 명망이 크게 훼손되었다. 이집트는 대내적으로 사우디아라
비아를 제압하지 못했으며 대외적으로는 세 차례의 전쟁에서 이스라엘에
게 처참하게 당했다. 참패를 겪고 심신이 지친 나세르는 혁명 추진과 경제

발전이 쉽지 않을 뿐 아니라 국민의 불만이 커지고 있음을 직감했다. 하지만 군사적으로는 실패했어도 아랍 세계에서 나세르는 여전히 강력한 깃발이요 등대였다. 그는 자신의 혁명 사업을 계승할 후계자 물색에 고심했다.

카다피의 등장

1969년 리비아에 혁명이 일어났다. 나세르를 신봉하는 젊은 장교들이 쿠데타를 일으켜 왕조를 뒤엎고 공화제를 수립한 것이다. 이때 두각을 나타내기 시작한 사람이 젊은 장교 무아마르 알 카다피였다. 서른 살도 채 되지 않았던 카다피는 거침없는 입담과 넘치는 혁명의 열정으로 마침내 리비아의 통치권을 거머쥐었다.

카다피는 나세르의 열혈 추종자였다. 나세르의 저서 《혁명 철학(The Philosophy of the Revolution)》은 《코란》 다음으로 카다피에게 영향을 미쳤다. 혁명에 성공하자마자 그는 즉시 이집트로 달려가 나세르를 방문했다. 카다피에게 나세르는 빅브라더였다. 그는 리비아와 이집트의 합병 의사를 여러 차례 밝혔다. 리비아가 선봉에 서서 두 나라가 협공해 이스라엘을 일망타진하는 것이 그의 평생의 꿈이었다. 나세르는 이런 카다피를 높이 평가했다. 젊은 시절의 자신처럼 혁명의 열정에 넘쳤기 때문이다.

언제 어디서나 존재감을 드러낸 카다피

그러나 카다피는 성격에 문제가 많은 인물이었다. 그는 정서적으로 불안정했으며 초대하지 않았는데도 불쑥 이집트를 방문하여 이런저런 사설을 늘어놓았다. 예를 들어 이스라엘에 대항하는 것이 아랍인의 마땅한 의무라고 주장하고, 무슬림 여성의 위상에 대해 논했으며, 카이로의 나이트클럽에서는 난잡한 행동을 하는 등 이집트의 눈살을 찌푸리게 했다.

중국 대표단과 관련된 일화도 있다. 무바라크 시대에 중국의 국무원 대표단이 이집트 카이로를 방문하여 협상을 벌이는 자리에 초대도 받지 않은 카다피가 나타난 것이다. 양국이 중요한 회의를 개최하는 와중에 나타난 이 불청객으로 인해 무바라크는 중국 대표단에게 정중히 사과하고 카다피와 이야기를 나눈 후 다시 협상 테이블로 돌아와야 했다.

카다피는 정권을 잡자마자 이집트에 지원군을 파견하고 수에즈운하 방어선에서 벌어진 이스라엘과의 전투에 참여했다. 그뿐 아니라 자신의 군대를 이끌고 레바논과 시리아로 달려가 요르단과 레바논 결사대의 유격전에 가담했다. 아랍 전역에서 카다피는 가장 활발한 역량을 펼쳤다.

나세르의 역사적 위상과 영향

나세르는 원래 카다피를 후계자로 육성할 생각이었다. 그러나 1970년 나세르의 건강이 급격히 악화되었다. 몇 차례의 중동전쟁으로 잇달아 타격을 입은 나세르는 아랍 통일이라는 목표를 이루지 못하고 갑자기 사망했다.

중동 근대사를 돌아보면 나세르는 아랍 전역에서 인정받은 최초이자 유일한 지도자였다. 1970년 나세르의 장례식에 참가한 사람이 400만 명을 넘어 기네스 신기록을 세웠다. 아랍 세계에서 나세르는 등대요 깃발이었다. 그리고 나세르의 죽음은 범아랍주의 혁명 정신의 종말을 의미했다.

사다트의 취임

나세르의 뒤를 이어 이집트 대통령에 취임한 것은 안와르 엘 사다트였다. 그는 나세르와 다른 점이 많은 인물이었다. 사다트는 실무형 정치가로서 혁명 이념이나 열정이 강하지 않고 카리스마도 없었다. 아랍 혁명 대업에 관심이 없었던 그는 이집트가 안정을 되찾고 경제 발전에 주력할 것을 주장했다.

같은 해 시리아에서는 하페즈 알아사드가 정권을 잡았다. 그가 시리아의 현 대통령 바샤르 알아사드의 아버지다. 하페즈 알아사드도 실무형 정치가로 골란고원을 되찾아 국토를 수복한 후 경제 발전에만 전념하고자 했다.

제4차 중동전쟁 발발

이집트와 시리아가 경제 발전을 추진하는 데 있어 최대의 걸림돌은 이집트의 시나이반도와 시리아의 골란고원이 여전히 이스라엘의 손에 있다는 사실이었다. 영토를 수복하지 못한 상황에서 경제 발전을 추진하려니 민중의 원성이 자자했다. 그래서 사다트와 하페즈 알아사드는 새로운 전쟁을 기획했다. 이렇게 해서 빼앗긴 땅을 되찾기 위한 제4차 중동전쟁이 발발했다.

이번 전쟁의 목적은 이스라엘 소탕이 아니었다. 이집트와 시리아를 합쳐도 이스라엘을 물리칠 수 없었기 때문이다. 그보다는 전쟁을 통해 화해를 촉구함으로써 이집트는 시나이반도를, 시리아는 골란고원을 되찾고자 했다. 따라서 제4차 중동전쟁은 확대될 수 없는 제한된 전쟁이었다. 이것이 전쟁을 대하는 실무파와 혁명파의 차이점이었다.

주변 아랍 국가의 힘을 빌리다

아랍 세계에서 혁명에 대한 열정이 넘치는 유일한 인물은 리비아의 카다피였다. 그는 이집트와 리비아가 합병해서 이스라엘을 공격할 것을 사다트에게 촉구했다. 사다트는 카다피를 통제하기 힘들고 신뢰할 수 없는 인물이라고 느꼈다. 카다피의 목표는 이스라엘의 소멸이었기 때문에 그를 선봉에 세우면 전쟁이 무한정 확대될 것이었다. 리비아는 주요 동맹국으로 지원한 후 적당히 발을 빼고 병참을 맡는 것으로는 성에 차지 않았던 것이다.

이라크 왕권이 와해된 후 요르단 국왕 후세인은 세력 기반을 잃고 소외되었다. 그는 이집트나 시리아가 주도하는 대로 따라야 했으며, 그 전쟁에 참가하지 않으면 아랍 세계에서 따돌림을 당할 처지에 있었다.

하나로 뭉친 중동 대국

사다트는 사우디아라비아와의 협력에도 힘을 기울였다. 세 차례의 중동전쟁으로 큰 타격을 입은 이집트는 사우디아라비아의 경제 원조에 의존할 수밖에 없었다. 결국 이집트와 사우디아라비아의 위상이 역전되기 시작했다. 사다트는 사우디아라비아를 직접 방문해 이집트가 경제 발전에만 전념할 것이며, 이를 위해 이번 전쟁에서 반드시 이겨야 한다고 주장했다. 그렇게 되면 아랍 세계 맹주 자리를 사우디아라비아에게 넘길 것이고, 예멘에 대한 지지를 멈추고 혁명을 전파하지 않을 것이며, 사우디아라비아를 전복하려는 시도를 멈추겠다는 뜻을 밝혔다.

이어서 이집트, 시리아, 요르단도 함께 모여 진격 계획을 논의했다. 실무파들은 좀더 용의주도했다. 그들은 군사 전쟁뿐 아니라 석유 무기를 앞세운 경제 전쟁까지 고려했다. 앞선 세 차례의 중동전쟁에서 사우디아라비아, 쿠웨이트 등 산유국들은 큰 힘을 발휘하지 않고 자금만 지원했다. 그러나 이번에는 실무파들이 사우디아라비아 등에게 전면적인 협력과 석유전쟁을 요구했다. 이는 이스라엘을 지지하는 서방 국가에 대한 석유 운송 금지로 이어졌다. 제4차 중동전쟁에서 중동의 대국들은 진정한 단합 노선을 표방했다.

제4차 중동전쟁의 과정

1973년 10월 6일 제4차 중동전쟁이 발발했다. 이집트와 시리아의 협공으로 이스라엘을 공격한 것이다. 10월 6일은 유대인의 속죄일로 1년 중 가장 중요한 날이었다. 이날은 모든 사람들이 귀가하여 자신을 돌아보고 1년 중 잘못한 일을 반성한다. 운전을 하거나 전기를 사용해도 안 되며 모든 기기를 꺼놓아야 한다. 전방 부대의 전사들도 귀가하여 문을 닫아걸고 반성의 시간을 가지므로 이스라엘 전역은 일종의 정지 상태에 돌입한다. 시나이반도와 골란고원 전선에도 최소 병력만을 남겨놓았기 때문에 이스라엘의 작전 능력이 가장 취약한 날이었다.

이스라엘은 전쟁 초기에 심각한 손실을 보았다

중동의 대국들은 이날을 택해 북부, 서부, 동부 세 전선에서 동시에 공격을 감행했다. 이집트는 수에즈운하로 대거 진격하여 이스라엘 진영을 소탕하고 방어선을 무너뜨렸다. 북부 전선의 시리아는 골란고원에 맹공을 퍼부어 이스라엘 진지를 잇달아 손에 넣었다. 이스라엘은 혼비백산했다.

앞선 세 차례의 중동전쟁에서 순조롭게 승리를 거둔 이스라엘은 자만

심에 차 있었다. 자국의 군사 역량이 천하무적이라 여기고 아랍 군대를 무시했다. 그러나 이번에는 달랐다. 두 실무파와 중동 대국들이 한데 뭉쳐 철저한 준비를 했기 때문이다. 게다가 전략 전술도 치밀했다. 이스라엘은 속수무책으로 당하는 수밖에 없었다. 다급해진 이스라엘은 전국 총동원령을 내렸다. 그러나 이틀간의 전투에서 이스라엘은 이미 심각한 타격을 입었다. 인구 대비 사상자 비율을 보면 이스라엘이 이틀간 입은 손실은 미국이 제2차세계대전에서 입은 손실과 맞먹는 정도였다.

첫 이틀간 파죽지세로 진격한 아랍 군대는 두 방향에서 이스라엘의 방어선을 뚫었다. 앞선 세 차례 중동전쟁에서의 참패를 일거에 만회하는 순간이었다. 이집트는 초기 공격에 성공한 후 시나이반도로 깊이 들어가지 않고 방어로 전략을 선회했다. 평화회담을 촉구하려는 사다트의 정치적 목적 때문이었다. 하페즈 알아사드도 마찬가지였다. 그러나 분석을 거친 이스라엘은 두 전선의 중요도가 다르다는 사실을 파악했다. 이집트의 속셈을 알아차린 이스라엘은 병력을 집중하여 골란고원의 시리아에 대응하기로 했다. 골란고원은 이스라엘에게 전략적으로 매우 중요한 위치였다. 평평하고 넓은 골란고원에서는 이스라엘을 내려다볼 수 있다. 시리아가 골란고원을 손에 넣으면 계속 진격하여 이스라엘 내부 깊숙이 들어올 우려가 있었다. 시리아의 위험성이 더 크다고 판단한 이스라엘은 병력을 북부에 집중해 시리아를 격파하기로 했다.

이스라엘은 본격적으로 병력과 화기를 동원하면서 매우 강력한 전투역량을 갖춰나갔다. 결국 시리아는 1967년 휴전선으로 물러났고 이스라엘은 골란고원 전체를 점령했다. 골란고원이 시리아 수도 다마스쿠스와 60킬로미터밖에 떨어져 있지 않았기 때문에 이스라엘 군대가 산을 넘어 진격하면 단 하루 만에 수도를 함락할 수 있었다. 그러나 이스라엘은 진격

유엔 감시국 접촉을 벗어난 지역
1949-1967년 비군사 지역

1967년 상황
1949년 상황
1923년 상황

레바논

훌라호

이스라엘 점령
(시리아가
소유권을 주장)

1967년 6월 4일 경계선

1923년 국경선

1949년 정전선

시리아

이스라엘

10m 회랑

티베리아호
(갈릴리호)

N

0   10
0   10

요르단

1923~1967년 골란고원의 군사 동태. 1967년 이스라
엘이 골란고원 전체를 점령했다.

을 멈춰야 했다. 첫 번째 이유는 이라크와 요르단 군대가 출동했기 때문이다. 이라크의 탱크 부대가 그토록 빨리 대응할 줄은 이스라엘도 미처 예상하지 못했다. 결국 양측은 지루한 대치 국면에 돌입했다. 두 번째 원인은 소련이 이스라엘에 엄중한 경고를 했기 때문이다. 이스라엘이 계속 진격하면 소련이 출동할 것이며, 핵탄두를 이집트의 알렉산드리아에 이미 운반해 두었다고 밝혔던 것이다. 자칫 제3차세계대전으로 비화될 위험이 있었다. 이러한 압박 속에서 이스라엘은 다마스쿠스에 대한 진격을 멈추고 적당히 물러날 수밖에 없었다.

이스라엘은 병력을 돌려 이집트를 침공했다. 이집트의 전술은 무척 보수적이었다. 정치적 목적을 염두에 둔 전쟁이었기에 군사 전략에서 허점이 속출했다. 이스라엘 대군은 허술한 전선을 가로질러 다른 방향에서 수에즈운하를 지나 이집트에 대한 포위망을 형성했다. 이스라엘이 전투를 계속한다면 얼마든지 이집트의 제3군단을 섬멸할 수 있었다.

이때 미국이 중재에 나서면서 국무장관 헨리 키신저를 중동에 파견했다. 그는 이스라엘 측에 제3군단을 섬멸하지 말라고 요구했다. 이것을 받아들이지 않을 경우 협상의 여지는 없으며, 이집트가 끝까지 혈전을 불사

이집트와 이스라엘이 체결한 캠프 데이비드 협정. 중동 문제의 평화적 해결을 위한 원칙적 협정이다.

할 수밖에 없다고 경고했다. 이스라엘은 이해득실을 따져본 후 제3군단에 대한 포위망 한쪽을 열어두고 음료와 식품 공급로를 열어주었다. 이로써 이집트의 제3군단은 전멸될 위험에서 벗어날 수 있었다. 그 후 두 나라는 지리멸렬한 협상 단계에 돌입했다. 1973년부터 1978년까지 무려 5~6년을 끌어오다 캠프 데이비드 협정을 체결함으로써 막을 내렸다.

이집트는 시나이반도를 되찾아 전략 목표를 완벽히 실현했다

이스라엘은 패배 국면을 승리로 역전시켰으며, 이집트는 캠프 데이비드 협정을 통해 정치적 목적을 실현했다. 전쟁이 끝난 후 시나이반도 전체가 이집트에 귀속되었다. 사다트의 정치적 전쟁이 성공을 거둔 것이다. 하지만 그 대가로 이스라엘의 합법적 존재를 인정하는 결과를 가져왔다. 1977년 사다트는 파격적으로 예루살렘을 방문했다. 아랍의 대국이 이스라엘의 존재를 인정한 셈이다.

시나이반도를 되찾는 대신 많은 양보를 한 이집트는 아랍 맹주로서의 위상이 크게 떨어져 회복 불가능한 지경에 이르렀다. 시리아는 골란고원을 되찾지 못했으며, 이 문제는 지금까지도 해결되지 않고 있다. 제4차 중동전쟁의 힘겨루기에서 사우디아라비아와 쿠웨이트 등은 이스라엘을 돕는 유럽 국가에 대한 석유 수출 금지를 선포했다. 이에 따라 유럽 국가들은 이스라엘 원조에 나서지 못했으며, 심지어 미군이 이스라엘에 공급하는 비행기의 착륙을 금지하는 국가도 있었다. 결국 미국만 유일하게 이스라엘에 군비를 계속 제공했다.

격노한 아랍 국가들은 미국에 대한 석유 수출을 금지하기 시작했다. 이에 1973년 미국의 주유소마다 늘어선 자동차 행렬이 1~2마일에 달했으며 경제 전반이 침체되었다. 석유 가격은 폭등하고 달러가 폭락했으며 경제는 심각한 스태그플레이션(경제가 침체한 상황에서 물가가 상승하는 저성장·고물가 상태-옮긴이)에 빠졌다.

키신저의 정치적 지혜 : 오일 달러 체계의 수립

미국의 석유 위기를 해소하기 위해 키신저가 사우디아라비아로 달려가 중재에 나섰다. 아랍 사람들은 유대인 출신인 키신저와의 대화를 거부했다. 그러나 총명한 키신저는 양측이 공동 이익을 거둘 수 있는 교차점을 찾았다. 키신저는 사우디아라비아 국왕에게 이렇게 말했다. "사우디아라비아의 주요 경쟁 상대는 이집트다. 혁명의 불길이 거센 이집트가 당신네 왕실의 통치권을 무너뜨릴 수도 있다. 사우디아라비아 왕실이 계속 존재하려면 미국의 군사적 도움이 필요하다. 미국은 사우디아라비아 왕실의 안전을 대대손손 보장할 것이다."

나세르주의를 두려워하고 있었던 사우디아라비아는 미국의 군사적 보호를 받아들였다. 그러나 미국은 조건을 내걸었다. 사우디아라비아가 다른 페르시아만 국가에 로비해서 석유 수출 시 달러로만 결제할 것을 요구한 것이다. 전 세계의 석유와 에너지 거래에 달러를 사용하기 시작한 것이 이때부터였다. 키신저가 제시한 또 하나의 조건은 사우디아라비아의 석유 가격을 4배 인상하되, 사우디아라비아가 벌어들인 오일 달러로 미국 국채를 구입하라는 것이었다. 이것이 바로 사우디아라비아와 쿠웨이트 등이 미국과 행동을 같이하게 된 근원이다.

1971년 금본위제를 벗어난 달러의 가치는 큰 폭으로 하락했다. 미국은 달러 가치를 고정할 새로운 닻이 필요했다. 이 가치의 닻이 곧 석유였으며, 황금 달러를 오일 달러로 전환함으로써 달러는 비로소 그 가치를 공고히 할 수 있었다. 새로운 화폐 체제를 통해 달러의 패권을 확보했으며, 오일 달러 체제는 오늘날까지 지속되고 있다.

아랍 민족주의 실패의 원인

1948년 5월의 제1차 중동전쟁부터 1978년 9월의 캠프 데이비드 협정까지 30년 동안, 이스라엘과 중동 각국은 총 다섯 차례의 중동전쟁을 치렀다. 이 과정에서 그 누구도 결정적 승리를 거두지 못했다. 이스라엘은 평화를 얻지 못했으며, 아랍 국가들도 영토를 되찾지 못했다. 양측은 여전히 불안하고 적의로 충만한 '긴장 속 평화(cold peace)' 상태에 놓여 있다. 이 30년은 아랍 민족주의가 꽃피웠다가 점차 쇠락한 시기이기도 하다. 아랍은 현대 국가로 전환하지 못했으며, 민족의 정체성 확립과 정치적 통일을 이루지 못했다. 이스라엘과 30년간 힘겨루기를 반복하면서 아랍인의 좌절감은 점점 심해졌다. 민족주의로 문제를 해결하지 못한 아랍인과 이슬람 세계 전반은 새로운 부흥의 길을 찾아 나서게 되었고, 이는 곧 이슬람 세력의 재부상으로 나타났다.

8장

IS 자금의 원천은 어디일까?

미국이 주도하는 반테러 전쟁과 반테러 정책이 시행된 지 오래지만 시리아 내전은 계속되고 있다. 현재 IS 테러 조직은 시리아와 이라크 양국 영토를 점거하고 방대한 세력으로 확장되어 국제사회의 불안이 증폭되고 있다. 미국이 본격적으로 나선 상황에서도 테러 조직이 확대되는 이유는 무엇일까? IS 테러 조직의 막대한 경비는 어디에서 나오는 것일까? 이번 장에서는 경제적 시각에서 미국의 중동 대전략과 IS 경제의 내막을 살펴본다.

파리 테러 사건의 배후, IS의 조종이 울리다

2015년 11월 13일 '검은 금요일(Black Friday)'에 파리는 연쇄 테러 공격을 당했다. 400여 명의 사상자가 발생했으며, 그중 132명이 사망했다. 이것은 IS가 일으킨 유럽 판 9·11테러로서 상징적인 사건일 뿐 아니라 전 세계가 IS에 반대하는 통일전선을 결성하는 중대한 전환점이었다. IS의 조종(弔鐘)이 울리기 시작한 것이다. IS가 파리 테러를 일으킨 이유는 무엇일까?

2015년 9월 말, 푸틴은 갑자기 시리아를 공습했고, 러시아의 개입으로 시리아 전쟁의 국면이 역전되었다. IS의 공격 태세는 억제되었으며, 그들이 통제하는 지역은 점차 위축되기 시작했다. 불과 1개월 동안 러시아의 맹공은 어마어마한 살상력을 보여주었고, 미국과 서유럽 국가들은 단단히 체면을 구겼다. 그들은 1년 동안이나 폭격을 퍼부었는데도 효과가 보잘것 없었던 것이다. 결국 러시아의 자극을 받아 미국과 EU 국가의 공격력도 강화되기 시작했다.

지상에서는 이란의 혁명수비대, 레바논의 헤즈볼라, 시리아의 정부군으로 구성된 연합군이 반격을 개시했다. 거대한 국면 전환으로 IS는 생사존 망의 위기에 처했다. 이런 상황에서 IS는 중대한 전략 조정을 감행했다. 전쟁의 불꽃을 해외로 돌려 다른 국가에서 테러를 자행한 것이다. 그렇게 하면 유럽과 미국은 자국의 안전을 확보하는 데 급급하게 되고, 시간이 지나면서 국민들은 IS에 대한 군사적 대응을 중단하라고 요구하게 될 것이다. 이것이 IS가 노리는 목적이었다.

사실 파리 테러는 독립된 사건이 아니다. 이 사건을 전후해 일련의 테러가 발생했다. 2015년 10월 31일 러시아 여객기가 이집트 상공에서 추락했다. 파리 테러 하루 전에는 레바논에서 대폭발이 일어나 사상자 수가 280명에 달했다. 두 사건 모두 IS의 소행이었다. 이 밖에 마리(Mari)에서 총격 사건이 일어났으며, 카메룬에서도 테러가 발생했다. 각기 다른 별개의 사건이 아니라 IS가 전략적 변화 측면에서 외부전선 작전을 시작한 것이다.

파리 테러는 시작일 뿐이었고, 새로운 테러 사건이 줄을 이을 것이다. 벨기에, 영국, 미국, 러시아는 IS 테러의 위협을 끊임없이 받고 있다.

IS 외부전선 작전에 차질이 생기다

그러나 IS의 외부전선 작전은 기대와 다른 결과를 가져올 가능성이 크다. 그들은 2가지 금기를 어겼기 때문이다. IS가 존재할 수 있는 것은 각 대국이 반테러 문제를 놓고 논쟁 중이었기 때문이며, 알카에다와 달리 영토를 가진 IS는 보복성 공격을 받기 쉽다. 이 2가지를 간과함으로써 IS의 패망은 이미 정해진 운명이다.

첫 번째 금기 : 각 대국이 반테러 공감대를 형성했다

그동안 강국들이 반테러에 공조하지 않음으로써 IS가 생존할 수 있었다. 과거에 미국, 사우디아라비아, 카타르 등이 IS에 자금을 지원한 이유는 그들의 손을 빌려 시리아의 알아사드 정권을 제거하기 위해서였다. 말하자면 '구호탄랑(驅虎呑狼, 늑대를 이용해 호랑이를 잡는 계책으로《삼국지연의》에서 조조가 유비와 여포 사이를 갈라놓기 위해 사용했다. - 옮긴이)'의 계책이다. 물론 IS의 지도자 아부 바크르 알바그다디도 바보가 아닌 이상 자신의 이용 가치를 누구보다 잘 알고 있었다. 그는 누구에게 이용당하든 자신의 기반을 다지는 데 전념하면 될 뿐이며, 시리아와 이라크의 일부 지역을 잘만 지키면 훗날 어엿한 제후로 군림할 것이라고 생각했다.

그런 생각으로 IS는 해외에서 테러를 일으키는 대신 지역 기반을 확대하는 데 전념했다. 동시에 시리아의 알아사드 정권을 가혹하게 대하지도 않았다. 양측은 전투와 휴전을 반복하고 심지어 일부 분야에서 협력하기도 했다. 바로 이 점이 팽팽한 대치 속에서 시리아 전쟁이 계속되는 원인이다.

4년의 소모전을 거치면서 시리아 정부군은 크게 약화되었다. 속셈이 따로 있는 IS는 작정하고 전투를 하지 않았다. 동시에 시리아 반대파 무장 세력은 형편없이 취약했다. 이렇게 세 당사자가 소모적으로 대치하는 국면이 계속되었다. 하지만 2015년 9월 말 푸틴이 갑자기 나서고 이란 군대까지 개입하자 이러한 국면의 균형이 깨지게 되었다. 이런 상황에서 알바그다디는 전략을 조정하여 총구를 다른 나라로 향했지만, 오히려 IS의 생존 공간을 위축하는 결과를 빚었다.

두 번째 금기 : IS는 영토 손실과 패망의 운명을 피할 수 없다

오사마 빈 라덴이 이끈 알카에다는 지하 테러 공격을 자행했으며, 공격하고 바로 빠지는 수법 때문에 효과적으로 보복하기 어려웠다. 그러나 IS는 영토를 가진 조직이다. 알바그다디는 자칭 '할리파(칼리프)'였다. 역사적으로 영토가 있어야 할리파가 될 수 있다. 전 세계의 극단주의자들이 이 '할리파'에 의탁하는 것은 IS가 신앙과 영토가 있는 국가라고 여겼기 때문이다. 따라서 IS의 영토가 계속 위협받는다면 그들은 위신과 호소력을 잃게 된다.

IS의 작전 대원 중 절반은 해외 출신이다. IS의 연이은 패전과 영토 손실은 해외의 극단주의자들을 유치하는 데 불리하게 작용할 것이다. 이를 만회하기 위해 IS는 테러 공격을 자행해 영향력을 확대하려 한 것이다.

오사마 빈 라덴이 이끈 알카에다는 테러 직후 즉시 지하로 잠적했다. 그러나 할리파는 지하로 숨어들 수 없기 때문에 IS는 도시와 영토를 사수하는 데 총력을 기울였다. 이것은 IS의 치명적 약점이었다. IS가 파리에서 테러를 일으켰으니 프랑스는 반드시 보복할 것이며, 미국과 러시아는 IS에 대한 폭격을 강화할 것이다. 그렇게 되면 IS의 도시, 영토, 군사시설, 유정 등은 점점 더 맹렬한 폭격에 고스란히 노출될 수밖에 없다.

경제 전쟁이 반테러의 성패에 영향을 미친다

2015년 11월 15일 미군은 시리아 동부에서 IS의 석유 운반 부대 차량을 폭격했다. IS의 석유 운반 트럭 116대가 폭격을 받아 파괴되었다. 이것은 미국이 IS의 핵심 시설을 본격적으로 공격하기 시작했음을 의미한다. 전형적인 경제전 수법으로 상대의 재정에 큰 타격을 입히기 위한 목적이다.

IS의 수입은 어디에서 나올까?

IS의 경제 운영 상황을 정확히 파악할 수는 없고, 대략적인 분석만 할 뿐이다. IS 점령 지역은 주로 시리아 동부와 이라크 서부이다. 시리아 영토의 4분의 1, 이라크 영토의 3분의 1에 해당한다. 2015년 기준으로 IS는 800만여 인구를 통제했으며, 이것이 곧 그 국토와 경제의 잠재력이다.

전쟁을 하려면 돈과 군량, 병참과 재정이 필요하다. 특히나 방대한 병력을 움직이기 위해서는 재정이 뒷받침되어야 한다. 그렇다면 현재 IS의 재정 상태는 어떨까?

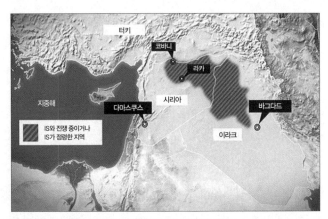

IS가 통제하는 지역은 주로 시리아 동부와 이라크 서부에 있다.

IS가 조직된 2014년 총수입은 약 14억 달러였으며, 그중 6억 달러는 세금 징수와 약탈을 통해 조달했다. 5억 달러는 이라크의 수많은 은행을 점령해서 얻은 것이고, 1억 달러는 석유로 벌어들인 것이다. 그 밖에 인질을 납치하고 금품을 요구해서 받은 돈이 2천만 달러에 달한다. 골동품을 팔거나 해외 원조로 받은 것도 있다.

언론 매체에는 IS의 인질 참수에 관한 보도가 자주 등장한다. 여기에는 분명한 경제적 목적이 있다. 인질 납치는 석방금을 노린 것으로, 그들의 중요한 재정수입원이다. 잔인한 장면을 온라인에 노출하는 것은 적나라한 경제적 공갈 협박 행위이다. 관련 국가에 돈을 내놓지 않으면 인질을 참수하겠다고 협박하는 것이다.

경제적 곤경에 처한 IS

'수입'이 있으면 지출이 있게 마련이다. 2014년 IS의 주요 지출은 무장 대원의 인건비와 복지에서 발생했다. 각종 정보를 종합해 보면, IS 무장 대원의 평균 임금은 월 500~600달러로 전체 조직원에게 지출된 인건비는 약 3억 6천만 달러이다. 이에 근거해 IS 작전 부대 무장 대원의 병력을 약 5만~6만 명으로 추산할 수 있다. 이는 매우 큰 규모다.

2014년 IS의 수입은 14억 달러였으나 지출액은 별로 많지 않았다. 게다가 이제 막 조직을 결성하고 영토를 확장하는 과정에서 재정 부담이 적은 편이었다. 따라서 IS는 재정적으로 풍족한 한 해를 보냈다.

그러나 2015년부터는 상황이 바뀌었다. IS가 점령한 영토는 이미 영국 국토의 면적과 맞먹었고 인구가 800만 명이었다. 영토를 통치하는 데는 재정이 필요하다. 점령 지역에는 전력, 수도, 주유소 등 가장 기본적인 공공서비스를 제공해야 한다. 이런 기초 서비스를 제공하지 않으면 현지의 경제가 마비되기 때문이다. 주민들의 생활이 피폐해지면 통치에 반감을 느낄 것이다. 현지 민중의 지지가 있었기에 IS가 이 지역을 순조롭게 점령할 수 있었다.

그러나 IS는 인프라 시설에 대한 투자를 거의 하지 않았다. 이유는 간단하다. 도로와 인프라를 건설한들 하루 만에 폭격을 받아 파괴되기 때문이었다. 전쟁터에서는 주인이 자주 바뀐다. 오늘은 아군이 점령한 지역을 내일은 적군에게 빼앗기는 일이 다반사다. 따라서 인프라 시설을 구축하는 것은 아무 의미가 없다.

전란 속의 진기한 광경-일국양제(一國兩制)

전력과 상수도, 석유 공급과 관련해 재미있는 현상이 벌어졌다. 2014년 IS는 시리아 동부의 대규모 영토를 점령했다. 여기에는 이라크 북부와 서부가 포함되었다. 이 지역에서 IS는 사실상 '일국양제'와 유사한 정책을 펼쳤다. 어떤 의미에서 IS는 시리아 정부나 이라크 정부와 협력한 것이다.

'남의 닭을 빌려 달걀을 낳는' IS의 전략을 기꺼이 수용한 시리아

시리아에는 기괴한 현상이 나타났다. IS 무장 대원들이 대형 공장과 댐, 유전을 점령했으나 그들은 이 시설들을 파괴하지 않고 대규모 학살도 하지 않았다. 오히려 이 시설 주변에 울타리를 치고 보초를 서는 등 시리아의 기업을 보호한 것이다. 국유기업 직원들은 계속 근무했으며, 시리아 정부는 예전처럼 그들에게 월급을 지급했다.

그뿐 아니라 기계 고장으로 공장 가동이 멈추면 시리아 정부가 자국 기술자와 전문가를 IS 점령 지역에 파견하고 부품까지 보내 수리했다. IS는 시리아 측 인원에게 통로를 열어주었을 뿐 아니라 병력을 파견해 그들을 호송해 주기도 했다.

전쟁은 때로 불가사의한 현상을 낳는다. 시리아 정부와 IS는 어떤 의미에서 일종의 공생 관계였다. 이것은 전란 속에서 꽃피운 진기한 광경이었다. 사실 IS는 '다른 사람의 닭을 빌려 달걀을 낳는(借鷄下蛋, 차계하단)' 고도의 전략을 펼친 것이다. IS는 시리아의 대형 공장과 기업을 점령했으나 정상적으로 운영할 능력이 없었다. 기술자들을 살해하면 공장을 가동할 수 없게 되고, IS에는 마땅한 인재와 기술력이 없었다. 하지만 점령 지역에는 전력, 상수도, 석유 등 공공서비스를 제공해야 했다. 결국 IS는 알아사드 정권과 모종의 협의를 했다. 생산 비용은 시리아 정부가 맡고, IS가 그 성과물을 나눠 받기로 한 것이다. 매우 치밀한 계산이었다.

IS가 점령한 유전에서 생산되는 석유는 전량 IS에 귀속되었으며, 천연가스는 양측이 나눠 갖기로 했다. IS는 그중 일부를 점령 지역 주민들이 일상생활을 하는 데 공급했으며, 나머지는 시리아 정부가 주로 발전에 이용했다. 그러나 IS는 통치 지역에도 전력을 제공해야 했다. 따라서 시리아 정부가 생산한 발전을 IS가 사용하고, 시리아 정부는 나머지를 가지고 전국의 전력 수요를 충당했다.

시리아 정부가 이런 불이익을 감수한 이유가 무엇일

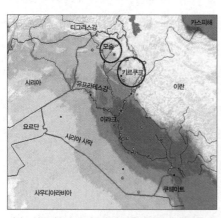

이라크 북부의 주요 도시 모술과 석유 공업 도시 키르쿠크.

까? 그들은 생산 비용을 부담하면서도 성과는 고스란히 IS에게 내주었다. 사실 시리아 입장에서는 선택의 여지가 없었다. 전국 전력망을 이 지역 발전량으로 충당하는 상황에서 IS의 요구를 거부하면 시리아의 전력이 완전히 마비되기 때문이다. 그렇게 되면 국민경제가 마비되고 증시가 무너질 위험에 처하게 된다.

IS는 알아사드 정권의 운명을 쥐고 있었다. 발전소를 파괴하면 시리아 정부는 더 이상 버틸 힘이 없었다. 그러나 이것은 고기를 잡고 그물까지 찢어버리는 격으로, 시리아 정권을 무너뜨리는 데는 성공하겠지만 자신들마저 무너지게 된다. 더 중요한 것은 알아사드 정권이 유지되어야 IS의 존재 가치가 유지된다는 점이다. 따라서 IS의 조치는 공멸을 피하기 위한 것이었다. IS 고위층이 비록 잔인하지만 결코 어리석지는 않다는 의미다.

이라크 정부가 지급하는 임금으로 IS에 소득세를 납입하다

유사한 상황이 이라크에도 전개되었다. IS는 이라크 북부의 대도시 모술을 점령했다. 이 지역의 이라크 정부 공무원, 국유기업 직원, 교사, 의사, 경찰, 소방대원을 포함한 수십만 명이 IS의 통치하에서 전과 다름없이 출퇴근했으며 생활은 조금도 달라지지 않았다. 그들은 IS를 위해 상품을 생산하거나 사회 공공서비스를 제공했다. 그러나 그들의 임금, 복지, 퇴직금, 노후연금 등은 이라크 정부가 충당했다. 이라크 정부는 매년 6억 달러라는 거액을 IS에 지급했다. 그러면 IS 정부는 근로자들에게 소득세 50퍼센트를 징수했다. 이렇게 해서 IS는 가만히 앉아서 3억 달러를 벌어들였다.

IS 통치 지역에서 공공서비스 비용은 주로 시리아 정부와 이라크 정부가 부담했으며, IS는 돈을 쓰기는커녕 오히려 돈을 벌어들였다. IS가 무조건 전투만 하는 것이 아니라 경제적 계산에도 일가견이 있음을 알 수 있다.

반테러의 핵심은 재정 균형을 깨는 것

IS의 고정 지출이 10억에서 16억으로 늘어났다

2015년 IS의 병력은 5만~6만 명이었고, 군비 지출은 최소 3억 6천만 달러에 달했다. 사상자에 대한 위로금과 해외 모집에 필요한 비용까지 고려했을 때 IS의 인건비는 약 4억 달러에 달했다. 이러한 고정비용 외에 무기 탄약 비용 지출이 있다. 2014년 IS의 무기 탄약 지출은 많지 않았다. 확장하는 시기였던 그해에는 이라크 군대와 미군의 장비를 노획했기 때문이다. 여기에는 화포, 탄피, 다양한 구경의 기관총, 소총을 비롯해 방탄조끼, 심지어 미국의 블랙호크 헬기까지 있었다.

그러나 미군의 장기간 폭격과 러시아 공군까지 합세한 공격으로 IS의 중장비들은 초토화되었다. 물론 IS에는 아직 무기와 탄약이 남아 있지만 절약형 전쟁을 치를 수밖에 없었다. 그러나 군비는 아무리 절약해도 소모되는 속도가 빠르다. IS의 병력 규모는 사우디아라비아의 10분의 1 수준이다. 이를 기준으로 군비 지출을 계산하면 병력 5만~6만 명에 최소한 5억~6억 달러가 지출된다. 인건비에 무기까지 더하면 IS의 고정 지출은 최소 10억 달러에 달한다.

2015년 7월 이라크 정부의 참을성에도 한계가 왔다. IS 점령 지역의 근로자들에게 계속 임금을 지급하는 것이 결국은 적을 돕는 일이었던 것이다. 이라크 정부는 IS 점령 지역의 근로자들에 대한 임금 지급을 중단했다. IS는 당장 6억 달러의 수입이 끊기게 되었다. 그중 3억 달러는 세금 수입이고, 나머지 3억 달러는 주민들의 구매력에 의한 것이었다.

동시에 이라크는 모술과 기타 점령 지역을 전국 전력망에서 제외해 버렸다. 이라크가 IS 점령 지역에 대한 전력 공급을 중단하자 IS는 어쩔 수 없이 주민들과 지역사회 스스로 발전을 해결하라고 압박했다. 그들은 하루에 몇 시간밖에 전력 공급을 하지 않았다. 심각한 전력 부족은 상수도, 오일가스, 연료 등의 공급 부족을 초래했다. 처음에 이 지역은 IS를 지지했으나 공공서비스마저 끊기자 주민들의 원성이 자자했고, IS에 반대하는 징서까지 생겨나기 시작했다.

이라크 정부가 모술 등 점령 지역의 임금 지급을 중단하자 IS는 점령 지역의 공공서비스를 직접 책임져야 했다. 이에 따른 지출은 6억 달러로 과거 이라크 정부가 부담한 것이다. 따라서 IS의 재정지출은 10억 달러에서 16억 달러로 인상되었다.

낙관할 수 없는 IS의 향후 수입 상황

IS의 수입은 낙관할 수 없는 상황이다. 전세가 역전되어 IS의 영토가 축소되기 시작했기 때문이다. 2014년 IS는 14억 달러를 벌어들였지만 이것은 이라크 점령 지역의 은행에서 강탈한 현금과 몰수한 재산 또는 골동품 밀수로 얻은 것들이다. 영토를 계속 확장하지 않으면 약탈로 벌어들이는 수입이 줄어들 수밖에 없다. IS에게는 이것이 가장 큰 문제다. 2015년 점령 지역이 축소되는 상황에서 국내 세금 수입은 10억 달러를 채우기도 빠듯했다. 특단의 조치를 취하지 않으면 10억 달러의 수입을 유지하기도 힘들 것이다. 국내 세금 수입은 IS 수입에서 가장 많은 부분을 차지한다.

두 번째로 많은 부분을 차지하는 것은 석유 수입이다. IS가 시리아와 이라크 지역에서 통제하는 석유 자원은 하루 약 4만 배럴이며, 이것을 배럴(158.9리터)당 20~30달러의 싼값에 투매한다. 하루 약 100만 달러, 1년에 3억~4억 달러를 벌어들이는 것이다. 이 정도 수입으로는 5만~6만 병력의 임금과 복지를 충당하기에도 급급하다. 석유 수입과 국내 세금 수입을 합해도 13억~14억 달러를 넘지 않는데, 2015년 IS의 지출은 최소 16억 달러였다. 다른 방법으로 경비를 조달할 수도 있을 것이다. 가령 인질 납치, 골동품 밀수, 해외 자금 원조들을 이용할 수 있다.

IS가 결성되기 전에는 해외 자금 원조 비율이 가장 컸다. 그러나 정권을 세운 뒤 해외 자금 원조가 점점 줄어들어 매년 1억~2억 달러에 불과했다. 이 계산에 따르면 2015년 IS의 실제 수입은 16억 달러 정도였다. 미국과 러시아가 경제전을 통해 이토록 취약한 IS의 재정 균형을 무너뜨려서 거대한 수지 불균형에 빠뜨린다면 경제적으로 IS를 궤멸하는 효과를 거둘 것이다.

IS의 경제 수입을 차단하려면?

중동의 반테러 투쟁에서는 IS의 경제적 수입을 차단하는 것이 관건이다.

첫 단계 : IS의 무역 세수 차단

IS의 세금 수입 중에서 가장 핵심적인 부분은 무역으로 벌어들이는 것이다. 예로부터 시리아와 이라크 두 지역은 실크로드 무역의 주요 도시로 지중해 무역의 핵심 허브였다. 이 지역의 부족들은 수천 년 동안 무역 전통을 형성했으며, 오늘날까지도 무역을 통해 생업을 꾸려간다. 이 지역의 부족은 매우 강인하다. 이라크와 시리아의 역대 통치자들은 안정적인 통치를 위해 부족들의 역량에 의존했다. 그들과 협력하지 않으면 통치할 수 없었던 것이다.

이라크의 강력한 지도자 사담 후세인과 시리아의 알아사드도 부득이 이 지역의 무역 부족들과 협력해야 했다. 사담 후세인과 알아사드는 이 부족의 내부 사정에 최소한으로 개입하면서 우호적인 관계를 유지하는 데 전념했다.

이 지역의 무역 부족은 광대한 이라크와 시리아 지역의 원격 운송망과 무역 네트워크를 통제하고 있었다. IS도 이 무역 부족들에게 이익을 제공해야 지지와 협력을 얻을 수 있었다. IS는 사담 후세인과 알아사드 정권보다 많은 이익을 제공했다. 가령 무역세를 우대해 주었다. 무역 부족의 운송 차량이 IS 통제구역의 검문소를 통과할 때는 모든 차량의 화물 가치를 추산하여 10퍼센트의 관세를 부과했다. 동시에 세금을 받은 후에는 납세필증을 발급해 주었다. 이 관세필증을 다음 검문소에 제시하면 중복과세를 피할 수 있었다.

특기할 만한 점은 시리아 정부와 이라크 정부의 검문소가 IS 검문소와 수백 미터 떨어진 경우가 많았는데 이때도 IS의 납세필증으로 통과할 수 있다는 것이다. 시리아와 이라크 정부가 발급한 납세필증을 IS가 인정해 주었다는 것이다. 전쟁은 가끔 재미있는 상황을 연출하기도 한다. 우리는 죽고 죽이는 잔혹한 전투만 상상하지만 전시에도 무역과 물물교환이 이루어지는 것이다.

통상을 차단하지 않는 한 현지의 경제는 계속 돌아가고 거대한 세수를 창출한다. IS의 전투력이 약화되지 않은 것은 무역을 통한 지속적인 경제 활동으로 세수 창출이 가능했기 때문이다. 무역 세수가 차단되면 IS는 재정에 큰 타격을 입고 힘든 시련에 빠질 것이다.

상인 부족들이 심각한 타격을 입으면 그들은 금세 IS의 가장 악랄한 적수가 될 것이다. 왜냐하면 상인 부족들은 모두 매우 거칠고 막강한 무력을 갖추고 있기 때문이다. 그들은 누가 통치하든 자신들의 돈벌이를 방해하는 세력을 전복하려 든다. 이것이 장기간 형성된 이 지역 상인 부족의 습성이다.

그렇다면 구체적으로 어떻게 해야 상인 부족들이 IS 세력을 무너뜨릴 수 있을까?

통상을 금지하면 IS의 무역 세수는 급속히 감소할 것이다. 더 중요한 점은 무역을 통한 물자 교류가 사라지면 IS 통제구역 내의 경제가 위축되거나 마비된다는 것이다. 이렇게 되면 상업세, 각종 부동산세, 소득세 등 모든 기초적인 세수가 줄어든다. 이것이 통상 금지 조치의 중요성이다. 그러나 이렇게 하면 통제구역 내 800만 명의 생활이 재앙에 빠지게 된다. 따라서 강국의 정치 지도자는 득실을 따져보고 조금이라도 피해가 덜 가는 쪽을 선택해야 한다.

두 번째 단계 : 석유 수입을 차단한다

미국은 사실 처음부터 이 문제를 염두에 두었다. 2014년부터 미국은 IS 통치 지역 내의 임시 정유 시설과 석유 가스 시설에 대한 폭격을 지속하고 있다. 그러나 효과는 미미하다. 미군의 폭격은 마치 출퇴근처럼 시간이 정해져 있기 때문이다. 오전 10시에 폭격을 진행하고, 점심시간이 되면 멈춘다. 이렇게 되니 IS는 미군이 폭격하기 전에 미리 대비할 수 있다. 미군이 폭격을 마치자마자 긴급 보수로 순식간에 원상 복구하는 것이다. 미국이 1년이나 폭격을 지속하고도 효과를 내지 못한 근본적인 원인이 여기에 있다.

더 중요한 것은 IS의 석유 수입이 정유에만 의존하지 않기 때문에 정유 시설에 대한 폭격만으로는 큰 의미가 없다. 그들은 주로 원유를 중간 판매

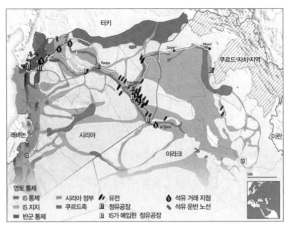

IS의 석유 판매 노선도.

상에게 팔아서 수입을 챙긴다. 터키, 쿠르드, 이라크, 시리아, 요르단 등지에서 온 중간 판매상들은 IS의 유정 근처에 줄을 서서 배럴당 20~25달러의 싼값에 원유를 구입해 차량에 싣고 허술한 국경을 지나 터키나 다른 지역에서 40달러에 판매한다. 2배의 폭리를 취하는 것이다. 이런 이유로 석유 중간 도매상들이 사방에서 IS로 몰려든다. 한 명의 중간 도매상이 수백 대의 트럭을 동원하기 때문에 트럭 행렬이 10킬로미터 넘게 이어지는 장관이 연출되기도 한다.

2015년 이전에 미국은 석유 시설과 유정만 폭격하고 운반 차량은 폭격하지 않았는데 이것이 중대한 실책이었다. 2015년부터 미국은 중간 판매상의 석유 운반 차량에도 폭격을 가하기 시작해 2015년 11월 6일까지 약 116대를 폭파했다. 러시아도 일찍부터 석유 운반 차량 폭파를 고려했으나 무고한 민간인들을 살상한다는 비난을 의식해서 행동에 나서지는 않았다. 그러나 미국이 폭격에 나서자 러시아도 망설임 없이 폭격에 가담했다. 두 강국이 공군을 동원해 석유 운반 차량을 폭격하자 감히 운반하려 나서는 차량이 없었다. 마침내 IS의 석유 수입을 차단하는 효과를 가져왔다.

재정 적자로 인한 IS의 진퇴양난

무역 금지와 석유 수입원에 대한 타격으로 IS의 재정수입은 크게 위축될 것이다. 절반의 성과를 거둬도 6억~7억 달러의 거대한 재정 적자가 발생한다. IS는 재정 적자를 메우기 위해 특단의 조치를 내려야 한다. 세금을 인상하여 주민들의 민생을 위협하거나 상수도와 전기 공급 등 공공서비스를 제한하는 조치를 내릴 것이다. 그렇게 되면 통치 지역 주민의 불만이 커지고, IS를 지지하는 목소리도 약화된다.

통상 금지 조치를 취하면 현지의 물자 부족을 초래하여 물가 폭등을 유발할 것이다. IS 내에서 일반인의 평균 수입은 월 110달러이다. 빵만 먹고 살아도 수입의 3분의 1이 지출된다. 여기에 악성 인플레이션까지 겹치면 주민들은 도저히 살 길이 없다. 사실 2015년 IS는 이미 이런 추세에 접어들었다. 극도의 경제적 궁핍에 시달리는 상황에서 많은 젊은이들이 생존하기 위해 어쩔 수 없이 IS 무장 조직에 가담할 수밖에 없었다.

IS 무장 조직에 가담한 젊은이의 가족은 매월 50달러의 보조금을 받았고 자녀 교육비와 의료비 전액을 면제받았다. 본인은 매월 500~600달러의 월급을 받았으므로 생활수준이 다른 사람보다 월등히 높았다.

이렇게 되자 IS의 병력 유지 비용은 큰 폭으로 상승했고, 이와 동시에 재정수입은 감소했다. 결국 생산 시스템과 전쟁 시스템 간의 균형이 깨지면 머잖아 문제가 터지게 된다. 이것이야말로 IS에 대한 경제전의 근본적인 목적이다.

결론적으로 IS의 외부전선 작전은 전형적인 제 발등 찍기다. 테러 공격은 그들의 생존 공간을 극도로 위축시키며, 전 세계가 반테러 통일전선을 형성하면 IS의 입지는 점점 좁아진다. 미국과 러시아, EU가 협력하여 군사전과 경제전을 동시에 펼친다면 IS의 멸망은 시간문제이다. 물론 이것은 평화를 사랑하는 전 세계 사람들의 공통된 염원이기도 하다. 강국들이 실망을 안겨주지 않기를 바란다.

9장

중동 분쟁의 역사적 근원

2015년 5월 18일 새벽, 5일간의 인도주의 휴전 기간이 끝나자 사우디아라비아가 이끄는 연합군은 예멘 시아파 반군에 대한 공습을 재개했다. 휴전 기간에 이란은 '인도주의 구조 선박' 한 척을 예멘 해역에 파견하면서 어떤 국가라도 이 선박을 저지하는 경우 전투를 불사하겠다고 선포했다. 양측의 분쟁을 불러일으킨 근본 원인은 무엇이며, 중동 분쟁은 과연 얼마나 지속될까?

중동 지역에서 계속되는 사우디아라비아와 이란의 힘겨루기

2015년부터 사우디아라비아는 10개국을 규합하여 예멘에 대한 대규모 폭격을 감행함으로써 예멘 사태는 심각하게 악화되었다. 15만 대군을 조직해 전투태세를 갖춘 이들 연합군은 언제라도 예멘을 침공할 준비가 되어 있었다.

사우디아라비아의 군대가 예멘 북부를 침공하면 중동 사태는 더욱 크게 번질 것이다. 사우디아라비아는 왜 예멘을 치려고 할까? 예멘은 사우디아라비아의 남대문 격으로 지중해와 연결되는 요충지다. 따라서 사우디아라비아는 후티 반군이 예멘을 통제하도록 내버려둘 수 없다. 그러나 전쟁의 합법성과 명분을 확보하기 위해 그들은 종교의 깃발을 내세워 타국의 내정에 간섭했다.

이들 모두 같은 무슬림으로 이슬람교를 믿고 《코란》을 읽는다. 그런데 천 년이 넘도록 이토록 치열한 살상을 멈추지 않는 이유는 무엇일까? 이 문제를 이해하기

예멘은 사우디아라비아 남쪽에 위치하며, 유럽, 아시아, 미주와 연결된 중요한 관문이다.

위해서는 시아파와 수니파의 갈등이 어디서 비롯되었는지 알아야 한다. 이슬람교의 창시자이며 알라의 사도인 무함마드는 후계자를 정하지 못하고 세상을 떠났다.

알라의 사도 무함마드

유년 시절 무함마드는 많은 시련을 겪었다

무함마드는 사우디아라비아 부근의 홍해에 인접한 도시 메카에서 태어났다. 어릴 때 부모를 잃고 고아가 된 그는 외조모 손에서 자라다가 조부에 의해 근처 베두인 유목 부족에게 보내졌다. 따라서 유년 시절 그는 많은 어려움과 시련을 겪었다. 조부가 사망하자 숙부가 그를 입양했다. 무함마드는 10대에 이미 무역상인 숙부를 따라 카라반(대상)에 합류했으며 시리아 일대(예루살렘 포함)를 자주 왕래했다. 무함마드는 성실하고 겸손하며 일처리가 공정하고 선량하여 부족 사람들의 칭찬과 신뢰를 받아 '알아민(Al-Amin)', 즉 '충실하고 믿을 만한 사람'이라는 평판을 얻었다.

무함마드는 숙부의 지시로 메카에 가서 부호인 과부 하디자의 사업을 도왔는데, 이 과정에서 두 사람의 관계가 점점 가까워졌다. 하디자는 능력이 출중하고 성실하며 외모까지 잘생긴 무함마드를 몰래 사랑했다. 어느 날 하디자에게 청혼을 받은 무함마드는 가난하여 이곳저곳을 떠도는 자신의 처지를 생각했다. 그녀와 결혼하면 신분 상승을 할 수 있었던 것이다. 25세인 무함마드는 주변의 만류를 물리치고 거의 40세인 하디자와 결혼했다. 이로써 메카에서 무함마드의 위상과 명망이 크게 올라갔고, 그때부터 존경받는 사람으로서 진정한 사회적 지위를 누렸다.

알라가 그에게 '알라의 사도'라고 계시했다

그러나 무함마드는 안락한 삶에 안주하지 않고 교외의 동굴에 가서 명상을 즐겼다. 그가 40세 되던 해 어느 날이었다. 여느 날과 다름없이 동굴에서 명상을 하고 있는 그의 앞에 갑자기 하얀 빛과 함께 천사가 나타났다. 천사는 그가 '알라의 사도'임을 알리고 큰 소리로 알라의 계시를 전하라고 했다. 그러나 글을 읽지 못하는 무함마드는 알라가 무엇을 말하는지 모른다고 했다. 천사는 무함마드를 껴안아주었다. 무함마드는 숨도 제대로 쉴 수 없을 정도로 천사에게 안겼다. 천사의 품에서 빠져나온 그는 자신이 명상을 지나치게 많이 해서 주화입마(走火入魔, 기를 잘못 운용하면 몸에 이상이 생긴다는 뜻 - 옮긴이) 상태에 빠진 것은 아닌지 의심했다.

집으로 달려간 무함마드는 깊은 잠에 빠졌다. 이불을 몇 겹이나 덮었지만 심장이 쿵쿵 방망이질을 쳤다. 아내 하디자가 걱정하여 무슨 일이 있었냐고 물었다. 무함마드는 동굴에서 겪은 일을 그대로 말해 주었다. 그가 주화입마 상태에 빠졌거나 요괴를 만났다고 생각한 하디자는 사촌 오빠를 찾아가 해결책을 물었다. 사촌 오빠는 기독교와 유대교에 정통한 목사였다. 하디자의 말을 들은 사촌 오빠는 무함마드가 성경에서 예언한 존귀한 사도이며, 천사를 만난 것도 사실이라고 말했다. 집으로 돌아간 하디자는 그 길로 무함마드의 첫 번째 신도가 되었다.

반신반의하던 무함마드는 그 일이 소문나면 사람들이 자신을 어떻게 볼지 걱정했다. 그러나 이후에도 신기한 일들이 반복되자 그는 사람들에게 그 일을 알리기로 결심했다. 그렇게 해서 무함마드는 메카에서 포교를 시작했다.

무함마드에 대한 귀족들의 커지는 불만

이때 메카의 세력가들은 무함마드를 매우 불쾌하게 생각했다. 메카는 매우 독특한 도시였다. 메카는 홍해 옆에 위치한 상업도시였다. 당시 비잔틴제국과 페르시아인은 중동 북부에서 끊임없이 전쟁을 벌였고, 중국의 실크로드는 이곳에서 차단되어 해상으로 돌아가야 했다. 인도양을 건너 아덴만을 지나 요즘 한창 시끄러운 예멘에서 화물을 하역했다. 예멘은 활발한 무역 중개로 매우 번화한 곳이었다. 화물은 예멘에서 하역한 뒤 해적이 창궐하는 홍해를 피해 육로로 운반되었다. 대량의 카라반이 사우디아라비아 서부의 좁은 육로를 통해 북쪽 시리아로 가서 배로 유럽까지 운반했다. 이것은 당시 국제적으로 중요한 무역 노선이었다. 메카는 이 노선의 핵심 요충지에 위치한 무역 집산지였다. 메카의 아랍인들은 쿠라이시족 (Quraysh)이라고 불렸다. 그들은 유목 민족이 아니라 도시에 거주하는 상인이었다.

메카에는 또 하나의 특징이 있었다. 아랍의 많은 전통적 다신교 제사의 중심을 메카에 두었던 것이다. 수백 개의 우상을 메카에 모셨으며, 새해나 명절이면 메카에 가서 예배나 제사를 지냈다. 성지순례 인파가 몰리다 보니 여행으로 벌어들이는 수입이 두둑했다. 무역 수입에 여행 수입까지 더해 메카는 무척 부유한 도시였다.

그러므로 메카의 세력가들은 무함마드가 이곳에서 포교하는 것이 신경에 거슬렸다. 그것도 알라만이 유일신이라는 일신교를 포교한 것이다. 이는 다신교 사람들이 메카로 참배하러 오는 것을 막는 처사로, 여행 수입을 막는 행위였다. 메카의 상인들은 무함마드에게 불만을 품고 그를 제거하려고 했다.

가족의 원수를 갚는 아랍 부족의 전통

아랍 부족에는 가족 중 누군가 다른 사람의 손에 죽거나 다치면 온 가족이 나서서 가해자에게 복수하는 전통이 있다. 따라서 보호해 주는 사람이 있으면 괴롭힘을 당하지 않지만 그렇지 않으면 위험에 빠진다. 당시 무함마드의 숙부는 그의 보호자였으며 쿠라이시족에 속하는 하심 가문이었다. 메카 사람들이 무함마드를 제거하면 가족 간 싸움으로 번질 우려가 있기 때문에 참을 수밖에 없었다.

무함마드의 포교 범위가 확대됨에 따라 많은 귀족과 서민들까지 이슬람교를 믿게 되었다. 무함마드는 메카를 찾는 상인들에게도 포교를 했으며, 상인들은 그의 사상을 아라비아반도에 전파했다. 메카의 세력가들은 그에 대한 불만이 점점 커져갔다. 그러던 차에 그의 숙부가 세상을 떠나자 하심 가문은 더 이상 무함마드를 보호해 주지 않았다. 메카의 세력가들은 이제 언제라도 무함마드를 제거할 수 있었다. 무함마드는 누군가 자신을 미행하자 신변의 위험을 우려했다.

이슬람 역사 속 '헤지라'

무함마드가 위험한 상황에 처했을 때 마침 메카 북쪽에 있는 도시의 상인이 메카를 떠나 자신이 있는 곳으로 와서 부족 간의 갈등을 중재하고 이슬람교를 전파해 달라고 부탁했다. 때로는 상인들이 메가에 와서 무함나드의 포교를 듣고 이슬람교를 받아들였다. 무함마드는 이슬람교에 대한 박해를 피해 고향 메카를 떠나기로 했다. 그러나 귀족들의 심한 감시 속에서 빠져나가기가 쉽지 않았다.

이때 숙부의 아들이자 남자로서는 최초로 이슬람교에 귀의한 알리가 무함마드의 탈출을 도왔다. 알리는 무함마드의 옷을 입고 그의 침대에 들어가 감시자들의 눈을 따돌렸다. 이때가 서기 622년이며, 이슬람 역사상 가장 중요한 해였다. 무함마드가 북쪽으로 이주한 것을 '전략적 이주'라는 뜻의 '헤지라(hegira)'라고 부른다. 메카에서 무함마드를 따라간 이주자를 '무하지룬(Muhajirun)', 다른 도시에서 그를 받아준 지지자를 '안사르(Ansar)'라고 부른다. 이들은 무함마드가 대업을 이룰 수 있도록 그를 보좌했다. 622년은 이슬람 원년으로 전략적 의의가 매우 큰 해였다.

메디나 정교일치의 지도자가 된 무함마드

무함마드가 이주한 도시 이름은 '선지자의 도시'라는 뜻의 메디나로 바꿨다. 메디나에서 그는 종교 지도자이자 시장이었다. 따라서 무함마드의 영역이 순식간에 확대되었다. 부족들은 문제가 생기면 그에게 중재를 청했다. 무함마드는 사회를 관리하는 데 종교를 적용할 방안을 탐색했고, 이슬람교는 비로소 정교일치를 실현했다. 이러한 통치 모델의 원형은 메디나에서 발전되어 확장된 것이다.

알라는 《코란》에서 선지자 모세와 《구약성경》, 선지자 예수와 《신약성경》이 원래 알라에서 비롯되었다고 무함마드에게 계시했다. 따라서 유대인과 기독교에게는 비교적 우호적이었다. 메디나에서 그는 유대인 세 부족의 수령을 찾아가 말했다. "나는 당신네 유대교의 선지자를 인정한다. 알라의 선지자로서 당신들도 나를 인정해 주기 바란다." 그러나 유대인은 그에 동의하지 않았다. 무함마드는 크게 분노했고, 여러 가지 이유로 세 유대인 부족을 쫓아내 버렸다.

이후 무함마드는 중대한 조치를 취했다. 원래 이슬람교는 3대 종교의 성지인 예루살렘을 향해 예배했지만, 메디나에 있는 동안 메카를 향해 예배했다. 이슬람 국가를 여행할 때 호텔이나 식당을 비롯한 공공건물 꼭대기에 화살표가 그려진 것을 발견할 수 있다. 그 화살표가 가리키는 방향이 바로 메카이다. 이슬람교도는 하루에 다섯 번 예배를 한다. 예배탑에서 방송을 하면 무슬림들은 하던 일을 멈추고 이슬람 사원에 가서 예배를 드린다. 사원까지 갈 수 없는 사람들은 근처의 정갈한 곳에 양탄자를 깔고 메카를 향해 예배를 드린다. 이것은 메디나에서 시작된 관례이다.

무함마드는 이슬람교의 예배 방향을 예루살렘에서 메카로 변경했다. 공공장소에는 예배 방향을 가리키는 화살표가 있다.

쇠락하는 메카, 번성하는 메디나

무함마드를 따라 메디나로 온 무하지룬들은 자신들을 박해한 메카 귀족들에게 보복하기 위해 메카에서 시리아로 가는 카라반을 습격하기로 했다. 선지자 무함마드는 전리품도 챙기고 메카의 세력도 약화할 수 있는 이 계획에 찬성했다. 그러나 메카의 귀족들은 만만한 상대가 아니었다. 카라반들은 많은 경호 인력과 무장을 갖추고 길을 떠났다. 일대에 있는 아랍 부족들은 사실상 모두 메카에 호의적이었다. 메카 사람들이 그들에게 돈을 벌어다 주기 때문에 적극적으로 카라반을 보호했다. 무함마드는 메디나의 이주자들을 이끌고 메카의 카라반을 약탈했다. 적은 인원으로 많은 인원을 상대하는 만큼 큰 위험을 무릅쓴 행동이었다. 그러나 무함마드와 일행은 몇 번이나 습격에 성공하여 전리품을 획득했다. 무함마드는 종교 지도자이자 정치 지도자인 동시에 군사 지도자의 능력도 출중했다고 볼 수 있다.

그렇다면 획득한 전리품은 어떻게 분배했을까? 무함마드는 5분의 4를 무하지룬에게, 5분의 1은 고아와 과부에게 나눠 주었다. 무함마드 자신도 고아 출신이기 때문에 이슬람교는 고아와 과부를 배려하는 특별한 규정이 있다.

무함마드의 습격에 메카의 카라반과 상업 활동은 중단되었다. 더 이상 무역을 진행할 수 없었던 것이다. 메디나의 세력은 점점 커져서 무역 도로 부근에서 무함마드에 귀의하는 아랍 부족들이 점점 늘어났다.

무함마드가 성지 메카를 탈환하다

헤지라 이후 8년째 되던 해인 630년 무함마드는 마침내 메카에서 대업을 이뤘다. 병력 1만여 명을 이끌고 메카를 탈환한 것이다. 메카의 귀족들은 무함마드의 대군이 진입하자 전원이 투항하여 이슬람교에 귀의했다.

성지 메카로 돌아온 무함마드는 맨 먼저 카바 신전에 가서 다신교 우상 수백 개를 철거하고 석실에 단 하나의 운석만 두었다. 우상숭배를 반대하는 이슬람 사원에는 기본적으로 사람이나 동물의 형상, 그림, 조각이 없다. 사람들은 심지어 무함마드가 어떻게 생겼는지도 모른다. 그림으로 남기지 않았기 때문이다. 그러나 기독교는 다르다. 비록 그들도 우상숭배는 반대하지만 교회에는 종교 벽화와 조각이 많으며 십자가에 못 박힌 예수상은 어디나 있다. 이슬람교는 이런 면에서 완전히 다르다.

TIPS

무함마드는 메디나에서 대업을 이뤘다
메카 사람들은 보복을 위해 1만여 명으로 조직한 대군을 이끌고 메디나 토벌에 나섰다. 그러나 선지자 무함마드는 이번에도 군사적 재능을 발휘하여 그들의 공격을 막아냈다. 이 일로 아라비아반도 전역에서 무함마드의 이름을 모르는 사람이 없을 정도로 명성을 떨쳤으며, 이에 따라 이슬람교의 전파 범위도 더욱 확대되었다.

후계자 문제가 이슬람교의 분열을 초래하다

시아파의 형성 과정

이슬람교의 호시절은 2년이 채 가지 못했다. 630년 메카로 돌아온 무함마드는 632년 병으로 사망했다. 그는 자신의 후계자를 지정하지 않은 채 세상을 떠났다. 무함마드는 자신을 선지자로 영원히 봉인하여 어느 누구도 선지자가 될 수 없게 해놓았다. 따라서 누가 후계자가 될 것이며, 어떤 이름을 붙여야 할지가 중대한 난제였다. 사람들은 후계자를 '알라의 사도의 후계자'라는 뜻의 '할리파'라고 부르기로 했다. 그러고는 누구를 할리파로 정할지를 두고 논쟁을 벌이기 시작했다.

이치를 따져보면 가장 적격한 인물은 알리였다. 선지자의 사촌 동생이자 선지자의 딸 파티마와 결혼한 사위이며, 동시에 신지자의 목숨을 구해준 이슬람교 첫 번째 남자 신도였다. 시아파는 알리를 후계자로 추대했다. 시아파는 '따르는 사람'이라는 뜻으로 알리를 추종하는 사람들이다.

그러나 당시 아랍의 후계자 관습은 이와 달랐다. 가혹한 사막 환경에서 생활하는 부족들은 큰 재앙이나 강력한 적에 맞닥뜨릴 가능성이 컸다. 따라서 그들은 우두머리를 추대할 때 혈연을 중시하지 않고 부족 중 가장 능력 있고 싸움을 잘하는 가장 우수한 사람을 선택했다. 그래야 생존 가능성이 있기 때문이다. 따라서 혈연에 의한 계승은 드물었으며, 여러 사람이 추대하는 사람이 우두머리가 되었다.

부족들의 반란에도 아부 바크르는 선지자의 뜻을 실천했다

무함마드는 중병을 앓는 동안 자신이 가장 신뢰하는 제자 아부 바크르를 선임하여 예배를 주관하게 했다. 각종 대형 행사에도 아부 바크르를 내세웠다. 이런 상황으로 볼 때 무함마드가 암묵적으로 정한 후계자는 알리가 아닌 아부 바크르임을 알 수 있다.

아부 바크르를 후계자로 정한 선지자의 안목은 뛰어났다. 그가 사망한 후 가짜 선지자들이 출현하여 아라비아반도가 혼란에 휩싸였기 때문이다. 많은 부족들이 자신들은 무함마드와 계약을 맺어 이슬람교에 공물을 바치고 자카트(zakat, 자선의 개념으로 기부하는 일종의 종교세−옮긴이)를 냈는데, 무함마드가 사망했으니 이 계약은 자동 해지되어야 마땅하다고 주장하며 반

아부 바크르 모스크. 아부 바크르는 이슬람교 역사상 최초의 정통 할리파이다.

란을 일으켰다. 이런 사태를 막은 것이 아부 바크르였다. 당시 많은 사람들이 부족들을 끌어들이기 위해서는 자카트를 면제해야 한다고 제안했다. 그러나 아부 바크르는 이에 완강히 반대했다. 그는 선지자의 뜻을 충실히, 완벽하게 지켜야 한다고 주장했다. 선지자가 아부 바크르를 후계자로 지목한 이유가 바로 여기에 있다. 왜냐하면 아부 바크르는 선지자의 말을 100퍼센트 실천했기 때문이다.

자카트 교부를 면제하면 신앙의 응집력이 약해지고 그렇게 되면 역사가 짧은 이슬람교는 붕괴될 것이다. 아부 바크르의 노력으로 이슬람교는 다시 통일되었으며, 반란자들을 평정함으로써 아라비아반도는 이슬람교의 큰 깃발 아래 다시 뭉쳤다.

알리의 인자함은 주인이 바뀌는 사단을 초래했다

아부 바크르 이후 3명의 할리파들도 추천 제도를 통해 선출되었다. 이것이 바로 역사적인 4대 할리파 시대이다. 4대 할리파 중 네 번째는 마침내 알리에게 돌아갔다. 그러나 알리는 우마이야 가문의 중대한 도전을 받았다. 우마이야 가문은 선지자 무함마드의 하심 가문과 함께 메카의 쿠시라이족에 속하는 세력이 집안이었다. 그들은 처음부터 선지자의 이슬람교를 지지하지 않았으며, 630년 선지자가 메디나에서 사람들을 이끌고 메카로 쳐들어왔을 때 비로소 이슬람교에 귀의했다. 선지자는 세력이 강한 우마이야 가문을 중용하여 시리아의 총독으로 삼았다. 선지자가 건재할 때는 우마이야 가문도 그에게 복종했으나 알리가 할리파를 계승하자 그의 권위를 인정하지 않았다. 결국 양측은 전쟁을 벌이게 되었다.

처음에는 알리가 우세했으나 우마이야 가문 사람들은 매우 총명했다. 그들은 수하의 사병들을 시켜 무기에 《코란》을 걸고 "무슬림은 무슬림과 싸우지 않는다"고 외쳤다. 이를 보고 알리 진영은 머뭇거리며 공격을 멈췄다. 중재 회의를 연 우마이야 사람들은 투표를 하자고 요구했다. 알리는 처음의 기세를 밀고 나가 이슬람교의 대분열을 막아야겠다고 생각했다. 그러나 안타깝게도 알리는 자객의 손에 암살당했고, 우마이야 가문은 할리파의 지위를 찬탈하고 우마이야 왕조를 세웠다.

우마이야 가문이 알리의 후세를 죽여 혈족의 보복을 초래했다

이슬람 정권을 장악한 우마이야 가문은 본격적인 혁신을 시도했다. 메디나와 메카에서 사용하던 원시적인 정교일치 제도를 대제국의 관리 방식

후세 사람들이 아랍어로 쓴 알리에 대한 찬송.

에 적용할 수 없었기 때문이다. 우마이야 왕조는 비잔틴제국과 페르시아제국의 통치술을 도입했으며 그리스인과 페르시아인을 다수 중용하여 제국의 행정관리를 맡겼다. 이렇게 해서 마침내 강력한 아랍제국이 수립되었다. 이들은 세력을 사방으로 확장하여 이슬람교를 유럽, 아시아, 아프리카 세 대륙에 신속히 전파했다.

그러나 우마이야 가문은 알리의 후손들에 대한 경계심을 늦추지 않았다. 선지자의 혈족만이 합법적인 칼리파 계승자라고 믿는 아랍의 부족들이 여전히 많았기 때문이다. 비록 알리는 사망했지만 그의 아들 후세인이 건재했던 것이다. 후세인은 선지자의 외손자로 아랍인 사이에서 큰 영향력을 갖는 인물이었다. 그를 제거하지 않는 한 우마이야 왕조는 안심할 수 없었다.

어느 날 후세인은 이라크로 가던 길에 우마이야 군대의 습격을 받았다. 70여 명의 수행원 전원이 몰살당했으며, 후세인은 머리가 잘려 시리아 다마스쿠스의 우마이야 궁으로 보내졌다. 총독이 지팡이로 후세인의 잘린 머리를 아무렇게나 찔러대자 옆에서 지켜보던 대신들은 경악했다. 한 늙은 대신은 "살살 다루십시오! 선지자의 외손자이십니다. 선지자께서 이분의 뺨에 입맞춤하던 모습이 눈에 선합니다!"라고 외쳤다.

우마이야 가문이 선지자의 외손자 후세인을 살해했다는 소식은 메카와 메디나를 비롯한 아랍제국 전역에 퍼졌다. 많은 사람들이 분노했으며, 이들은 알리와 후세인을 위해 복수를 다짐했다. 이들이

무함마드의 외손자이자 알리의 아들 후세인은 훗날 우마이야 가문에 의해 살해되었다.

훗날 시아파를 조직하게 된다.

수니파의 기원

무슬림의 85퍼센트를 차지하는 수니파는 '순나(sunnah)', 즉 '선지자의 성스러운 가르침'을 따르는 사람들이다. 그들은 자신들이 정통을 수호한다고 말한다. 그리고 누가 황제가 되든, 누가 할리파나 술탄이 되든 무슬림의 사업을 계속 확대하고 발전시킬 수 있다면 정통파로 인정한다. 이것이 수니파의 태도다.

현대에는 사우디아라비아가 전 세계 수니파의 지도자 역할을 하고 있다. 그 이치는 간단하다. 선지자와 추종자, 가문이 모두 아랍 사람이며, 지금의 사우디아라비아에서 태어났고, 메카와 메디나도 사우디아라비아에 있으며, 정복전을 통해 확립한 정교일치 제도는 사우디아라비아에서 완성되었기 때문이다. 다른 모든 수니파 국가들은 지도자 위치를 놓고 사우디아라비아와 논쟁할 이유가 없었다.

따라서 전 세계 어느 곳의 수니파가 문제를 일으켜도 사우디아라비아가 나선다. 그들은 자신들이 할리파와 선지자의 후계자라고 믿고 있기 때문이다. 이는 중동 문제를 분석할 때 반드시 알아두어야 할 부분이다. 사우디아라비아 사람들의 마음 깊은 곳에는 할리파 후계자라는 자긍심이 있다.

현대 이란의 3대 주요 심리 : 이란이 시아파를 받아들인 이유

이란 사람들은 대부분 시아파인데 그 이유는 3가지다. 첫째, 이란 사람들은 아랍인이 아닌 페르시아인이다. 페르시아인은 자신들이 키루스 대제의 후예이며, 고귀한 아리안족의 피가 흐른다고 생각한다. 페르시아가 세계 최대의 제국을 건설할 때 아랍인은 여전히 사막에서 낙타를 몰고 다니지 않았는가! 따라서 페르시아인은 페르시아문명에 대해 강한 우월감을 갖고 있다.

훗날 페르시아가 아랍인의 손에 멸망하자 사람들은 비통함에 잠겼다. 이러한 비통함은 시아파가 알리와 후세인을 위해 복수를 다짐한 것과 매우 유사하다. 따라서 페르시아인은 감정적으로 시아파에게 깊이 공감한 것이다.

마지막은 후세인이 암살당하기 전에 페르시아 사산 왕조 마지막 황제의 딸과 결혼하여 아들 알리를 낳은 것이었다. 아버지 알리로부터 따지면 12대 손이었다. 페르시아에서는 손자 알리를 포함하여 '12명'을 '이맘', 즉 이슬람교의 지도자로 불렀다. 이란의 국교 시아파를 '12이맘파'라고 부르는 것은 손자 알리의 후손이 선지자의 혈통임과 동시에 페르시아 왕족의 혈통이기도 하기 때문이다.

현대 이란의 시아파에는 이 3가지 심리가 섞여 있다. 그중 하나는 혈연의 계승이다. 신성한 선지자의 혈통과 고귀한 페르시아 왕족의 혈통을 모두 이어받았다고 생각하는 것이다. 두 번째 심리는 강한 비통함이며, 세 번째는 페르시아문명에 대한 우월감이다. 이는 우리가 중동 문제를 깊이 이해하는 데 가장 중요한 기초 지식이다. 이런 점을 알고 오늘날의 중동 분쟁을 보면 깨닫는 바가 다를 것이다.

CHAPTER

2

경제를 관망하다

복잡한 것을 간결하게 정리해야
추세를 판단할 수 있다.

10장

뉴실크로드로 해상권 시대를 뒤집다

2013년 중국은 미국을 추월하여 세계 최대 화물 수출입 무역 국가가 되었다. 하지만 그 이면에는 중국이 에너지 수입 의존도가 심각하다는 사실이 숨어 있다. 에너지 안전 확보는 중국이 시급하게 해결해야 할 문제다. 중국의 '뉴실크로드' 전략은 고속철도를 이용해 중동과 유럽까지 연결함으로써 해상운송과 경쟁하는 것이다. 본질적으로 이것은 육상권과 해상권의 격돌이다. 과연 중국의 고속철도 전략은 타국이 장악한 해상권 구도를 뒤집을 수 있을까?

지정학의 핵심 목표는 무역 루트를 장악하는 것이다

중국은 지정학적 경쟁에서 과연 어떤 구도를 모색하고 있을까? 일단 '지정학'이란 무엇인지 살펴보자. 전통적 의미로는 지리와 정치가 합쳐진 개념이다. 그러나 미래의 지정학은 경제라는 요소가 더해져야 한다. 경제적 관점에서 볼 때 지정학의 핵심 목표는 무역 루트를 장악해 부의 흐름을 좌우하는 것이다. 가령 시리아 문제에서 지리적 환경은 매우 중요한 요소이다. 페르시아만의 석유를 유럽으로 공급하는 허브 위치에 있기 때문에 러시아, 미국, 이란, 사우디아라비아, 터키 등 각국 간의 치열한 경쟁을 유발한다.

중국의 지정학적 위치

중국은 지정학적 위치가 결코 좋지 않다. 중국의 경제체제는 마치 하나의 거대한 기계와 같다. 중국은 각종 에너지와 원자재를 세계 각지에서 수입하여 공업 완제품을 생산한 다음 글로벌 시장에 '메이드 인 차이나' 제품을 유통한다.

중국 경제는 2가지 요소를 외부에 의존하고 있다. 에너지와 원자재를 외부에서 공급받아야 하며, 이렇게 생산한 상품 또한 외부 시장에서 소화해야 한다. 이 경우 어느 하나만 문제가 생겨도 경제 시스템이 마비된다. 중국은 세계 최대의 경제 규모를 자랑하지만 대외 의존도가 크기 때문에 그만큼 취약성도 크다. 중국이 세계 1위가 될 때는 중국 경제의 취약성도 세계 1위가 되는 것이다.

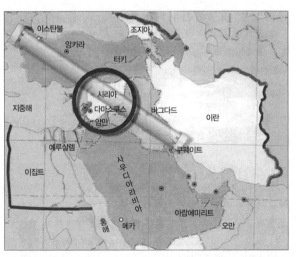

시리아는 페르시아만에서 유럽으로 석유와 가스를 수송하는 중간 지점에 위치한다.

경제 시스템 운영을 위한 2가지 임무

현재 중국의 경제가 정상적으로 운영되려면 2가지 중요한 작업을 수행해야 한다. 첫째, 에너지와 원자재의 공급원과 운송 루트를 확보해야 한다. 둘째, 세계시장과 통하는 루트에 문제가 생기지 않도록 해야 한다.

먼저 에너지 수입 루트부터 살펴보자. 중국은 에너지 수입에 문제가 없을까? 중국의 에너지 안전은 오랫동안 심각한 위협을 받고 있다. 중국에서 사용되는 석유와 천연가스는 주로 중동과 아프리카에서 말라카해협을 통해 해상으로 수입되기 때문이다. 매우 좁은 수로인 말라카해협이 전쟁으로 봉쇄되면 에너지 수입에 문제가 발생한다. 그렇게 되면 가히 분초를 다툴 만큼 급속도로 중국 경제에 차질이 생긴다. 말라카해협을 통한 운송력은 전시 상황뿐 아니라 평화 시기에도 과부하에 시달린다. 설상가상으로 이 지역은 해적까지 창궐하여 중국 경제를 감당하기에는 역부족이다. 에너지 수입 루트가 이곳밖에 없다면 중국 경제의 위험성은 그만큼 더 커진다. 지난 10년간 중국이 열심히 다른 무역 루트를 모색한 것은 말라카해협의 위험을 분산하기 위해서였다.

'말라카 곤경'의 돌파구 : 4대 에너지 전략 루트

그동안 중국은 해상 루트 외에 4개의 주요 에너지 전략 루트를 개발했는데, 그중 하나가 서북 루트이다. 2004년 카자흐스탄과 합작으로 건설한 이 루트는 2009년 전면 개통하여 매년 2천만 톤의 석유를 중국에 공급한다.

두 번째는 동북 루트로, 중국이 러시아와 체결한 석유 공급 협의에 따른 것이다. 당시 러시아는 중국보다 유럽 쪽으로 눈을 돌렸다. 그쪽 시장이 더 크다고 생각했기 때문이다. 그러나 2008년 금융위기로 유럽과 미국의 경제가 심각한 어려움에 봉착했다. 이때 유럽 시장만으로는 리스크가 크다고 판단한 러시아는 중국 시장을 개척하기로 했

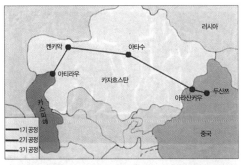

서북 루트. 중국-카자흐스탄 송유관을 통해 연간 2천만 톤의 석유를 중국에 공급한다.

동북 루트. 중국-러시아 송유관을 통해 연간 1500만 톤의 석유를 중국에 공급한다.

다. 중국과 러시아는 대출을 석유로 교환하는 거래 방식을 채택했다. 중국이 러시아의 수송관 건설에 투자한 다음 석유를 중국에 운송하는 방식이다. 이것은 2008년 타결된 중요한 무역 거래였다.

러시아에서 중국 동북 지역의 다칭(大慶)까지 연결되는 수송관으로 중국에 매년 1500만 톤의 석유를 공급한다. 중국 최대의 다칭 유전은 1959년에 발견되어 반세기 동안 개발되어 왔다. 다칭 유전이 직면한 최대의 문제는 생산 능력의 최고치를 이미 넘어섰다는 점이다. 매년 5천만 톤에 달하던 생산량이 현재 4천만 톤으로 줄어들었다. 더구나 지난 수십 년간 지속적인 투자로 다칭 유전에 대형 정유 설비를 건설했는데, 석유 생산이 감소

남서 루트는 중국-미얀마 송유관(상)을 통해 연간 2200만 톤의 석유를 중국에 공급한다. 서남 천연가스관은 중국-미얀마 수송관로(하)를 통해 연간 30억 세제곱미터의 천연가스를 중국에 공급한다.

하면 향후 정유 생산도 감소할 것이다. 따라서 러시아에서 1500만 톤을 들여와 정유 생산의 부족분을 메우려는 것이다.

동북 루트 외에 중국은 남서 루트도 개발했다. 미얀마에서 중국 남서부로 연결되어 쿤밍(昆明)을 지나 충칭(重慶)까지 이어지는 루트다. 최근 개통된 이 대형 루트는 매년 2200만 톤의 석유를 중국에 공급한다. 3개의 수송관으로 중국은 매년 5700만 톤의 석유를 공급받을 수 있다.

현재 중국이 1년에 사용하는 석유량은 얼마나 될까? 무려 5억 톤이다. 그중 3억 톤을 수입에 의존하는데, 수송관로를 통한 수입은 겨우 5700만 톤이다. 전체 석유 수입에서 차지하는 비율이 20퍼센트에 지나지 않는 것이다. 나머지 80퍼센트는 여전히 말라카해협을 통해 수입된다. 말라카 지역의 문제가 완화되기는 했지만 근본적으로 해결된 것은 아니다. 이런 이유로 중국은 반드시 새로운 루트를 모색하거나 석유 수송관을 통한 수입량을 제고해야 한다. 그렇게 해야만 중국의 에너지 안전을 근본적으로 보장할 수 있다.

초미세먼지 근절-4대 천연가스 수송관로

천연가스 역시 서북, 동북, 남서, 동남의 4대 루트를 통해 중국에 공급된다. 서북 방향은 중국과 중앙아시아 간 천연가스 수송관로이며, 전 노선이 이미 개통되어 매년 330억 세제곱미터의 천연가스를 중국에 공급한다. 중국이 1년에 사용하는 천연가스의 양은 1800억 세제곱미터이며, 그중 600억 세제곱미터를 수입한다. 3분의 1을 수입에 의존하는 것이다. 서북 수송관로, 즉 육로 수송이 전체 수입량의 절반 이상을 차지하는데, 이것은 천연가스의 공급과 안전성을 확보할 수 있음을 의미한다.

또 하나의 루트는 동북 수송관로이며, 2014년 러시아와 협약을 체결하고 현재 시공 중이다. 남서 수송관로는 중국과 미얀마 간 천연가스 수송관으로 2016년에 개통되었으나 수송량은 적은 편이다. 2014년 통계에 따르면 약 30억 세제곱미터로 서북 수송관로의 10분의 1에 불과하다. 이 밖에 남동 해상을 통해 액화 천연가스를 중국에 운반하는 수송관로가 많은 부분을 차지한다. 석유에 비해 천연가스의 루트가 비교적 안정적이다.

중국의 가장 중요한 천연가스 수입 통로인 서북 루트는 투르크메니스탄과 협력하고 있다. 투르크메니스탄은 중국의 서부에 위치하지만 서로 국경을 맞대고 있지는 않다. 우즈베키스탄과 카자흐스탄을 경유하여 중국의 신장(新疆)으로 들어오는 이 수송관로는 사실상 ABCD 4단계로 나눠진다. 지금까지 ABC 수송관로가 모두 개통되어 매년 약 300억여 세제곱미터의 천연가스를 중국에 공급한다. 이 300억여 세제곱미터의 천연가스는 중국 25개 성 5억 인구의 수요를 충당하며, 심지어 홍콩도 중앙아시아에서 수송해 온 천연가스를 사용한다.

천연가스는 청정 에너지로 거의 오염을 일으키지 않는 것이 가장 큰 장

서북 루트. 중국–중앙아시아 천연가스관은 현재 연간 330억 세제곱미터의 천연가스를 중국에 공급한다.

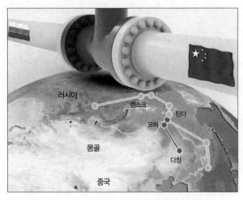

동북 루트. 중국–러시아 천연가스관은 현재 시공 중이다.

점이다.

현재 중국은 연간 37억 톤의 석탄을 사용한다. 초미세먼지 문제를 해결하기 어려운 것도 석탄 의존도가 심각하기 때문이다. 석탄을 태우면 대량의 황, 이산화탄소 및 초미세먼지를 형성하는 각종 입자들이 발생한다. 초미세먼지의 근본 원인은 석탄 사용 비율이 과다한 데서 비롯된다. 앞으로 중앙아시아에서 수송해 온 천연가스를 대량으로 사용할 수 있다면 중국의 초미세먼지 문제가 호전될 것이다.

현재 중국의 한 해 천연가스 사용량은 1800억 세제곱미터이며, 2020년까지 4천억 세제곱미터로 증가할 것으로 보인다. 그렇다면 부족한 2200억 세제곱미터를 어디서 조달할 것인가? 시공 중인 중국–러시아 수송관을 통해 매년 680억 세제곱미터의 천연가스를 공급받을 수 있으며, 이로써 중국 동북 지역과 서북 지역의 공기오염 문제가 크게 완화될 것이다.

러시아 외에 중국 최대의 천연가스 공급국은 투르크메니스탄이다. 2020년 이후에도 투르크메니스탄은 여전히 중국의 최대 천연가스 공급업체로 남아 있을 것이다. 현재의 ABC 수송관로는 이미 전부 개통되어 중국에 대량의 천연가스를 공급하고 있으며, D 수송관로는 2016년에 개통되었다.

ABCD 수송관로를 모두 합하면 850억 세제곱미터의 천연가스를 공급받게 된다. 이것은 가히 천문학적인 숫자다. 2020년까지 중국 천연가스 신규 수요의 절반을 러시아와 투르크메니스탄 두 나라가 담당하게 된다. 중앙아시아의 카스피해에 인접한 투르크메니스탄은 천연가스 매장량이 17조 세제곱미터로 세계 4위다. 중국이 2014년 수입한 600억 세제곱미터로 계산할 경우, 투르크메니스탄은 280년간 중국 수입량을 충족할 수 있다. 천연가스 매장량 최대 국가는 러시아로 48조 세제곱미터를 보유하고 있다. 2014년의 수치를 기준으로 보면 러시아는 800년 동안 중국에 천연가스를 공급할 수 있다.

미래의 뉴실크로드 전략

천연가스 4개 대국 러시아, 이란, 카타르, 투르크메니스탄을 합하면 2014년 수입량을 기준으로 중국은 2000년간 천연가스를 공급받을 수 있다. 진시황 시대부터 지금까지 사용할 수 있는 양이다. 따라서 중국은 이 4개국과 우호관계를 유지해야 한다. 중국의 상류에 위치하며 천연가스를 공급하는 이들은 천연적인 맹방이라고 할 수 있다. 중앙아시아 지역에서 카스피해와 페르시아만은 세계 최대 천연가스 매장 지역이다. 따라서 중국의 뉴실크로드 전략은 천연가스와 석유 등의 에너지를 보유하고 있는 유라시아 대륙을 향해 발전해야 한다.

미국판 '뉴실크로드'

다른 나라 역시 이 점을 인식하고 있다. 미국은 투르크메니스탄의 지리적 중요성을 일찌감치 간파하고 2011년 미국판 '뉴실크로드'를 제시했다. 아프가니스탄을 중심으로 중앙아시아 전역을 경영한다는 전략이다.

아프가니스탄을 택한 것은 지리적으로 매우 중요한 위치에 있기 때문이다. 북쪽으로는 러시아 세력이 인도양으로 남하하는 루트를 막고, 이란이 동쪽으로 전진하는 것도 막을 수 있으며, 중국이 석유 중심 지역에 접근하는 루트도 차단할 수 있다. 따라서 미국이 아프가니스탄을 '방화벽'으로 삼은 데는 중앙아시아에서 중국, 러시아, 이란 3개 대국의 지정학적 공조를 저지하려는 목적이 있다. 이 3개국이 중앙아시아에서 협력한다면 지정학적으로 미국에 대한 큰 도전이 될 것이다. 미국은 이런 상황을 절대 용인하지 않은 것이다.

미국의 구상은 중앙아시아 지역에서 투르크메니스탄의 천연가스를 남쪽으로 끌어와 아프가니스탄과 파키스탄을 경유해 인도로 연결하여 남북 방향의 석유 대동맥을 건설하는 것이다. 그러나 이것은 중국에 매우 불리하다. 투르크메니스탄은 많은 천연가스를 보유하고 있지만 개발 능력에 한계가 있어서 생산 가공량이 많지 않기 때문이다.

중국은 이미 수송관을 연결하여 매년 850억 세제곱미터를 공급받고 있다. 인도까지 '입맛'을 다신다면 투르크메니스탄의 생산량으로는 수요를 충당하기 어렵다. 따라서 중국 입장에서는 당연히 중앙아시아의 석유와 천연가스 수송관로가 동서 방향으로 건설되기를 바란다. 향후 중국이 파이프 하나만 연결하면 되기 때문이다. 이것은 중국에 매우 유리한 전략이다.

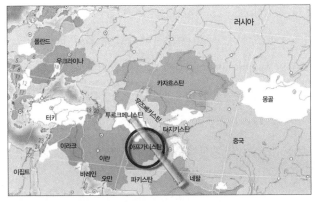

미국이 구상하는 남북 방향 노선은 투르크메니스탄–아프가니스탄–파키스탄–인도 노선(TAPI)으로 중국의 천연가스 공급로를 차단한다.

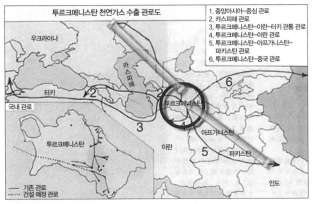

투르크메니스탄의 천연가스관이 남쪽으로 향한다는 것은 러시아의 통제를 벗어난다는 의미다.

그러나 미국은 동서 방향을 마다하고 한사코 남북 방향을 고집한다. 중국의 천연가스 확보 루트를 약화하려는 전략이다. 따라서 미국이 설계하는 수송관로는 투르크메니스탄을 출발하여 아프가니스탄과 파키스탄을 거쳐 인도로 향한다. 이 남북 방향의 수송관로는 4개국의 알파벳 머리글자를 따서 'TAPI'라고 부른다.

미국의 이 수송관로가 전부 개통된다면 주요 국가들에 어떤 영향을 미칠까? 첫째, 중국에 매우 불리하다. 둘째, 러시아에도 극도로 불리하다. 왜일까? 현재 투르크메니스탄의 수송관이 중국에 천연가스를 공급하고, 나머지는 북쪽의 러시아 천연가스 수송관에 연결되기 때문이다. 이렇게 하면 러시아는 투르크메니스탄에서 염가로 천연가스를 구입하여 유럽에 높은 가격으로 팔아 중간 이익을 챙길 수 있다. 그러나 투르크메니스탄의 천연가스 수송관이 남쪽으로 향한다면 러시아는 그 이익을 챙길 수 없게 된다.

지정학적 경쟁과 경제적 이익

미국의 이러한 설계는 중국과 러시아를 약화할 뿐 아니라 2가지 교묘한 효과를 가져다준다. 그중 하나는 인도를 끌어들이는 것이다. 미국은 자신들이 천연가스 수송관을 건설함으로써 인도의 부족한 에너지를 충당해 경제 도약을 이룰 수 있다고 제안할 것이다. 인도가 중국, 러시아와 협력하지 않고 미국과 협력하면 브릭스(BRICS, 브라질, 러시아, 인도, 중국, 남아프리카공화국)의 결집력을 와해할 수 있다.

두 번째 효과는 파키스탄과 아프가니스탄을 미국의 반테러 행동에 참여시킬 수 있다는 것이다. 파키스탄과 아프가니스탄은 어떤 관계일까? 파키스탄과 아프가니스탄의 탈레반은 수니파로 사우디아라비아의 수니파와 동맹 관계이다. 과거 미국은 파키스탄이 병력을 동원하여 탈레반을 공격하기를 희망했으나 파키스탄의 태도는 미온적이었다. 그 이치는 간단하다. 이들은 모두 수니파이기 때문이다. 터키가 나서서 IS를 진압하지 않은 것도 같은 이유였다. 미국은 위의 수송관이 개통된 후 투르크메니스탄 최상류에서 천연가스를 생산하면 아프가니스탄과 파키스탄을 차례로 경유할 계획이다. 다시 말해 아프가니스탄에 분쟁이 생기면 파키스탄도 천연가스를 공급받지 못하여 경제 손실을 보게 하는 것이다. 그렇게 되면 파키스탄은 자국의 이익을 위해서라도 반테러에 적극적으로 임하게 될 것이다.

이것은 고도로 계산된 전략이다. 위의 수송관로를 통해 다음의 이익을 얻을 수 있기 때문이다. 첫째 중국에 대한 천연가스 공급을 약화하고, 둘째 러시아의 글로벌 천연가스에 대한 통제력을 약화해 푸틴의 에너지 전략에 타격을 입힐 수 있다. 셋째, 인도를 끌어들일 수 있다. 넷째, 파키스탄과 아프가니스탄을 하나로 묶어 파키스탄으로 하여금 반테러의 선봉에 서게 할 수 있다.

그러나 이 수송관은 지금까지 완공되지 않았다. 이유가 무엇일까? 아프가니스탄 지역의 탈레반이 기승을 부리기 때문이다. 십수 년 동안 탈레반을 처리하지 못한 미국은 수송관 건설을 할 수 없다. 따라서 인도와 파키스탄은 에너지 부족에 시달리다 더 이상 기다리지 못하는 상황에 이르렀다. 수송관이 연결되지 않으면 천연가스를 사용할 수 없으니 국가 경제가 크게 제약을 받게 된다. 이렇게 되자 그들은 다른 탈출구를 찾아 나섰다. 바로 천연가스 매장량 세계 2위 국가 이란이다.

이란 최대의 천연가스전은 페르시아만 중부의 사우스파스 가스전이다. 이란의 사우스파스에 수송관을 설치하고 동서 방향으로 파키스탄을 경유해 인도까지 연결된다면 가까운 거리에서 안전하게 수요를 충족할 수 있다. 그러나 이 수송관로는 동서 방향으로 연결되기 때문에 미국의 반대에 부딪힐 것이 자명하다. 이 수송관로가 중국과 연결되면, 즉 파키스탄을 거쳐 중국의 카스까지 연결되면 지정학적 국면에 변화가 생긴다. 이란, 파키스탄, 인도, 중국, 러시아의 이익이 한데 뒤섞이는 것이다.

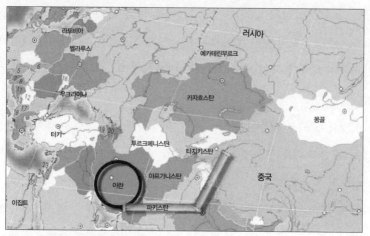

중앙아시아와 중동의 동서 관로가 북쪽의 중국 카스와 연결되면 이란, 파키스탄, 인도, 중국 및 러시아 5개국의 이익이 집중될 수 있다.

이것은 러시아와 어떤 관련이 있을까? 이란은 원래 이슬람 수송관을 건설하여 사우스파스의 천연가스를 이라크와 시리아를 거쳐 유럽에 판매하고자 했다. 이 가스 수송관이 유럽까지 연결되면 유럽 시장에서 러시아는 이란과 경쟁해야 한다. 따라서 이란이 천연가스를 동쪽으로 수송하면 러시아가 기뻐할 일이다. 유럽 시장에서 이란이라는 강력한 경쟁자가 사라지기 때문이다. 결국 중국과 러시아 모두 쌍수 들고 환영한다. 하지만 미국이 그렇게 내버려두지 않을 것이다.

위의 대국들이 힘을 합쳐 하나의 지정학적 세력을 형성하면 미국이 중앙아시아에서 이 국가들을 어떻게 이끌 수 있겠는가? 아프가니스탄에서 고립된 거점만 껴안고 있어서는 지정학적인 영향력을 발휘할 수 없다. 따라서 미국은 이란, 파키스탄, 인도로 통하는 동서 수송관로를 반드시 저지하려고 한다.

5개국이 미국과 경쟁하다

중국 입장에서 가장 이상적인 국면은 카스피해와 페르시아만 사이의 모든 천연가스와 석유 수송관로를 동서 방향으로 연결하는 것이다. 이렇게 되면 중국은 석유를 신장까지 끌어와 내륙지방으로 보내기 쉬워진다. 그러나 미국은 남북 방향의 수송관을 고집하여 중국이 향후 중앙아시아에서 천연가스를 공급받을 수 없게 하려고 한다.

투르크메니스탄이 남북 방향 수송관로를 건설하여 인도나 인도양까지 연결한다면 많은 천연가스 자원이 인도양을 통해 유럽이나 세계의 다른 시장으로 판매될 것이다. 이렇게 되면 중국은 이 자원을 얻을 수 없게 된다. 이는 마치 물을 뿜어내는 능력이 제한된 펌프와 같다. 여기에 중국과 인도, 다른 국가들까지 관을 연결하여 빨아들이면 공급받을 수 있는 양이 부족해질 것이다.

따라서 중앙아시아의 천연가스와 석유 수송관로를 놓고 양대 진영이 팽팽히 맞설 수밖에 없다. 중국, 러시아, 이란, 파키스탄, 인도 5개국은 이란에서 파키스탄과 인도로 연결되는 동서 방향 수송관이 하루빨리 건설되기를 원한다. 반면 미국은 5개국과 반대로 남북 방향의 수송관을 고집한다. 천연가스 수송관의 방향을 놓고 중앙아시아에서 대국들의 에너지 전략 경쟁이 치열하다.

11장

미국의 봉쇄에서 이란을 암암리에 도운 중국

중국은 대량 에너지 소비 국가로 에너지 수송 루트를 안전하게 확보하는 것이 시급하다. 파키스탄의 과다르항은 페르시아만과 남아시아의 요충지로, 중국 서쪽의 석유 루트를 중동 석유 자원과 연결하여 남아시아 각국 세력과 균형을 이루는 핵심이 될 것이다. 전통적으로 미국의 세력 범위에 있는 중동 지역도 에너지를 둘러싸고 정치적 경쟁이 한창이다.

중앙아시아 지역에서 미국은 5개국(중국, 러시아, 이란, 파키스탄, 인도)과 석유 및 천연가스 수송관 설치를 두고 첨예한 갈등을 빚고 있다. 5개국은 이란에서 동서 방향으로 통하는 천연가스 수송관을 건설하고자 한다. 이란 사우스파스 가스전에서 파키스탄을 지나 인도로 연결되는 수송관로를 IPI라고 부른다. 미국이 구상하는 남북 방향의 수송관로는 투르크메니스탄을 출발해 아프가니스탄과 파키스탄을 경유해 인도까지 연결되는 것으로 TAPI라고 한다. IPI인가, TAPI인가? 이것은 경제를 넘어선 정치적인 문제이다.

IPI 수송관로가 미국의 핵심 이익을 가로막는다

동서 방향의 수송관로는 이란, 파키스탄, 인도, 중국, 러시아 5개국의

5대 국가의 이익이 집중되는 IPI 동서 수송관로(이란-파키스탄-인도).

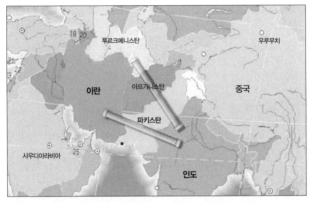

5대 국가의 동서 수송관로와 미국의 남북 수송관로가 충돌한다.

이익 공동체가 형성될 수 있으므로 지정학적으로 미국에 극히 불리하다. 따라서 미국은 이 5개국에 맞서 동서 노선의 추진을 반대하고 있다.

대국이 되고자 한 인도의 야심

동서 수송관로를 저지하기 위한 미국의 전략은 무엇일까? 첫째는 인도를 자기편으로 끌어들이는 것이다. 미국은 인도가 가장 원하는 것을 들어 줌으로써 동서 방향 수송관을 포기하도록 만들어야 했다. 사실 인도는 전 세계에서 대국의 위상을 인정받고자 하는 갈망이 있다. 그러나 글로벌 대국이 되려면 기본적인 조건을 갖춰야 한다. 바로 핵 대국이 되는 것이다. 5개 상임이사국 모두 핵 대국이다. 전 세계가 공인하는 대국이 되기 위해서는 핵무기를 보유해야 한다. 이것이 바로 인도가 오래전부터 꿈꿔 왔던 목표이다.

1998년 인도가 핵 실험을 연속으로 진행하여 미국이 제재를 가한 적이 있다. 상임이사국이 핵무기를 보유한 것만으로도 미국은 기진맥진한 상태였다. 그런데 인도까지 핵무기를 개발한다면 장차 글로벌 이익 균형을 맞추기가 더욱 어려워지기 때문이다. 따라서 미국은 5개 상임이사국 외에 다른 국가의 핵 개발을 절대 허용하지 않는다.

미국의 지속적인 경제제재로 두 나라 사이에는 2009년까지 냉기가 흘렀다. 그러다 미국은 이 사건에 대해 재평가하기 시작했다. 일단 인도는 이미 핵무기를 보유하고 있다. 전 세계가 다 아는 사실을 인정하지 않으면 장차 미국에 좋을 것이 없다.

다른 한편으로는 인도가 동서 수송관로에 참여할 경우 앞에서 언급한 5개국의 역량이 합쳐지기 때문에 미국의 이익을 크게 해칠 것이다. 따라서 미국은 이모저모 득실을 따져본 다음 인도와 거래를 했다. 인도가 글로벌 핵 대국임을 공개적으로 인정하는 대신 동서 수송관로를 포기하라는 것이다. 인도는 미국의 제안에 흡족해했다. 2009년 미국 정부는 인도의 핵 대국 지위를 공개적으로 인정했으며, 이와 동시에 인도는 동서 수송관로 건설을 포기하겠다고 선언했다.

이 수송관로에서 인도가 빠지면 IPI(이란, 파키스탄, 인도)가 아닌 IP(이란,

파키스탄)가 된다. 인도를 자기편으로 끌어들이기 위한 미국의 첫 번째 전략은 멋지게 적중했다.

미국의 각종 위협에 직면한 파키스탄

미국의 두 번째 전략은 파키스탄을 위협하는 것이었다. 인도에는 유화책을 쓰면서 파키스탄에는 왜 위협을 가했을까? 이는 파키스탄이 탈레반과 같은 수니파로 반테러 전쟁에 미온적이기 때문이다. 탈레반 척결에 관심이 없는 파키스탄은 미국에 협조하는 척할 뿐 본격적으로 나서지 않았다. 그뿐 아니라 많은 탈레반이 파키스탄에 숨어 있었다. 빈 라덴은 결국 파키스탄의 수도 이슬라마바드 근교에서 피격되어 사망했다. 반테러에 소극적인 파키스탄의 태도에 큰 불만을 가지고 있는 미국은 동서 수송관을 절대 허용하지 않겠다고 파키스탄을 위협하는 태도로 일관했다.

이란에 전면 제재를 가한 미국

세 번째 전략은 이란을 겨냥한 것이다. 이란과 인도 모두 핵무기를 개발했는데, 인도는 허용하고 이란은 불허한 것은 전형적인 이중 잣대를 들이댄 것이다. 미국은 이란에 금융을 포함하여 엄격한 경제제재를 가했다.

첫째, 이란과 해외의 달러 결제 루트를 차단하여 달러로 거래할 수 없게 만듦으로써 이란은 대외무역에 큰 타격을 입었다. 둘째, 이란의 중앙은행을 비롯해 모든 금융기관에 제재를 가함으로써 이란은 국제 금융시장과의

인도가 빠진 후 IPI 수송관로는 IP(이란-파키스탄) 수송관로로 변했다. 미국은 IP 수송관로
를 계속 금융 제재 명단에 포함했다.

연계가 차단되었다. 더 심한 것은 이란 금융기관을 브뤼셀의 SWIFT 기구
에서 퇴출해 이란은 모든 국가와 화폐로 결제할 수 없게 되었다. 미국이
가능한 모든 수단을 동원한 것이다.

이 밖에 이란과 파키스탄 사이의 IP 수송관로에 제재를 가했다. 이란,
파키스탄, 인도의 영문 머리글자를 딴 IPI 수송관로에서 인도가 빠진 후 IP
수송관로가 되었다. 미국은 이 IP 수송관로마저 금융 제재 명단에 포함했
다. IP 수송관로에 개입하는 국가는 함께 묶어서 제재한다는 의미였다. 중
국은 처음부터 이 수송관로를 전폭적으로 지지하며 중국공상은행(中國工
商銀行)이 15억 달러의 대출을 제공할 계획이었다.

파키스탄은 돈이 없기 때문에 중국이 건설비를 제공하기로 한 것이다.
그런데 미국이 IP 수송관로를 금융 제재 명단에 포함하자 중국도 대출을
제공할 엄두를 내지 못했다. 자칫 중국공상은행까지 제재 대상이 될 수 있
기 때문이었다. 중국공상은행이 블랙리스트에 오르면 글로벌 영업을 할
수 없게 된다. 결국 중국공상은행은 IP 수송관로에 대한 자금 지원을 단념
했다.

에너지 위기를 맞은 인도

미국은 인도에 대한 유화책, 파키스탄에 대한 압박, 이란 제재라는 3가지 전략을 사용하여 마침내 IP 수송관로를 제지했다. 이에 따라 해당 프로젝트는 또다시 3년이 미뤄졌다.

2012년이 되자 인도는 허영심은 충족했으나 그것을 천연가스와 바꿀 수 없다는 사실을 마침내 인식했다. 심각한 에너지 부족 문제가 완화되기는커녕 점점 더 심각해졌던 것이다. 2012년 7월, 인도의 여름은 유난히 더웠다. 그해에는 적은 강수량으로 수력발전량마저 부족했다. 인도의 수력 발전소는 전국 전력 생산량의 19퍼센트를 차지한다. 40도가 넘는 고온을 견디기 위해 에어컨을 사용하자 전력 사용량이 급증했고, 2012년 7월 전국 전력망은 유례없는 블랙아웃 사태를 빚었다. 인도 27개 주 중 20개 주의 5억 명이 매일 정전 상태에서 생활했다. 이런 상황에서 어떻게 경제성장을 도모하겠는가? 인도의 거대한 경제 기계가 갑자기 멈춘 격이었다. 2012년 7월의 전국적인 블랙아웃은 에너지 부족에 대한 '히스테리' 반응을 일으켰다. 어떤 대가를 치러서라도 에너지를 확보해야겠다는 결심을 한 것이다.

인도는 마침내 IPI 수송관로 건설에 다시 참여해 이란에서 천연가스를 수입하기로 결심했다. 미국은 3년 전 인도를 달래기 위해 남북 수송관로를 빠른 시일 내에 건설하겠다고 약속했다. 그러나 3년이 지나도록 미국은 탈레반을 퇴치하지 못했고, 수송관로 역시 건설하지 못했다. 이때 미국은 인도에게 이란과 협력하지 말라고 당부하면서 긴급 해결 방안을 제시했다. 우선 착공을 서둘러서 천연가스 공급 시기를 앞당기겠다는 것이었다.

그러나 이 방법으로는 당장 급한 불을 끌 수 없었다. 두 번째 방안으로 미국은 카타르를 통해 액화 천연가스를 공급하기로 했다. 카타르는 페르시아만 옆에 위치한 세계 최대의 액화 천연가스 생산지로, 이란과 사우스 파스 가스전을 공유하며, 카타르 쪽에 있는 가스전은 북방 가스전이라고 한다. 액화 천연가스를 운반한 후 압력을 풀어 천연가스로 환원해야 하는데 미국이 이를 돕겠다고 했다.

세 번째 방안은 인도와 원자력 협력을 하는 것이었다. 2012년 많은 매체들이 미국과 인도의 원자력 협력을 보도한 이유가 여기에 있다.

파키스탄의 곤경

미국은 인도의 불만을 잠재웠으나 파키스탄 문제는 여전히 해결되지 않았다. 파키스탄의 에너지 부족은 인도보다 더 심각했다. 전국이 매일 평균 8시간씩 정전되었으며, 도시는 평균 14시간씩 정전되었다. 이런 상황에서는 경제성장을 생각할 수조차 없었다. 발전소를 가동할 수도 없는 상황에서 파키스탄 경제는 거의 붕괴 직전이었다. 파키스탄은 미국 측에 천연가스 수송관로 건설 허용을 요구하며, 천연가스와 에너지를 공급받지 못하면 나라를 운영할 수 없다고 하소연했다. 그러나 미국의 태도는 강경했다.

이란과 파키스탄이 협의를 체결하다

이란도 답답하기는 마찬가지였다. 이란은 원래 이슬람 천연가스 수송관을 건설하여 이라크를 통해 시리아로 운반해서 유럽에 판매하는 야심찬 계획을 세웠다. 그러나 시리아 사태가 악화되자 수송관로를 건설할 수 없게 되었다. 천연가스를 유럽에 공급할 길이 막힌 것이다. 거대한 사우스파스라는 보물이 현금 수입으로 돌아오지 않는 상황을 더 이상 두고 볼 수 없었다. 결국 이란은 파키스탄과 협상해서 미국이 아무리 제재할망정 수송관을 건설하기로 했다.

2013년 3월, 이란과 파키스탄 대통령이 두 나라 국경에서 성대한 기공식을 거행하고 본격적으로 수송관로 공사에 돌입했다. 이에 미국은 격노하여 파키스탄에 공사를 계속하면 당장 경제제재와 금융 제재를 강화하겠다고 엄중히 경고했다.

사우디아라비아의 개입

미국이 칼을 들고 상대를 치려는 결정적인 순간에 갑자기 "멈추시오!"라고 외치는 목소리가 들렸다. 사우디아라비아가 상황을 조정하기 위해 나선 것이다. 사우디아라비아는 이슬람 세계의 지도자를 자처하며, 파키스탄은 같은 수니파이다. 사우디아라비아는 전 세계 수니파의 일은 곧 자신들의 일이라고 생각했다.

다른 한편으로는 미국이 당장은 사우디아라비아의 보호막이 되어주지만 언젠가는 돌아설 수도 있다는 우려에서 비롯된 행동이었다. 사우디아라비아의 이런 우려가 타당할까? 물론 타당하다. 미국 중앙정보국(CIA)은 사우디아라비아 같은 왕조 통치가 '아랍의 봄' 등 민주화운동에 의해 언제라도 전복될 수 있음을 수차례 보고했다.

이 소식에 마음이 편치 않은 사우디아라비아는 중동에서 대비책을 찾아야 했다. 이슬람 세계에서 믿을 만한 맹방은 파키스탄이었다. 파키스탄은 사우디아라비아와 이념이 비슷하며, 무엇보다 핵무기를 보유하고 있다. 사우디아라비아는 이 점을 무척 중시했다. 일단 미국이 등을 돌리면 당장 이란의 강한 도전에 직면할 것이다. 그때 강한 맹방의 도움이 필요하며, 형제 국가 파키스탄이 틀림없이 도움을 줄 것이다.

이에 사우디아라비아는 파키스탄에 대한 미국의 제재를 만류하고 나섰다. 파키스탄 측에는 석유와 천연가스를 구입할 자금을 지원해 주겠다고 했다. 파키스탄은 사우디아라비아에게 15억 달러를 원조받아 국제시장에서 원유를 구입했다. 원유를 확보하여 발전소를 가동할 수 있게 되자 경제가 호전되기 시작했다.

그러자 파키스탄은 천연가스 수송관 시공을 잠시 늦추겠다고 밝혔다. 미국의 제재로 어쩔 수 없이 연기한다는 것이었다. 이 소식에 이란은 분개했다. 양국이 체결한 협의를 어떻게 뒤엎을 수 있단 말인가! 이란은 예정된 일정표대로 이란 경내의 천연가스 수송관 900킬로미터를 이미 완공했고, 파키스탄이 700킬로미터의 천연가스 수송관을 완공하기만을 기다리고 있었다.

협의에 따르면 양국은 2014년 12월 31일까지 전 노선을 완공하고 2015년 1월부터 가스 운송을 하기로 했다. 계약 위반 조항에 따르면 기한 내에 완공하지 못할 경우 지연된 일수만큼 하루에 300만 달러의 벌금을 지급해야 한다. 이란이 벌금을 요구하자 파키스탄은 미국의 제재 압박은 불가항력에 속한다고 항변했다. 협의를 체결할 때만 해도 미국이 IP 수송관을 제재 명단에 포함하지 않았기 때문이다.

IP 수송관로 건설의 관건이 된 과다르항

이란은 IP 수송관로 공사 중단을 항의했고, 파키스탄은 해결 방안을 찾기 위해 고심했다. 파키스탄에서 연결하지 않으면 이란의 수송관 900킬로미터는 그냥 버려지는 것이므로 거대한 손실이었다. 이에 파키스탄은 탈출구를 모색했다. 마침내 주변의 도움을 받아 묘책을 생각해 낸 파키스탄은 이란과 해결 방법을 협의했다.

과다르항의 개발

파키스탄에는 이란과 인접한 과다르항이 있다. 파키스탄은 중국의 투자로 이 항구에 대형 액화 천연가스 인수 장치를 건설할 준비를 하고 있었다. 이 장치가 완공되면 과다르항에서 북쪽 700킬로미터의 수송관로를 통해 파키스탄 내륙까지 연결된다. 이란은 파키스탄에 직접 천연가스를 팔지 않아도 된다. 미국이 반가워하지도 않을 일이니 말이다. 이란이 천연가스를 페르시아만 건너편의 오만에 팔고, 오만은 천연가스를 액화하여 파키스탄에 팔면 미국이 이를 막을 수 없다.

미국이 관여할 수 없는 이유가 무엇일까? 2014년 6월 IS의 출현으로 중동이 혼란에 빠졌을 때 미국은 이란의 병력을 동원했기 때문이다. 당시 IS는 이미 바그다드 턱밑까지 쳐들어왔기 때문에 이란이 출병하지 않으면 바그다드가 함락될 위험에 처해 있었다. 이곳은 많은 외국 기업들의 이익이 걸린 이라크 동남 지역의 대형 석유 집산지였다. 미국은 IS 소탕을 위해 '이란 지원군'이 필요했고, 그러려면 이란에 대한 제

이란과 인접한 파키스탄의 과다르항.

이란-오만-파키스탄의 과다르항 수송관로.

오만은 이란과 파키스탄의 천연가스 운송 허브가 되었다.

재를 풀어줘야 했다. 천연가스를 시장에서 공개적으로 판매할 수 있게 해주는 것이었다.

경제제재를 완화했지만 IP 수송관로는 여전히 제재 명단에 들어 있었다. 이란은 수송관로를 건설할 수는 없었지만 천연가스를 판매할 수는 있었다. 천연가스는 오만에서 액화하여 해상로를 통해 파키스탄 과다르항으로 운반된 후 중국의 압력 완화 장치에서 천연가스로 환원하여 수송관을 통해 파키스탄으로 운반되었다. 이 거래는 완전히 합법적이었다.

파키스탄 경내의 과다르항에 수송관을 설치하는 것은 미국과 관계가 없으며, 제재 명단에도 포함되지 않았다. 오만에서 천연가스를 액화한 후 과다르항으로 운송하는 것도 불법이 아니었다. 이 거래를 통해 이란의 천연가스를 파키스탄이 사들이기 때문에 결국 과다르항의 수송관로는 이란의 천연가스 수송에 이용된다는 것이다. 이란도 파키스탄의 제안에 수긍했다. 그러나 이란의 수송관 900킬로미터는 여전히 못 쓰게 된다. 이 문제에 대해 파키스탄의 답변은 이러했다. 과다르항은 이란 국경과 불과 70킬로미터밖에 떨어지지 않았고, 이란이 완공한 석유 수송관과는 91킬로미터 거리였다. 91킬로미터의 수송관은 빠르게 건설할 수 있으니 그 수송관을 통해 천연가스를 과다르항까지 운반할 수 있다고 한 것이다.

중국의 멀리 내다보는 안목

파키스탄의 이런 아이디어는 누구의 미리에서 나왔을까? 나는 중국이라고 본다. 그 이유는 이렇다. 오래전부터 과다르항의 지리적 위치에 주목해 온 중국은 이 항구의 운영권을 장악하고 싶어 했다. 과다르항은 무엇보다 페르시아만의 호르무즈해협과 불과 400킬로미터밖에 떨어지지 않았기 때문이다. 전 세계 석유 수출 물량의 3분의 2가 호르무즈해협을 거치는데, 이는 곧 과다르항을 경과한다는 의미다. 따라서 과다르항은 전 세계 대다수의 석유 수출 동향을 직접 제어할 수 있는 매우 중요한 위치이다.

두 번째 이유는 중국이 아프리카, 유럽, 중동 등지에서 각종 상품, 원자재, 에너지를 구입해 동쪽으로 운반하는 데 중요한 허브라는 점이다. 중국이 과다르항의 경영권을 손에 쥔다면 이곳에서 동북 방향으로 석유 수송관을 연결하고, 여기에 고속도로, 철도, 광케이블까지 추가하여 '중국-파키스탄 경제 회랑'을 형성할 수 있다. 과다르항에서 중국 신장의 카스까지

과다르항은 페르시아만의 호르무즈해협과 불과 400킬로미터 거리에 있다.

이란
페르시아만
아프가니스탄
카스
호르무즈해협
파키스탄
중국
신장
과다르항
인도

과다르항-카스 경제 루트는 총 3천 킬로미터에 달한다.

3천 킬로미터에 이르는 수송관이 건설되면 중국의 다섯 번째 중대한 에너지 루트가 될 것이다. 이 루트가 형성되면 아프리카의 석유, 중동의 석유와 액화천연가스를 인도양과 말라카해협을 통하지 않고도 중국에 들여올 수 있다. 과다르항으로 운송한 다음 수송관을 통해 중국의 카스까지 운반해 중국 각지에 공급하는 것이다.

말라카해협을 통하는 노선에 비해 8700킬로미터나 단축되며, 이는 곧 운송비 절감을 가져다준다. 향후 중국이 유럽 및 기타 지역에서 구입한 상품은 과다르항에서 하역되어 고속철도나 고속도로를 통해 중국으로 운반할 수 있다. 같은 이치로 중국의 상품도 고속도로와 철도를 통해 과다르항으로 운반된 후 해상로를 통해 아프리카와 유럽으로 운반될 수 있다. 이런 이유로 중국은 과다르항의 경영권에 관심이 많다.

파키스탄 해안에는 2개의 중요한 항구가 있다. 그중 하나는 이란과 인접한 과다르항이고, 나머지 하나는 인도와 인접한 카라치항이다. 카라치항은 원래 천연 양항(良港, 배가 드나들거나 머물기에 좋은 항구 - 옮긴이)이었으나 인도와 지나치게 가까워 전쟁이 일어날 경우 문제가 되었다. 인도와 파키스탄이 전쟁을 치를 때 카라치항은 인도의 맹공에 시달렸다. 따라서 파키스탄은 카라치항에 대한 의존도를 낮추고 상대적으로 안전한 과다르항을 개발할 필요가 있었다.

작은 어촌에 불과한 과다르항은 전략적으로 중요한 위치인데도 제대로 개발되지 않았다. 파키스탄에는 이를 감당할 돈이 없기 때문이었다. 이곳을 주목한 중국이 2002년 자금, 인력, 설비를 투자하여 작은 어촌을 현대적인 양항으로 개발하기로 파키스탄과 협의를 체결했다. 이 프로젝트에 큰 기대를 걸고 있었던 중국은 과다르항을 심층적으로 경영할 생각이있다. 인도양에서 중국의 유일한 출구로 매우 중요한 곳이었기 때문이다.

중국의 과다르항 쟁탈전

3년의 시공과 2년의 시운전을 거쳐 2007년 과다르항은 정상 가동 준비를 완전히 마쳤다. 중국은 파키스탄이 경영권을 넘겨주기를 고대했다. 그러나 중국이 과다르항의 전략적 중요성을 알아보았듯이 미국도 마찬가지였다. 미국은 중국이 이곳에 군사기지를 세울지 군함을 파견할지 알 수 없었다. 호르무즈해협의 관문인 과다르항은 전 세계 석유 공급의 요충지였기 때문이다. 미국은 이 항구의 경영권이 중국에 넘어가도록 내버려둘 수 없었다. 미국의 압력을 받은 파키스탄 정부는 경영권을 싱가포르에 넘겼고, 싱가포르항만공사(PSA)가 관리하게 되었다. 중국 서부와 연결하는 루트를 건설할 준비까지 마쳐놓은 상태에서 중국은 큰 타격을 입었다.

하지만 경영권을 넘겨받은 싱가포르가 기뻐하기에는 일렀다. 과다르항은 파키스탄 남서부의 발루치스탄 주에 있다. 발루치스탄은 파키스탄 영토의 절반 가까이 차지하지만 인구는 겨우 900만 명에 불과하며, 더구나 분리주의 경향을 띤 사람들이 많다. 많은 수니파 극단주의자들도 그곳에 거주하고 있기 때문에 시아파와 수니파의 분쟁이 잦으며 심지어 유혈 충돌이 빚어지기도 한다. 이곳은 파키스탄의 연방안전부대가 진압하지 못한 무척 혼란스러운 지역이다. 그뿐 아니라 이곳 경제는 매우 낙후되었으며 도로와 철도 등 대형 인프라가 부족하다.

중국은 과다르항의 경영권을 쥐면 대규모 투자로 이곳에 대량의 인프라 건설을 함으로써 물류를 발전시킬 계획이었다. 그러나 이 항구가 싱가포르에 넘어간 후에는 물류나 인프라 시설 없이 빈 항구만을 지킬 뿐이었다. 남북을 왕래하는 선박은 과다르항의 아름다운 풍경을 감상할 뿐 정박하지는 않았다. 그곳에서 하역해 봐야 다른 곳으로 운반할 철도나 도로가 없기 때문에 경제적으로 외딴섬이나 다름없었다.

계약에 따르면 싱가포르는 40년간 경영권을 보장받았다. 그러나 6년간 경영해 본 결과 더 이상 버틸 수 없다는 사실을 깨달았다. 충분한 물동량이 없기 때문에 적자가 심해 차라리 철수하는 것이 낫다고 판단한 것이다. 과다르항은 싱가포르가 운영할 수 있는 수준이 아니었다. 제대로 운영하려면 거액의 투자를 통해 경제 시설과 인프라를 건설하여 중국과 연결함으로써 물류가 생성되어야 한다. 그러나 싱가포르는 그럴 의향이나 능력이 없었으며 복잡한 관계에 얽힐 이유도 없었다. 결국 2013년 싱가포르는 과다르항에서 철수했다.

이렇게 되자 사람들은 중국이 아닌 다른 나라가 과다르항을 경영하는 것은 불가능하다는 사실을 인식했다. 따라서 파키스탄 정부는 미국의 압박에도 흔들리지 않고 경영권을 중국에 넘겼다.

2013년 항구의 경영권이 중국으로 넘어오자 국면은 즉각 전환되었다. 중국 정부는 중국-파키스탄 경제 회랑의 투자 가속화를 선언하고, 장차 450억 달러의 거액을 투자해 과다르항을 기점으로 하는 석유 수송관, 고속도로, 고속철도, 광케이블을 동시다발적으로 진행하기로 했다. 횡단 길

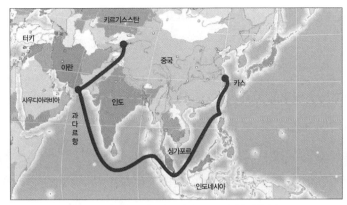

중국은 450억 달러를 투자하여 중국-파키스탄 경제 루트를 건설할 계획이다.

이는 3천 킬로미터에 달하며, 중국 카스까지 연결되는 대루트가 개통되면 중국의 5개 전략 루트가 중대한 작용을 할 것이다.

그러나 과다르항 경영에는 또 하나의 문제가 있었다. 미국은 석유 수송관 건설 후 천연가스 부족이 심각한 인도가 뒤늦게 끼어들어 이란, 파키스탄, 인도, 중국의 공조 국면이 형성될 것을 우려한 것이다. 그렇게 되면 미국의 지정학적 전략은 그야말로 악몽으로 변할 것이다. 따라서 미국은 어떻게든 이런 국면을 막으려고 할 것이다.

중국 서부 석유 루트의 3대 장애물

중국의 전략이 매우 치밀하다고는 하나 여기에는 3가지 장애물이 있다. 첫 번째 장애물은 미국이 가만히 있지 않을 것이라는 점이다.

중국은 현재 돈과 인적, 물적 자원을 투자해 항구를 건설하고 수송관, 고속도로, 철도, 인프라 시설까지 건설했는데 파키스탄의 지도자가 바뀌면 어떻게 될까? 그 후 다시 미국의 압박에 굴복하여 경영권을 앗아가면 어떻게 할 것인가? 이런 상황이 일어나지 않는다는 보장이 없다.

두 번째 장애물은 과다르항이 있는 발루치스탄 주가 안전이 취약하고 오랫동안 분리주의자들의 지역이라는 점이다. 수니파와 시아파의 종교 분쟁이 그치지 않을 뿐 아니라 탈레반까지 활동하는 곳이다. 중국이 경제 대동맥을 관통하려면 각 당사자와의 관계를 도모해야 한다. 가령 발루치스탄 사람들에게는 이 루트가 완공되면 최대 수혜자가 될 것이며, 경제가 발전하면 취업을 포함해 많은 혜택을 얻게 된다는 점을 부각해야 한다. 이를 위해 중국은 병원, 학교, 공공시설을 추진해야 한다. 그러지 않으면 현지인의 신뢰를 얻기 어렵다.

이 밖에도 탈레반과 많은 종교 극단주의자들이 중국의 이익을 보호하게 해야 한다. 이곳의 안전 문제를 해결하지 않으면 경제 대동맥에도 문제가 생길 것이다. 납치나 습격 사건이 자주 발생하는 곳에서 누가 사업을 하겠는가?

세 번째 장애물은 과다르항에서 중국의 변경 지역까지 연결되려면 카슈미르 지역을 횡단해야 한다는 점이다. 카슈미르는 지질이 복잡하고 파키스탄과 인도 간에 분쟁이 있는 지역이다. 평균 해발은 4천~6천 미터에 이르며 카라코룸산맥과 히말라야산맥까지 있다. 이렇게 해발이 높고 복잡한 지형 조건을 극복하는 일은 중국에게 큰 도전이다. 현재 세계에서 가장 긴 터널은 25킬로미터를 넘지 않는다. 그러나 중국이 두 산맥을 통과하려면 터널을 최장 250킬로미터까지 뚫어야 한다. 현재 세계 최장 터널의 10배에 해당하는 공정에 성공한다면 가히 인류의 기적이라고 할 수 있다.

이 밖에도 잠재된 위험이 하나 더 있다. 시리아 사태의 발발은 이 나라가 에너지 대루트의 허브에 위치하는 데서 비롯되었다. 과다르항은 중국의 다섯 번째 대루트의 허브에 위치한다. 시리아와 과다르항은 동일한 지정학적 위치로 잠재된 종교 충돌과 분리주의가 도사리고 있다. 제3의 세력이 강제로 개

카슈미르는 지질이 매우 복잡한 지역이다.

입하여 장기적으로 침투한다면, 중국이 인프라 시설을 완공한 후에 유혈 충돌이나 종교 갈등, 심지어 내전이 발생한다면 발루치스탄 주 전역은 시리아와 유사한 상황에 돌입할 것이다. 이를 사전에 방지하려면 반드시 이 지역에 갈등이 일어나지 않도록 해야 한다. 분쟁이 발생하면 그야말로 큰 일이다.

12장

인터넷 금융 2.0으로 부를 재편성하다

온라인 교육은 미국에서 1조 달러의 비즈니스 기회를 창출했다. 비트코인의 등장과 사상 최대의 IPO 사례, 알리바바의 출현은 수많은 투자자를 인터넷 금융의 향연으로 끌어들였다. 그러나 우리가 아직 인식하지 못한 사실이 있다. 인터넷이 갖고 있는 고속 알고리즘이라는 특성이 장차 인터넷 금융 영역에서도 발생할 것이며, 확실한 인식이 부족한 사람들은 그저 인터넷 금융이라는 차의 꽁무니만 쫓아갈 뿐 올라탈 수 없게 된다. 왜냐하면 인터넷 금융 2.0이 이미 도래했기 때문이다.

한 권의 책으로 살펴보는 인터넷의 미래

인터넷 금융 2.0에 대해 논하기 전에 한 권의 책을 소개하겠다. 그야말로 센세이션을 불러일으킨 케빈 켈리(Kevin Kelly)의 《통제 불능(Out of Control)》이다. 적지 않은 책을 읽어온 필자는 웬만한 충격에도 끄떡없다고 자부하는 사람이다. 그러나 이 책을 읽은 후 머리를 한 대 얻어맞은 느낌이었다. 책은 기술을 논하는 데 그치지 않고, 인터넷 이야기만을 하는 것도 아니며, 철학적인 수준까지 올라가서 독자들에게 하나의 세계를 인식하는 새로운 방법론을 제시한다.

탈중심화의 집단 의사 결정

이 책에서 케빈 켈리는 인터넷의 핵심 개념으로 '창발(創發, emergence)'을 제시했다. 꿀벌 집단을 예로 들어보자. 벌집에서 수만 마리의 꿀벌은 강력한 규칙에 따라 움직인다. 꿀벌 전체의 행동은 특정한 벌 한 마리나 여왕벌의 지시가 아니라 개체 간에 이루어지는 밀접한 상호작용의 결과이다. 꿀벌의 움직임은 특정 꿀벌 한 마리가 이끄는 것이 아니라 꿀벌 집단의 의사 결정으로 이루어진다는 것이다.

가령 새로 옮길 곳을 찾을 때 우선 몇 마리의 일벌이 길을 탐색한 후 적당한 곳을 찾는다. 그리고 돌아와서 특수한 자세로 춤을 춘다. "저쪽에 가봤더니 괜찮은 곳이 있더라. 우리 그쪽으로 옮기는 게 어때?" 하고 제안하는 것 같다. 꿀벌의 춤은 더 많은 꿀벌을 그쪽으로 유도하며, 직접 가서 확인하고 돌아온 꿀벌들은 더욱 과장된 자세로 선회하며 춤을 춘다. "그곳에 가봤더니 괜찮더라. 나도 그쪽으로 옮기는 것에 동의해." 그 후 더 많은 꿀벌들이 날아가서 그곳을 살펴본다. 결과적으로 하나의 방대한 꿀벌 집단이 선회함으로써 새로운 장소에 동의한다는 의사를 표시한다.

벌집의 우두머리인 여왕벌이 장소를 결정하는 것이 아니다. 집단이 결정하면 여왕벌은 따라간다. 이 과정은 매우 흥미롭다. 꿀벌은 탈중심화 이념으로 자기를 관리하는 것이다. 집단의 지혜는 각 개체들이 서로 소통함으로써 떠오른 어떤 특징이라는 관념이다.

분산 컴퓨팅이 협력의 효율을 높인다

많은 과학자들은 로봇이 사람처럼 '뇌', 즉 중앙처리장치(CPU)에서 모든 정보를 받아들이고, 손, 팔, 다리의 센서가 거리, 위치, 장애물 정보를 처리해야 한다고 생각했다. 그러나 이런 방식으로 만든 로봇은 전혀 움직이지 못했다. 그 이유가 무엇일까? 정보량이 너무 많아서 과부하로 인해 CPU가 처리할 수 없기 때문이다.

그 후 과학자들은 단순한 방식을 시도하기로 했다. 그들은 다리가 6개 달린 파충 로봇을 만들었다. 다리에는 마이크로 모터와 마이크로 프로세서를 각각 장착하여 오르내리는 움직임을 제어했다. 이 파충 로봇에는 '뇌', 즉 CPU가 없지만 6개의 다리에서 발생하는 정보가 상호 전달되는 구조였다.

각각의 다리에는 들어 올렸다가 내리는 단순한 동작에 알고리즘을 추가했다. 하나의 다리를 들어 올릴 때 나머지 5개의 다리가 그 방향으로 기울고, 다리를 내릴 때는 다른 다리가 이를 따라 전진한다. 그렇게 해서 파충 로봇이 한 걸음 앞으로 이동했다. 이렇게 간단한 알고리즘으로 제작한 소형 파충 로봇은 매우 높은 지혜를 발휘했다. 장애물을 만나면 피하거나 그 위를 뛰어넘었던 것이다. 각각의 다리는 주어진 동작을 할 뿐인데도 상호 통신으로 복잡한 동작을 실현한 것이다. 이것은 인터넷 사고의 중요한 특징을 설명하고 있다. 분산형 개체의 단순한 지능이 고급 지능을 창발해 낸다는 것이다.

인터넷의 3대 핵심 이념

위의 예를 통해 우리는 인터넷의 가장 핵심적인 이념을 도출했다. 첫째, 인터넷은 중심이 없고 중앙처리장치의 제어가 없으며, 인터넷상의 각 컴퓨터가 다운되더라도 전체 인터넷의 운행에는 영향을 미치지 않는, 하나의 탈중심화 시스템이라는 것이다. 둘째, 인터넷은 분산된 시스템이다. 각 컴퓨터가 일정한 계산 능력을 제공하는 분산 컴퓨팅(distributed computing)인 것이다. 셋째, 보편적인 상호 연결이다.

탈중심화, 분산, 범(泛)연결은 인터넷의 3대 특징이다. 이 3대 특징으로 말미암아 인터넷은 일부 개체, 즉 각 컴퓨터나 각 개인의 특징을 창발해 낸다. 인터넷 사유(Internet Thinking)의 탄생으로 상호 연결된 수많은 개체, 사람, 기계는 고도의 지혜, 개성, 성격을 창발해 낸다.

이런 상황에서 전체 인터넷은 죽은 것이 아니라 '생명'을 지니게 되었을 뿐 아니라 스스로 진화한다. 우리가 흔히 말하는 인터넷 사유는 인터넷에서 각 개체가 집합하여 창조, 창발해 내는 새로운 특성과 사고방식을 말한다. 이것이 바로 인터넷의 모든 비즈니스 생태계가 끊임없이 진화하는 근원이다.

인터넷의 새로운 경제 모델

그렇다면 전통적인 경제 모델과 인터넷으로 형성된 경제 모델 간에는 어떤 차이가 있을까? 농업시대의 부(富, 재산)는 토지의 생산물에서 비롯되었다. 땅에서 자라난 것만 재산으로 인정한 것이다.

산업혁명이 막 일어나기 시작한 1776년《국부론》이 발표될 당시 애덤 스미스는 참신한 경제 현상을 발견했다. 그가 부의 새로운 근원을 발견했다고 할 수도 있다. 땅에서 생산된 것 외에 기계로 생산된 제품이나 공업 소비재도 재산임을 발견한 것이다. 사람들은 농업 생산품이 아닌 공업 제품을

경제학의 창시자 애덤 스미스. 저서로는 《도덕감정론》과 《국부론》이 있다.

재산으로 받아들일 수 없었다.

지금은 공업 제품을 재산으로 받아들이는 데 아무 문제가 없다. 우리는 자동차, 핸드폰, 각종 소비재, TV, 냉장고 등을 모두 재산이라고 생각한다. 그러나 오늘날 우리는 인터넷이 창조하는 시대로 접어들고 있으며, 재산의 성격에도 변화가 발생했다. 과거에 우리는 상품을 공업 소비재와 농업 소비재로 나눴다. 그러나 인터넷으로 창조하는 새로운 것들, 즉 집단이 창발한 새로운 경제 모델을 전반적으로 받아들이지 않고, 이를 가상경제 (Virtual Economy)라고 부른다. 허구의 것이라고 생각하는 것이다. 보이지 않고 만질 수도 없으며 인터넷상에 전자 형식으로만 존재하는 것을 어떻게 재산이라고 부를 수 있을까? 우리 사회는 아직 이것을 공식적으로 인정하지 않는다.

체험 경제가 도래하고 있다

사실 인터넷에는 새로운 부의 형식들이 이미 출현했으며, 이를 '정신적 소비재'라고 할 수 있다. 물질적 수요가 아닌 정신적 수요를 충족하는 제품들이 점점 늘어나고 있다. 사실상 우리는 이미 공업시대에 뒤이은 '체험 경제 시대'에 진입했다.

체험경제 시대에 경제 발전의 주요 동력은 풍부한 체험과 그것을 추구하는 데서 비롯된다. 가령 우리는 200위안을 주고 영화를 본다. 그러나 영화관을 나올 때는 빈손이다. 그런데도 기꺼이 돈을 쓰는 이유는 영화관에 들어가 불이 완전히 꺼지면 봉쇄되고 어두운 공간에서 순식간에 다른 세계로 들어가 특별한 정신적 체험을 할 수 있기 때문이다. 로맨스이든 모험물이든 상관없이 영화는 일상의 번잡하고 자질구레한 번뇌에서 벗어나 우리의 정신을 또 하나의 세계로 안내한다. 우리는 이런 소비에 충분히 만족하며 기분 전환을 한다. 순수한 감성 소비에 200위안을 기꺼이 지급하는 것이다.

여행도 감성적인 경제 유형이다. 우리는 다른 도시로 여행을 떠나거나 경치를 감상하는 데 기꺼이 돈을 쓴다. 복잡한 일과 스모그로 가득한 일상에서 벗어나 자연에서 신선한 공기를 마시며 기분 전환을 할 수 있다. 돈을 내고 체험할 가치가 있다고 느끼는 것이다.

여성들이 자동차 1대의 가격과도 맞먹는 에르메스 명품 가방에 열광하는 이유가 무엇일까? 여성들이 구입하는 것은 심리적 만족감이다. 그 가방을 들고 거리를 걸어갈 때 많은 사람들이 쳐다보며 부러워하기 때문이다. 말하자면 에르메스 가방은 신분이 상승하는 체험을 제공하고 기쁨을 안겨준다. 이런 이유로 여성들이 소 한 마리보다 몇 배나 비싼 값을 치르고 작은 소가죽 백을 사는 것이다.

사람들이 값비싼 차를 사는 것도 같은 이유에서다. 다른 사람들의 눈길을 끌 수 있으며, 부러움을 사기 때문이다. 우리는 그러한 기분을 사는 것이다. 그 차의 엔진이 일반 자동차보다 몇 배나 좋을까? 수명이 10배는 오래갈까? 반드시 그렇지는 않을 것이다.

전통 경제 영역의 소비에도 많은 체험 요소가 함유되어 있다. 그뿐 아니라 체험과 정신적 소비에서 고부가가치가 창출되는 전통 경제 영역의 제품이 점점 늘어나는데, 인터넷에서는 이를 '오프라인'이라 부른다.

수학이 유발한 교육 혁명

온라인 영역에서 순수하게 체험을 제공하는 정신적 상품들은 많다. 미국의 살만 칸이라는 젊은이는 수학을 전공한 후 애널리스트로 일했다. 어느 날 조카가 수학 성적이 좋지 않다는 것을 알게 된(알다시피 미국의 수학 교육은 보편적으로 뒤떨어진다) 그는 다른 도시에 사는 조카에게 인터넷으로 원격 과외를 해주었다.

살만 칸의 수업은 재미있고 생동감이 넘쳤으며, 개념을 정확하게 파악할 수 있었다. 조카의 수학 성적은 빠르게 향상되었고, 다른 사람들이 자기 아이에게도 수학 과외를 해달라고 부탁했다.

살만 칸은 효율을 극대화하기 위해 강의 동영상을 제작하여 인터넷에 올리기로 했다. 그는 자신의 집 드레스룸에 카메라를 설치하고 강의를 녹화했다. 동영상의 길이는 10분이었으며, 수학의 개념을 중심으로 강의했다.

그는 초등학교 수학부터 고등학교 미적분, 나아가 대학의 고등수학에 이르기까지 총 4800개의 동영상을 제작해 인터넷에 올려 큰 성공을 거뒀다. 동영상 조회 수가 이미 5억 뷰에 육박했으며 4800만 명이 그의 동영상 수학 강의를 시청했다.

미국의 2만여 개 학교는 수학 시간에 살만 칸의 동영상을 틀어주고 선생님은 학생들의 질문에 답한다. 컴퓨터 고수인 살만 칸은 아이들이 학습 과정에서 자신의 부족한 점을 알 수 있는 데이터마이닝(data mining) 프로그램과 일부 소프트웨어를 제작했다. 또한 많은 학습 포인트와 지식 포인트를 작은 게임으로 설계했다. 아이들은 이러한 학습 방식에서 재미와 생동감을 느끼고 게임하는 것처럼 공부했다. 이 학습 방식은 아이들 사이에서 빠르게 퍼졌다.

어느 날 텔레비전을 보던 살만 칸은 빌 게이츠가 기자회견에서 자신을 언급하는 것을 봤다. 최근 '칸 동영상'이라는 수학 강의 동영상에 매료되어 자신의 딸도 그 동영상을 보며 공부한다는 것이었다. 빌 게이츠로 인해 그의 동영상은 더욱 유명해졌다. 이것이 교육 혁명이다.

많은 교육자들은 이것을 진정으로 획기적인 사건이라고 평가한다. 현재 미국은 17세기 말 프로이센의 교육 시스템을 유지하고 있다. 산업화 초기와 같이 학생들을 한곳에 모아놓고 종을 쳐서 수업을 시작하며 7세 한 학년, 8세 한 학년, 9세 한 학년 식으로 집단을 이뤄서 교육하는 것이다.

이러한 상황에서 살만 칸이 분산 방법으로도 지식을 습득할 수 있다는 것을 보여주었다. 4800개의 수학 강의 녹영상은 완전히 분산 학습이며, 모든 사람이 같은 진도와 방법으로 학습할 필요가 없다. 다양한 학령의 학생들은 다양한 포인트를 공략할 수 있다. 해당 학습 포인트만 파악하면 학습 의욕을 자극하여 더 많은 지식 포인트를 파악한 다음에 새로운 것을 배울 수 있다. 이렇게 하면 모든 아이들이 자신의 특성과 개성, 공부 습관과 생활 습관에 따라 스스로 학습 시간과 진도를 제어할 수 있다. 이것이 바로 전형적인 '인터넷 사유'다.

하나의 지식 포인트를 통과하면 상응하는 엄격한 테스트를 설정하고, 시험문제는 상호작용하게 한다. 현재 많은 온라인 교육 기업의 소프트웨어가 더욱 심도 있게 개발되고 있다. 데이터마이닝을 통해 막히는 특정 부분의 모든 정보를 모아 심층 분석을 진행한다. 그 결과 아이들이 9시 50분부터 10시 10분 사이에는 배가 고파서 학습 효율이 떨어진다는 사실을 발견했다. 이에 따라 그 시간대에는 수업을 배정하지 않는다. 어떤 학생은 11시 15분부터 12시 사이에 수학 수업 효과가 가장 좋고, 어학 과목의 학습 효과는 떨어졌다. 각 학생에 대한 데이터마이닝을 통해 시스템은 학습 사각지대를 알려주며, 학생의 특징에 따라 학습 콘텐츠를 맞춤 제작할 수 있다.

예로부터 우리는 학생의 수준에 맞게 교육해야 한다고 강조했다. 그러나 인터넷과 빅데이터 없이는 이런 교육이 불가능하다. 한 명의 교사가 몇십 명의 학생 개개인의 소질과 수준을 어떻게 맞추겠는가? 그러나 인터넷에서는 이것이 가능하다. 데이터마이닝을 통해 학생 개개인의 특성에 맞는 교육 방법을 맞춤 제작할 수 있다.

2012년 〈포브스〉는 살만 칸의 인터넷 교육 혁명을 커버스토리로 다뤘다. 제목은 '1조 달러의 비즈니스 기회'였다. 미국이 매년 교육에 투자하는 돈이 1조 3천억 달러이다. 살만 칸의 교육 방식을 이용하면 수학, 화학, 물리 과목에서 전 세계의 가장 우수한 몇 명이 모든 지식을 이산화(離散化, discretization, 연속적으로 분포하는 그룹을 유한한 단위로 나누는 것 - 옮긴이)하여 인터넷에서 경쟁하고, 최종적으로는 한 명 또는 극소수의 승자만 남는다. 이는 획기적인 혁명이 될 것이다. 전 세계 수많은 물리 교사, 수학 교사는 할 일이 없게 되며, '승자 독식'의 국면을 형성한다. 가령 살만 칸 한 사람이 수학의 천하를 이룰 수 있다.

인터넷의 핵심 정신이 새로운 가치 시스템을 창조한다

살만 칸의 수학 강의 동영상이 큰 성공을 거둔 후 한 벤처 투자 업체에서 그에게 비즈니스 모델 유료화를 제안했다. 1인당 10달러를 받으면 그 자리에서 10억 달러의 거액을 벌 수 있으며, 주식을 상장하면 더 많은 돈을 벌 수 있다는 것이었다. 방글라데시 이민자로 가난한 집안 출신의 살만 칸은 서민 지역에서 생활했다. 그의 어머니는 이혼모였으며, 그의 집은 몹시 가난했다. 무슬림인 그의 정식 이름은 아브달 라시드 살림 살만 칸(Abdal RaShid Salim Salman Khan)이다. 그는 혼자 공부해서 매사추세츠 공과대학(MIT)에 합격했다. 4년 동안 수학과 컴퓨터 과학 분야에서 2개의 학위를 땄으며, 석사 학위까지 취득한 천재이다. 살만 칸은 벤처 투자 업체의 제안을 거절했다. 그는 자신이 동영상을 제작한 것은 무료 교육을 위해서였고, 10달러를 받으면 개발도상국 아이들이 차별받게 될 것이라고 했다.

살만 칸은 중산층으로 살면서 다른 사람의 기부를 받기는 했지만 동영상으로 돈을 벌지는 않았다. 10억 달러의 유혹을 뿌리친다는 것은 인터넷 사유인 공유 개념을 구현한 것이라고 볼 수 있다. "나의 생에서 지금보다 더 큰 삶의 의의를 상상할 수 없다"는 살만 칸의 말은 큰 울림을 준다.

이러한 정신은 아인 랜드(Ayn Rand, 미국의 소설가, 극작가이자 철학자 - 옮긴이)의 이념과 뚜렷한 차이를 보인다. 아인 랜드는 모든 것이 사유(私有)이며, 인간은 반드시 부를 자기 것으로 소유해야 한다고 주장했다. 그러나 사실은 그렇지 않다. 인터넷 시대에는 살만 칸을 비롯한 많은 사람들이 사회에 대한 기여를 더욱 중시한다. 그들은 삶의 가치 공식을 새로 쓰고 있다. 삶의 가치란 당신이 이 사회를 위해 창조하는 가치에서 당신이 얻은 소득을 뺀 것이며, 그 값이 클수록 삶의 가치는 커진다. 이는 과거 산업시대의 가치체계와는 다른 것이다.

인터넷 시대의 '부'는 정신 소비에서 비롯된다

살만 칸의 온라인 교육은 전형적인 정신 소비재이다. 수천만 또는 수억 명의 학습의 질을 높여줄 뿐 아니라 삶의 질을 변화시킬 수도 있다. 또한 그가 제작한 동영상은 영원히 남게 된다. 미래 인류는 몇 대에 걸쳐 그의 동영상을 통해 자신의 능력을 높일 수 있으니 사회 전체에 기여하는 가치는 어마어마하다고 할 수 있다.

이 밖에 온라인에서 정보를 찾고 모바일 메신저에서 실시간 통신을 이용하는 것도 정신적 소비이다. 소셜 네트워크 서비스에서 인간관계를 쌓는 것이나, 인터넷의 엔터테인먼트, 웹드라마 같은 콘텐츠 모두 정신적 소비재이다.

그렇다면 이러한 영역에서 창조한 것을 '부'라고 부를 수 있을까? 오늘날 경제학자들은 아마도 이를 부정할지 모른다. 하나같이 가상의 것이며 클릭만 하면 볼 수 있는 동영상을 어떻게 '부'라고 할 수 있냐고 말이다. 하지만 그것은 완전히 뒤떨어진 생각이다. 미래에는 정신 소비재 생산 속도가 공업 제품 생산보다 훨씬 빠른 시대가 도래하기 때문이다.

미래에는 인터넷이 창조하는 가치와 규모가 점점 커질 것이다. 공업 소비재와 정신 소비재의 차이는 과거 농업 제품과 공업 소비재 간의 차이와 같다. 공업 소비재가 정신 소비재보다 훨씬 뒤처질 것이며, 미래의 경제는 현재의 경제와는 완전히 다를 것이다.

인터넷이 부의 흐름을 좌우한다

우리가 경험하고 있는 새로운 경제의 배후에는 방대한 생산 시스템이 필요하다. 빅데이터의 발굴과 채집은 산업혁명 시대의 채광업에 해당하며, 데이터의 저장은 현대의 창고와 물류업에 해당한다. 데이터 검색은 산업혁명 시대의 야금업에 해당한다. 데이터의 수집, 가공, 단조(鍛造)를 거쳐 다른 산업에 이용하기 때문이다.

클라우드 컴퓨팅은 에너지 산업에 해당하며, 계산 능력은 발전소에서 출력하는 와트와 비슷하다. 양자 컴퓨터는 내연기관의 발명에 해당한다. 더 큰 계산 능력을 제공하기 때문이다. 공업 자동화에 해당하는 미래 인터넷 개념은 인공지능이다. 소프트웨어 툴은 공업 장비 제조업에 해당한다.

우리가 생산해 내는 최종적인 정신 소비재는 방대한 산업 시스템으로 지탱되어야 한다. 이러한 시스템은 미래에 대량의 취업 기회를 창출할 것이며, 이것이야말로 미래 경제 발전의 진정한 원동력이다. 오늘날의 젊은이와 대학생들은 현재 어떤 업종에서 창업하는가? 젊은 창업자들이 철강 공장이나 시멘트 공장을 세울 준비를 하고 있다는 소리를 들어본 적이 없다. 창업하는 대다수 젊은이들은 인터넷 업종에 진출한다. 그곳에 진정한 기회가 있으며, 그 분야가 빠르게 부를 창출할 수 있기 때문이다.

오늘날 게임 회사의 한 달 매출액은 심지어 대형 철강 기업을 능가한다. 살만 칸의 동영상을 유료화한다면 그가 벌어들이는 수익은 자동차 공장보다 훨씬 많을 것이다. 이러한 사실은 부의 창출에 근본적이고 획기적인 변화가 일어나고 있음을 말해 준다. 현재 세계 부호 순위에 오른 사람들은 전통적인 철강왕, 석유왕, 부동산왕이 아니다. 전통적인 부의 창출이 현재 인터넷의 새로운 모델로 대체되고 있기 때문이다.

리눅스 운영체제로 본 인터넷이 선사한 3대 변화

탈중심화, 분산, 범연결이라는 3대 변화로 말미암아 인터넷의 생산 과정은 이미 전통 업종과는 확연히 다른 방식으로 진행된다. 전통 공업사회의 생산 과정은 집중화였다. 원자재를 집중 사용하고 에너지를 집중적으로 공급하며, 제품을 집중적으로 쌓아놓고 직공들이 공장에 모여 일했다. 이에 상응하여 금융 시스템도 집중화 노선을 걸어야 했다. 이것이 바로 중앙은행이 산업혁명 시대에 출현한 이유다. 막대한 자금 없이는 대형 공업을 운영할 수 없기 때문이다. 이와는 달리 대형 인터넷 프로젝트 중 많은 부분이 뿔뿔이 흩어져서 진행된다. 예를 들어 최대의 오픈 소스 프로젝트 리눅스가 그렇다.

리눅스 운영체제는 개방되어 있으며, 개발자는 세계 각지에 분포되어 있다. 그들은 한곳에 모여 일하지 않는다. 핵심 설계 요원이 핵심 설계 이념을 제공하고, 전체 운영체제의 설계도를 만들어 온라인에 올린다. 그러면 자원봉사 개발자들이 설계도에 따라 생산 가공하여 업로드한다. 최종 검사에 통과하면 전체 소프트웨어 시스템은 점점 방대해진다.

리눅스의 생산 과정에서 눈여겨볼 점은 모든 개발자들이 세계 각지에 흩어져 있다는 것이다. 한곳에 모여 집중적으로 생산할 필요도 없고, 시간 상으로 동시에 이뤄지지도 않는다. 같은 일을 어떤 사람은 오전에 하고, 어떤 사람은 오후에 할 수도 있다. 생산 과정이 전통 공업과 완전히 다르다.

인터넷 금융의 4대 특징

대형 투자에서 분산형 투자로 변하다

이러한 인터넷 생산 과정은 자금 수요에도 변화를 가져왔다. 전통 공업 시대에는 한 프로젝트에 100억이 필요하면 은행에 가서 대출을 받았다. 그러나 분산화된 인터넷 시대에는 각 생산 단계가 모듈화로 진행되므로 투자와 융자 역시 분산된다. 투자자는 하나의 프로젝트를 위해 한 번에 대규모 융자를 받을 필요가 없다. 전체 프로세스를 분산화할 수 있기 때문이다. 첫 번째 투자에서 제품의 콘셉트와 설계 청사진 등이 완성되면, 두 번째 투자로 데모, 즉 1차적인 제품을 만들어낸다. 샘플이 나오면 가공 생산을 한 후 세 번째, 네 번째 투자를 진행할 수 있다. 품질보증(QA)과 품질관리(QC)를 완료한 후 최종적인 투자가 이루어진다. 이것이 첫 번째 특징이다.

융자의 이산화 : 크라우드 펀딩 시대가 도래하다

두 번째 특징은 생산 과정의 각 단계를 모듈화하여 외부에 아웃소싱을 할 수 있다는 것이다. 따라서 융자 역시 하나의 프로젝트에서 하나의 대상 또는 하나의 모듈을 겨냥하여 소규모로 진행된다. 요즘 자주 등장하는 크라우드 펀딩을 예로 들 수 있다.

대형 소프트웨어 프로젝트에서 생산 과정의 한 모듈을 담당한다고 가정하자. 누가 필요한 융자를 해줄까? 당연히 프로젝트 내부 사람들이다. 모듈의 중요성을 잘 알고 있는 이들이 융자를 제공할 것이다. 이 프로젝트 내부 사람들은 생산자이자 소비자가 된다.

이 과정에서 융자는 분산된다. 대형 프로젝트 하나에 집중되는 것이 아니라 하나하나의 모듈에 대해 융자를 진행하는 것이다. 또한 투자자는 당신과 아무 관련 없는 은행이 아니라 관련된 사람들이다. 그들은 당신의 팬이거나 당신이 그 일을 완성하기를 바라는 사람들이다. 하나의 생산 과정에 공룡처럼 규모가 큰 전통 은행이 투자할 필요는 없다. 전통 은행이 그런 투자를 하는 것은 새로운 도전이다. 전통 은행이 미래의 정신 소비 영역, 특히 이산화, 탈중심화, 분산화, 모듈화한 융자 시스템에서 생존하려면 어떻게 해야 할까?

미래에는 모든 사람이 은행이며, 모든 사람이 금융 업무를 할 수 있다. 융자의 이산화는 곧 미래의 금융업이 과거의 금융업과 본질적으로 다른 점이다. 내부 사람들은 자기 시스템에 자금을 제공할 수 있으며, 집중적인 대규모 자금은 더 이상 필요하지 않다. 그런 다음 수많은 모듈이 모여서 하나의 방대한 소프트웨어 시스템을 형성하고, 각양각색의 정신 소비재를 생산, 가공, 제조한다. 새로운 생산 프로세스에서는 융자 모델의 중대한 변화가 필요하다.

전통 화폐의 인터넷화 : 비트코인의 탄생

융자 방식 외에 화폐 자체에도 변화가 생길 것이다. 심지어 중앙은행 시스템도 변화할 것이다. 오늘날 법정화폐와 중앙은행 시스템은 모두 공업 시대의 대규모 생산에 맞춰진 것이다. 자금을 집중해야 큰 프로젝트를 추진할 수 있기 때문이다.

그러나 오늘날 생산 과정의 이산화와 경제활동의 분산화로 말미암아 미래에는 중앙은행이 멸종한 '공룡' 같은 존재가 될 것이다. 미래에는 '탈중심화, 분산, 범연결'의 특성을 가진 새로운 화폐가 필요하다. 그 화폐의 초기 형태가 이미 출현했는데, 전 세계를 풍미한 '비트코인'이 그것이다. 비트코인의 특징은 중앙은행이나 특정 기관에서 발행하지 않고, 알고리즘으로 탄생한 화폐라는 점이다. 비트코인은 한곳에 모아서 보관할 필요가 없다. 비트코인 시스템에 가입한 각 컴퓨터에 분산되어 있기 때문이다.

그뿐 아니라 비트코인은 정해진 상한선을 초과할 수 없기 때문에 효과적으로 인플레이션을 억제할 수 있다. 이러한 시스템은 미래의 경제를 대표하며, 이는 인터넷 2.0 시대 경제 발전의 기본 특징이다.

물론 비트코인의 설계에도 결함은 있다. 가령 가장 큰 문제는 화폐의 상한선을 정한 것이며, 2100만 개를 넘지 못한다. 이는 필연적으로 비트코인의 가격 상승을 초래하며, 이에 따라 사람들은 비트코인을 구하기 위해 몰려든다. 이런 현상은 투기를 불러오며, 언젠가 거품이 빠지면 많은 사람들이 손해를 보게 된다.

진정으로 이상적인 화폐는 어떤 것일까? 인플레이션도, 디플레이션도 없이 통화가치가 안정적인 화폐이다. 사람들은 거래를 하고 물건을 사기 위해 화폐를 소지하는 것이지 투기를 위해서가 아니다. 인터넷 화폐는 이를 해낼 수 있다. 왜냐하면 인터넷상의 모든 것이 개방되어 있기 때문이다.

가령 비트코인은 모든 거래 기록이 인터넷에 존재하므로 투명하게 운영할 수 있다. 사람들은 알고리즘을 통해 전체 인터넷에 정신 소비재가 얼마나 있으며, 수요가 어느 정도이고, 가격이 얼마인지 계산해 낼 수 있다. 오늘 50만 개의 상품이 신규로 들어왔다는 것을 알 수 있으며, 이에 상응하는 화폐량, 내일의 수요가 어느 정도인지 판단하고, 새로운 화폐 시스템이 화폐 공급을 조정할 수 있다.

화폐 공급은 반드시 대응형이어야 한다는 점에 유의해야 한다. 내일 화폐 수요가 나오면 오늘 저녁 나의 알고리즘에 변화가 생긴다. 이렇게 조정할 수 있다면 새 화폐의 전체 공급량과 인터넷 경제성장의 근접 부합을 충족할 수 있다. 일정한 시차가 있을 수 있지만 기본적으로는 부합한다. 따라서 사람들은 새로운 화폐에 투기할 필요가 없다. 일종의 가격 유지 기능을 제공하며 투기를 위한 화폐가 아니기 때문이다.

미래의 금융 시설에도 혁명이 일어날 것이다

비트코인 외에 미래의 금융 인프라 시설에도 중대한 변화가 있을 것이다. 가령 결제 시스템의 채널은 완전히 무료여야 한다. 오늘날 일부 제품은 이미 그것을 실현했다. 예를 들어 '리플(Ripple, XRP)' 시스템의 설계 취지는 무료 결제 시스템을 제공하는 것이다. 결제를 어떻게 할 것인가? 모든 인터넷상의 각 노드마다 일종의 공감 메커니즘을 취하고, 모든 노드는 동의한 후 비로소 계좌 이체를 할 수 있다.

이러한 방식은 매우 효율적이어서 어디서나 계좌 이체를 하는 데 4~5초밖에 걸리지 않는다. 그에 비해 비트코인은 몇십 분이 걸린다. 두 시스템의 알고리즘이 다르기 때문이다. 결제 시스템의 완전 무료가 실현되면 전체 인터넷의 생태 발전에 큰 추진력으로 작용할 수 있다.

이 밖에 신용 조회 시스템에도 혁명이 일어날 것이다. 신용 조회 시스템이 수집하는 정보는 매우 불완전하며, 수집하기도 상당히 힘들다. 그러나 웹상에는 이런 문제가 존재하지 않는다. 데이터마이닝 기술로 인해 모든 계좌 이체 기록과 결제 기록이 인터넷과 각 컴퓨터에 남아 있다. 데이터 수집과 분석이 가능하기 때문에 특정 개인이 웹상에서 한 행위와 그의 온라인 계좌 이체 기록뿐 아니라 결제 상황을 신뢰할 수 있는지도 알 수 있다.

따라서 인텔리전스 마이닝(Intelligence Mining) 기술로 신용 조회 문제를 해결하면 무척 간단하다. 그날이 되면 온라인 경제 규모는 실물경제의 몇 배로 커질 것이며, 실물경제는 이미 비주류에 속하게 될 것이다. 그리고 그날은 반드시 도래할 것이다.

미래의 농업이 고도로 기계화되고, 공업이 고도의 자동화, 인공지능화된다면 대량의 일자리가 로봇에 의해 대체될 것이다. 그렇다면 현대의 노동자들은 어디로 갈까? 사실 모든 사람이 인터넷에 연결되어 정신 상품을 제조하는 새로운 업종에 취업한다면, 이 업종은 모든 사람들이 특기를 발휘할 수 있는 거대한 공간을 제공할 것이다.

당신에게는 다른 사람을 능가하는 천부적인 특기가 있을 것이다. 당신은 그것을 상품으로 만들어 인터넷이라는 초대형 시장에서 판매할 수 있다. 사람들은 늘 기술의 진보와 생산성 향상이 실업 문제를 초래할 것이라고 걱정한다. 사실 이런 걱정은 할 필요가 없다. 어떤 시대나 마찬가지였다. 이것은 마치 하나의 둥근 공과 같다. 공이 커질수록 표면적이 커진다. 같은 이치로 경제 규모가 커질수록 더 복잡해지며, 더 세밀하게 분업화되어 필요한 일자리도 점점 많아진다. 전체 경제의 진화는 쉬지 않고 진행되며 취업 기회도 더 많이 창출된다.

우리는 아직 인터넷 1.0 단계에 머물러 있다. 인터넷 2.0 단계에는 정신 소비재 생산업자와 그에 부합하는 모든 산업 체인이 가장 많은 부를 창조하고 가장 빨리 성장할 것이다. 그들의 자금과 융자 수요에도 본질적인 변화가 발생할 것이다. 지금의 전통적인 금융업과 은행업이 과연 그러한 시대에 적응할 수 있을지를 생각하면 커다란 물음표가 그려진다.

13장

제2의 전쟁으로 비화될 수도 있는
위안화 환율 절하

2015년 8월 중순, 위안화 대 달러 환율의 중간 가격이 연속 3퍼센트가량 하락했다. 중앙 은행은 이번 환율 하락이 위안화 대 달러의 중간 가격 고시 체제를 조정 및 개선하여 환율 형성 메커니즘을 더욱 시장화하기 위한 것이며, 이는 환율의 장기적인 안정화에 유리할 것이라고 밝혔다. 위안화 환율 추세는 과연 어떻게 될까? 일반 서민들은 달러를 환전해서 리스크에 대비해야 할까?

중국의 외환 보유량은 얼마일까?

2015년 8월 위안화 대 달러 환율의 중간 가격이 연속해서 3퍼센트가량 절하하자 많은 사람들이 달러를 환전하기 시작했다. 환율 변동은 주식시장에도 영향을 미쳤다. 주식시장에서는 지수 하락과 공매도가 근본적인 충격을 초래하지 않기 때문에 문제의 근원은 환율이었다.

위안화 자본 유출은 얼마일까?

2015년 7월, 몇몇 국제 대형 투자은행이 위안화 자본 유출에 대해 추산해 보았다. JP모건은 지난 5분기 동안 중국의 자본 유출 규모가 경악할 수준으로 이미 5200억 달러에 달한다고 했다. 골드만 삭스는 8천억 달러로 추산했다. 이 소식이 전해지자 중국 학자들은 즉각 반박하며 JP모건과 골

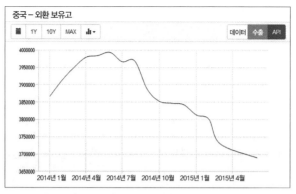

중국의 외환 보유고(2014년 1월~2015년 4월).

드만 삭스가 추산한 금액이 지나치게 높다고 지적했다.

이 문제를 검증하려면 중국의 외환 보유에 대해 알아보아야 한다. 2014년 6월 중국의 중앙은행이 발표한 데이터에 따르면 중국의 외환 보유 총액이 3.99조 달러로 4조 달러에 육박한다. 그러나 2015년 6월 말에 발표한 외환 보유 총액은 3.69조 달러로 약 3천억 달러가 감소했다.

이 데이터에 관해 사람들은 저마다 다양한 관점을 보인다. 어떤 사람은 감소한 외환 보유액이 자본 유출로 인한 것만은 아니라고 주장한다. 중국의 외환 보유고에는 대량의 유로화와 엔화도 포함되어 있으며, 2014년 한 해 동안 유로화와 엔화 대 달러 환율은 10퍼센트포인트 이상 하락했다. 따라서 이러한 환율 손실이 액면상의 손실을 초래한 것이며, 자본의 해외 유출이라고 볼 수 없다는 것이다.

일각에서는 중앙은행의 통계에 따르면 2014년 한 해의 환매매 적자 총액이 약 2400억 달러임을 발견했다. 과거에는 너도나도 달러를 위안화로 환전했으나 지금은 달러를 소지하는 경향이 있어서 이런 적자가 나타났음을 의미한다. 이 데이터를 종합적으로 분석해 보면 자본 유출은 사실이며 그 규모도 적지 않은 5천억에서 8천억 달러에 달한다. 다른 것은 차치하고 외환 보유 감소 규모로만 보면 매우 놀라운 수치다.

중국의 가용 외환 보유액은 과연 얼마일까?

2015년 중국의 외환 보유액은 3.69조 달러이다. 보유액에 비하면 3천억 달러의 감소는 미미한 금액으로 문제되지 않는 것처럼 보인다. 그러나 면밀하게 계산해 보면 생각이 달라진다.

3.69조 달러 중 1조 달러의 대외 부채를 빼야 한다. 2014년 9월 BIS(국제결제은행)가 고시한 수치는 1.4조 달러였으나 달러 강세로 중국 기업이 달러 채무를 사전에 일부 상환한 것으로 추정된다.

이 밖에 중국 외환 보유액에 유로화와 엔화가 포함되어 있다. 그 구성 비례를 구체적으로 알 수는 없으나 국제 기축통화의 상대적 비례를 참조하여 대략 추산해 보면, 중국 외환 보유액 중 유로화와 엔화의 비중은 약 30퍼센트로, 1조 달러에 달한다. 유로화와 엔화 자산까지 포함해 총 2조를 빼면 1.69조로 줄어든다.

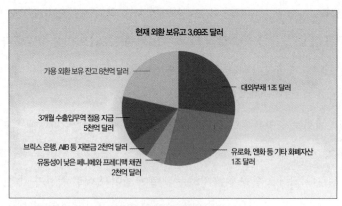

현재 외환 보유고 3.69조 달러

가용 외환 보유 잔고 8천억 달러

대외부채 1조 달러

3개월 수출입무역 점용 자금 5천억 달러

브릭스 은행, AIB 등 자본금 2천억 달러

유동성이 낮은 페니메와 프레디맥 채권 2천억 달러

유로화, 엔화 등 기타 화폐자산 1조 달러

중국이 사용할 수 있는 외환 보유액은 8천억 달러에 불과하다.

외환 보유고에는 유동성이 낮은 자산도 포함되어 있다. 가령 페니메 (Fannie Mae)와 프레디맥(Freddie Mac) 채권(미국의 양대 국채로 주택담보 금융업체가 발행한 채권)은 과거 보유 금액이 4천억 달러에 달했다가 현재 2천억 달러로 감소했다. 국제시장에서 페니메와 프레디맥 채권은 채무불이행을 하지 않겠지만 유동성은 크게 떨어진다. 중국이 현금을 필요로 할 때 페니메와 프레디맥 채권은 환금성이 떨어진다는 것이다. 따라서 유동성이 떨어지는 2천억 달러까지 제하면 외환 보유액은 약 1.5조 달러다.

중국은 '일대일로' 같은 프로젝트를 추진하기 때문에 해외에 대량의 달러 투자를 해야 한다. 가령 브릭스은행(BRICS Bank)과 아시아인프라투자은행(AIIB)의 등록 자본금을 달러로 교부해야 한다. 실크로드 펀드와 일련의 지출을 더하면 대략 2천억 달러를 더 공제해야 하므로 1.3조 달러가 남는다.

한 국가의 외환 보유고는 3개월치 수입량에 해당하는 금액을 확보해야 한다는 관례가 있다. 이 금액은 무역 거래용이기 때문에 예비용인 것이다. 중국의 대외 수출입 무역 규모는 매우 커서 3개월치로 최소한 5천억 달러는 있어야 한다. 이렇게 되면 중국이 사용할 수 있는 달러 비축액은 8천억 달러밖에 되지 않는다. 2014년 6월부터 2015년 6월까지 중국의 외환 보유액은 3천억 달러 감소했다. 이것도 적은 액수가 아니기 때문에 경계심을 유발한다. 이 속도로 나가면 불과 2~3년 내에 중국의 외환 보유고 중 달러 비율이 우려할 만한 수준으로 떨어지기 때문이다.

게다가 모든 것이 순조로운 상황에서 가정한 것이다. 금융시장에 변고라도 생겨서 사람들이 달러 강세를 예측한다면 중국은 실제로 외환 보유고의 빠른 유출에 대처하기 어려울 것이다.

주가 상승이 자본 유출 압박을 해소한다

이러한 인식을 바탕으로 주식시장을 살펴보자. 2014년 7월 주가가 상승하기 시작했다. 2008년 금융위기로 인한 주식 폭락 후 7년이 지난 시점이다. 중국의 경제 주기나 증시 주기로 볼 때 새로운 시황이 시작되는 것이다.

주가 상승이 시작될 때 세계시장도 거대한 변화가 발생했다. 세계 유가와 내구재 가격이 폭락하기 시작해 전 세계 신흥국가의 대규모 자본이 유출되었다. 이러한 자본의 유출은 달러의 상승을 가져왔으며, 다른 화폐 대 달러 환율 절하를 초래했다.

2009년 미국 연방준비제도이사회(FRB)는 돈을 미친 듯이 찍어내며 양적 완화에 나섰다. 사실 각국의 투자자들은 중국의 주식 투자자들처럼 영민하지 못하여 달러 하락과 초저금리에 너도나도 달러를 빌려 국내의 부동산, 광업 등에 투자해 대량의 달러 채무를 졌다. 2014년 9월, 국제청산은행이 발표한 전 세계의 채무는 9.8조 달러에 달했다. 그중 신흥국가가 약 4.6조 달러로 절반을 차지했다. 그러나 2014년 10월 FRB는 양적 완화

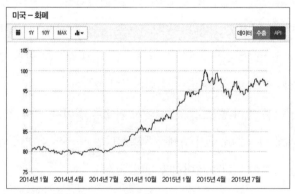

달러 환율 추세(2014년 1월~2015년 7월).

를 멈췄고, 이는 열어놓았던 달러의 '수도꼭지'를 잠근 격이었다.

이때 거액의 달러 부채 상환 압박으로 사람들이 너도나도 달러를 사들이면서 달러 부족이 초래되었다. 이것이 달러 강세의 근본 원인이다. 따라서 양적 완화를 중단한 후의 달러 강세는 미국 경제 자체와는 무관하다. 미국 경제가 호황이면 달러 강세가 나타난다. 미국 경제가 불황일 때도 달러 강세가 나타날 수 있는데, 이는 통화 메커니즘으로 결정되는 것이다.

달러 강세가 계속되면 달러 부채를 진 사람들의 상환 심리가 자극된다. 본국의 자산을 투매하여 달러로 바꿔 부채를 상환하는 것이다. 그 결과 자산 가격이 하락하며, 외환 보유 인출, 자본 유출과 자국 화폐의 절하가 동시에 발생한다. 이런 추세는 역으로 달러 채무를 상환해야 한다는 공포 심리를 증폭하며 악순환에 빠지게 된다.

다른 나라와 마찬가지로 중국도 2014년 7월 달러 유출 압박을 느꼈다. 이런 상황에서 증시 활성화는 자본 유출에 효과적으로 대응하는 방법이다. 증시가 불황일 때 달러 강세를 목격한 사람들은 수중의 위안화를 서둘러 달러로 환전한다. 반면 증시가 호황이면 사람들의 심리도 변화한다. 증시 상승으로 하루에 버는 돈이 제로 금리에 가까운 달러를 국외에 1년간 예금하여 버는 돈보다 많기 때문에 달러 환전을 서두르지 않을 것이다. 따라서 2014년 7월부터 증시가 호황세를 보이면서 자본 유출의 압박이 상당히 완화되었다.

2014년 루블화의 폭락으로 여러 신흥국가의 화폐가치가 폭락하는 가운데 위안화가 버틸 수 있었던 것은 증시가 강세를 보인 덕분이었다. 자본 유출에 관한 통계에 따르면, 2015년 2분기에 중국의 자본 유출 추세가 완화하여 유출 자본 총액이 약 300억 달러에 그쳤다. 이는 주가 상승 효과에 힘입은 것으로, 유출되려던 자본이 증시에 머무른 것이다.

위안화 환율 방어전이 시작되다

그러나 주가가 폭락한 후 문제가 다시 불거졌다. 주식 투자로 돈을 벌 기회가 사라지고, 수중의 위안화 리스크는 점점 커지는 반면, 달러 상승세는 점점 강해지자 사람들은 자연스럽게 위안화 절하를 예측했다. 서두에 언급한 문제, 즉 주가 폭락 후 달러로 환전하려는 사람들이 많아지는 이유이다.

이러한 심리가 급속히 퍼지기 때문에 중국 정부가 증시 구제에 나서는 것이다. 사실상 주식시장 자체는 별 문제되지 않는다. 주가가 아무리 하락해도 심각한 경제 위기는 일어나지 않으며, 심할 경우 위안화 양적 완화를 통해 시장을 통제할 수 있다. 그러나 환율 시장은 다르다. 환율을 제어하기는 어렵다. 왜냐하면 중국 정부는 달러를 찍어낼 수 없으며 달러 인쇄는 FRB 고유의 영역이기 때문이다. 따라서 환율 시장은 주식시장보다 복잡하다. 사람들 사이에 위안화 절하 심리가 형성되면 연쇄반응이 일어난다.

외환 보유 감소는 달러의 지속적 상승이라는 악순환을 초래한다

국제시장에서 위안화의 달러당 환율이 6.2에서 6.3으로 하락하는 것만으로 이미 큰 변화이다. 이 추세가 한층 더 악화되어 6.5 선으로 떨어지면 위안화에 대한 신뢰가 떨어진다. 그렇게 되면 정부가 시장 구제에 나선다. 그대로 방치하면 달러로 환전하려는 사람들이 더 늘어나기 때문이다. 정부는 시장 구제에 나설 때 증시 문제뿐 아니라 환율 시장도 고려해야 한다.

중국의 외환 보유고에는 1조 달러에 상당하는 유로화와 엔화도 포함되어 있다. 달러 비축량이 감소하면 중국은 엔화와 유로화를 투매하여 달러

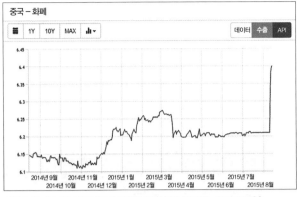

중국 - 화폐

위안화 대 달러 환율이 3퍼센트가량 하락했다(2014년 9월~2015년 8월).

로 바꿀 것이다. 이러한 대규모 투매는 엔화와 유로화 가치의 대폭 절하를 유발한다. 엔화와 유로화의 절하는 달러 상승을 유발하며, 역으로 위안화 절하 압박이 증가하므로 더욱 심한 악순환에 빠지게 된다.

금 보유 증가는 위안화 환율 방어를 위한 것이다

2015년 7월 17일 중국 중앙은행은 중국이 금 보유량을 600톤 더 늘릴 것이라고 발표했다. 이에 따라 금 비축량은 1천 톤에서 1600톤으로 증가했으며 상승 폭은 57퍼센트에 달한다. 중앙은행이 7월 17일에 갑자기 이 소식을 발표한 이유가 무엇일까? 분석가들은 중국 위안화의 국제화를 위해서라고 밝혔다. 다른 이유를 제시하는 의견도 있다. 당시는 중국이 SDR(국제통화기금의 특별인출권) 가입을 신청하여 통화 바스켓에 합류하려는 시점이었다. 따라서 중국은 재정의 투명도와 위안화를 뒷받침하는 자산을 외부에 알릴 필요가 있었다. 그 외에 위안화의 배후에는 강력한 황금 비축량이 있다는 것을 보여주어 위안화 환율에 대한 사람들의 신뢰를 강화하려는 목적이었다. 이는 환율의 심리 방어전이라고 할 수 있다.

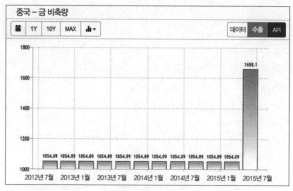

중국의 금 비축량(2012년 7월~2015년 7월).

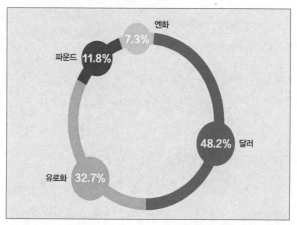

SDR(국제통화기금의 특별인출권)은 4종 화폐가 고정 비례로 구성되며 국제통화기금의 채무 상환, 회원국 정부 간 국제수지 적자를 보충하는 데 이용되는 일종의 장부상의 자산이다.

사실 중앙은행은 실제 숫자를 밝히지 않았을 수도 있다. 많은 해외 학자들의 분석에 따르면 중국의 금 보유량은 최소한 3천~4천 톤이라고 한다. 중앙은행이 한 번에 발표하지 않은 것은 잠재적인 금융 리스크에 대비하기 위한 전략이다. 미래의 어느 날 앞에서 언급한 심각한 상황이 닥치면 중앙은행은 중국의 금 보유량을 훨씬 높게 발표할 것이다. 이는 심리적으로 강력한 지지대 역할을 한다.

금 가격 추세(2015년 5월~8월).

달러의 장기적 전망을 비관적으로 보는 이유

단기적으로 달러의 전망이 밝으리라고 판단된다. 단기간에는 점점 더 강세를 보일 것이다. 그러나 장기적으로는 비관적이다. 달러라는 통화체제 자체에 태생적 결함이 있거나 불안정하기 때문에 언젠가는 붕괴하리라 본다.

이런 결론을 내린 근거는 화폐에 대한 가장 기본적인 이해에서 비롯된다. 화폐란 무엇인가? 우리는 매일 돈을 벌기 위해 종종걸음을 친다. 그러나 돈이란 과연 무엇인가? 사실 대다수 사람들은 이 문제를 깊이 생각해 보지 않는다. 지갑에서 100위안짜리 한 장을 꺼내보라. 이 100위안의 배후에는 무엇이 있을까? 쉽게 답할 수 있는 사람은 많지 않다.

과거 달러의 본질 – 황금의 영수증
돈 또는 현금에 관해 기본적인 이해가 필요하다. 돈은 자산이 아니라 자산의 '영수증'에 불과하다. 중앙은행이 돈을 발행하는 배후에는 반드시 그 가치를 뒷받침하는 자산이 있어야 하며, 그렇지 않으면 그 돈은 의미가 없다. 가령 청나라 때 금융기관 표호(票號)가 발행한 은표(銀票)는 백은(白銀) 100냥으로 바꿀 수 있었다.

금융기관에 은표를 제시하면 그에 해당하는 은으로 교환해 주었다. 은표의 배후에 백은이라는 자산이 있고, 은표는 그 영수증에 불과했던 것이다. 달러도 이와 다르지 않다. 1971년 이전까지는 미국 정부가 현금 35달러를 금 1온스로 교환해 주었다. 금 1온스는 31.1그램이다. 간단히 말해 1달러의 배후에는 1그램에 가까운 금이 있었다. 따라서 이때의 달러는 곧 '황금의 영수증'이었다.

달러의 '트리핀 딜레마'는 여전히 존재한다

제2차세계대전 이후부터 1971년까지 달러를 금으로 교환하는 시스템은 문제없이 돌아갔다. 그러나 언제부턴가 이 시스템에 문제가 생겼다. 달러 화폐 시스템에 결함이 있다는 것을 최초로 발견한 사람은 경제학자 로버트 트리핀(Robert Triffin)이었다. 그는 오늘날 경제학에서 자주 언급되는 '트리핀 딜레마(Triffin Dilemma)' 이론을 제기했다. 그는 미국의 재정 적자가 점점 커지고 있음을 발견했다. 미국이 전 세계에 화폐를 수출하고, 세계는 달러로 무역 대금을 결제하기 때문에 달러의 통화 수요가 갈수록 늘어났다. 달러 없이는 거래할 수 없으며 경제 발전이 불가능하게 되었다. 결국 달러를 수출하고 상품을 수입하는 과정에서 미국의 무역 적자가 점점 불어났다.

제2차세계대전 후 미국은 소련과 냉전을 벌이고 베트남전쟁에도 깊이 개입하는 바람에 정부 지출이 급증하면서 재정 적자에 빠졌다. 적자가 커지자 미국은 달러 발행을 늘려서 적자를 메웠다. 로버트 트리핀은 이런 추세가 계속되면 달러 유동성이 더 커지는 가운데 미국의 금 보유량이 달러의 속도를 따라잡지 못한다고 우려했다. 모든 사람들이 달러를 금으로 바꾸려 한다면 미국은 지급 불능 사태에 빠질 것이다. 1960년대 초 이 문제가 나타났다. 당시 유럽에서 유통되는 달러가 미국의 금 비축량을 넘어선 것이다. 이에 유럽 국가들은 큰 우려를 나타냈다.

달러의 신뢰성에 의혹을 가진 프랑스의 드골 대통령은 달러를 금으로 교환하라고 중앙은행에 지시했다. 다른 유럽 국가들도 잇달아 교환을 요구했으며, 1960년대 초반부터 1968년까지 미국의 금이 대량 유출되었다. 1968년부터 1971년 사이에 이 문제는 더욱 악화되었다. 1971년 8월 15일 닉슨 대통령은 미국의 금 교환 창구를 봉쇄하고, 외국 정부와 중앙은행에 황금태환 거부를 선언했다. 이는 미국이 처음으로 공개적인 지급 거부를 한 것으로 브레튼우즈 체제는 이날로 전면 붕괴되었다.

브레튼우즈 체제가 붕괴한 후 달러를 뒷받침하는 자산은 금에서 미국 국채로 바뀌었다. 1971년부터 지금까지 전 세계 화폐 시스템은 달러를 기준으로 하며, 달러의 배후에는 금이 아닌 또 하나의 종이인 미국 국채가 있다. 겉보기에 이 시스템은 정상적으로 운영되었다. 40년 동안 큰 문제가 불거지지 않았던 것이다. 그러나 1960년 로버트 트리핀이 발견한 문제는 지금도 여전히 존재한다. 전 세계 경제 발전 수치는 달러로 계산하며, 달러 공급이 부족하면 세계 경제가 발전할 수 없다. 이런 상황으로 말미암아 미국은 영원히 적자 상태에 처하게 되며, 세계 경제가 확장될수록 적자 규모도 계속 악화될 수밖에 없다.

달러 발행은 국채를 담보로 하므로 전 세계 경제 발전과 무역 성장 속도가 초월하면 미국 국채는 불가역적, 지속적으로 상승하게 된다. 또한 GDP

에서 차지하는 비중도 점점 커지게 되므로 문제를 초래할 것이다. 왜냐하면 국채를 상환할 때는 재정 세수에 의존하기 때문이다. 세수의 성장 속도가 국채 성장 속도를 따라잡지 못하면 달러 시스템은 정상적으로 운영될 수 없다.

금융계의 '부력의 법칙'

2009년 오바마가 취임할 때 9조 달러였던 미국 국채는 2015년 18조 달러에 달했다. 미국의 평균 경제성장률을 3퍼센트로 계산했을 때 경제 위기 이후 몇 년간 미국의 GDP는 약 20퍼센트 성장했으나 국채는 100퍼센트 상승했다. 세수 성장이 국채 상승 속도를 따라가지 못하는 것이다. 이 경우 장차 달러 시스템에 큰 문제가 발생할 수 있다. 미국 정부의 세수 중 국채 이자 상환(원금 제외)에 들어가는 비중이 12퍼센트이다. 2020년에 이 비중은 20퍼센트로 상승할 것이며, 2030년 무렵에는 36퍼센트, 2040년에는 58퍼센트로 상승할 것이다.

이자 상환에 들어가는 재정 세수가 58퍼센트를 차지한다는 것은 무엇을 의미할까? 미국 역사학자 니얼 퍼거슨(Niall Ferguson)은 몇 가지 역사적 사례를 소개한 바 있다. 첫 번째는 프랑스대혁명이다. 혁명이 일어나기 1년 전인 1788년 프랑스 정부는 세수의 62퍼센트를 이자 상환에 사용했다. 국왕이 부채를 갚지 않았기 때문에 은행가를 포함한 채권자들이 모든 계층과 연합하여 루이 16세를 단두대에 보냈다. 프랑스대혁명을 초래한 직접적 원인은 프랑스 정부의 재정 파산이었다.

두 번째 사례는 오스만제국이다. 1877년 오스만제국은 정부 세수의 50퍼센트 이상을 국채 이자 상환에 사용함으로써 심각한 디폴트에 빠졌다. 결국 국가 재정 전체가 영국과 프랑스 금융기관의 관리로 넘어갔다. 오스만제국은 이때부터 식민지 및 반식민지 국가로 전락했다.

세 번째 사례는 대영제국이다. 1939년 대영제국은 재정 세수의 44퍼센트를 국채 이자 상환에 사용했다. 제2차세계대전 이전에 오스틴 체임벌린의 유화정책을 펼친 것이 원인이었다. 영국은 히틀러를 강경하게 대처하지 못했기 때문에 거액의 부채가 있는 상황에서 이자 지급만으로도 국가 재정 파탄을 초래했다. 결국 영국은 재정적으로 독일과 군비 경쟁을 펼칠 수 없었다.

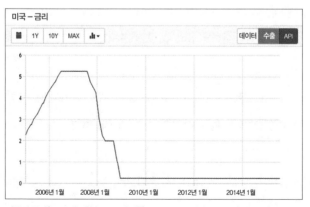

미국의 금리(2006년 1월~2014년 1월).

위의 사례를 종합해 보면 한 가지 결론을 도출할 수 있다. 한 국가의 재정 세수의 50퍼센트가 임계점이며, 정부가 세수의 50퍼센트를 국채 이자 상환에 사용할 때 그 국가는 쇠락의 운명을 벗어날 수 없다는 것이다.

달러의 역사로 볼 때 25년 후 이러한 상황이 미국에서 재현될 가능성이 크다. 수학적 관점에서 이것은 필연이다. 미국 의회예산처는 이런 계산을 한 적이 있으며, 그것도 미국이 추진하는 초저금리로 적용한 것이었다. 2040년이면 미국 세수의 절반이 국채 이자 지급에 쓰일 것이다. 미국의 정상적인 금리 수준, 즉 단기 연방금리 5.7퍼센트로 계산할 때 15년 후에는 미국의 국채 이자가 재정수입의 절반을 초과할 것으로 예측된다.

"한 화폐의 운명은 최종적으로 그 국가의 운명이 될 것"이라고 했던 경제학자의 말이 떠오른다.

지나친 위기론이라고 생각할 수도 있다. 그러나 거대한 타이타닉호에 타고 있던 사람들은 하나같이 그 배가 매우 안전하여 침몰하리라고는 상상하지 못했다. 사람들이 달러를 대할 때도 이와 같은 심리가 작동한다. 그토록 큰 달러 시스템이 붕괴할 거라는 상상을 하지 못하는 것이다.

그러나 타이타닉호가 빙산에 부딪친 후 최후의 운명을 결정한 것은 단순한 부력의 법칙이었다. 중량이 부력보다 클 때 배는 가라앉게 되어 있다. 한 국가의 채무가 팽창해 세수의 50퍼센트 이상이 국채 이자 상환에 사용된다면 그 국가의 재정은 반드시 붕괴할 것이다. 더불어 신용을 잃을 수밖에 없다. 어떤 것으로도 이를 만회할 수 없다. 이는 금융업의 '부력의 법칙'이라고 할 수 있으며, 또한 논리적인 필연이기도 하다.

독일은 금 자산을 배치할 때 자국은 물론 다른 국가에 보관하고 있던 금까지 회수한다. 사실 여러분은 최종적으로 무엇이 가장 가치 있는지 알고 있다. 앞에서 말한 추산에 따르면 우리 세대에 심각한 달러 위기가 나타날 것이다. 이를 대비하지 않는다면 많은 사람들의 재산은 하룻밤에 거품으로 변해 버릴 것이다. 이것이 화폐의 필연적 규칙이다. 그날이 오면 어떠한 새로운 화폐가 달러의 뒤를 이을지 세계가 지켜봐야 할 하나의 문제다.

주권화폐로 세계 기축통화를 삼는 것은 무리

당시 미국은 주권화폐를 세계 기축통화로 삼는 정책을 채택했다. 그러나 이 설계에는 태생적인 결함이 있기 때문에 장기적인 운영은 불가능하다. 따라서 달러 시스템이 점차 해체될 때도 다른 주권화폐로 대체하기는 어렵다. 이토록 앞선 군사력과 과학기술을 보유한 미국도 자국 화폐의 신용을 보증할 수 없는데 유로화인들 믿을 수 있을까? 엔화는 가능할까? 결국 사람들이 최종적으로 믿을 수 있는 것은 실물 자산인 금과 은이다. 따라서 이미 많은 전문가들이 국제통화기금의 특별인출권(SDR) 중 몇몇 주요 화폐를 제외하고는 담보용으로 금을 추가해 자산 가치를 안정시켜야 한다고 주장한다.

역사상 달러 위기는 이미 여러 차례 발생했다. 1978년에는 달러에 대한 전 세계의 비관적 심리가 공황 수준에 도달했다. 각국이 달러를 투매하고 금과 석유를 앞다퉈 사들이는 바람에 미국은 심각한 스태그플레이션에 빠졌다. FRB는 심지어 달러를 폐지하고 특별인출권을 가동해 세계의 기축통화로 삼을 준비까지 했으며, 특별인출권의 담보 자산은 여전히 미국 국채였다.

그 후 달러 위기에서 벗어난 것은 새로운 FRB 총재 폴 볼커의 극단적인 화폐 정책 덕분이었다. 달러의 기준 금리를 10퍼센트 이상 올려서 미국 국채의 수익률이 20퍼센트를 돌파했으며, 이를 통해 달러의 안정성을 공고히 했다.

　미래의 어느 날 우리 눈앞에 1978년의 혼란이 재연될 수도 있다. 그때 세계 화폐 시스템은 완전히 재조정될 것이다. 1978년만 해도 미국은 부채가 많지 않았기 때문에 금리 인상을 통해 달러 위기에서 벗어날 수 있었다. 그러나 2040년에는 미국의 부채가 심각한 수준에 이를 것이며, 금리의 대폭 인상은 불가능하다. 그때 세계 주요 국가들은 이미 깊은 마이너스 금리의 늪에서 헤어나지 못할 가능성이 더 크다.

　장기적인 관점에서 국가와 개인을 막론하고 금에 투자하라고 권한다. 금이야말로 재산 가치를 지켜주는 보험이다. 어느 날 세계의 신용 화폐 시스템이 붕괴될 때 금이 당신의 재산을 지켜줄 것이다.

14장
공업 4.0이 가져올 중국의 기회

독일이 제시한 '공업 4.0' 개념은 전 세계가 지능형 제조(Intelligent Manufacturing)를 핵심으로 하는 지능형 경제 시대에 빠르게 진입한다는 것을 의미한다. 미국은 거대 IT 기업들로 인해 산업 인터넷의 범주가 더욱 광범위하다. 산업 인터넷은 사람, 데이터, 기계를 연결해 개방되고 글로벌한 산업 네트워크를 구축하는 것이다. '중국제조(中國制造) 2025' 프로젝트를 통해 향후 10년간 5조 위안의 산업 기금을 배정했으며, 1천억 위안 이상의 과학연구기금을 지능형 제조 연구에 투입할 계획이다. 바야흐로 지능화 세계가 펼쳐질 전망이며, 치열한 경쟁의 호각 소리가 이미 울렸다. 과연 어느 나라가 표준 제정권을 선점하여 새로운 산업혁명이라는 물결의 선두에 설 수 있을까?

독일이 창조한 신개념 : 공업 4.0

'공업 4.0'은 독일이 창조한 신개념으로, 4차 산업혁명의 시작을 의미한다. 알다시피 인류 역사상 세 차례의 산업혁명이 출현했다. 1차 산업혁명은 18세기 말 영국에서 일어났으며, 대표적인 발명이 증기기관이다. 19세기 중후반에는 독일과 미국이 2차 산업혁명을 주도했으며 전기화가 주요 특징이다. 1950년대부터 오늘날까지 이어진 3차 산업혁명으로 전 세계가 자동화와 정보화라는 새로운 시대에 진입했다.

4차 산업혁명은 과연 무엇일까? 독일은 이를 전면적인 지능화라고 설명한다. 지능화란 무엇이며, 독일이 이 개념을 가장 먼저 제시한 이유는 무엇일까? 이는 독일이 제조업 영역에서 미국과 중국의 협공을 받아 큰 압박을 느꼈기 때문이다.

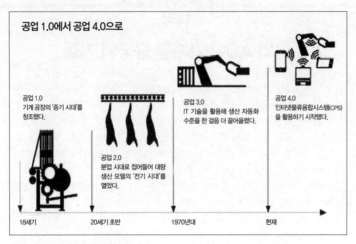

공업 1.0에서 공업 4.0으로의 변화

　미국은 현재 IT와 정보산업에서 고지를 점거했다. 빅데이터, 특히 IT 기술을 앞세워 전통적으로 독일의 우위 업종인 공업 제조업에서 독일을 위협하고 있다. 가령 구글은 2012년부터 자율주행 자동차를 개발했으며, 이어서 로봇 영역에도 진출했다.

　미국에는 이런 기업이 많다. 테슬라는 전통적인 디트로이트 방식을 완전히 뒤엎고, IT 기술과 인터넷 사유로 자동차를 제조한다. 이러한 미국 IT 기업과 정보산업이 정보화와 빅데이터의 우위를 업고 제조업 경쟁에 뛰어들 경우, 미국의 동종 산업 시스템에서 독일은 일개 부속 공장으로 전락할 수 있다는 우려가 떠오른 것이다. 이 밖에 독일은 중국 제조업의 도전에도 직면하고 있다. 중국 제조업은 독일 우위의 제조업 분야를 계속 잠식하는 중이다.

　앞에서는 미국이 정보와 빅데이터를 앞세워 독일의 하이테크 제조업을 넘보고, 뒤에서는 중국 제조업이 중저가를 내세워 추격하고 있다. 따라서 독일은 탈출구를 모색하기 위해 산업혁명 4.0을 추진하여 새로운 국면을 모색해야 했다.

공업 4.0의 4대 경지

4차 산업혁명의 주요 특징은 지능화다. 지능화를 통해 공업사회 전체에 거대한 구조조정이 일어나는 것이며, 이 과정을 4가지로 구분할 수 있다.

첫 번째: 지능화 생산

1990년대 초 대학을 졸업하고 무풍강관 제조 공장에서 보조 기사로 일한 적이 있다. 당시 미국에서 전자동 생산 라인을 막 도입한 공장이었는데, 내가 맡은 라인은 설치와 시운전이었다.

당시 그 생산 라인은 자동화 수준이 매우 높았다. 모든 검사 장치에 내장형 마이크로컨트롤러가 설치되었으며, 생산 과정에서 수집한 데이터는 메인 설비실의 산업용 컴퓨터로 전달되었다. 산업용 컴퓨터는 수집한 데이터를 근거로 생산 플로 전반을 제어했다. 이때 작업자는 생산 현장에 서 있는 것이 아니라 기계실에서 버튼을 누르고 데이터를 모니터링했다. 버튼만 누르면 시뻘겋게 달아오른 강관이 하나씩 무풍강관으로 압연되었다.

이것이 전형적인 공업 3.0의 모습이다. 완전한 자동화에 부분적 정보화를 더한 것이다. 부분적 정보화는 생산 라인 내 모든 설비 플로가 서로 연결된 것을 말한다. 설비 간에는 상호 통신으로 데이터 교환이 진행된다. 그러나 이 라인의 기계 설비와 다른 라인의 기계 설비는 상호 교류를 하지 않는다. 공장 전체의 생산 라인과 공장의 경영 관리 시스템은 연결되지 않는다. 따라서 당시 우리는 매일 생산 진행 상황을 연필로 표에 기재한 후

자전거를 타고 사무실에 가서 그것을 제출했다. 사무실에서는 이 진행표에 적힌 내용을 컴퓨터에 일일이 입력했다. 공장 사무실은 생산 관리, 물류 관리, 창고 관리를 담당하면서 재무와 인력 관리, 즉 ERP와 CRM 시스템을 가동했다.

1990년대 초 중국의 제조업은 '정보의 섬' 상태였다. 각 설비와 생산 라인은 공장 전체의 정보 시스템과 격리되어 있었던 것이다. 20여 년이 지난 오늘날 중국 대형 기업들은 생산 설비 간의 상호 연결망을 구축했다. 그러나 절대 다수의 중소기업은 아직 그렇지 못하다.

공업 4.0 지능화 생산의 첫 단계에는 모든 생산 라인의 설비 간에 상호 통신이 이뤄져야 한다. 모든 시스템이 완전히 연결되어야 한다는 것이다. 이것이 '사물 인터넷(Internet of Things, IoT)' 개념이다. 한 시스템 안에 있는 모든 기계, 부품, 제어기, 검사기 등이 상호 소통하는 것이다.

그러나 한 공장에 있는 수천수만 대의 기계 모델이 저마다 다른데 어떤 '언어'로 소통을 할까? 한 국가의 범주로 볼 때 이 문제는 더 복잡해진다. 한 나라에는 수백 개의 업종이 존재하며, 각 업종마다 서로 다른 장비와 생산 라인을 사용한다. 이 설비들이 소통하려면 통신 프로토콜이 필요하다. 사물 인터넷에 TCP/IP 통신 프로토콜을 사용할 수 있는가에 의문을 제기하는 사람들이 많다.

이 문제는 약간 복잡하다. 인터넷 통신 프로토콜에서는 A라는 사람이 B라는 사람에게 첫 번째 데이터 패킷을 발송한 후, B가 이를 받았다고 A에게 확인해 주면, A는 B에게 두 번째 데이터 패킷을 발송한다. B가 이를 받지 않았다면 A는 하나 더 발송한다. 이는 실시간 통신 상태가 아니며 비동기 통신이다.

그러나 공업, 특히 고속으로 움직이는 초첨단 공업 분야에서는 위와 같은 프로토콜이 부적합하다. 가령 10초 또는 몇십 초의 대기 시간이면 고속 비행기, 고속철도, 고속도로 위의 자동차는 이미 많은 거리를 이동할 수 있다. 고속의 초정밀 생산 과정에서는 몇십 초의 지연도 용납되지 않는다.

따라서 TCP/IP 통신 프로토콜을 사물 인터넷에 직접 적용하기는 불가능하다. 전 세계의 공업 빅데이터를 교환하는 과정에서 정보의 안전이 위협받을 수 있으며, 특히 이러한 데이터를 저장, 교환하는 과정에서는 더욱 위험하다.

사물 인터넷을 실현하려면 하나의 통일된 통신 프로토콜을 형성해야 한다. 이것은 미국과 독일의 경쟁이 가장 치열한 부분이기도 하다. 이 표준 제정권을 장악한다면 공업 4.0 시대의 주도권을 선점하는 셈이다. '중국제조 2025' 프로젝트를 추진하는 것도 표준 제정권을 노린 것이다.

공장의 모든 설비 시스템 간에 상호 통신이 가능하다면 이것을 지능화 생산이라고 부를 수 있을까? 아직은 그렇지 않다. 지능화 생산의 가장 근본적이며 획기적인 부분은 생산 원자재와 부품 간에도 상호 통신이 이루어지는 것이다.

공업 4.0 개념을 도입한 독일의 공장에서 액상 비누를 생산한다고 가정하자. 대량생산, 소량 생산 또는 맞춤형 생산은 어떻게 진행될까? 이런 가설을 해보자. 생산 라인의 마지막 공정에서 3개의 용기에 빨강, 노랑, 파랑 3가지 색의 액상 비누를 각각 담아 제어기를 통해 호스를 생산 라인까지 연결한다. 이때 생산 라인의 플라스틱 빈병에는 중요한 장치인 무선 주파수 인식 기술 칩(RFID)이 장착되어 맞춤 제작 고객의 정보가 저장되어 있다. 가령 어떤 사람이 분홍색 액상 비누를 주문했다면, 라벨에는 '○○ 씨 전용' 등이 인쇄된다.

플라스틱 빈병이 호스 아래에 도달하면 해당 정보를 무선 방식으로 전

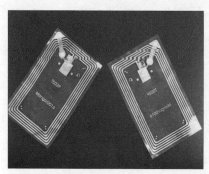

RFID 기술은 무선 태그 판독 시스템으로도 불리는 일종의 통신기술이다. 무선통신을 통해 특정 목표를 식별하고 관련 데이터를 판독하며, 식별 시스템과 특정 목표 간에 기계 및 광학적 접촉이 필요 없다.

달받은 제어기는 빨강, 노랑, 파랑의 배합 비율을 정확히 계산해서 플라스틱 병 속에 분홍색 액상 비누를 담는다.

그런 다음 RFID 칩은 기계에 명령하여 '○○ 씨 전용'이라는 라벨을 인쇄하며, 심지어 병뚜껑 색상까지 지정할 수 있다. 마지막으로 출고할 때 RFID 칩은 물류 시스템에 분홍색 액상 비누를 어디로 발송할지 알려준다. 이 과정은 마치 한 사람이 직접 생산 라인에 서서 상품의 맞춤 제작을 지휘하는 것과 같다.

과거 우리는 매개변수를 먼저 설정한 후 대량생산을 진행했다. 생산 프로세스에 따라 고객의 니즈도 결정되었다. 그러나 지능형 제조의 핵심은 소비자의 니즈에 따라 생산 프로세스가 결정된다는 점이다.

다시 말해 액상 비누 1만 병을 생산할 경우에도 한 병 한 병 별도의 맞춤 제작을 할 수 있다는 것이다. 게다가 생산 라인을 변경하거나 매개변수를 조정할 필요도 없다. 전통 방식으로는 상상도 할 수 없는 일이다. 지능화 생산의 가장 중요한 점은 고객의 정보를 원자재와 부품에 직접 삽입할 수 있는 것이다. 이것이 곧 산업혁명 4.0 또는 지능화 생산의 가장 핵심적인 개념이다.

두 번째: 지능형 제조의 서비스화

사람들은 보통 제조업 하면 제품 생산만을 떠올린다. 서비스업과는 별

개의 영역이라고 생각하는 것이다. 그러나 지능화 제조업은 서비스업 분야로 전환되고 있다.

GE는 항공기 엔진을 생산하는 기업이다. 이 회사가 생산하는 항공기 엔진의 부품에는 센서가 장착되어 있다. 항공기 운항 과정에서 센서는 엔진 상태에 대한 데이터를 GE의 클라우드 플랫폼에 업로드한다. GE는 세계 각지에 많은 데이터 센터를 설립하고, 비행 상태에서 일어나는 항공기 엔진의 모든 운동 매개변수를 수집한다.

GE는 빅데이터 분석을 통해 결론을 도출할 수 있다. 가령 어떤 항공사의 특정 항공기 엔진에 검사 및 수리가 필요하며, 그대로 두면 문제가 발생할 것이니 예방 차원에서 유지 보수를 실시한다. 사실 GE는 항공기 엔진만을 판매하는 것이 아니라 엔진 유지 보수 관련 빅데이터 서비스도 판매한다. 이런 이념을 기반으로 이 회사는 수백억 달러의 시장을 창출했다. 이것은 사실상 제조업이 서비스 형태로 전환된 것이다.

GE가 제공하는 서비스는 제품의 애프터서비스에 해당되며, 이 외에도 생산 과정을 겨냥한 서비스가 있다. 한 기업이 지능형 공장을 실현했다면, 그 생산 라인의 부품 제어와 검사를 포함한 모든 설비는 데이터의 횡적 연결을 통해 상호 통신을 할 수 있다. 따라서 이 공장은 특정 시간에 전체 생산 설비의 가동률이 어느 정도이며, 유휴 상태에 있는 생산 설비가 몇 개인지 정확히 파악할 수 있다.

이미 익숙한 클라우드 컴퓨팅은 컴퓨터 클러스터가 자신의 컴퓨팅 능력을 고객에게 파는 것이다.

나는 지능화의 두 번째 단계를 '클라우드 생산'으로 부르겠다. 예를 들어 중국의 대형 절삭 가공 공장에 500대의 정밀 CNC 공작 기계가 있다고 가정하자. 그러나 이 CNC 공작 기계가 늘 풀가동 상태인 것은 아니다. 이 공장은 지능화 설비를 구축한 후 모든 공작 기계를 서로 연결할 수 있다. 공장의 관리 시스템은 매일 어떤 시간에 몇 대의 기계 설비가 유휴 상태에 놓이는지 정확히 파악할 수 있다. 예를 들어 새벽 3시에 공장 가동률이 매우 낮다면, 남는 생산 가공 능력을 다른 곳에 판매할 수 있다.

물론 이러한 생산 가공 능력을 판매하려면 이 공장 설비와 연결되는 인터넷 서비스를 구축해야 한다. 외부에 자신들의 서비스를 제공해야 하기 때문이다. 예를 들어 광저우에서 급하게 부품 1천 개를 제작해야 하는데 거기에는 정밀 공작 기계가 없다. 공장을 세우려면 너무 늦고 그럴 자금도 충분하지 않다. 이때 선양에 있는 공작 기계 공장이 인터넷을 통해 가공 서비스를 제공한다는 것을 알게 되었다. 광저우의 고객은 인터넷으로 직접 주문서를 작성하고 필요한 부품 수와 규격, 치수, 모델 번호, 정밀도를 공장 측에 알려준다. 그러면 이 정보들은 공장에 있는 각 부품의 정보 칩에 바로 입력된다.

따라서 이 부품들은 공작 기계와 직접 소통하여 자신이 어떤 모델 번호, 어떤 정밀도로 가공되어야 하는지 '요구'할 수 있다. 공작 기계가 가공을 완료한 부품은 물류 회사에 자동으로 발송지를 알려주고, 하루 이틀 뒤 광저우의 고객이 제품을 받아볼 수 있다.

위의 상황은 창업에 뜻을 가진 많은 젊은이들에게 시사하는 바가 크다. CNC 공작 기계의 가공 능력만 필요한 것이라면, 대규모 투자금 없이도 일부 아이디어 기업과 기술 혁신형 기업이 제조업에 염가로 직접 뛰어들 수 있다.

지능형 제조의 서비스화는 결국 모든 공장의 담을 무너뜨리는 것이다. 공장은 하나의 서비스 제공업체가 되어 각 공업 설비들은 '클라우드 생산'을 한다. 이 설비들은 클라우드 생산 서비스를 제공하고 시간당 요금을 계산한다. 마치 상수도와 전기요금처럼 말이다. 이것은 공업 4.0 중 가장 획기적인 개념이라고 할 수 있다. 공업 제조업이 이러한 경지에 도달하면 사회 전체의 모델이 본격적으로 전환될 것이다.

세 번째: 지능화

미래에는 자동차 부품 하나하나에도 센서가 장착되어 주위의 다른 차량들과 데이터를 교환할 수 있다. 미래의 도로 위를 달리는 자동차는 모두 주위의 차량에 자신의 운행 상태를 끊임없이 전송할 수 있다. 역으로 다른 자동차들도 정보를 전송해 온다. 어떤 자동차는 가속페달을 밟고 어떤 자동차는 우회전을 하며, 어떤 차량은 차선을 바꾼다는 등……. 당신의 자동차는 주위의 모든 자동차가 전송해 오는 정보를 집적하여 사람보다 훨씬 정확하게 도로 상태를 파악할 수 있다. 따라서 자동차는 매우 스마트해지며, 도로 위에서 자신의 위치를 실시간으로 조정하고 차선을 바꿀지, 브레이크 또는 가속페달을 밟을지를 판단한다. 이렇게 하여 안전거리를 유지할 수 있다.

자율주행 시대에 자동차의 실시간 주행 데이터는 매우 중요한 가치를 지닌다. 모든 자동차 운행 상태를 실시간으로 추적하면 운전자들의 특징을 파악할 수 있다. 브레이크 페달을 자주 밟거나 가속페달을 심하게 밟고, 차선을 바꾸거나 좌우 회전을 할 때 방향등을 켜는지 등을 알 수 있다. 장기간 축적된 이러한 데이터는 상업적 이용 가치가 매우 크다. 지능형 데이터 분석 기업이 자동차 회사의 데이터를 구입해 각 운전자의 조작 습관을 분석함으로써 특정 조작의 평균 수준을 알아낼 수 있다. 브레이크나 가속 페달 사용 빈도가 평균치를 크게 웃돌거나 차선을 바꿀 때 방향등을 켜지 않는 운전자는 사고를 내기 쉽다. 보험 회사는 높은 가격에 이런 데이터를 사들여 각 운전자에 대해 각각 다른 보험요율을 정할 수 있다.

은행이나 신용카드 회사도 이 데이터에 관심을 가질 것이다. 왜냐하면 한 사람의 교통 운행 상황을 장기간 분석한 데이터를 통해 그의 성격이 침착한지 아닌지를 알 수 있다. 브레이크와 가속페달을 자주 밟아대는 사람은 덜렁대는 성격이거나, 업무와 개인 생활이 몹시 혼란스러울 것으로 예상할 수 있다. 이런 사람은 신뢰성이 떨어진다. 따라서 자동차 운행 데이터가 매우 양호한 사람들에게는 은행이 흔쾌히 신용카드를 발급해 주고 대출을 신청할 때는 우대금리를 적용할 수도 있다.

이처럼 공업 4.0 시대에 지능화 생산을 하는 자동차 공업은 업종을 뛰어넘을 수 있다. 제조업의 한계를 뛰어넘어 데이터 분석과 금융보험 등과 연결해 새로운 가치 사슬을 공동으로 창조할 수 있다.

볼보 자동차 V60 크로스 컨트리는 세단과 SUV를 겸한 전천후 차량이다. 과거에는 야외 레저 활동에는 SUV 차량을 이용하고, 도시 출퇴근용으로는 세단을 이용하는 경우가 많았다. 그러나 이 차는 2가지 특성을 종합하여 SUV의 파워와 승용차의 쾌적함, 편리한 조작과 우수한 속도감을 자랑한다. 사륜구동의 다이내믹한 설계로 '강한 사나이'의 내면과 '훈남'의 외관이 완벽하게 결합된 차량이다.

미국에서는 볼보를 '도로의 탱크'라고 부를 만큼 안전성이 높은 자동차이다. 사실 이러한 안전성은 빅데이터 분석을 기반으로 구현한 것이다. 1970년부터 볼보는 자동차 사고 팀을 조직하여, 어디서 사고가 발생하든 즉시 현장으로 달려갔다. 그들은 가장 먼저 자료를 입수하고 교통경찰, 가해 차량 운전자의 이야기를 들었으며, 의료 요원과 부상자와도 대화를 나눴다. 그리고 자동차 충돌에서 발생하는 상황을 자세히 조사하고 데이터를 수집한다. 비교적 전형적인 사고의 경우 차량을 견인하여 실험실에서 당시 충돌 상황을 시뮬레이션한다.

그들은 사고 발생 직전의 정보를 중시한다. 30여 년간 볼보는 4만여 건의 사례와 안전 데이터베이스를 수집했다. 그리고 이러한 빅데이터를 근거로 더욱 안전한 모델을 설계해 낸다. 모든 신차는 100~200회의 실제 충돌 실험을 거쳐 만들어진다.

네 번째: 지능화 생태

'생태' 하면 사람들로 구성된 커뮤니티를 연상하게 된다. 사실 모든 산업혁명이 생산성 제고에만 열중하는 것은 아니다. 가장 중요한 것은 생산 관계의 개선을 통해 사회에 새로운 계층을 탄생시키는 것이다. 가령 1차 산업혁명으로 공장이라는 유례없는 생산 모델이 탄생했고, 공장이 있음으로써 노동자가 생겨났다. 결국 1차 산업혁명은 노동자 계층을 탄생시켰다.

대량생산과 전기화로 말미암아 생산 규모가 빠르게 확대되었다. 2차 산업혁명은 공장의 높은 전문 관리 수준을 요구함에 따라 관리 계층이 탄생했다. 자동화와 정보화로 대표되는 3차 산업혁명은 점점 방대해지는 IT 대군을 만들어냈다.

4차 산업혁명의 지능화는 어떤 새로운 직업군을 만들어낼까? 어떤 직업이 미래의 골드칼라일까? 지능화 관련 작업을 하는 사람들이 될 것이다. '지능'이라는 단어를 들으면 IQ 테스트가 연상된다. 미국은 어린이들의 IQ 테스트를 할 때 각종 도형을 섞어놓고 2개의 비슷한 도형을 찾아내게 한다. 완전히 같지는 않아도 비슷한 것들이다. 지능화의 본질도 형태를 식별하는 데 있다. IQ가 높다고 해서 기억력이 특별히 좋은 것은 아니다. 많은 물건을 기억하고 복잡한 정보 속에서 공통의 규칙을 발견하고 탐색할 수 있으면 된다.

검색엔진을 이용할 때는 키워드를 입력하게 마련이다. 검색엔진은 키워드의 검색 빈도에 근거하여 결과를 제시한다. 이는 전형적인 공업 3.0 수준이다. 미래의 공업 4.0이 요구하는 것은 패턴 조회 엔진이다. 이용자가 질문을 입력하면 검색엔진이 많은 정보 속에서 유사한 패턴을 찾아 사용자에게 어떻게 하라는 답을 제시한다.

지금처럼 사용자가 키워드를 입력하면 검색엔진이 많은 정보를 제시하고, 사용자가 그 정보를 처리하는 방식이 아니다. 지능화는 수많은 정보를 가공 분석하여 공통의 규칙을 찾아내는 작업이다. 초기 상태를 데이터라고 하며, 체계적인 데이터를 정보라고 한다. 그리고 패턴이 있는 정보가 바로 지식이다.

따라서 가장 중요한 작업은 수많은 데이터에서 유용한 지식을 골라내는 것이다. 이런 일을 하는 사람을 지식 자동화 종사자라고 할 수 있다. 이것이 미래의 골드칼라 직종이다. 중국에서 공업 3.0은 많은 IT 영웅들을 배출했으며, 그들이 하나의 생태계를 구성했다. 미래의 지능화 시대에는 지능 영웅들을 발굴해야 하며, 그들은 이전 세대의 영웅들보다 더 우수해야 한다.

공업 4.0의 최종 목표는 인터넷과 소비 영역의 완전한 융합이다. 사물인터넷과 생산 영역도 완전히 연결되어 최종적으로는 인터넷과 사물 인터넷의 네트워크 전체가 융합하는 것이다. 이와 동시에 소비자와 엔터테인먼트도 전면적인 소통이 가능하다. 이런 상태에서 사회 전체의 혁신, 미래의 경제 발전과 비즈니스 기회는 무궁무진할 것이다.

15장
고속철도를 통해 미국의 봉쇄를 돌파한 중국

2015년 중국에는 '뉴실크로드'라는 말이 유행했다. 중국의 경제 모델은 외부의 에너지와 원자재를 수입하고 가공해서 만든 제품을 세계시장에 파는 방식이다. 따라서 중국 입장에서는 원자재와 에너지를 안전하게 확보함과 동시에 아무 문제 없이 세계시장에 진출할 수 있어야 한다. 향후 중국의 '일대일로' 신전략은 어떤 도전에 직면하게 될까?

제2차세계대전 후 달러가 주도하는 글로벌 무역 시스템

오늘날 세계시장은 중대한 변화를 맞이하고 있다. 제2차세계대전 후 지금까지 거대한 조정이 이루어지고 있는데, 미국을 대표로 하는 선진국이 글로벌 무역 규칙을 수정하고 있는 것이다. 미국의 전략이 성공한다면 장차 중국의 대외무역에 악영향을 미칠 것이다.

현재의 세계무역 체제와 규칙은 제2차세계대전 종식을 앞둔 시점에서 미국의 주도로 각국이 협상한 일련의 무역 조건이다. 가령 브레튼우즈 체제는 달러 중심의 글로벌 통화 체제를 구축했으며, 각국 화폐는 달러에 연동되고, 달러는 금에 연동되었다. 세계무역은 당시의 조건에 따라 달러로 결제한다. 전후에 조직한 '관세와 무역에 관한 일반 협정(GATT)', 즉 훗날 세계무역기구(WTO)의 전신은 그 시대에 탄생한 것이다. 이 무역 규칙은 근본적인 변화 없이 전후 70년간 지속되었다.

미국이 3대 무역 협상을 주도하다

당시의 글로벌 무역 규칙은 사실상 화물 무역 위주의 공업시대에 제정된 것이다. 1970년 이후 선진국의 경제 구도가 크게 변화하여 서비스의 비중이 GDP의 70퍼센트 이상을 차지한다. 반면 중국은 이제 50퍼센트를 넘어섰으며, 이것이 일련의 문제를 초래했다.

선진국은 자국의 상황에 근거하여 무역 규칙을 조정한다. 미국이 주도하는 3대 무역협정 중 첫 번째는 '서비스 교역에 관한 일반 협정'으로, WTO에 명확한 규정이 없는 서비스 무역에 대해 새로운 게임의 규칙을 정했다. 두 번째는 범대서양무역투자동반자협정(TTIP)으로 미국은 유럽과 세계 최대의 자유무역협정을 체결할 예정이다. 세 번째는 중국의 미래에 가장 큰 영향을 미칠 환태평양경제동반자협정(TPP)이다.

이 3대 무역협정을 모두 미국이 주도한다는 것은 협상이 완료된 후 WTO의 무역 규칙이 점차 배척되고 새로운 무역 규칙이 주도하게 된다는

범대서양무역투자동반자협정(TTIP)의 최종 목표는 미국과 유럽의 이익 공동체, 즉 '경제 NATO'를 결성하는 것이다.

것을 의미한다. 중국은 이 점을 특별히 주시해야 한다.

TPP의 회원국은 모두 12개국인데, 협상 과정에서 유일하게 중국만 배제되었다. 이는 전례 없는 현상이다. 그 이유가 무엇일까? 선진국들은 중국이 WTO에 가입한 후 자신들이 손해를 봤으며, 자신들의 취업 기회를 중국인이 뺏어갔다고 생각하기 때문이다. 게다가 중국에는 충분한 시장이 없고, 특히 서비스업을 개방하지 않기 때문에 중국만 이익을 보는 상황에서 게임 규칙을 조정하려는 것이다.

그러나 중국이 이미 WTO 체제 안에 있기 때문에 중국을 쫓아낼 수는 없다. 결국 새로운 무역 규칙을 별도로 제정하는 수밖에 없다. 중국은 이토록 중대한 게임 규칙의 변화에 직면해 있다.

TPP 국가들이 상담한 무역 조건 관련 분야

TPP 국가들의 무역 조건은 주로 서비스업, 농업, 지식재산권, 노동, 처우, 환경보호 분야에 집중된다. WTO 조항에 명확하게 밝히지 않았거나 아예 다루지 않은 것으로, 미국이 가장 강점을 지닌 분야이다.

중국과 미국의 차이가 큰 디지털 관리 분야

보통 서비스업이라고 하면 요식업과 엔터테인먼트 외에 관광, 아웃소 싱 공정 등을 떠올릴 것이다. 그러나 이런 것은 모두 낮은 등급의 서비스 업이다. 높은 등급의 서비스에는 어떤 것이 있을까? 금융 서비스를 들 수 있다. 모두 미국이 큰 우위를 차지하는 분야이다. 중국과 미국의 경제구조 가 다른 만큼 정보의 흐름과 방식도 매우 상이하다. 미국의 정보는 횡적으 로 흐르며, 인터넷과 유사한 구조를 가진다. 반면 중국은 수목상(樹木狀) 구조로, 각종 경제조직과 정보가 각 단계마다 위로 집중되어 횡적인 연결 이 거의 없다. 이 차이가 경제발전에 거대한 영향을 미친다.

미국의 데이터는 무척 간단하며 정보 원가가 낮다. 지난주 미국에서 최 초로 실업급여를 신청한 사람 수를 알고자 한다면 몇만 몇천 명까지 정확 한 수치를 얻을 수 있다. 그러나 지난주 중국의 실업자 수를 정확하게 말 할 수 있는 사람이 없다. 왜냐하면 통계 데이터가 없기 때문이다. 설령 있 다 하더라도 각 지방 행정기관의 인사국에 분산되어 있는 데다 공개하거 나 횡적으로 공유하지 않는다. 그러므로 각자 알아서 추측할 수밖에 없다.

이 문제는 두 나라의 디지털 관리 분야에서 특히 거대한 차이를 나타낸 다. 황런위(黃仁宇, 중국의 역사학자 - 옮긴이)는 자신의 책에서 중국의 디지털 관리가 크게 낙후되어 있다고 지적했다. 국가발전개혁위원회의 한 인사는 '제13차 5개년 계획'을 세울 때 데이터 수집에 어려움을 겪었다고 고충을 토로했다. 상식적으로 생각하면 '제13차 5개년 계획'과 같은 국가 전략 프 로젝트 담당자는 관련 자료를 얼마든지 구할 수 있어야 한다. 그러나 현실 은 그렇지 않다. 통계국에서 자료를 구할 수는 있지만, 그 데이터가 완전

하지 않다는 것이다. 따라서 각 지역과 각 업계에서 따로 자료를 받아야
한다.

새로운 게임 규칙에 입지가 좁아지는 중국

중국은 횡적 경제 데이터의 원가가 매우 높다. 하지만 현대 서비스업은
빅데이터의 기반 위에 구축된다. 데이터 없이는 분석과 자문을 진행할 수
없으니 의견을 제공할 수도 없다. 현대 금융업 서비스와 기타 고급 서비스
분야에서 중국은 미국과의 경쟁이 불가능하다. 따라서 중국은 TPP라는
더 높은 단계의 새로운 게임 규칙에 수동적으로 대처할 수밖에 없다.

중국은 '뉴실크로드'를 이용해 난국을 돌파하다

그렇다면 중국은 TPP에 어떻게 대처해야 할까? 2014년 11월 10일 미
국의 외교 전문지 〈포린 폴리시(Foreign Policy)〉는 미국이 TPP 협상을 통해
중국을 변방으로 압박했다고 밝혔다. 이 논평은 중국이 2개의 선택지만을
앞에 두고 있으며, 어떤 선택을 하든 미국에 유리할 것이라고 지적했다.

첫 번째 선택은 중국이 TPP에 참여하지 않는 것으로, 이렇게 되면 미래
에 중국의 무역이 아시아태평양 시장에서 밀려날 가능성이 있다. 왜냐하
면 TPP 회원국은 상호 제로 관세나 아주 낮은 관세를 부과하기 때문이다.
이들의 시장에 진출하려면 높은 관세를 물어야 하므로 중국 제품은 경쟁
력을 잃을 것이다.

두 번째 가능성은 중국이 과거 WTO 가입을 신청한 것처럼 자세를 낮
추고 TPP 가입을 타진하는 것이다. 미국은 가혹한 조건을 제시할 것이다.

중국 시장을 더 개방하지 않으면 가입을 거부할 것이다. 결국 중국이 어떤 선택을 하든 미국에 유리하다.

이 논평에는 중국이 '금선탈각(金蟬脫殼, '금빛 매미는 허물을 벗어야 만들어진다'는 뜻으로 상대방이 눈치채지 못하게 도망친다는 의미로 쓰인다. - 옮긴이)'으로 대응한다는 말은 나오지 않았다. '금선탈각'은 내가 선택한 사자성어다. 이것은 중국이 '뉴실크로드' 전략을 쓴다는 의미다. 상대가 나를 포위하면 다른 돌파구를 찾아서 포위망을 벗어난다는 것이다. 중국은 지금 서쪽 방향으로 발전하며 유라시아 대륙을 향해 뻗어감으로써 포위망을 뚫었다. 이는 미국 〈포린 폴리시〉에서 경악한 부분이기도 하다.

'뉴실크로드'와 TPP의 차이

〈포린 폴리시〉는 뉴실크로드와 미국 TPP 협상의 3가지 차이점을 언급했다.

첫째, TPP는 고도의 시장 개방과 자유를 요구한다. TPP에 가입해 제로 관세 혜택을 누리려면 각종 조건에 부합해야 한다. 다시 말해 시장을 전면 개방해야 한다. 그러나 중국의 뉴실크로드 전략은 완전히 다르다. 중국은 참여한 모든 국가에 '혜택이 돌아가는 원칙'을 강조한다. 이것은 상호 이익 원칙과 다르다. 상호 이익 원칙은 쌍방 간에 이익이 돌아가는 것인 반면, '혜택이 돌아가는 원칙'은 당사자는 물론 주변의 다른 나라까지 혜택을 보는 것이다.

미국이 고도의 시장 개방과 자유를 강조하는 반면 중국의 '뉴실크로드 전략'은 이런 언급 자체가 없다. 따라서 중국의 무역 조건을 모든 국가가 기꺼이 받아들일 것이다. 왜냐하면 모든 국가에 이익이 돌아가기 때문이다. 바로 이 점이 뉴실크로드가 많은 호응을 받으며 각국이 열렬히 환영하는 이유다.

'뉴실크로드'는 정부가 이끈다

둘째, TPP는 정부가 경제에 개입하는 것을 엄격히 제한하며, 국유 기업이 경제에서 차지하는 비중 역시 엄격히 제한한다. 그러나 뉴실크로드는 정반대로 중국과 각국 정부가 강력히 추진하며, 국유 기업이 선봉에 나선다. 가령 고속철도, 인프라 건설, 석유 수송관 분야에서 모두 가능하다. TPP가 주장하는 것과 완전히 다른 점이다.

관심의 초점이 다르다

세 번째 차이는 무엇일까? TPP의 관심은 농업, 지식재산권, 환경보호, 고급 서비스업에 집중된다. 미국의 강점이 발휘되는 분야이기 때문이다. 반면 뉴실크로드의 관심은 고속철도, 고속도로, 에너지 협력, 제조업 이전 등 인프라 건설에 집중된다.

다시 말해 중국은 TPP와 같은 무역 조건을 유라시아 대륙의 국가들에게 요구하지 않는다. AIIB(아시아인프라투자은행)가 단시간에 그토록 많은 국가의 호응을 얻을 수 있었던 비결도 여기에 있다. 미국의 기준은 지나치게 높은 반면 중국의 문턱은 매우 낮다. TPP에 가입하는 국가들은 상응하는 대가를 치르고서도 수익은 불확실하다. 반면 뉴실크로드에 참여하는 국가들은 적은 대가를 치르고 거대한 수익을 얻을 수 있다.

'뉴실크로드'의 단기 목표는 전략의 우회

단기적으로 뉴실크로드의 첫 단계는 경제 전략의 우회이다. 미국이 주도하는 TPP가 추진하는 하이엔드 분야의 압박과 봉쇄에 직접 맞서서 경쟁하기는 어렵다. 중국이 취약한 산업 분야이기 때문이다. 그러므로 적의 주력 분야를 피해 허를 찌르는 것이 낫다. 유라시아 대륙으로 뻗어나가 근거지를 확장하고 그 지역 경제와 통합하는 것이다. 이는 바둑에서 먼저 세를 취하고 나중에 땅을 빼앗는 것과 비슷하다.

해상권과 육상권의 대격돌

장기적으로 뉴실크로드의 기본적인 목표는 육상권의 우위를 축적하여 해상권을 대체하는 위상으로 성장하는 것이다. 역사적으로 해상권을 장악한 국가들은 16세기 이후에 부상했다. 지난 500년간 해상권을 장악한 국가들이 세계 맹주의 지위를 석권한 반면 육상권을 장악한 국가의 우위는 취약했다. 이것은 국제무역의 대루트가 육상에서 해양으로 옮겨왔기 때문이다. 해상권을 장악한 국가들이 해상 무역로를 지배하고 세계 부의 흐름을 장악했다. 당시의 포르투갈, 스페인, 네덜란드, 영국 및 오늘날의 미국은 모두 해상권을 장악한 국가들이다.

해상무역의 단점과 한계

해상무역에는 2가지 장점이 있다. 하나는 원가가 싸다는 것이고, 다른 하나는 규모가 크다는 것이다. 해상으로 다니는 배 이외에 인프라 시설이나 도로 건설이 필요 없다. 농업시대와 공업시대에는 이것이 큰 장점이었다. 그러나 해상무역에도 중대한 결함이 있으니, 속도가 느리다는 것이다.

그리고 이것은 극복할 수 없는 장애물이다.

과거 공업시대에는 2개월이든 6개월이든 별반 차이가 없었다. 그러나 오늘날 정보화시대, 특히 미래의 인터넷 경제 시대에 정보 전달 속도는 초 단위로 계산된다. 시장 변화는 예측 불가능하고, 고객의 수요는 날마다 변한다. 느린 해상운송은 빠르게 변하는 현대사회에 이미 심각한 장애로 자리 잡았으며, 시장 경쟁에서 갈수록 열세에 놓이게 된다.

유라시아 대륙의 양 끝단, 즉 중국 동부에서 서유럽까지 해상으로 가면 40~50일이 걸린다. 가령 프랑스 파리의 패션 의류를 시장에 출시하면 첫 달에는 많은 사람들이 디자인과 색깔에 열광한다. 그러나 해상운송으로 몇 달이 지나서 아시아에 도착하면 그 디자인은 어느새 구식이 되어버린다. 따라서 소비자들의 구매욕도 급감하며 시장 규모도 작아진다.

인기 있는 전자제품, 가령 아이폰 사용자라면 누구나 가장 먼저 신제품을 손에 넣고 싶어 한다. 그래야 주변에 과시할 수 있기 때문이다. 그러나 제품이 컨테이너에 실려 배로 2개월 뒤에나 도착한다면 몹시 괴로울 것이다. 글로벌 동시 출시를 통한 폭발적 시장수요를 기대할 경우 해상 물류 시스템의 느린 속도는 그에 맞출 수 없다. 결국 시장 잠재력이 간접적으로 축소된다.

해상운송에 도사린 가장 심각한 문제는 새로운 시장의 개척을 가로막는다는 것이다. 유라시아 대륙에서 연해 지역의 면적과 인구 규모는 한정되어 있으며, 대다수 경제 지역은 내륙에 위치한다. 그곳에는 수억의 인구, 풍부한 에너지와 원자재가 있으며, 거대한 농업경제 기반이 있다. 그러나 바다에서 멀리 떨어진 탓에 시장 잠재력이 억제되었다. 가장 대표적인 예가 신선한 채소와 과일이다. 산지에서 항구까지 육상으로 운반한 후 기나긴 해상운송을 거쳐 몇 개월이 지나서 받아보면 상품은 이미 변질되어 있다. 따라서 이 시장은 존재할 수가 없는 것이다.

유라시아 대륙을 횡단하는 고속철도망이 건설된다면 상하이에서 서유럽까지 불과 48시간밖에 걸리지 않는다. 중앙아시아에서 상하이와 유럽까지 가는 데는 하루밖에 안 걸린다. 그렇게 되면 그동안 존재할 수 없었던 시장을 시간과 속도의 발전으로 개척할 수 있다. 수십억 인구의 소득은 현저하게 증가할 것이다. 더 큰 내륙 시장을 개척할 수 있기 때문에 경제 규모는 상상을 초월할 정도로 확장된다.

3개의 고속철도를 통해 중국이 봉쇄를 돌파하다

현대 경제에서 중요한 것은 속도와 시간이다. 빠르게 돌아가는 현대사회에서 시간의 중요성이 점점 커지고, 운송 비용의 중요성은 점점 줄어든다. 많은 비즈니스 기회는 속도 경쟁에서 비롯된다. 당신의 상품이 남보다 하루 빨리 도착해야 시장을 선점할 수 있다. 2개월이 지나 다른 사람의 상품이 도착했을 때, 그 시장은 이미 당신의 상품으로 넘칠 것이다. 해상권 장악 국가들이 통제하는 해상 무역로는 육상권 장악 국가가 통제하는 고속철도를 통한 무역로에 비해 시간적으로 훨씬 불리하다.

이틀이면 런던에 도착하는 유라시아 철도

중국은 내륙으로 진출하여 유라시아 대륙의 경제 지역과 연결하는 전략을 추진하고 있다. 고속철도를 이용하면 유라시아 대륙 전체의 내부 경제와 통합하는 데 상상 이상의 효과가 있기 때문이다.

현재 중국이 추진하는 고속철도 노선은 3개이다. 그중 하나는 동북 지방에서 출발해 모스크바까지 러시아를 횡단한 후, 모스크바에서 벨로루시를 경유해 독일 베를린에서 파리를 지나 최종 목적지인 런던에 도착한다. 이 노선의 전체 길이는 1만여 킬로미터이며 2일이 소요된다. 과거에는 상상도 할 수 없었던 빠른 속도이다. 이렇게 되면 중국은 러시아, 동유럽, 서유럽 시장과 더욱 효과적으로 융합할 것이다.

여러 철도 노선이 종횡으로 교차하는 유라시아 철도망

두 번째 노선은 중앙아시아 철도로, 신장을 출발해 중앙아시아 각국을 경유하고 이란의 테헤란에 도착한 후 터키를 거쳐 유럽으로 진입한다. 이 노선으로 중앙아시아와 중동 시장 전체가 활성화될 것이다. 세 번째 노선은 범아시아 철도로, 중국의 쿤밍을 출발해 싱가포르까지 연결되며, 동남아시아 국가들은 이를 통해 큰 경제적 효과를 누릴 것이다.

이 3개의 철도 간선망 간에는 남북 방향의 도로망이 구축되어, 최종적으로는 유라시아 대륙을 횡단하는 고속철도망과 연결된다.

이것이야말로 새로운 글로벌화이며, 유례없는 규모의 유라시아 대륙 통합 시장을 창조할 수 있다. 유라시아 대륙의 모든 국가들이 최대 수혜자가 될 것이다. 고속철도 무역망을 조직한 중국도 역사상 유례없는 지정학적 혜택을 누리게 된다.

물론 현재 고속철도는 화물이 아닌 사람을 태우는 용도로 설계된다. 그러나 미래의 발전 추세를 보면 대용량 화물 고속철도의 출현이 예견된다. 비록 기술적 난이도가 높지만 시간이 지날수록 기술 문제도 극복될 것이다.

고속철도, 해상권 통치 지위에 도전하다

세계지도를 펼쳐보면 유라시아 대륙이 세계 최대의 면적을 차지하고 있음을 알 수 있다. 전 세계 대다수 인구가 이 대륙에 살고 있다. 이 지역의 경제 통합이 실현될 경우 미국은 고립된 '섬'이 되어버릴 것이다. 빠른 속도를 내세운 고속철도의 탄생은 과거 500년간 해상권을 장악한 국가들의 지위를 근본적으로 흔들어놓을 것이다. 48시간이라는 횡단 속도에 비하면 수십 일이 걸리는 해상로는 지나치게 느리다. 이런 상황에서 해상무역은 대륙 고속철도에 차츰 자리를 내주게 되고, 해상권 장악 국가가 육상권 장악 국가보다 우월하다는 관념도 바뀔 것이다.

전 세계 대다수 인구가 유라시아 대륙에 살고 있는 만큼 세계 최대의 시장이 여기에 있다. 유라시아 대륙은 세계에서 가장 많은 에너지와 원자재가 집중된 곳이다. 유럽의 선진 기술, 중국과 인도의 거대한 노동력 등 모든 것이 있는 유라시아 대륙이 통합되면 감히 경쟁할 자가 있을까? 대서양과 태평양을 끼고 있는 미주 대륙의 우위는 새로운 시대에 오히려 단점으로 작용해 경제의 '외딴섬'이 될 것이다.

따라서 고속철도 무역 루트의 전략적 의의는 과잉 생산을 수출하는 것이 아니다. 그것은 이 루트의 잠재력을 지나치게 낮게 평가한 것이다. 진정한 가치는 육상 무역으로 해상무역을 대체하여 전 세계 부의 흐름을 바꾸고, 유라시아 대륙의 통합을 통한 새로운 글로벌화를 형성하는 것이다. 최종적으로는 육상권을 장악한 국가들이 재도약하는 데 있다. 이는 세계 역사의 중요한 전환점이 될 것이다.

고속철도 건설의 원가 계산

고속철도가 그토록 큰 변화를 가져온다면 이 거대 프로젝트에 어느 정도 비용이 들어갈지 계산해 봐야 한다. 고속철도 무역 시스템이 과연 수지 타산이 맞을까?

고속철도 1킬로미터당 1억 위안의 건설 비용

유라시아, 중앙아시아, 범아시아, 3개 고속철도의 총 길이는 최소 4만 킬로미터이다. 이 기간망을 건설하려면 얼마나 많은 돈이 투입되어야 할까? 중국의 고속철도 건설 비용을 근거로 계산하면 지역별로 큰 차이가 있기 때문에 세계은행의 최근 평균치로 계산해 보자. 시속 350킬로미터의 고속철도를 건설하는 데 드는 평균 비용은 1킬로미터당 1.29억 위안, 시속 250킬로미터의 고속철도는 0.87억 위안이다. 둘의 평균값을 취하면 1킬로미터당 1억 위안(약 169억 원)이다.

특기할 점은 현재 적재량이 적은 고속철도 기술을 기반으로 산출한 데이터라는 것이다. 적재량이 많은 고속철도의 경우 비용은 훨씬 더 올라간다. 여기서는 어림셈으로 따진 것이다.

세계은행의 중국 고속철도에 대한 평가는 다음과 같다. 건설 비용은 대략 선진국의 3분의 2이며, 고속철도 운임은 전 세계 운임의 4분의 1 또는 5분의 1 수준이다. 다시 말해 중국의 고속철도 비용과 운임이 선진국보다 낮다. 많은 사람들이 고속철도의 운임이 뭐가 싸냐고 항변할 것이다. 비싸기 짝이 없다면서 말이다. 그렇다면 일본이나 유럽의 고속철도를 타보기 바란다. 그곳의 고속철도 요금은 중국보다 더 비싸다. 이러한 건설 비용으로 추산했을 때, 유라시아 대륙에 3개의 기간망 철도를 건설하려면 최소

4조 위안(약 677조 원)이 필요하며, 지선까지 추가하면 가격은 더 올라간다.

4조 위안은 약 6500억 달러이다. 미국이 아프가니스탄에 주둔하며 십수 년간 총 2조 달러를 썼다. 이 돈으로 고속철도 12만 킬로미터를 건설할 수 있다. 그러나 미국은 이런 곳에 돈을 쓰지 않고 아프가니스탄에서 허비해 버렸다. 아프가니스탄의 인프라 시설은 십수 년 동안 아무런 발전이 없다. 중앙아시아의 인프라 시설이나 미국 본토의 고속철도 단 1킬로미터를 건설하는 데도 쓰이지 않은 것이다. 게다가 아프가니스탄의 상황은 십수 년 전과 다름없이 비참하다. 이것이 패권 국가 미국이 천문학적 비용을 쏟아부은 대가다. 필요한 인프라 시설에는 투자하지 않고 그 돈을 전쟁에 써버린 것이다. 체면은 그럴듯하게 세웠을지 몰라도 오랫동안 그 대가를 치러야 한다. 이것이 역사적으로 반복되는 과도한 제국 확장의 결과다.

해상로 비용은 정말 저렴할까?

6500억 달러가 들어간 고속철도로 충분한 수익을 낼 수 있을까? 막대한 투자금을 회수할 수 있을까? 총수입은 얼마나 될까? 이 부분에 대해서도 대략적인 계산이 필요하다. 2014년 중국과 유럽 간 무역액은 총 6천억 달러였다. 컨테이너로 운반하는 데 약 1천만 TEU(20피트 길이의 컨테이너 크기를 이르는 단위 – 옮긴이)가 필요하다. 1년 동안 1천만 TEU의 해상무역을 기준으로 대략적인 계산을 해보자. 유라시아와 중앙아시아 두 철도를 이용해 중국과 유럽 간 무역이 진행된다고 가정하면, 그 길이는 총 3만 킬로미터이다. 두 노선의 평균은 1.5만 킬로미터이며, 3만 킬로미터의 총 투자 금액은 약 4800억 달러이다. 이 투자로 수입을 얼마나 창출할 수 있을까? 이때는 정가를 계산해야 한다.

쓰촨의 이신어우(渝新歐, 충칭-신장-유럽) 노선을 예로 들어보자. 현재 세

번째 유라시아 대륙교가 개
통된 충칭에서 란저우(蘭
州)를 거쳐 우루무치(烏魯木
齊)까지 간 후, 이곳에서 중
앙아시아와 러시아 철도를
이용해 벨라루스를 경유하
여 독일의 뒤스부르크까지
연결된다. 전체 길이는 1만
1천 킬로미터이며 15일 걸
린다. 이 노선은 일반 철도
선이며 고속철도가 아님을
유의하기 바란다. 이 노선
의 운임을 분석하여 비교해
보자.

2014년 중국과 유럽의 무역액은 총 6천억 달러였다.

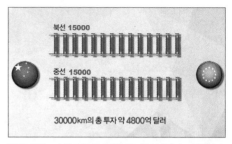

중국-유럽 고속철도 총 투자액은 약 4800억 달러로 추산된다.

충칭에서 이신어우 노선을 이용할 경우, 1TEU의 운송비는 6600달러
이다. 충칭에서 창장(長江)을 따라 항구로 가서 화물을 선박에 옮겨 싣고
유럽으로 향할 경우 50일 걸리며, 운송비는 3천~4천 달러이다. 운송비만
놓고 보면 해상운송이 더 저렴하다.

그러나 단순 계산으로는 본질을 파악할 수 없다. 각 컨테이너에 담긴 화
물 자체가 돈이며, 여기에는 운반 도중의 이자 비용이 붙는다. 이것은 운송
화물의 가치와 관련이 있다. 화물의 가치가 비싸면 이자 비용도 높아진다.
단순 비용은 해상운송이 저렴하지만 50일에 대한 이자를 감안하면 재무
비용이 결코 낮지 않다. 하루치 이자에 50일을 곱하면 얼마인가? 따라서
실제 운반 비용은 8천 달러로 봐야 한다. 철도 운송비는 6600달러이지만

15일밖에 걸리지 않기 때문에 자금이 묶여 있는 기간이 짧다. 따라서 유럽까지 운반하는 비용은 육로와 해상로가 거의 비슷하다고 봐야 한다.

이미 대량의 화물이 이신어우 노선으로 운반되고 있다. 이는 해당 노선이 시장에서 경쟁력이 있음을 말해 준다.

충칭에서 독일의 뒤스부르크까지 왜 15일이나 걸리느냐고 의문을 제기할 수도 있다. 기차로 가는데 그렇게 오래 걸릴 리가 없지 않은가! 여기에는 이유가 있다. 신장에서 카자흐스탄으로 진입하는 철도 레일 폭이 중국의 표준 레일과 다르다. 중국의 기차가 카자흐스탄 입구에서 화물을 다른 열차로 옮겨 실은 후 벨라루스를 경유해 폴란드에 도착하고, 다시 중국과 폭이 같은 유럽 철도를 달리려면 한 번 더 화물을 옮겨 실어야 한다. 이런 작업에 며칠이 소요되며, 이것이 시간을 지연시키는 가장 큰 요인이다.

두 번째 요인은 세관들이다. 경유하는 모든 나라의 세관에서 화물을 검사, 검역한다. 현재 충칭에서는 이를 단축하기 위한 조치를 취했다. 각 국가들의 협조를 받아서 화물이 지나가는 각국의 세관과 연계하여 통관 간소화를 실현한 것이다. 충칭에서 한 차례 세관 검역을 통과한 후 독일에 도착해서 한 차례 검사하는 것으로 끝난다. 경유지 국가에서는 세관 검사를 생략함으로써 운송 시간을 크게 단축했다.

해상 패권과 육상 패권의 경쟁

고속철도가 개통되면 충칭에서 뒤스부르크까지 48시간으로 단축된다. 15일에서 2일로 단축되므로 평균 이자 비용은 200달러 미만으로 줄어든다. 철도 운송이 재무 비용을 거의 0으로 낮춤에 따라 고속철도 운송비를 8천 달러로 조정하거나 심지어 더 높게 책정할 수 있다.

그렇다면 8천 달러의 요금을 내고 화물을 운송하겠다는 사람이 있을

고속철도 재무 비용은 제로(0)에 가까우며, 이에 따라 운송 비용은 8천 달러로 조정할 수 있다.

까? 재무 비용이 0에 가깝기 때문에 운임을 높여도 총비용은 별 차이 없다. 게다가 해상로는 50일이 걸리는 데 반해 철도는 48시간이면 되기 때문에 매력적인 요소로 작용한다. 속도가 빠르기 때문에 비즈니스 선점 기회를 제공하는 것이다. 당신의 화물이 유럽 시장 곳곳에 깔려 있을 때 경쟁자의 화물은 여전히 해상에서 표류 중이다. 더구나 한 달 이상 걸려야 겨우 도착한다면, 그 경쟁력 차이는 실로 크다.

중국과 유럽의 무역은 대부분 해상운송으로 진행된다. 절반만 고속철도로 가져오더라도 컨테이너 500만 개다. 1TEU에 8천 달러의 운임으로 계산하면 400억 달러의 수입을 창출할 수 있다. 전체 유라시아 대륙 두 노선의 총 투자 금액은 4800억 달러이며, 1년 영업수익은 400억 달러이다. 이 수입으로 이익을 창출할 수 있을까? 이것은 가장 큰 부분을 차지하는 이자 비용에 달려 있다. 4800억 달러를 투자할 경우 낮게 잡아도 1년 이자 비용이 240억 달러이며, 절반의 영업수익이 이자 비용으로 들어간다.

두 번째로 많이 차지하는 비용이 전력 소비량이다. 징후(京滬, 베이징-상하이) 고속철도의 몇 달간 전력 비용이 5억 위안이다. 그렇다면 유라시아 대륙 전체를 횡단하는 고속철도는 얼마나 많은 전력을 소모하며, 전기요금은 얼마나 들어갈까? 여기에 운영비, 수리비, 유지·보수비 및 설비 감가 상각 등이 추가된다. 베이징-상하이 노선의 경우 이자 비용에 3을 곱한 금액이 전체 운영 비용일 수도 있다. 이렇게 계산하면 고속철도는 수익이 날 수 없다. 그러나 이는 유라시아 대륙 양 끝단의 무역량을 기반으로 계산한 것이다.

앞에서 말했듯이 고속철도의 가장 중요한 역할은 유라시아 내륙 시장을 가동하여 경제 통합을 실현하는 데 있다. 내륙의 제품을 유라시아 대륙 양 끝단으로 운송하면 화물이 대규모로 증가한다. 동시에 유라시아 대륙 양 끝단에서 대량의 상품이 내륙으로 운송될 것이다. 내륙 시장의 가동으로 운송량을 배가할 수 있다면 고속철도 시스템 전체의 영업수익도 큰 폭으로 성장할 것이다. 이렇게 하면 재정적으로 균형을 이룰 수 있다. 따라서 고속철도 건설은 투자도 크고 리스크도 큰 프로젝트다.

하지만 고속철도 무역 대루트의 종합적 수익을 고려해야 한다. 이 노선이 유라시아 대륙의 경제 잠재력을 깨워서 통합 시장이 형성되면 지정학적 세력의 판도가 바뀌기 때문이다. 이 모든 것은 해상권을 장악한 국가들이 주도하는 국제무역 시스템에 중국이 가입하는 종합적 비용, 특히 상품의 가격 결정권을 변화시켰다. 고속철도 투자와 운영 구도, 특히 재무 비용으로 보면 적자일지도 모른다. 그러나 고속철도 무역은 중국의 국제무역 조건을 변화시켜 유라시아 대륙 무역 총량을 크게 증가시킨다. 최종적으로는 중국 상품 수출의 총수익이 늘어난다는 것이다. 해상운송에는 그 외의 추가 비용이 들어갈 수 있다. 가령 외교적 교섭, 국방비 증가, 달러의 제약 등이 해당한다.

따라서 해상무역의 '모든 비용'을 감안한다면 고속철도 무역의 총수익은 더욱 큰 흡입력을 갖게 될 것이다.

유라시아 대륙의 '소(小)달러'

이상의 분석 외에도 유라시아 고속철도는 중대한 가치를 지니고 있다. 그것은 위안화의 국제화 촉진이다. 중국은 고속철도의 주요 출자자이면서 주요 설비 제공자이자 시공자가 될 것이다. 따라서 각국은 중국이 자기들의 나라에 와서 고속철도를 건설해 주기를 바라며 중국을 기꺼이 지지한다. 중국이 돈과 노력, 기술을 투자한다면 대출 조건은 중국이 정하게 된다. 그러면 자연스럽게 위안화가 결제 화폐가 될 것이다. 고속철도 노선이 연접한 국가에 중국이 위안화 대출을 제공하고, 그들이 위안화로 중국의 설비와 서비스를 구입하면 중국은 물건뿐 아니라 위안화까지 수출하게 된다.

이것은 미국에게 배운 전략이다. 미국은 마셜플랜에서 이 방법을 썼다. 미국의 원조를 받은 유럽 국가들은 반드시 달러를 사용해야 했던 것이다. 마셜플랜을 통해 미국이 많은 원조를 하기는 했지만 얻은 것이 더 많았다. 유럽 전역이 달러화되었으며, 유럽 각국의 무역에도 달러를 사용했다. 이런 국면은 2000년 유로화가 출범하고 나서야 종지부를 찍었다.

위안화의 국제화는 고속철도라는 '동풍'을 타고 서쪽으로 향할 것이다. 노선이 지나가는 모든 국가는 위안화 대출을 받을 것이다. 이란과 파키스탄 두 나라에도 위안화가 쥐어진다면, 석유와 천연가스를 포함한 다른 상품을 거래할 때 위안화로 결제할 가능성이 크다. 이렇게 되면 모든 '일대일로' 국가에서 위안화가 광범위하게 유통되어 유라시아 대륙의 '소(小)달러'가 될 것이다. 우리가 달러를 부러워하는 것은 화폐의 패권을 장악했기 때문이다. 이는 주조세의 문제를 넘어서서 다른 화폐에 대해 큰 영향력을 지니게 된다. 장기적으로 위안화가 유라시아 대륙에서 광범위하게 유통됨으로써 얻게 되는 잠재적 수확은 짐작할 수 없을 만큼 거대하다.

과잉생산 문제를 효과적으로 해결한다

　뉴실크로드가 갖고 있는 또 하나의 전술적 장점은 중국의 과잉생산 문제를 효과적으로 해결할 수 있다는 것이다. 현재 중국은 경제 구조 조정이 필요하다. 철강, 시멘트 등 각 업종에서 과잉생산이 나타나고 있다. 유라시아 대륙에 수만 킬로미터의 철도, 도로, 석유 수송관, 전력 통신망을 부설하고, 수많은 교량, 창고, 역 등 인프라 시설을 건설할 경우 필요한 철강과 시멘트의 양은 얼마나 될까? 인프라 시설을 개선하면 현지의 시장 잠재력이 폭발하고, 중국 상품의 거대한 수요를 창출할 것이다. 그렇게 되면 중국이 직면한 과잉생산 문제는 상당히 완화되어 경제 구조 조정에 필요한 소중한 시간을 벌 수 있다. 뉴실크로드는 전략적 돌파에 그치지 않고, 새로운 전략적 우위를 창조하기 위한 목적이 더 크다.

CHAPTER
3

역사를 관망하다

거짓을 버리고 진실만 남겨야
미래를 똑똑히 볼 수 있다.

이스라엘

이스라엘은 세계에서 유일한 유대인 국가이다.
유대교와 유대인의 수천 년에 걸친 역사 경험이 교차하면서
형성된 것이 이스라엘 문화이다.
고대 유대문명은 인류 문명에 위대한 공헌을 했다.
이러한 유대문명의 지혜와 부가 계승된 비결은
과연 무엇일까?

16장

유대문명의 프리퀄

유대인이라고 하면 '천재', '재산 증식의 귀재'라는 이미지가 먼저 떠오른다. 총인구 1천만 명의 유대인이 세상을 바꾸는 힘은 어디서 비롯되었을까? 3천여 년에 걸쳐 문명이 단한 번도 단절되지 않은 비결은 무엇일까? 이번 장에서는 '젖과 꿀이 흐르는 땅'에서 그 답을 찾아보자.

유대문명은 어떻게 3천 년이나 지속되었을까?

유대문명은 몇천 년 동안 단 한 번도 단절된 적이 없다. 문명이 이토록장수하는 비결은 무엇일까?

아브라함은 믿음의 조상으로, 가장 유명한 사적 (事迹)은 자신의 외아들을 신에게 제물로 바친 것이다.

야곱의 아들 요셉이 형제들에 의해 이집트에 넘겨졌다가 훗날 이집트의 재상이 되었다.

여호와가 바다를 갈라 길을 내주자 이스라엘 사람들이 홍해를 건넜고, 모세가 지팡이를 휘둘러 홍해 바닷길을 메우자 쫓아오던 이집트 병사들은 물에 빠졌다.

이스라엘에 가기 전 웨이보를 통해 이스라엘에 대해 가장 궁금한 것이 무엇인지 물었다. 수백 명이 답변을 해주었는데, 이를 종합해서 몇 가지로 분류했다. 유대인은 어떻게 해서 돈을 잘 벌까? 유대인의 교육에는 어떤 특징이 있나?

유대인의 농업과 과학기술이 발달한 비결은 무엇일까? 중동 문제에 관심을 보인 사람도 있었고, 역사적으로 유럽 사람들이 유대인을 배척한 이유가 궁금하다는 사람들도 있었다. 이 밖에 많은 질문에 답할 수 있는 열쇠는 단 하나다. 즉 유대문명이 3천 년 동안 중단되지 않은 이유가 바로 그것이다.

현재 전 세계에 유대인은 1천만여 명에 불과하다. 게다가 그들은 2천 년 동안 자신들의 나라 없이 세계 각지에 흩어져 살았다. 이런 상황에서 어떻게 문명이 이어져 왔을까? 하나의 큰 미스터리라고 할 수 있다. 강력한 정신적 역량이 유대인의 문명 체계를 뒷받침하고 있으리라 생각한다. 이 질문에 답할 수 있다면 앞에 열거한 다른 의문도 저절로 해결될 것이다.

유대인을 최초로 기록한 이집트 파라오

역사적으로 유대문명의 기원에 대해 알려주는 가장 권위 있는 책은 당연히 《구약성경》이다. 거기에는 수많은 역사적 사실과 전설이 기록되어 있다. 역사적 사실을 구분하는 방법은 2가지, 바로 증거와 논리다.

《구약성경》 외에 역사적으로 유대인에 관해 최초로 기록한 사람은 이집트의 파라오였다. 기원전 1207년 이집트 파라오의 군대가 가나안으로 정벌을 떠나 이스라엘인을 크게 격파했다. '이스라엘인'이라는 말을 파라오가 최초로 기록한 것이다. 현재 이집트의 신전에서도 이러한 기록을 찾아볼 수 있다. 가나안이 바로 오늘날의 이스라엘이며, 이것이 확실한 증거이다.

증거를 확보했다면 어떻게 논리를 펼쳐야 할까? 나의 방법은 우선 무대를 세우고 배우를 소개한 후, 무대라는 큰 논리를 이용해 배우의 행위라는 작은 논리의 합리성을 분석하는 것이다.

무대는 지중해 연안의 국가들이고, 시기는 기원전 1200년이다. 이 시기가 매우 중요하다. 이를 기점으로 전후 300년을 두 단계로 나눌 수 있기 때문이다. 이전 300년은 인류 역사상 청동기시대 말기이자 역사상 1차 글로벌화의 절정기였다. 이후 300년은 1차 글로벌화가 붕괴한 이후의 암흑기였다. 유대인은 이 시기에 출현했다. 이전 300년에 유대문명이 시작되었고, 이후 300년부터 그들이 발전하기 시작했다.

지중해의 요동치는 정세

당시 지중해 연안에는 4대 강국이 있었다. 남쪽의 이집트, 북쪽의 히타이트(Hittite, 터키), 동쪽의 아시리아(주로 이라크 지역), 서쪽의 그리스(미케네문명 시대의 그리스)이다. 이 4대 강국 중 이집트의 세력이 가장 강했다. 지도에서 보면 이집트는 한 송이 장미꽃 모양으로, 나일강이 꽃대를 이루고 지중해 연안의 삼각주는 꽃잎에 해당한다. 이집트는 천혜의 지리적 우위를 갖고 있다. 동·남·서 삼면은 사막이고 북쪽으로는 지중해가 있다. 이 천연 장막 덕분에 이집트는 외부의 침략을 받지 않았다. 나일강은 교통의 편리함은 물론 농업에 필요한 비옥한 토양과 충분한 관개용수를 공급해 주었다. 이러한 이유로 이집트는 4개국 중 국력이 가장 강한 나라였다.

터키 중부에 위치한 북쪽의 히타이트는 인류 최초의 농업 발원지 중 하나였다. 목축업이 매우 발달했으며, 특히 야금업은 독보적이었다. 청동과 철광석 제련은 이 나라의 강점 분야였다. 여기에 충분한 마필(馬匹)과 전차 기술까지 더해 히타이트의 군사력은 이집트에 충분히 도전할 만했다.

당시 동쪽의 아시리아도 후발 강국으로, 북진하여 강력한 이웃 나라 미탄니(메소포타미아 유프라테스강 중류 연안에 후르리인이 세운 왕국 - 옮긴이)를 정벌하고 남하하여 바빌로니아를 통제함으로써

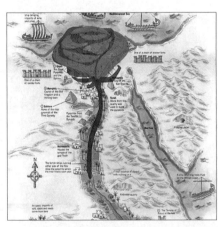

이집트는 한 송이 장미 모양을 하고 있다. 나일강은 꽃대에 해당하며, 지중해 연안에 면한 삼각주는 꽃잎에 해당한다.

남북에 위치한 두 나라를 효과적으로 제압했다. 그러나 지리적 위치가 좋지 않았던 아시리아는 늘 전쟁 위험에 둘러싸여 불안했다. 미케네문명을 꽃피운 서쪽의 그리스는 발달된 항해 기술로 지중해 무역을 이끌었다.

당시의 글로벌화 : 지중해 정상회담

4대 강국 사이에 많은 소국들이 있었으며, 수백 개의 공국(公國)이 시리아와 가나안 지역에 있었다. 당시에도 오늘날처럼 대국과 소국 간에 많은 왕래가 있었다. 글로벌화가 이미 성행했던 것이다. 예를 들어 이집트 신전의 벽화에는 히타이트 왕자, 그리스 왕자, 시리아 왕자 등이 이집트를 방문했다고 기록되어 있다. 당시의 글로벌 정상회담은 이집트가 주도했으며, 그들의 위상은 오늘날 미국에 해당한다. 각국의 정계 요인이 이집트에 와서 공동 관심사를 토론했으며, 우호적이고 열띤 분위기 속에서 회의가 진행되었다.

점토판에 새긴 외교 서한

국제회의 외에도 이들은 대량의 외교 서한을 주고받았다. 최초의 서한은 점토판에 설형문자를 새긴 것이다. 가마에서 높은 온도로 구운 점토판은 수천 년간 보존할 수 있다. 터키 지역에서는 5만여 개의 점토판이 발견되었다. 우리가 알고 있는 역사는 모두 이 점토판의 기록에

이집트 신전 벽화에는 지중해 연안의 글로벌화 활동이 기록되어 있다.

설형문자 점토판. 가마에서 높은 온도로 구운 점토판은 수천 년간 보존할 수 있다.

의한 것이다.

여기에는 대량의 외교 활동이 기록되어 있으며, 소국과 대국 간에는 부자 호칭을 썼다. 예를 들어 시리아 연해 지역 소국의 왕은 대국 키프로스에게 도움을 요청하는 편지에서 다음과 같이 썼다.

"부왕이시여! 저는 5~6척의 전함을 끌고 그쪽으로 가겠습니다. 제 수중에는 병력이 없고 야만인이 쳐들어오니 부디 오셔서 구원해 주시기 바랍니다."

당시 한 소국은 크레타섬에서 가죽 구두를 구해 바빌로니아의 함무라비 국왕에게 보내면서 이렇게 썼다.

"대왕님께 매우 정교한 구두 한 켤레를 바칩니다."

무슨 이유에선지 함무라비 국왕은 그 구두를 받지 않았다고 한다.

대국과 대국 간에는 형제 호칭을 썼다. 미탄니 국왕이 이집트 국왕에게 보낸 편지 내용을 보자.

"형제여, 내 부친이 즉위할 때 형제는 우리에게 많은 황금을 보냈소. 그런데 내가 즉위할 때는 황금이 그렇게 많지 않았소. 나를 무시하여 그러는 겁니까?"

바빌로니아 국왕은 이집트 국왕에게 보내는 편지에 이렇게 썼다.

"내 딸을 당신과 결혼시켜 이집트 왕후가 되게 하겠소. 그대는 내게 지참금으로 황금을 보내야 하오. 그러지 않으면 내 딸을 보내지 않겠소."

이집트 국왕은 바빌로니아 국왕에게 이렇게 답장을 보냈다.

"그대의 조건은 이상하군요. 나는 당연히 황금을 보내겠소. 그러나 당신이 따님의 결혼을 돈과 결부하는 것은 적절치 않다고 생각하오."

두 대국의 미묘하고도 흥미로운 관계를 보여주는 서한이다.

이집트 왕후가 히타이트 국왕에게 보낸 편지도 흥미롭다.

"내 남편은 이미 세상을 떠났고 내게는 아들도 없습니다. 최근에 대신하나가 나를 아내로 삼고자 압박을 가한답니다. 그러나 어찌 아랫사람과 결혼할 수 있겠습니까? 절대 안 될 일입니다. 그대의 아들이 여럿 있다고 들었는데 그중 한 아들과 내가 결혼하면 안 되겠습니까? 나와 결혼하면 파라오가 되어 이집트를 함께 통치할 수 있습니다."

히타이트 국왕은 기괴한 일이라고 생각했다. 믿기지 않았던 것이다. 하늘에서 복이 저절로 떨어질 리 없다고 생각한 그는 어떤 사정이 있는지 알아보려고 사자를 이집트에 보냈다. 이집트 왕후는 히타이트 국왕이 자기 말을 믿지 않는다며 화를 냈다. 결국 사실임을 확인한 히타이트 국왕은 왕자를 이집트에 보냈으나 도중에 이집트의 권력 있는 신하가 보낸 자객의 손에 살해당했다. 이 권력 있는 신하는 왕후에게 결혼을 강요했고, 왕후는 아버지뻘인 신하와 결혼했다.

이들 국가 간의 외교 서신을 보면 당시 국제 관계가 오늘날의 국제 관계와 다를 바 없음을 알 수 있다.

청동 무역을 얻는 자가 천하를 얻는다

당시 지중해의 글로벌 무역 시스템은 시계 반대 방향으로 진행되었다. 이집트의 선박이 먼저 가나안 지역에 닿은 후 시리아, 터키, 그리스를 경유해 이집트로 되돌아갔다. 도중에 연안 각국의 토산품을 사들여서 각 지역에 팔았다.

모든 국제무역에서 가장 핵심적인 상품은 청동이었다. 청동은 동과 주석을 일정 비율로 혼합하여 만드는 것이다. 동의 공급원은 키프로스를 비롯해 비교적 많았지만 주석 광산은 단 하나였다. 아프가니스탄의 북동쪽 끝에 있는 중국 신장의 카스와 인접한 곳이 당시 중동 전체의 주석 공급지였다. 무역로는 아프가니스탄의 북동쪽 끝에서 이란, 이라크를 지나 시리아로 이어졌다. 키프로스가 운반하는 동 역시 시리아를 경유했다. 따라서 시리아는 중요한 무역 집산지로, 북쪽의 히타이트, 남쪽의 이집트, 서쪽의 그리스에 공급하는 청동 무역의 허브였다.

청동 무역, 특히 주석 무역을 통제하는 나라가 각 대국의 운명을 좌우했다. 주석이 없으면 청동을 제련할 수 없고, 청동이 없으면 무기를 생산할 수 없기 때문이었다. 당시 귀족과 통치 집단만이 귀한 청동 무기를 지닐 수 있었다. 백성들이 반란을 일으키면 군사 통치 집단은 가장 앞선 청동 무기로 손쉽게 그들을 진압했다. 따라서 그때를 청동기시대라고 부른다.

무기를 만드는 것 외에 청동은 궁전에서 일종의 권력을 상징했다. 대국이 장기간 안정적으로 청동을 공급받지 못하면 패권 지위를 유지할 수 없었다. 어느 역사학자는 "당시 주석의 중요성은 오늘날 석유에 해당한다"

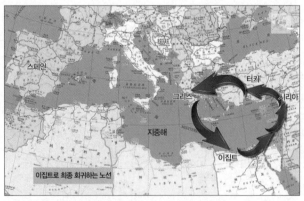

당시의 국제무역은 반시계 방향으로 진행되었다. 이집트의 선박이 먼저 가나안 지역에 닿은 후 시리아, 터키, 그리스를 경유하여 이집트로 되돌아갔다.

고 말했다. 이처럼 시리아 지역은 분쟁이 일어나기 3천 년 전부터 관심이 집중된 지역이었다. 청동 무역을 장악하려면 시리아를 통제해야 했던 것이다. 오늘날 미국이 중동 지역을 통제하는 것처럼 말이다.

지중해 지역의 세계대전

최강국 이집트는 시리아 지역을 통제할 필요가 있었다. 청동기시대 말기 300년 동안 이집트 병력이 10여 차례나 시리아에 출동했으며, 그중 두 번의 전투가 가장 유명하다. 그야말로 '세계대전' 시기라고 할 수 있었다.

메기도전투

'1차 대전'은 기원전 1479년에 일어났다. 이집트 파라오 투트모세 3세가 북상해 현재 이스라엘 북부 메기도 지역을 공격했다. 당시 수백 개 소국의 왕공(王公)들이 미탄니의 지지를 등에 업고 이집트가 쥐고 있던 시리아의 패권에 도전장을 내밀었다. 이집트 파라오는 시리아 지역의 반이집트 동맹을 무너뜨렸다. 이는 인류 역사상 문자로 기록된 첫 번째 전쟁으로 '제1차세계대전'이라고 할 수 있다.

카데시전투

'2차 대전'은 기원전 1274년에 일어났다. 이집트 파라오 람세스 2세가 병력을 이끌고 히타이트와 시리아 중부의 카데시 지역 쟁탈전을 벌였다. 약 10만 명이 동원된 전례 없는 규모였다. 이 전투는 기원전 1274년부터 기원전 1259년까지 15년이나 지속되었다. 결국 양측의 손실이 너무 커

고대 이집트 19대 왕조의 제3대 파라오 람세스 2세. 집권 시기는
이집트 신왕국의 마지막 강성 시기였다.

카데시 정전협정. 전문은 이집트 카르나크 신전과 아문 신전(테베)
의 벽에 상형문자로 새겨져 있다.

지자 어쩔 수 없이 정전협정을 체결했다. 3천여 년 전 냉병기(칼이나 창과 같이 화약을 사용하지 않는 무기 - 옮긴이) 시대를 감안하면 카데시전투는 가장 규모가 크고 치열한 전투였음을 알 수 있다. '카데시 정전협정'은 역사상 최초로 기록된 정전협정이다. 현재 그 문서는 세계 평화의 상징으로 유엔에 전시되어 있다.

트로이전쟁의 진상

정전협정을 맺은 또 다른 중요한 이유는 히타이트와 이집트 두 나라에 심각한 내부 문제가 있었기 때문이다.

히타이트는 그리스의 도전에 직면하여 트로이전쟁을 준비하고 있었다. 영화 〈트로이〉를 봤다면 트로이전쟁이 헬레네라는 미녀 때문에 일어났다고 생각할지 모른다. 호메로스의 서사시에서 주장한 이런 관점은 논리적으로 설득력이 떨어진다. 거대한 그리스가 고작 미녀 한 명을 뺏고자 5만 대군을 동원해 10년에 걸친 전쟁을 벌였을까? 당시 그리스는 터키 연안에 많은 식민지를 거느리고 있었는데, 이들을 동원해 히타이트의 패권에 도전한 것이 진짜 이유였다. 전쟁이 일어나기 전 히타이트는 그리스에 경제제재와 무역 금지 조치를 단행했다. 이는 역사상 최초의 경제제재이다. 경제제재가 별 효과를 거두지 못하자 기원전 1250년에 트로이전쟁을 일으켰다.

유대인이 역사 무대에 등장하다

같은 해 이집트가 직면한 문제는 유대인들이 이집트를 떠나고자 반란을 일으킨 것이었다. 당시 3가지 사건이 발생했다. 북쪽에서는 히타이트와 그리스가 트로이전쟁을 벌였고, 카데시전투는 종식되었으며, 남쪽에서는 이집트의 유대인이 반란을 일으켰다. 이러한 배경 속에서 유대인이 역사 무대에 어떻게 등장했을까? 《구약성경》에서 유대인을 묘사한 내용을 분석하면 그들의 행동 논리를 알 수 있다.

이스라엘 : 신과 씨름한 사람

중국 상고시대에 요, 순, 우 임금이 있었다면, 유대인의 상고시대에는 아브라함, 야곱, 모세라는 세 인물이 있었다. 《구약성경》에 기록된 가장 중요한 인물은 아브라함이다.

사실 아브라함은 유대인과 아랍인 공동의 조상이다. 비록 오늘날 아랍인과 유대인이 치열한 대치 국면에 있지만 그들은 아브라함을 공동의 조상으로 모신다. 당시 이라크 남부 우르에 거주하던 아브라함의 부족은 훗날 가나안 지역(지금의 이스라엘)으로 이주했다. 아브라함에게는 야곱이라는 손자가 있었는데, 그는 우리가 익히 알고 있는 중요한 인물이다. 《구약성경》에 따르면 야곱이 낯선 사람을 만나 씨름을 했는데, 알고 보니 여호와 신이었다. 여호와 신은 야곱이 씨름에 소질이 있다고 생각하여 그의 이름을 '이스라엘'로 개명해 주었다. 이것이 '신과 씨름한 사람'이라는 뜻을 지닌 '이스라엘'의 유래이다. 야곱에게는 12명의 아들이 있었는데, 그들이 훗날 이스라엘 민족의 12개 부족을 거느리게 되었다. 아브라함은 유대인과 아랍인 공동의 조상이며, 야곱은 이스라엘 12개 부족의 조상이다. 오늘날 전 세계 유대인은 모두 야곱의 후예이다.

유대인과 아랍인 공동의 조상 아브라함.

이삭의 아들이며 이스라엘의 조상인 야곱.

유대인의 이집트 진출 과정

기원전 18세기에 힉소스가 이집트를 공격해 파라오 정권을 무너뜨렸다. 힉소스의 승리는 선진 기술 덕분이었다. 특히 복합궁(複合弓)과 같은 무기와 이집트에는 없는 말이 끄는 전차를 가지고 있었다. 이 야만적인 힉소스 군대가 이집트에 쳐들어오자 파라오 군대는 막을 도리 없이 나일강 상류로 달아났다. 힉소스는 나일강 삼각주에 새로운 왕조를 세웠다.

바로 이 시기, 대략 기원전 1700년부터 기원전 1600년 사이에 유대인이 이집트에 진입했다. 유대인들은 그들의 신이 허락한 가나안 땅에 이미 도착했으면서도 이집트까지 간 이유가 무엇일까? 《구약성경》에 따르면 야곱의 한 아들이 이집트에 팔려 왔다가 파라오의 신뢰를 얻어 재상까지 되었다. 그 후 각국에 기근이 들었는데, 이집트에만 먹을 양식이 있었다. 이집트의 농업이 발달했기 때문이다. 파라오는 유대인에게 우호적이며 친절했다. 야곱의 아들이 형제들을 남쪽으로 부르면서 당당히 이집트에 진입한 것이다.

이집트 파라오가 유대인에게 우호적이었던 이유는 이집트 본토의 파라오가 아니라 힉소스 파라오였기 때문이다. 그들은 유대인과 같은 가나안 출신이며, 모두 같은 셈족일 가능성이 컸다. 유대인들은 이집트에서 많은 돈을 벌고 좋은 밭을 일궈 빠른 속도로 부를 축적했다.

그러나 훗날 이집트 파라오의 태도가 돌변해 유대인을 박해하기 시작했다. 선진 군사 기술을 장악한 이집트 본토의 파라오들이 군대를 이끌고 나일강 상류에서 반격해 들어와 힉소스 왕조를 무너뜨리고 이집트 밖으로 쫓아냈다. 기원전 1550년 이집트 본토의 파라오는 강력한 제18대 왕조를 수립하고 300년 황금기의 서막을 열었다. 이집트에 남아 있던 유대인들은 적국의 공민이 되었다. 이전만 못한 대우를 받기는 했으나 그럭저럭 지낼 수 있었다.

유대인의 처지가 급격히 악화된 것은 기원전 1290년이었다. 이집트 파라오는 시리아를 놓고 히타이트와 쟁탈전을 벌여 카데시전투를 준비했다. 그들은 병참 보급을 위한 성 2개를 건설하고자 했다. 유대인은 파라오의 강요로 건설 현장에 투입되었다. 약 40년 동안 유대인들은 모진 고통 속에

힉소스는 '외국의 통치자'라는 의미로, 이집트 외의 통치자(당시에는 주로 누비아의 지도자)를 지칭했다. 12왕조 초기에는 시리아—팔레스타인의 국왕을 지칭하게 되었다.

서 살아야 했다. 이 기간 동안 수십만 명이 대규모 저항을 했으나 그 결과는 혹독했다. 람세스 2세는 카데시 전투를 서둘러 끝내고 국내로 돌아와 유대인의 저항을 진압했다. 이 진압으로 유대인과 이집트 통치자 간의 갈등이 격화되어 기원전 1250년 유대인 대탈출로 이어졌다. 이것이 바로《출애굽기》의 역사적 배경이다.

유대인이 이집트에서 탈출하는 과정에서 새롭게 등장한 인물이 모세이다. 그는 유대인을 이끌고 40년간 시나이산에 머물면서 위대한 일을 해냈다. 바로 유대교를 창설한 것이다.

모세가 유대교를 창설하다

유대교의 특징은 다음과 같다.

첫째, 유대교는 유일신교로 모든 유대인은 여호와를 믿는다. 둘째, 신앙이 있은 후 성문 율법이 만들어졌다. 모세가 산에서 가져온 2개의 석판에는 '모세의 10계'가 새겨져 있었다. 그는 나무 상자를 만들어 석판을 넣어 두었다. 이른바 '계약의 궤'로, 유대인들에게 매우 신성한 것이다.

셋째, 모세가 대제사(大祭司) 제도를 수립하여 제사가 성문 율법을 집행한다. 넷째, 십일조를 제정하여 모든 유대인은 수입의 10퍼센트에 해당하는 양이나 농산물을 바쳤다. 이 시스템은 제사 계층을 부양하고 율법을 유지하는 데 사용되었다.

　모세가 유대교를 창설하기 전에는 전 세계에 유일신교가 없었다는 점에 유의해야 한다. 유대교와 기독교는 모두 아브라함을 유일신교의 선조라고 주장한다.

　유대인은 아인슈타인을 비롯해 세계적인 위대한 인물을 많이 배출했다. 그러나 인류 역사에 미친 영향력으로는 이들을 모두 합해도 모세 한 사람을 따라올 수 없다. 당시 모세가 창설한 유대교는 오늘날 세계 대다수 사람들의 신앙과 일상 행위에 간접적인 영향을 미치고 있다.

　유대교를 창설한 후 모세는 유대인을 이끌고 가나안 지역으로 돌아갔는데, 이때 유대인 역사상 중요한 기회를 맞이했다. 기원전 1200년을 전후해 전체 문명 세계의 모든 중심이 야만인들의 공격을 받았다. 야만인들은 가장 앞선 철제 병기와 강력한 기병을 보유하고 있었다. 그들은 해상과 육상으로 나눠서 히타이트, 아시리아, 미케네, 이집트 4대 강국을 침략했다. 동시에 그리스는 75년간 지속되는 지진 빈발기를 맞이했고, 중동에는 수십 년간 심각한 재앙이 지속되었다. 사방에서 기아와 내전이 일어났다. 국제무역의 대루트는 파괴되었으며, 글로벌화에 의존했던 각국 경제는 큰 타격을 받았다. 강대한 히타이트는 멸망했으며, 그리스를 중심으로 발달했던 미케네문명은 종말을 맞이했다. 아시리아는 겨우 명맥만 유

모세의 동상. 《출애굽기》의 기록에 따르면 모세는 하나님의 명을 받고 노예 생활을 하던 히브리 민족을 이끌고 고대 이집트를 떠나 풍요의 땅 가나안으로 향했다.

지했으며, 이집트의 세력은 축소되어 본토에 한정되었다. 수많은 소국들이 멸망함으로써 청동 문명을 기반으로 하는 글로벌 체제가 붕괴되었다.

4대 강국이 쇠락하자 시리아와 가나안에는 거대한 권력의 공백이 형성되었다. 유례없는 발전의 기회를 맞이한 유대문명은 이때부터 인류 문명의 무대에 본격적으로 등장했다. 유대인이 천재일우의 기회를 어떻게 이용해서 가나안 지역을 점령했는지는 이어서 자세히 소개하겠다.

17장

유대문명의 3왕 시대

유대인의 문명사는 매우 장대하지만 건국의 역사는 놀랄 만큼 짧다. 모세는 종교와 정치
혁신을 통해 나라를 건립하기 위한 기반을 다졌다. 하지만 그들이 가장 내세울 만한 3명
의 국왕 시기 이후로는 지리멸렬한 역사가 이어졌다. 이번 장에서는 유대 민족의 찬란했
던 시절과 비통한 역사를 돌아보자.

지중해 동안에서 일어난 쌍둥이 문명
- 페니키아문명과 유대문명

기원전 1200년은 유대문명사의 중요한 전환점이 되는 해였다. 이전의
300년은 가장 찬란한 청동기 말기이자 제1차 글로벌화 대발전의 시기였
다. 유대문명은 이집트에서 싹텄으며, 이집트에서 탈출한 후 40년간 점차
성장했다. 기원전 1200년부터 기원전 900년까지 글로벌화가 실패하고
기존의 국제무역 시스템이 붕괴되었다. 오래된 중동 문명의 중심지는 300
년의 긴 경제 침체기에 들어갔다. 제1차 암흑시대라고도 하는 이때 철기
시대의 서막이 열렸다. 이때 유대문명은 천재일우의 기회를 맞아 역사 무
대에 등장했다.

당시 4대 강국은 이미 다른 나라를 돌아볼 여력이 없었다. 히타이트와

그리스의 미케네문명은 이미 멸망했고 아시리아는 명맥만 이어갔으며, 이집트는 자국을 추스르기에도 급급했다. 다시 말해 지중해 동안의 모든 나라들이 권력의 공백기에 처한 것이다. 이 300년 동안 이집트에서 이라크까지, 이들 나라의 궁정 역사에서 지중해 동안 지역에 관한 기록은 매우 적다.

이러한 배경하에서 지중해 동안에 페니키아문명과 유대문명이라는 쌍둥이 문명이 탄생했다. 페니키아인과 유대인은 같은 셈족에 속한다. 당시 페니키아인은 지중해 동부 연안의 일부 항구 도시를 통제했으며, 유대인은 가나안의 내륙 지역을 점거했다. 양측은 긴밀하게 협력하여 국제무역을 진행했다.

청동과 염료로 천하를 평정하고 지중해 무역을 독점한 페니키아인

페니키아인은 가장 앞선 항해 기술을 보유하고 있었다. 그리스의 미케네문명이 쇠락한 후 페니키아인은 그 뒤를 이어 지중해 무역을 관리했다. 그리고 가장 앞선 조선 기술로 해상무역의 범위를 지중해 전체로 확장했다. 그들의 상업 식민지는 지중해 동안과 북아프리카 연안을 따라 튀니지까지 확장되었으며, 훗날 튀니지에 유명한 식민 도시 카르타고를 세웠다. 그 후 페니키아인은 몰타를 점령하고, 지브롤터해협을 건너 대서양까지 진출해 가장 멀리 영국에 이르렀다. 페니키아인의

카르타고 유적지. 아프리카 북해안(오늘날의 튀니지)에 위치하며, 바다를 사이에 두고 로마와 마주 보고 있다.

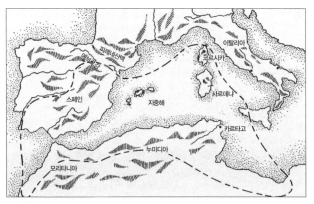

카르타고의 세력 범위. 페니키아인의 무역권은 과거 그리스인이 장악했던 범위보다 훨씬 컸다.

무역 범위는 과거 그리스인이 통제하던 지역보다 훨씬 넓었다.

페니키아인이 영국까지 진출한 이유가 무엇일까? 영국에 주석 광산이 있었기 때문이다. 기원전 1200년 이전의 300년간 청동기시대에 주석이 차지한 위상은 오늘날의 석유와 맞먹었다. 그 주요 공급지는 아프가니스탄 동북쪽 중국 신장의 카스에 인접한 지역이었다. 그러나 훗날 야만족이 철제 무기와 기병을 앞세워 문명의 중심지를 공격하자 국제무역의 대루트가 단절되어 아프가니스탄의 주석을 운반해 올 수 없게 되었다.

철기시대 초기에는 철의 성분이 여전히 높아서 주로 무기 제조에 사용되었다. 그 후 300년간 발전을 거치면서 철기가 농기구에 대량 사용되었다. 따라서 당시 청동 무역은 여전히 광활한 시장을 갖고 있었을 뿐 아니라 이익도 컸다. 청동을 제조하려면 반드시 주석이 있어야 했다. 아프가니스탄의 주석 공급이 끊어지자 페니키아인은 영국으로 갈 수밖에 없었다. 당시 영국은 최대의 주석 공급지였고, 주석은 페니키아인에게 돈을 벌어주는 최대의 상품이었다.

청동 무역 독점 외에도 페니키아인에게는 보라색 염료라는 또 하나의 핵심 제품이 있었다. 지중해에서 나는 보라색 소라에서 추출한 염색제는 선명하고 아름다운 보라색을 빚어냈다. 이것으로 염색한 옷은 물로 세탁해도 변색되지 않아 당시 가장 잘 팔리는 유행 제품이었으며 이윤도 많이 남았다. 영화에 자주 등장하는 그리스 귀족들의 보라색 가운은 페니키아 제품이다.

페니키아인은 장부를 적기 위해 속기용 알파벳을 발명했는데, 이것이 세계 최초의 알파벳이다. 훗날 그리스인이 이것을 참고하고 몇 개의 원음자모를 추가해 그리스문자를 만들었으며, 로마인은 그리스문자를 기초로 라틴문자(로마자)를 발전시켰다.

홍해 주요 항구를 통제하며 페니키아인과 협력한 유대인

가나안 지역에 들어간 유대인은 홍해에 면한 매우 중요한 항구 아카바만을 통제했다. 그들은 아카바만 북부에서 더 나아가 홍해 무역을 통제하며 새로운 발전을 맞이했다. 당시 항해 기술을 이용해 인도의 상품을 홍해의 예멘까지 운반해 올 수 있었기 때문이다. 따라서 매우 중요하고 큰 이익을 거둘 수 있는 인도의 향료와 금, 면 제품을 예멘으로 운반해 왔다. 이로 말미암아 예멘 지역도 매우 중요한 무역 허브로 빠르게 번영했으며, 이것이 《구약성경》에 기재된 시바 왕국이다.

오늘날의 예멘은 빈곤하고 낙후된 나라이지만 3천 년 전에는 매우 번성하던 항구였다. 인도와 동방의 많은 화물이 이곳에 모였다가 홍해로 운반되었다. 홍해에서 화물은 2개 노선으로 갈라졌다. 그중 하나는 이집트로 갔고, 나머지 하나는 아카바만을 거쳐 유대인이 통제하는 가나안 지역으로 갔다.

지중해 무역을 주도하던 페니키아인에게 유대인은 상업 파트너였다.

이집트 노선으로 갈 경우 동방에서 온 화물이 지중해 무역권에 진입하기가 쉽지 않았다. 동방에서 온 대량의 화물은 아카바만을 이용해 유대인이 통제하는 가나안 지역으로 들어가야만 지중해 무역이 순조롭게 이루어졌다.

3천 년 전 예멘은 동서양 무역에서 매우 중요한 상품 집산지였다.

유대인이 상업 수완을 발휘하다

페니키아인은 지중해 무역을 통제하고 지중해 시장을 개척하는 한편 유대인은 극동지역의 화물운송을 관장했다. 그렇게 해서 페니키아인과 유대인은 동시에 융성했다. 지금은 유대인이 장사 수완 좋기로 유명하지만 그들이 사막을 탈출했을 때만 해도 장사를 어떻게 하는지 몰랐다. 그들의 장사 기술은 페니키아 형제에게 배운 것이다.

페니키아인은 여러모로 유대인을 도와주었다. 그들은 서로 협력해서 핵심 상품인 주석과 향료로 많은 돈을 벌었다. 가나안 지역에 들어간 후, 특히 솔로몬 왕 시대에 유대인은 많은 부를 축적했다.《구약성경》에 따르면 도처에 황금이 깔렸고, 백은은 돌덩어리만큼이나 흔했으며, 향장목(香樟木)과 각양각색의 진기한 마노(瑪瑙)도 쉽게 접할 수 있었다. 당시 예루살렘에는 이런 물건들이 전혀 희귀하지 않았다.

이러한 역사적 배경을 이해하고,《구약성경》에 기록된 가나안으로 들어간 유대인의 역사를 살펴보면 많은 것들을 명확히 알게 된다.

시나이산의 정비 : 모세가 유대 부족을 정비하다

시나이산에서 유대교를 창설하고 유대인의 사상을 통일한 모세는 부족을 이끌고 어디로 갈지를 정했다. 또한 성문 율법을 창제하고 율법을 집행할 제사 제도를 수립했으며, 종교 운영을 뒷받침할 세금 제도를 확립했다. 이렇게 해서 신앙을 통한 중앙집권을 완성한 것이다. 이와 동시에 모세는 심층적인 제도 개혁을 추진했으니 이를 '시나이산의 정비'라고 할 수 있다. 과거에 각자 독립적인 생활을 해오던 유대 부족은 조직 생활에 필요한 단결력이 부족했다. 그러나 이제는 조직적인 행동이 필요했다.

신앙의 기초 위에 세운 중앙집권

유대인은 이집트에서 400여 년간 살았다. 야곱에게는 12명의 아들이 있었고, 이들이 각각 12개 유대 부족을 이끌었다. 모세는 각 부족에게 인구 통계를 요구했는데, 아마도 세계 최초일 것이다.

첫째, 모세는 12개 부족의 수장들에게 인구수를 조사하라고 했다. 특히 전쟁에 나갈 수 있는 20세 이상의 장정 수를 기록했다. 유대인이 가나안에 진입하기 전 12개 부족에서 전쟁에 동원할 수 있는 장정은 총 60만 명이었다. 여기에 여성, 어린이, 노인 수를 합하면 당시 유대인 인구는 100만이 넘었을 것이다.

둘째, 족장 제도를 수립했다. 그동안 각 부족들은 여러 곳에 흩어져 살았기 때문에 효과적인 조직 기구가 없었다. 모든 사람은 자기 가문의 족보를 파악해야 했다. 《구약성경》〈민수기(民數記)〉에 그 내용이 기록되어 있다. 족보를 파악한 후 각 부족의 지파(支派)는 족장을 한 명씩 선발해야 했다. 족장은 평화 시기에 민간의 분쟁이나 소송을 처리하고, 전시에는 군대를 통솔했다.

셋째, 60만 명의 청장년층을 관리했다. 이를 위해 모세는 천부장, 백부장, 오십부장, 십부장을 두어 유대 민족을 효과적으로 조직했다. 이를 통해 특히 전쟁을 대비한 동원 능력을 강화했다.

전문적으로 신을 섬기는 유대교 제사(祭司)

이 밖에 모세는 중앙 직속 부대를 설립하기 위해 중대한 개혁을 단행했다. 야곱의 셋째 아들 레위의 후손인 레위인으로 중앙 직속 부대를 구성했다. 레위인은 제사직을 담당하는 부족으로 세습되는 직책이었다. 그들의 주요 임무는 모세의 10계가 새겨진 석판을 넣어둔 계약의 궤를 보호하는 것이었다. 이러한 개혁을 통해 이스라엘의 역대 제사직은 기본적으로 레위인이 담당했다. 이런 규칙은 모세 때부터 정해진 것이다. 이스라엘에 가면 검은 외투에 검은 모자를 쓰고 수염을 기른 사람들을 볼 수 있는데, 그들 중 대다수가 레위인의 후손이다.

또 하나의 규칙은 모세의 가족사를 레위 지파에 포함한 것이다. 모세는 레위인에게 최대의 혜택을 제공했다. 즉 모든 유대인이 수입의 10퍼센트를 십일조로 냈는데, 이 돈을 제사 계층에 줌으로써 사실상 레위인을 부양한 것이다. 군대가 진을 치고 주둔할 때 레위인은 중앙군으로서 대진영의 중심에 서고, 다른 부족의 군대가 그들을 에워쌌다. 행진할 때도 레위인은 중간에 서고, 다른 부족들이 앞에서 길을 트고 뒤에서 엄호했다. 그러나 모세는 이스

레위의 후손인 레위인은 제사직을 담당하는 부족으로, 이 직책은 세습되었다. 그들의 주요 임무는 계약의 궤를 보호하는 것이었다.

라엘에서 레위인의 사유재산을 금지했으며, 그들은 신을 섬기는 직무를 맡았다.

유대인은 유일신을 모시고 성문 율법을 제정했으며, 율법을 집행할 제사 제도와 함께 이를 운영할 재정수입 제도까지 마련했다. 여기에 부족을 정비함으로써 유대인의 조직력과 전투력은 환골탈태했다. 그들의 조직력과 동원력, 신앙에 따른 응집력은 모든 유목민 중 가장 강력했다. 이들이 가나안 지역으로 당당히 진입했을 때, 그곳 원주민들은 경쟁 상대가 되지 않았다.

필리시테인, 유대인 망국의 골칫거리

200년 가까이 혼란을 겪어오면서 유대인은 많은 적을 해치웠다. 그러나 만만치 않은 상대가 있었으니, 바로 필리시테인(Pelishte)이었다. 필리시테인은 사실 그리스인이다. 미케네문명 후기에 그리스가 멸망하자 많은 그리스인들이 가나안 지역으로 이주했다. 뛰어난 무기와 투구, 갑옷을 갖추고 앞선 전차 기술까지 보유한 그리스인은 전쟁에 능한 민족이었다. 게다가 식견과 전략이 뛰어났다. 그들은 유대인과 무려 200년을 싸웠다. 그들은 유대인에게 없는 철제 무기를 가지고 있었다.

최초로 철기를 발명한 히타이트는 기원전 1500년에 이미 철기를 사용했다. 히타이트는 철기 기술자들이 다른 나라로 이주하는 것을 엄격히 금지함으로써 300년 동안 철광석 제련 기술 유출을 효과적으로 막았다.

기원전 1200년 히타이트가 멸망하자 철기 기술자들은 사방으로 흩어졌고, 이때부터 철기 기술이 다른 나라에 보급되기 시작했다. 그중 가장 먼저 기술을 습득한 나라가 그리스였다. 훗날 필리시테인을 포함한 그리스인들은 가장 먼저 철광석 제련 공업을 도입했다. 가나안 지역으로 이주한 그들은 유대인들에게 철기 기술을 전수하지 않았다. 유대인이 철제 무기를 활용하는 것을 우려했기 때문이다. 《구약성경》에는 "이스라엘 전역에 철기 기술자가 한 명도 없었다"는 기록이 있으며, 유대인이 작전 시에 무기가 부족하다는 말이 자주 언급된다. 필리시테인과의 전투에서 유대인은 번번이 패퇴하고 필리시테인의 통치를 받기도 했다.

강적 필리시테인을 물리치기 위해 유대인은 고심 끝에 혁신의 강도를 높였다. 시나이산의 제도는 이미 낡은 것이었다. 따라서 모세와 후계자 여호수아처럼 명망 있는 지도자에 의존하는 강력한 중앙집권제도를 더 이상 고수하지 않았다.

그 대신 유대인들은 군대 운영의 안정화를 의미하는 사사(士師) 제도를 마련했다. '사사(士師)'를 통해 이스라엘의 12개 부족을 효과적으로 동원하여 필리시테인과 전투할 수 있었다. 말하자면 전쟁이 이스라엘의 제도적 혁신을 이끌었다. 그들은 군사 지도자를 선정해야 했는데 당시에는 선지자와 제사 계층이 신의 계시를 받아 선택했다.

유대문명의 3왕 시대

필리시테인과 전쟁을 벌인 100여 년 동안 유대인은 사사 제도의 문제점을 발견했다. 가장 큰 문제는 권력 시스템이 불안정하다는 것이었다. 후계자의 공백이 생기면 장기간 지도자 없이 지내는 경우가 많았고, 12개 부족이 각자 다스리면서 큰 혼란이 빚어졌다. 당시 유대인들은 다른 대국의 선진 제도를 배우고 자기들의 국왕을 세우고자 염원했다.

백성들과 12부족 지도자들은 국왕 제도를 원했으나 제사 계층은 이를 탐탁지 않게 생각했다. 제사 계층이 모든 권력을 독점했기 때문이다. 중앙집권제도의 국왕이 등장하면 자신들의 권력을 나눠 줘야 했던 것이다. 《구약성경》에는 이런 내용이 있다. 선지자 사무엘은 원래 자기 권력을 아들에게 계승하려고 했다. 그러나 모든 장로의 반대에 부딪혀 결국 사울을 국왕으로 선출했다. 이때부터 유대인 3왕 시대에 진입했다.

사울 왕은 정말 정신병을 앓았을까?

사울은 기운이 센 역사(力士)였으며 용맹하고 전쟁에 능한 인물이었다. 사람들은 이런 그를 왕으로 추천했고, 선지자는 사람들의 뜻을 따라 어쩔 수 없이 그를 국왕으로 세웠다. 《구약성경》에 따르면, 기원전 1050년을 전후해 필리시테인이 유대 군대를 크게 격파하고 예루살렘 성 밑까지 추격해 왔다. 민족 말살의 위기에 직면한 상황에서 제사 계층은 부득이 사울을 국왕으로 추대할 수밖에 없었다. 사울은 모두의 기대를 저버리지 않고 유대의 각 부족을 이끌고 강적을 무찔러 영웅이 되었다. 국왕에 즉위한 후 사

사울은 결정적 시기에 이스라엘인들을 이끌고 필리시테인을 섬멸했다.

울은 자만심이 생겼으나 사람들 사이에 위상은 여전히 높았다. 그러나 《구약성경》에서 제사 계층은 이렇게 묘사했다. "사울은 정신이 비정상이고 정서가 불안하다. 늘 하프 연주를 시키며, 특히 다윗이 하프를 연주해야 안정을 되찾는다. 사울은 국왕이

되어서는 안 된다."

제사 계층은 사울의 후계자를 물색한 결과 다윗을 왕으로 추대했다. 다윗은 사울에 비하면 훨씬 겸손하며 외모도 수려하고 모두의 사랑을 받았다. 용맹성도 사울에 뒤지지 않았으며, 필리시테인의 용사 골리앗을 제거하기도 했다.

상식적으로는 국왕 자리를 아들에게 물려주는 것이 관행이었다. 제사 계층이 다윗을 국왕으로 임명한 것은 사울에 대한 명백한 도전이었다. 사실 사울이 정신병자일 가능성은 매우 낮다. 당시 가나안 지역에는 남북 양대 파벌이 있었다. 북쪽에 있는 10개의 이스라엘 부족은 사울을 지지하고 옹호했으며 그가 죽은 후에는 그의 아들에게 충성했다. 남쪽에 있는 부족은 2개뿐이었다. 그가 정신병자였다면 그토록 많은 부족들이 그의 가족에게까지 충성을 바치지는 않았을 것이다.

이런 이유로 사울과 다윗은 갈등이 많았다. 사울은 자신의 왕위를 당연히 아들에게 물려줘야 한다고 생각했지만 제사 계급은 다윗을 왕으로 추대했다. 두 사람의 갈등은 해결할 수 없는 것이었다. 하지만 사울은 이 문제를 해결하기 위해 고심한 끝에 자신의 딸 미갈을 다윗과 결혼시켜 다윗을 사위로 삼으려고 했다.

그러나《구약성경》의 기록에 따르면 사울은 여전히 다윗을 질투하고 박해했다. 이를 견디다 못한 다윗은 이스라엘을 떠나 필리시테인에 귀의했다. 국가에 반역하고 적에게 투항

사울의 딸 미갈이 다윗의 도피를 돕는 광경. 다윗은 사울의 박해를 못 견디고 달아났다.

한 셈이다. 이는 일생일대의 오점으로 남았고, 그로 인해 이스라엘 북부의 10개 부족은 다윗에게 불만을 품었다. 훗날 필리시테인과의 대전에서 열세에 있던 사울과 그의 아들이 이끄는 군대 전원이 몰살당했다.

유대 부족을 통일한 다윗 왕

다윗의 정치적 수완은 확실히 사울보다 한 수 위였다. 《구약성경》에는 다음과 같은 이야기가 나온다. 사자가 뛰어 들어와 사울 부자가 전사했다는 소식을 다윗에게 전했다. 이것은 다윗이 왕이 된다는 것을 의미했고, 사자는 기쁜 소식을 전한 공을 얻게 되리라 기대했다. 그러나 다윗은 그 사자를 즉시 살해했다. 그리고 사울 부자의 죽음에 통곡했으며, 시(詩)를 지어 바치기까지 했다. 다윗의 태도에 이스라엘 북부 10개 부족 사람들의 마음도 누그러졌다. 다윗이 사울 부자의 죽음을 기뻐했다면 그들의 인심을 잃었을 것이다. 사람들은 다윗이 권세만 부리며 민족의 대의를 저버렸다고 비난했을 것이다.

고도의 정치술을 보여준 또 하나의 사건이 있다. 사울이 죽은 뒤 그의 또 다른 아들이 즉위했다. 북부의 10개 부족 모두 사울의 아들을 지지하자 다윗은 하는 수 없이 남부로 가서 왕위에 올랐다. 남부에는 유다와 베냐민 두 부족만 있었다. 이때부터 남북 분열 국면이 형성되었고, 이후 7년 동안 다윗은 사울의 아들과 내전을 벌였다. 훗날 어떤 사람이 사울의 아들을 살해한 후 그의 머리를 들고 칭찬을 기대하며 다윗을 찾아갔다. 그러나 다윗은 그 사람을 죽이고 시체를 사람들 눈에 잘 띄는 성문에 걸어두었다. 그리고 사울 아들의 장례를 성대하게 치러주었다.

그렇다고 해서 다윗 왕이 사울 가문에 대한 경계심을 품지 않았던 것은 아니다. 절름발이였던 사울의 손자에게 가문의 땅을 그대로 남겨주되, 그

다윗의 정권이 이스보셋 정권과 교전하는 모습. 이스보셋은 사울의 아들이다.

다윗은 이스라엘의 수도를 남쪽의 헤브론과 북쪽의 세겜 중간에 있는 예루살렘으로 옮겨 남북 세력의 균형을 이뤘다.

에 대한 북방 유대 부족의 충성심을 의식해 날마다 자신과 같이 식사하라는 조건을 달았다. 사실상 그를 연금 상태에 둔 것이다.

《구약성경》에는 상세한 부분까지 기록되어 있다. 다윗이 2개에 불과한 남부 부족 출신이었던 반면, 북부에는 10개의 부족이 있었다. 인구수는 북부의 부족이 남부의 부족보다 5배 더 많았고 역량 차이도 컸다. 게다가 북부의 10개 부족은 다윗 가문을 탐탁지 않게 여겼다. 다윗 때부터 솔로몬 시대에 이르기까지 심지어 솔로몬 사후 100년이 지나서도 불만을 품었다. 따라서 다윗은 북방 부족에 대한 경계심을 늦추지 않았다.

다윗 왕의 정치적 전략을 보여준 사건이 또 하나 있다. 수도를 이스라엘 남부의 헤브론에서 예루살렘으로 옮긴 일이다. 당시 북부의 부족들은 세겜과 실로 일대에 집중적으로 거주하고 있었다. 남북을 통일한 후 다윗 왕은 수도를 어디로 정할지 고심했다. 남부로 정하자니 북부의 부족들과 심리적으로 소원해질 것이고, 북부로 정하자니 자신의 근거지가 아니어

다윗과 밧세바

서 마음이 놓이지 않았다. 그래서 중간 지점의 예루살렘으로 수도를 정한 것이다.

다윗 왕이 예루살렘을 점령한 후 이스라엘은 점차 번영의 길을 걸었다. 다윗도 조금씩 자만심이 생겼다. 어느 날 성 안을 돌아보던 그는 한 여인이 목욕하는 장면을 우연히 목격했다. 여인의 아름다움에 매료된 그는 사람을 시켜 그 미녀의 집안에 대해 알아보았다.

그녀는 히타이트인의 부인으로 이름은 밧세바라고 했다. 히타이트인 남편은 다윗의 충실한 근위병으로 전쟁터에 나가 있었다. 다윗은 밧세바를 궁전으로 불러들여 자기 여자로 삼았다. 얼마 후 밧세바가 임신을 하자 더 이상 숨길 수 없게 되었다. 다윗은 모진 마음을 품고 밧세바의 남편을 전쟁터에서 전사하게 만든 다음 밧세바와 결혼했다. 이 사건은 《구약성경》에 상세히 기록되어 역사적 논쟁을 불러일으켰다.

사울과 다윗, 그리고 솔로몬은 모두 모세의 계율을 어겼으며, 그 행위는 사형죄에 해당한다. 그러나 제사 계층은 이들을 단죄할 수 없었다. 권력 앞에서 법은 늘 힘을 잃게 마련이다. 제사 계층의 입법으로는 왕을 견제할 수 없었다.

다윗 왕 앞에 놓인 가장 큰 문제는 후계자 지정이었다. 그는 17명의 아들을 두었지만 왕위는 단 한 명에게만 돌아갈 수밖에 없었다. 《구약성경》에는 왕위를 놓고 경쟁하던 다윗의 아들들이 서로를 살해했다는 내용이 있다. 다윗은 셋째 아들 압살롬을 가장 총애했다. 압살롬은 '이스라엘 최고의 미남'으로 불릴 정도로 외모가 뛰어났으며, 부왕의 총애를 등에 업고 왕위 계승을 꿈꿨다. 그는 제사들과 병권을 장악한 사령관들을 측근으로 두었고, 외부 행차에 나설 때는 50여 명의 경호원이 행렬 앞에서 길을 틀 정도였다. 사람들은 왕이 판결해야 할 사건에도 압살롬을 찾아갈 정도로 그의 권위는 막강했다. 《구약성경》에는 압살롬이 이스라엘 사람들의 인심 을 훔쳤다고 기록되어 있다. 더욱 거침없는 행보를 보이던 그는 심지어 쿠 데타를 책동하기까지 했다. 다윗 왕은 한때 예루살렘을 떠나 어쩔 수 없이 가장 총애하는 아들과 혈전을 벌여야 했다. 이 전쟁에서 수만 명의 이스라 엘 사람들이 사망했다.

다윗 왕은 비록 이스라엘을 통일했지만 전쟁으로 한평생을 보냈다. 따 라서 다윗 시대에 이스라엘은 강력한 제국이었다고 볼 수 없다.

화려한 업적의 솔로몬 왕

아들들의 권력 다툼으로 고심하던 다윗 왕은 솔로몬에게 왕위를 물려 주었다. 솔로몬이 통치하던 시기에 이스라엘은 진정한 강대국으로 발전 했다.

솔로몬이 왕권을 안정시킨 후 이스라엘은 전쟁을 끝내고 평화적으로 발전하기 시작했다. 솔로몬은 현재의 이스라엘 국경과 팔레스타인, 레바 논, 시리아 남부와 요르단 일부 영토를 확정했다. 그리고 이집트, 아시리 아, 바빌로니아와 당당히 맞설 강력한 세력으로 성장했다. 솔로몬 왕은 페 니키아인과 손잡고 국제무역을 시작했으며, 아카바만 항구를 통제하고 동 양과의 무역을 통해 많은 금은보화를 확보했다.

《구약성경》에 따르면 솔로몬의 아내가 1천 명에 달한다고 한다. 예멘의 시바 여왕도 솔로몬 왕을 사모하여 금은보화와 향료를 싣고 먼 길을 찾아

동방정교회의 솔로몬 성상. 이스라엘의 가장 지
혜로운 국왕으로 추앙받는 솔로몬은 예루살렘 성
벽과 제1성전을 건설했다.

왔다. 솔로몬을 보자마자 사랑에 빠진 시바 여왕은 그와의 사이에서 훗날 예멘의 국왕이 되는 아이를 낳았다. 이집트 파라오는 공주를 솔로몬과 결혼시켰다. 수천 년 동안 전통적인 제국으로 군림한 이집트는 공주를 외부인과 결혼시킨 적이 없었다. 솔로몬 왕이 이집트 공주와 결혼한 사건은 유대인이 유목민에서 귀족 계층으로 승격했음을 의미한다. 솔로몬 왕은 이로써 화려한 명성을 떨쳤다.

솔로몬 왕 최대의 업적은 유대인 최고의 제1성전을 건설한 것이다. 그는 7년에 걸쳐 예루살렘의 성전산에 제1성전을 세워 계약의 궤를 보관했다. 성전산은 유대인이 오랫동안 신성시해 온 장소로 이후 3천 년의 유대인 역사에 영향을 미쳤다. 솔로몬 왕의 업적을 모두 합해도 제1성전을 세운 업적에는 미치지 못한다.

3왕 시대가 끝나고 유대인 유랑 시대에 진입하다

기원전 1050년부터 기원전 930년까지 120년은 사울, 다윗에서 솔로몬에 이르는 이스라엘 3왕 시대로 유대인 역사상 가장 빛나는 시기였다. 그러나 호시절은 오래가지 않았다. 솔로몬 왕이 죽고 나서 이스라엘은 남북으로 분열되었다. 북방의 10개 부족은 다윗 가문을 여전히 인정하지 않았으므로 솔로몬 왕의 아들은 국면을 통제하지 못했다. 북방 10개 부족이 세금에 불만을 품고 반란을 일으키면서 이스라엘은 북이스라엘과 남유다로 분열되었다. 북이스라엘은 이후 재기한 아시리아에 의해 멸망했으며, 북부의 10개 부족은 쫓겨나 사방을 떠돌다 타민족에 동화되어 역사의 뒤안길로 사라졌다. 지금까지 남아 있는 유대인은 남유다의 2개 부족, 즉 야곱의 후손들이다. 남유다는 훗날 신바빌로니아에 의해 멸망했으며, 그들의 후손이 현재 세계가 공인하는 유대인의 조상이다.

오늘날 우리가 말하는 유대인은 넓은 의미와 좁은 의미로 나눌 수 있다. 좁은 의미의 유대인은 야곱의 후손으로 남유다에 남아 있던 2개 부족의 후예를 말한다. 넓은 의미의 유대인은 모세가 세운 유대교에 귀의한 사람들을 지칭한다. 중국 허난 지방에는 유대교를 믿는 사람들이 있었는데, 현재 이들은 이스라엘로 이민을 갔다.

다윗과 솔로몬 시대는 유대 국가가 가장 번영한 시기였지만 유대문명이 가장 빛났던 시기라고 할 수는 없다. 어떤 나라든 대운을 맞은 시기가 있으며, 오랜 문명의 나라는 저마다 빛나는 시기가 있었다. 그러나 한때 휘황했던 역사를 뒤로하고 사라져버린 나라들도 허다하다.

그런데도 유대인이 여전히 건재하다는 사실이야말로 우리가 집중적으로 연구할 부분이다. 사람이 곤경에 처했을 때의 행동을 보라는 옛말이 있다. 일이 잘 풀릴 때는 모든 것에 거품이 끼게 마련이어서 인품을 제대로 판단할 수 없다. 어떤 일에 실패하여 곤경에 처했을 때야말로 최소한의 덕목을 가진 사람인지 알아볼 수 있다. 진정한 인품은 어려움에 처했을 때 드러난다. 솔로몬 왕이 죽자 나라는 분열되었다가 망국의 운명을 맞게 되었고, 제1성전도 파괴되었다. 그러나 이런 시련을 겪으면서도 유대문명은 의연히 전승되었으니, 이는 깊이 연구할 가치가 있다.

18장
유대문명의 부의 계승

유대인은 수천 년간 살육을 당했으며 나라를 잃고 세계 곳곳을 떠돌았다. 그러나 그들의 문명은 한 번도 단절된 적이 없었을 뿐 아니라 그들이 축적한 부는 대를 이어 계승되었다. 〈포브스〉는 전 세계 억만장자 400명 중 60명이 유대인이라고 밝힌 바 있다. '세계 제일의 상인'으로 불리는 유대인들이 부를 계승하는 비결은 무엇이며, 우리는 이들에게서 무엇을 배울 수 있을까?

유대인 부의 시초

유대인은 이재에 밝은 것으로 알려져 있다. 이 세상의 모든 돈이 유대인의 주머니에 들어 있다는 말이 있을 정도다. 월가는 유대인이 장악했고, 인텔, 구글, 오라클, 페이스북의 창시자 모두 유대인이다. FRB의 역대 총재 중 재닛 옐런, 앨런 그린스펀, 벤 버냉키가 유대인이다. 미국 부호 랭킹에서 절반을 차지하는 것이 유대인이다. 따라서 현재 유대인은 금전의 '선지자'인 셈이다.

모세가 유대인을 이끌고 이집트를 떠날 때, 그들은 한 무리의 유목 민족에 지나지 않았다. 세상 경험도 많지 않은 그들은 아랍인이나 튀르크족과 마찬가지로 장사에 특별한 재능이 없었다. 유대인이 처음으로 큰돈을 번 것은 페니키아인과 손잡은 뒤부터였다. 3천여 년 전 가나안 지역에 진입한 유대인은 페니키아인과 손잡고 국제무역에 뛰어들었으며, 이익이 많이 남는 주석과 향료를 독점했다. 페니키아인이 유대인에게 장사를 가르쳐주었다고 할 수 있다. 유대인은 300년 동안 페니키아인에게 장사하는 법을 익혔다.

유대인의 핵심 경쟁력 : 계약 정신

훗날 그리스인은 로마인과 함께 지중해 무역에 진입하여 세계적 상업무대에서 각 민족과 경쟁을 펼쳤다. 이때 유대인의 비즈니스 재능이 점차 두각을 나타냈다. 그들에게는 다른 민족보다 강한 '계약 정신'이 있었다. 《구약성경》이 유대인의 정신적 헌법이라면 《탈무드》는 그들의 생활 실천 가이드이다. 그들은 인간과 신의 계약을 삶의 곳곳에 관철하고 있으며, 상업 활동에서도 그것을 실천했다.

《탈무드》에 따르면 마지막 심판의 날이 오면 신이 5개의 질문을 하기로 되어 있다. 그중 첫 번째가 장사를 하면서 남을 속인 적이 있었는지 묻는 것이다. 그런 일이 있었다면 천국에 들어가지 못하고 지옥에 떨어진다. 경건한 종교 관념을 가진 유대인은 일상의 행위를 스스로 단속한다. 여호와를 유일신으로 경배하는 그들은 신과 자신들이 일종의

미켈란젤로의 〈최후의 심판〉. 4단계로 나눠서 최상층은 천국의 천사, 중앙은 예수그리스도, 아래층은 판결을 받는 사람들이며, 최하층은 지옥으로, 대심판의 광경을 묘사했다.

계약 관계에 있다고 생각한다. 그들은 신이 만민을 초월하는 지위로 유대인을 선택했다고 생각한다. 세계 각 민족 중 유대인만이 계약의 궤를 가장 신성한 경배의 대상으로 삼는다. 계약의 궤 속에는 신이 모세에게 내린 10계를 새긴 석판 2개가 들어 있다.

요컨대 유대인이 가장 경배하는 대상은 놀랍게도 법률 계약서인 것이다. 게다가 유대인에게 이 계약은 법적으로 이행해야 하며 신성불가침한 것이다. 이는 일종의 신앙으로, 믿지 않으면 나중에 지옥에 떨어진다. 독실한 유대인들은 계약을 위반하여 엄한 벌을 받는 것은 상상도 할 수 없다.

《탈무드》의 계약 정신에 관한 규정

다른 민족에도 성실한 장사에 관한 교훈은 많지만 율법 민족 유대인의 실행력은 따라가지 못한다. 《탈무드》에는 공정 거래를 위해 작은 상점이라도 저울추를 늘 깨끗이 청소하고, 손으로 만졌을 때 끈적끈적하지 않게 하며, 무게를 잰 후에는 저울을 닦아두어야 한다고 규정하고 있다. 물건을 팔 때는 하등품을 상등품으로 속여 파는 것을 금지했다. 예를 들어 과일 가게는 싱싱한 과일을 위에 올리고 상한 과일을 그 밑에 감추는 행위를 금지한다. 합리적 이윤을 위해 거래 가격은 평균 가격의 16퍼센트를 넘을 수 없으며, 이를 어기면 거래는 자동으로 효력을 상실한다. 물건을 사고 나서 마음이 바뀌면 일정 기한 내에 무조건 환불해 주어야 한다. 현재 상업 분야에서 통용되는 무조건 환불 원칙, 합리적 이윤, 공정한 가격, 정보 표시는 모두 《탈무드》에서 기원한 것이다.

유대인의 계약 정신은 많은 문학 작품에도 언급되었다. 대표적인 작품으로 셰익스피어의 《베니스의 상인》을 들 수 있다. 유대인 상인 샤일록은 안토니오라는 기독교도에게 돈을 빌려주었다. 계약 조건은 정해진 기한에 돈을 갚지 않을 경우 안토니오의 살 1파운드를 베어내는 것이었다. 장사에 실패한 안토니오는 빚을 갚을 수 없었고, 샤일록은 계약대로 그의 살을 베어 가겠다고 했다. 비록 문학 작품 속에 등장하는 이야기지만 유대인을 돈만 밝히

중세 프랑스의 유대인 형상. 중세 유럽에서는 유대인에 대한 이미지가 좋지 않았다.

는 족속으로 묘사하고 있다. 여기에는 당시 유럽 기독교도들이 유대인을 보는 시각이 반영된 것이다. 그러나 유대인들의 생각은 다르다. 그들은 계약은 계약일 뿐 어떤 조건이나 이유로도 번복할 수 없고, 일단 계약을 체결했으면 반드시 이행할 것을 주장한다. 계약을 이행하려는 유대인의 의지는 놀라울 정도다.

《베니스의 상인》은 중세 시대 유럽 사람들이 유대인에 대해 부정적인 인상을 가지고 있었음을 보여주는 한편 유대인의 계약 정신이 매우 투철했음을 보여준다. 그런데 오늘날에도 유사한 사례가 있었다. 한 일본 상인이 유대인 상인과 거래를 했다. 계약 규정에 따라 일본 상인은 유대인 상인에게 10만 개의 캔을 제공하기로 했으며 캔 1개의 무게는 100그램으로 정했다. 그런데 일본 상인이 작업 과정에서 실수로 계약에서 정한 것보다 50그램이 더 들어갔다. 일본 상인은 유대인 상인에게 이를 알리고 해결 방법을 구했다. 유대인 상인은 일본 측이 계약을 위반했으니 전량 반품을 요구했다. 일본 상인은 그렇게 할 경우 돈과 시간을 낭비하게 되니 초과한 50그램에 대해서는 돈을 받지 않고 100그램에 대한 돈만 받겠다고 제안

《탈무드》는 3300여 년 동안 전해져 온 양피지 서적으로, 유대인들이 죽을 때까지 연구한다.

했다. 그러나 유대인 상인은 계약에 적힌 것과 동일한 물품을 요구했고, 결국 일본 상인은 고스란히 손해를 떠안아야 했다. 계약에 철저한 것으로 정평이 난 일본인이 유대인과 거래하며 '적수'를 만난 셈이다.

유대인이 계약을 준수하는 이유

유대인의 계약 정신은 신에 대한 경외심에서 비롯되었다. 계약은 상업의 기반이 되며, 경외심은 계약 정신의 영혼이다. 사람들은 늘 성실과 계약 정신을 강조하지만 대부분 구호에 그친다. 계약을 위반하는 것은 경외심이 없기 때문이다. 우리가 생각하는 계약 정신과 유대인의 계약 정신은 이 점에서 차이가 있다.

유대인들이 정말 계약을 제대로 지키는지 논리적으로 반추해 보자. 그들이 정말 말만 앞세운 사람들이라면 수천 년간 각종 율법을 그토록 엄격히 지키는 것을 어떻게 설명할까?

우리의 문제는 생각이 너무 많아서 모든 대상을 경외하지 않는다는 데 있다. 경외심을 기반으로 하지 않은 계약 정신은 구호에 불과하다. 사람들이 유대인과 거래하면서 느끼는 점은 신용을 잘 지킨다는 것이며, 심지어 구두 약속도 매우 신뢰할 수 있다.

물론 계약을 지키지 않는 유대인 상인도 있겠지만 극소수이다. 유대인들이 계약을 잘 지키게 된 이유는 단순하다. 갖은 차별에 시달리며 의지할 곳 없던 유대인들은 신용을 지키지 않으면 유럽에서 장사를 계속할 수 없었다. 그들에게 신용은 목숨보다 중요한 것이었다. 중세 시대 한 프랑스 국왕이 병에 걸려 유대인 의사를 초빙하고자 했다. 유대인의 의술이 높고 평판이 좋기 때문이었다. 마침내 한 사람을 찾아냈는데 그 의사는 국왕에게 자신은 이미 기독교에 귀의했다고 말했다. 그러자 국왕은 안색이 변하면서 치료를 거부하고 다른 유대인 의사를 불러오라고 했다. 유대인을 싫어했지만 목숨이 경각에 달린 순간에는 유대인 의사를 신뢰한 것이다.

유대인의 핵심 경쟁력 : 유대인 네트워크

계약 정신과 함께 유대인이 갖고 있는 두 번째 핵심 경쟁력은 네트워크다. 서기 70년 로마에 내전이 발발했다. 당시 유대인은 로마제국이 곧 붕괴할 것이라고 여겨 로마의 통치에 반기를 들었다. 그 결과 많은 유대인들이 로마제국의 박해를 받고 쫓겨나 세계 각지로 유랑을 떠났다. 그들은 중동과 유럽으로 뿔뿔이 흩어졌고, 멀리 극동의 중국까지 간 사람들도 있었다. 중국으로 간 유대인들은 대부분 북송의 수도 개봉(開封)으로 갔다. 북송 시대에 금융 거래와 어음 거래가 가장 활발했던 것은 중국으로 간 유대인 이민자들과 관계 있다.

세계 각지로 흩어진 유대인은 자연스럽게 상업 네트워크를 구축했다

세계 각지에서 유랑하던 유대인은 다음과 같은 특징을 갖게 되었다. 첫째, 그들은 매우 독실한 신앙을 가졌다. 둘째, 그들은 강력한 계약 정신으로 무장했다. 셋째, 그들은 《탈무드》를 생활 실천 가이드로 삼았다. 문제 처리 방식이 거의 같고 동일한 히브리어를 사용하다 보니 세계 각지로 흩어져 있으면서도 자연스럽게 상업 네트워크가 구축되었다. 이러한 네트워

〈티투스의 예루살렘 정복〉. 서기 70년의 유대 전쟁에서 티투스는 예루살렘을 포위했고, 성지 예루살렘은 기근과 질병이 만연하여 끝내 함락되었다.

크로 유대인은 국제무역에서 우위를 갖게 되었고, 그 분야를 독점하면서 많은 부를 축적했다.

로마제국 말기에 서유럽의 유대인들은 차츰 농업을 멀리했다. 안식일인 토요일에는 일을 할 수 없기 때문이었다. 기독교에서 일요일은 휴일이기 때문에 유대인들도 밭일을 할 수 없었다. 시간적인 제약으로 말미암아 유대인들은 부득이 농업을 포기하고 상업과 수공업으로 전향하기 시작했다. 이 업종은 작업 시간이 상대적으로 유연하기 때문이었다. 그 후 게르만족이 로마제국을 무너뜨리면서 복잡하고 정교했던 글로벌화는 또다시 실패하고 경제는 자급자족 상태로 후퇴했다. 무역 활동은 크게 감소했으며, 기독교의 초기 교리는 고리대금업과 상업을 엄격히 금지했다. 상업 이윤이 영혼을 구제받는 데 걸림돌이 된다고 생각한 것이다. 그 결과 상업은 인기를 잃었으며, 금융으로 돈을 벌기 어려워졌다. 따라서 봉건 영주와 기독교도는 상업에서 손을 뗐으며, 방대한 땅을 소유하고 장원 경제에 종사했다. 이때 유대인은 특유의 능력으로 상업과 금융업 시장의 공백을 메웠다.

도시 경제권에 진출하여 양대 경제 네트워크를 구축하다

게르만족에게는 외지인이 현지 주민의 토지를 소유할 수 없다는 규정이 있었다. 첫째, 유대인은 토지를 소유할 수 없었기 때문에 상업에 종사하

유럽 유대인의 다양한 전통 기술을 나타내는 그림. 재봉, 구두장이, 제빵사, 방직공, 대장장이, 시계공.

는 수밖에 없었다. 둘째, 로마제국의 붕괴로 제2차 글로벌화가 실패했다. 과거의 복잡하고 정교한 생활방식을 유지할 수 없게 되었으며, 사람들은 자급자족 시대로 회귀했다. 봉건 지주가 다시 출현해 대형 농장을 경영했다. 그들은 장원 안에 모든 것을 갖추고 있었기 때문에 외부와 무역이나 상업적인 거래를 할 필요가 없었다.

이렇게 여러 요인이 복합적으로 작용함으로써 상업 무역량이 줄어들었다. 그러나 유대인에게 이것은 하나의 기회였다. 원래 국제무역에 종사했던 그들은 내부의 도시 경제권으로 무대를 확장했다. 그들은 글로벌 무역과 지역 및 도시라는 2개의 무역 네트워크를 구축했다. 두 네트워크가 상호 소통하는 과정에서 유대인들은 많은 이익을 거둬들였다. 사람들은 유대인이 이재에 밝다고 말하지만 그들은 개인의 노력에만 의존하지 않고 전체 상업 네트워크를 통해 수익을 벌어들였다.

유대인과 봉건 영주는 공생 관계를 형성했다

유대인들은 돈이 많았지만 정치적 위상은 높지 않았다. 중세 시대 정치적 지위는 토지와 연관되어 있었기 때문이다. 토지를 소유할 수 없었던 유대인은 돈이 아무리 많아도 봉건 영주나 국왕의 보호에 의존해야 했다. 따라서 유대인들은 봉건 영주나 국왕과 공생 관계를 형성했다. 영주들은 유대인의 상업 활동에 의존해 동양의 사치품을 구하는 한편 그들에게 많은 세금을 거둬들였다. 물론 유대인의 생활은 유럽 농노보다 나을 뿐 아니라 자유로웠다.

12세기 영국에 거주하던 유대인은 2500세대로 총인구의 1퍼센트에 불과했으나 그들이 내는 세금은 총인구의 7분의 1에 달했다. 이 수치를 통해 우리는 유대인이 중세 전기에 거액의 상업 이윤을 획득한 것을 알 수 있다. 풍요로운 경제를 기반으로 유대인들은 고리대금업에 종사했다. 로마제국 붕괴 때부터 10세기까지 500년간 유대인은 상당히 풍족한 생활을 누렸다. 또한 그들은 많은 돈을 벌었을 뿐 아니라 서유럽의 영주와 기독교도들과 우호적인 관계를 맺었다.

유럽인의 유대인 배척은 재산에 대한 혐오였을까?

10세기 이후 유대인의 위상에 변화가 생겼다. 유럽 사람들이 유대인을 배척하기 시작한 것이다. 그토록 총명하고 신용을 잘 지키는 유대인이 아니던가? 유럽 역사에서 유대인 혐오 사건이 자주 발생한 이유가 무엇일까?

이러한 상황은 유일신교 전통에서 비롯되었다. 조상을 숭배하는 민족에게는 종교 갈등이 없다. 반유대주의는 로마제국 후기 기독교의 부흥에서 비롯되었다. 유대교에서 파생되기는 했지만 기독교는 유대인에 대해 깊은 원한을 갖고 있었다. 그러나 여전히 이해되지 않는 부분이 있다. 예수가 바로 유대인이 아닌가. 예수를 신봉하는 기독교도들이 예수와 같은 민족을 미워한 이유가 무엇일까. 유대인에게 예수는 메시아, 즉 구세주가 아니며, 더욱이 선지자라고 여기지 않기 때문이다. 그렇다면 기독교가 신봉하는 예수는 가짜 선지자인가? 이 논리라면 기독교 신앙의 기초가 붕괴되는 셈이다. 기독교도와 유대인이 물과 불처럼 섞이지 못하는 근본 원인이 바로 여기에 있다.

기독교도는 유대인이 예수를 로마 총독에게 팔아넘겼다고 믿는다. 예수가 포교 과정에서 유대인의 미움을 샀기 때문에 로마 총독에게 선지자 노릇을 하는 사람이 있다고 예수를 고발했다는 것이다. 당시 로마 총독은 유대인의 일에 간여하고 싶지 않았으나 유대 제사 계층은 온갖 수단을 써서 예수를 죽이게 했다. 기독교도로서는 그야말로 용서할 수 없는 원한이다.

최근 이것이 모함이라고 주장하는 학자가 나타났다. 유대인이 예수를 팔아넘긴 것이 아니라는 주장의 근거는 다음과 같다. 첫째, 유대인은 당시에도 통치를 받는 계급으로 로마제국의 2등 공민이었다. 따라서 로마 총독이 그들의 요구를 들어줄 이유가 없다. 둘째, 당시 로마제국은 점차 기독교를 받아들여 나중에는 국교로 삼았다. 이런 로마제국이 예수를 죽였다고 비난할 수 없었던 기독교도들이 유대인을 속죄양으로 삼았다는 것이다.

진실이 무엇이든 유대인은 예수가 구세주라는 것을 인정하지 않았고, 이 점이 모든 기독교도의 분노를 샀다. 중세 시대 유럽에서 유대인은 기독교도 세계에서 유일한 이교도였으며, 유럽의 모든 기독교도의 타도 대상이었다. 게다가 유대인은 탁월한 능력으로 돈을 많이 벌었기 때문에 타인의 질투를 사기 쉬웠다. 유대인 배척주의는 표면적으로는 종교 갈등이었지만 본질적으로는 부자에 대한 혐오였다.

유대인은 기독교도 상인이 활약하는 데 방해가 되었다

10세기 이전에도 유럽에 반유대인 정서가 있기는 했지만 대규모 살상과 축출이 일어나지는 않았다. 이런 행위는 십자군 원정을 계기로 시작되었다. 1095년부터 유대인 배척과 살상, 축출 행위가 나타났는데, 그 배후에는 심오한 경제적 원인이 도사리고 있다.

유대인은 국제무역뿐 아니라 유럽 각 도시의 경제까지 독점하고 많은 돈을 벌어들였다. 476년 로마제국 붕괴 이후부터 10세기까지 500년간 전 유럽은 대혼란에 휩싸였다. 로마제국의 붕괴로 인한 대혼란은 10세기에 이르러서야 안정되면서 유럽의 경제가 부활했다. 도시는 생기를 되찾았고, 상업과 무역이 번성하기 시작했다.

화폐 수요가 확대되자 상업과 고리대금에 대한 교회의 금지령도 점차 완화되었다. 이때 도시 사회에는 2개의 세력이 나타났다. 하나는 점점 강해지는 기독교 상인들이었고, 나머지 하나는 수공업협회였다. 기독교 상인이 세력을 확장하는 데 있어 가장 큰 장애물은 유대인이었다. 당시 유대인은 각국 도시 경제에서 독점적 지위를 차지하고 있었기 때문에 기독교 상인과의 경쟁이 불가피했다.

이것이 기독교도, 그중에서도 상인 계급이 유대인 상인을 배척하게 된 중요한 배경이다. 당시 유럽의 각 대도시에 조직된 수공업협회가 기독교 상인 계급과 동맹을 맺고 유대인의 상업 활동에 맞서 치열한 충돌을 벌였다. 장원 경제가 붕괴하면서 몰락한 영주와 땅을 잃은 농민들은 유대인에게 높은 이자를 주고 돈을 빌려야 했다. 따라서 평민 계층까지 유대인을 증오하기 시작했다. 이전에는 봉건시대 국왕의 보호를 받았으나 내부적으로 큰 변화가 생기면서 전국적으로 유대인 증오 심리가 생겨났다.

십자군의 동쪽 정벌이 시작되자 사면초가의 위기를 맞은 유대인

역사적으로 중요한 시기에 십자군이 동방 정벌을 나서기 시작했다. 교황은 예루살렘을 함락하고 이교도를 말살하여 성지를 되찾으라고 지시했다. 국왕과 봉건 영주들은 자신의 세력 범위를 지중해 동안까지 확장하고 시리아, 레바논, 이스라엘, 키프로스 등을 점령했다. 국왕들은 이미 기독교도 상인 계층과 연맹을 맺고 상업 활동을 국제무역으로 확대했다. 이렇게 되자 기독교도 상인들은 자국뿐 아니라 국제무역에서도 유대인과 첨예한 대립을 하게 되었다.

유대인을 보호하던 국왕과 봉건 영주들이 기독교도 상인의 편에 서자 유대인은 매우 불리한 처지에 놓이게 되었다. 도시의 상인과 시민들뿐 아니라 농촌의 몰락한 영주와 빚을 진 농민들까지 유대인에게 반감을 가졌다. 교회는 그들을 적대시했으며 국왕의 보호조차 받지 못하게 되었다. 이렇게 해서 유럽에서 유대인에 대한 최초의 대규모 박해가 벌어졌다.

교황의 명령이 떨어지자 프랑스의 십자군은 즉각 부응했다. 생각해 보니 자신들 주변에 부유한 유대인들이 바로 이교도였다. 유대인들은 예수를 인정하지 않고 돈도 많은 부자들이다. 그러니 그들을 먼저 말살하기로 한 것이다. 1095년 교황이 명령을 내리자 프랑스는 유대인 대학살에 나서서 그들의 재산을 약탈하고 건물을 모조리 불태워 버렸다.

폭력 행위로 확산된 반유대인 정서

십자군이 생명의 위험을 무릅쓰고 동방 정벌에 나선 것은 종교적 이유도 있지만 경제적 이유가 컸다. 중동 지역을 점령해 약탈로 전리품을 얻을

〈십자군의 예루살렘 함락〉. 1099년 7월 15일 십자군이 마침내 예루살렘을 함락했다.

생각이었던 것이다. 프랑스 사람들이 유대인을 학살했다는 소식이 전해지자 독일도 술렁거리기 시작했다. 프랑스 십자군이 유대인을 약탈하여 많은 재산을 차지하는 것을 보고, 독일인들도 라인 지역을 지날 때 각 도시의 유대인을 학살하고 약탈했다. "유대인을 죽여 당신의 영혼을 구제하자!"는 것이 당시의 구호였다. 유대인 배격과 반유대인 정서가 폭력 행위로 확산된 것이다.

1099년 제1차 십자군 원정에서 예루살렘을 함락하고 성전산에서 10만 명을 학살했다. 종교에 대한 광적인 집착과 경제적 빈곤이 더해지자 십자군은 갈수록 악랄해졌다. 몇 차례의 십자군 원정을 통해 수많은 유대인이 학살되었다. 1240년 프랑스 사람들은 유대인의 재산을 약탈하고 수레 24대 분의 《탈무드》를 태워버렸다. 로마 교회가 유대인이 기독교에 동화되지 않는 원인으로 《탈무드》를 꼽았기 때문이다. 스페인은 1492년부터 대규모 유대인 배척 운동을 전개해 이단 재판소를 세우고 유대인 40만 명을 붙잡아 그중 3만 명을 살해했다. 역사적으로 무슬림은 기독교도보다 유대인에게 훨씬 너그러운 편이었다.

십자군 원정은 유대인의 상업 네트워크에도 심각한 타격을 입혔다. 국제무역에서 절대 우위를 차지하던 그들은 유럽 각국에서도 지역 네트워크를 통해 천하를 좌지우지할 정도였다. 그러나 십자군 원정으로 각국 경제 네트워크 자원이 훼손되었다. 다른 한편으로는 십자군 원정으로 지중해 동안을 점령하여 일련의 기독교 공국을 수립했다. 이렇게 되자 국제무역에서 유대인의 독점적 지위가 와해되었다.

금융 2.0 버전-세계에 분포된 금융 네트워크

수백 년에 걸친 십자군의 공격으로 유대인의 상업 네트워크는 큰 타격을 입었으며 재산 손실도 막대했다. 유대인은 이것을 어떻게 극복했을까? 바로 유대인의 '인터넷식' 네트워크 덕분이다. 그들은 신앙 네트워크뿐 아니라 상업 네트워크도 인터넷식이었다. 이러한 네트워크는 중앙 제어 시스템 없이 이산화(離散化), 탈중심화로 분산되었다. 독일에서 압박에 시달리던 유대인은 프랑스로 옮겨 갔고, 프랑스에서 반유대인 운동이 기승을 부리자 이번에는 중동으로 옮겨 갔다. 모든 국가가 동시에 반유대인 운동을 펼치지 않는 한 그들의 네트워크 시스템은 결코 파괴되지 않았다. 유대인이 이러한 인터넷식 상업 네트워크를 구축했기 때문에 그토록 강력하게 버틸 수 있었던 것이다.

유대인의 경제와 무역은 한동안 크게 쇠퇴했다. 하지만 회생의 기회만을 엿보고 있던 유대인은 독일을 베이스캠프로 삼아 재기에 나섰다. 독일은 유럽 동서 지역을 잇는 위치에 자리 잡고 있었다. 베를린은 유럽의 지리적 중심이자 교통의 허브로 동서남북의 상인들이 모여드는 곳이었다.

상인들은 자국에서 금화나 은화를 가져와 독일에서 상대국의 화폐로 환전했다. 독일은 완전히 새로운 상업 문명을 형성했고, 이러한 금융 모델은 지금까지 지구상의 모든 재산에 영향을 미치고 있다. 과거 유대인의 상업 활동이 수백만 년 전 아프리카 대륙의 원시 인류라면, 18세기 들어 이곳에서 전 세계로 퍼져나간 사람들은 현대 인류라고 할 수 있었다. 그들은 상업 네트워크보다 훨씬 앞서는 금융 네트워크로 진화했다.

1618년부터 1648년까지 30년 동안 독일에는 매우 처참한 30년전쟁이 발발했다. 독일 경제는 큰 타격을 입었고 농촌의 6분의 5가 파괴되었으며 인구도 크게 감소했다. 나라 전체가 산산조각이 나서 1800개의 공국으로 분열되었다. 그중 프로이센이 갑작스럽게 부상했는데, 그들은 영향력을 넓히기 위해 자금이 필요했다. 프로이센이 자금을 가진 유대인에게 특권을 주고 보호하자 유럽 각국에서 박해받던 유대인들이 대거 독일로 몰려들었다.

독일에 진출한 유대인들은 금융 분야에서 새롭게 구축한 것이 바로 금융 2.0이다. 전통적인 상업에 종사하던 유대 상인들이 구축한 것이 상업 네트워크였다면, 훗날 독일에 진출한 유대인들이 전 세계에 구축한 것은 매우 강력한 금융 네트워크였다. 이를 통해 전 세계에서 유대인의 영향력이 기하급수적으로 확대되었다.

19세기부터 오늘날까지 미국, 영국, 유럽의 금융 시스템을 주도하는 17대 금융 가문 중 대부분이 독일 출신 유대인이다. 우리에게 익숙한 모든 금융 제도와 규칙은 이들과 밀접한 관련이 있다. 그중 리먼 브러더스를 비롯한 일부 가문은 몰락했다. 로스차일드 가문처럼 모습을 감춘 경우도 있고, 일부는 구조조정과 합병을 선택했다. 그러나 그들이 구축한 세계적 금융 네트워크는 오늘날에도 여전히 건재하다.

유대인의 상업 지혜는 네트워크에 깃들어 있다

특정 개인에 초점을 맞춰 유대인 상인 전체가 총명하고 지혜롭다는 접근 방식에는 문제가 있다. 유대인의 상업적 지혜는 특정 개인이 아니라 전체적인 네트워크를 통해 발휘된다. "부자가 3대를 못 간다"는 말이 있다. 3대를 내려가는 동안 자손들이 돈을 다 써버린다는 뜻이다. 그러나 유대인이 2천 년 동안 세계의 부를 장악하고 있는 비결은 무엇일까? 그들의 부는 단순히 몇 대, 또는 몇 개의 가문에 걸쳐 계승되는 것이 아니라 인터넷식의 상업 네트워크와 글로벌 금융 네트워크에 기반을 두고 있다. 이 네트워크에 문제만 없다면 유대인은 세계의 부를 언제까지나 장악할 수 있다. 유대인의 부는 가문의 계승이 아니라 그들의 네트워크에 의해 지속된다. 이것이 바로 유대인이 몇천 년 동안 세계의 부를 장악해 온 비밀이다.

19장

유대인의 비밀을 계승한 인터넷 사유

유대인은 오랜 세월 나라 없이 떠돌면서도 다른 민족에게 동화되지 않았을 뿐 아니라 오히려 새로운 성과를 창조해 냈다. 그 비밀은 독특한 신앙, 지혜와 부의 계승에서 비롯된다. 유대인은 세계 각지에 유대인 '회당(Synagogue, 유대교의 예배당으로 예배, 각종 집회, 교육 훈련을 진행하는 장소 – 옮긴이)' 시스템을 최초로 구축했다. 전형적인 탈중심화, 이산화, 분포화의 인터넷 사유에 기반한 것이다. 이 체계는 유연성이 크고 견고하여 무너지지 않는다. 유대문명이 세계적으로 가장 성공한 문명 계승 시스템으로 성장할 수 있었던 비결이다. 이번 장에서는 유대인의 인터넷 사유가 어떻게 진화되어 왔는지 그 비밀을 풀어본다.

유대문명의 3대 계승

유대문명의 기원과 발전은 기원전 1200년 이전과 이후로 구분한다. 이전 300년은 인류 최초의 글로벌화가 절정에 달했으며 유대문명이 잉태된 시기였다. 이후 300년은 글로벌화 실패로 인한 암흑기로 권력의 공백 시대였으며, 유대문명이 두드러지지 않았다. 유대문명이 재평가된 것은 나라를 잃은 이후였다. "나라는 망했지만 신앙은 사라지지 않았으며, 민족은 흩어졌지만 지혜는 흩어지지 않았고, 재산은 잃었지만 상업은 잃지 않았다."

세계에서 가장 견고한 신앙과 가장 번성한 율법

이스라엘 남자와 결혼해 그곳에서 18년을 살고 있는 지인이 있는데, 처음에는 그곳의 풍습에 적응하지 못했다고 한다. 하루는 이스라엘에서 보기 어려운 중국 두부 몇 모를 구했다. 그녀는 가족들에게 중국 음식을 맛보이려고 프라이팬에 두부를 볶았다. 그런데 마침 부엌에 들어온 시아버지가 흰 두부를 보고 경악하더니 지팡이로 식탁을 두드리며 화를 냈다. 시아버지가 그렇게 화를 내는 모습을 처음 본 그녀는 얼굴이 파랗게 질렸다. 시아버지는 프라이팬을 빼앗더니 두부와 함께 집 밖의 쓰레기통에 냅다 던져버렸다.

그녀는 한참 후에야 이유를 알게 되었다. 시아버지는 두부를 치즈라고 착각했던 것이다. 프라이팬은 고기를 굽는 용도였다. 유대인 전통으로 고기와 우유는 절대 함께 먹어서는 안 된다. 《구약성경》〈출애굽기〉에는 어미 양의 젖으로 새끼 양을 삶아서는 안 된다는 율법이 있다. 어미 양의 젖으로 제 자식을 삶는 것은 너무 잔인한 일이다. 이 전통은 고기와 우유를 동시에 먹지 않는다는 엄격한 율법으로 발전했다. 그녀의 시댁은 평범한 유대인 집안으로, 독실한 유대교도는 아니었다. 그런 사람들조차 유대 율법을 엄격히 지키는데 보수적인 유대인은 얼마나 엄격하겠는가. 현재 이스라엘 인구 800만 명 중 보수적인 유대교도는 약 100만 명이다.

이것은 하나의 예에 지나지 않는다. 600개 조항에 이르는 율법이 유대인의 삶 곳곳에 스며 있다. 가령 안식일(금요일 일몰부터 토요일 일몰까지)에 전기를 사용해서는 안 된다. 밝은 불을 사용해서는 안 된다는 《구약성경》의 조항이 오늘날 전기 사용을 금지하는 것으로 발전했다.

이스라엘 방문에 동행한 친구 하나가 이 율법을 자세히 숙지하지 않았다가 큰 불편을 겪었다. 토요일 아침 식사 때 우리는 엘리베이터를 이용할 수 없음을 알고 걸어서 내려왔다. 그런데 엘리베이터를 탄 그 친구는 한참 지나 내려와서는 불만을 터뜨렸다. 엘리베이터가 층마다 자동으로 정지하는 바람에 고층에서 1층까지 내려오는 데 20분이나 걸렸다는 것이다. 안식일에 호텔 엘리베이터가 층마다 서는 것은 전기 사용을 금지하는 규정 때문이다. 손으로 버튼을 누르는 순간 율법을 위반하는 것이다. 유대인의 율법 의식이 얼마나 강한지 알 수 있는 대목이다.

안식일에는 이스라엘의 거리에서 차량을 거의 볼 수 없다. 전국이 마치 멈춰버린 것 같다. 호텔은 휴업하고 영화관은 문을 닫는다. 모든 사람이 집에 머무르며, 전기와 핸드폰, 심지어 인터넷도 사용할 수 없다. 말로만 듣던 율법 의식을 철저히 실감한 경험이었다.

단단한 신앙과 율법 계승의 길

무려 2천 년이라는 긴 세월 동안 유대인은 세계 각지에 흩어져 살았다. 그들은 나라를 잃었으며, 정부나 율법 집행 기구도 없었다. 여기서 큰 의문이 하나 생긴다. 나라를 잃고 중앙집권 기구도 없이 세계 각지에 흩어져 살아가면서 어떻게 신앙과 율법을 지킬 수 있었을까?

이 의문을 해결하기 위해서는 먼저 유대인의 율법과 신앙 체계가 어떻게 계승되었는지 알아야 한다. 3왕 시대는 유대문명이 꽃핀 시기였다. 그러나 호시절은 오래가지 않았다. 솔로몬 왕이 죽고 나서 이스라엘은 북이스라엘과 남유다로 분열되었다. 나중에 두 나라는 아시리아와 신바빌로니아에 의해 각각 멸망했으며, 솔로몬 왕이 예루살렘에 건설한 제1성전도 파괴되었다.

아시리아의 통치를 받았던 북부의 10개 부족은 독특한 신앙과 민족의 정체성을 지키지 못하고 점차 역사 속으로 사라졌다. 수도가 예루살렘인 남유다는 비교적 독특했다. 그들은 북이스라엘 사람들보다 신앙에 대한 집착이 강했다. 훗날 남유다의 많은 귀족과 제사 계층, 학자들이 신바빌로니아의 네부카드네자르 2세에 의해 바빌론으로 강제 이주했는데, 이것이 역사적으로 유명한 '바빌론 유폐'이다.

유대인의 이야기는 보통 여기서 끝난다. 무수한 민족이 나라가 망한 후 점차 역사에서 사라졌다. 그러나 유대인은 그런 전철을 밟지 않았다. '바빌론 유폐'를 당한 사람들은 대부분 유대인 사회의 엘리트였다. 예루살렘에 있을 때 그들은 권력 다툼에 빠져 신앙을 등한시했다. 나라가 망하고 다른 나라에 끌려와 더 이상 빼앗을 권력도 없고 땅도 없었으며, 마음을 쏟을 재산도 없었다. 이런 상황에서 그들은 집단적인 반성의 기회를 가지게 되었다. 그들은 뼈아프게 반성하는 대토론에 모든 정력을 쏟으며, 자기 민족에게 어떤 문제가 있는지를 생각했다. 최종적으로 도출한 결론은 그들이 신의 율법을 위반하고 여호와를 배신했기 때문에 신에게 버림받고 망국의 운명에 빠졌다는 것이었다. 다시 나라를 되찾으려면 반드시 신앙을 다지고 단단한 율법 체계를 재건해야 한다고 다짐했다.

유대인의 '정신적 헌법', 《구약성경》

이때부터 300여 년 동안 유대인 엘리트들은 날마다 모세 시대부터 전해 오는 각종 율법을 정리했다. 《모세오경》처럼 이미 성문화된 율법 외에 각 시대의 랍비, 제사의 어록처럼 구전되던 것은 해석과 변론을 거쳐 문자로 기록했다. 이 과정이 매우 중요하다. 모세가 세운 유대교는 아직 정리되지 않은 초기 형태였다. 그랬던 유대교가 300년간 갈고닦으면서 마침내 치밀한 신앙과 율법 체계인 《구약성경》을 정리했다. 유대인에게 《구약성

이스라엘 사해의 서북 연안에 인접한 강수량이 적은 산지인 '키르베트 쿰란(쿰란 유적지)'의 광활한 산속 동굴에서 사해문서가 발견되었다.

사해문서

경》은 언제까지나 변하지 않는 정신적 헌법이다. 일반적으로 헌법은 인간과 인간의 계약이다. 그러나《구약성경》은 신과 사람의 계약이다. 일반적인 헌법은 계속 수정안을 추가할 수 있지만 유대인의 정신적 헌법은 2천 년 동안 단 한 글자도 변하지 않았다. 20세기의 가장 위대한 고고학 발견인 사해문서가 이스라엘의 쿰란에서 발견되었다.

사해문서에는 기원전 150년부터 전해 오는《구약성경》과 기타 경문이 들어 있다. 사해문서의《구약성경》내용 중 한 편은 무려 8미터에 달하는 양피지 한 장에 적혀 있는데, 오늘날의 유대인《구약성경》과 거의 한 글자도 다르지 않다. 이는 매우 놀라운 일이다. 약간의 편차가 있는 몇 글자는 히브리어의 변화로 인한 것일 뿐 의미는 전혀 달라지지 않았다. 놀랍게도 2천여 년간《구약성경》을 베껴 쓰는 과정에서 오탈자가 하나도 없었던 것이다.

더욱이 양피지의 글씨체와 형식이 1천 년 후 발견된《구약성경》의 서체와 거의 같다. 경서를 필사하는 유대인들이 글씨의 획 하나까지 정확히 옮기기 위해 얼마나 정성을 들였는지 알 수 있는 대목이다. 유대인들은 목욕 재계한 후《구약성경》을 베껴 썼으며, 획 하나만 틀려도 버리고 새 양피지에 처음부터 다시 썼다. 극도의 경건함과 진지함으로 임해야 완성할 수 있는 일이다.

> **TIPS**
>
> 1947년 한 무리의 목동이 도망친 양을 찾아 사해 북서쪽 절벽 위를 헤매고 다녔다. 그들은 양이 11개의 동굴 중 한 곳으로 달아났다고 생각한 것이다. 그들은 한 동굴에 돌멩이를 던져보았는데 항아리가 깨지는 소리가 났다. 동굴 안으로 들어간 그들은 항아리 속에 담긴 양피지 두루마리를 발견했다. 학자들이 확인한 결과 양피지는 기원전 150년에 기록된 것으로 예수의 탄생과 성장 기록이 담겨 있었다. 이것이 바로 사해 문서이다. 매우 놀라운 이 발견으로 예수가 탄생하기 150년 전에 이미 사람들의 예언이 존재했다는 사실이 증명되었다.

인쇄기가 없었던 중세 시대에 세계적으로 수백만 명의 유대인이《구약성경》을 한 권씩 갖고 있었다고 가정해 보라. 게다가 단 한 글자도 틀리지 않기 위해 얼마나 많은 성경을 필사했을까? 몇 세대에 걸쳐 고도로 정확하게 필사 작업을 해냈을 것이다. 마치 수공업 제품을 생산하는 기업이 세계 각지에 지사를 두고 2천여 년간 운영하면서도 품질이 정확히 일치하며, 어떤 결함도 없는 제품을 꾸준히 생산해 내는 것과 같다. 품질관리 체계가 최고의 경지에 달해야만 가능한 일이다. 중국의《홍루몽》은 세상에 나온 지 200여 년이 지났는데, 현재 필사본은 50여 종이 전해지며, 각 판본과 장마다 글자 수가 다르고 오탈자도 많다.

서기 70년 로마제국이 예루살렘을 함락한 이후부터 유대인은 세계 각지로 흩어졌다. 이런 상황에서 자신들의 신앙을 계승하고 율법 체계를 정상적으로 유지할 수 있었던 것은 300년에 걸친 바빌론 유폐 시대의 성실한 연구 작업 덕분이었다. 비록 로마인이 유대인의 물질적인 성전은 파괴했지만 그들의 정신적인 성전은 결코 파괴할 수 없었다.

TIPS

영원히 함락되지 않는 마사다 정신

유대인에게 마사다는 "싸우다 죽을지언정 절대 항복하지 않는다"는 불굴의 용기를 상징한다. 서기 68년경 예루살렘이 로마군에 의해 점령되자 1천여 명의 예루살렘 난민이 마사다(Masada)로 대피했다. 그들은 서기 70년부터 73년까지 항복을 거부하며 마사다에서 3년을 버텼다. 당시 로마군은 각종 무기와 대군을 동원해 마사다 요새를 포위했으나 여의치 않자 나중에는 몇 년에 걸쳐 요새로 올라가는 경사로를 만들어 공격했다. 요새를 지키던 유대인 1천 명은 잡혀서 노예가 되느니 차라리 죽음을 택했다. 그러나 유대교는 자살하면 천국에 갈 수 없다고 하여 이를 허용하지 않는다. 이에 그들은 100명씩 10개 조로 나눈 다음, 각 조에서 한 명을 뽑아 다른 사람을 살해했다. 남은 10명 중 또 한 사람을 뽑아 남은 사람을 살해하고, 마지막으로 남은 한 명은 부득이 스스로 목숨을 끊었다. 마사다 요새로 쳐들어간 로마군은 유대인들이 집단 자살한 현장을 보고 경악했다. 이스라엘 청년들은 입대하면 마사다에 올라가 반드시 마사다를 지켜내겠다는 맹세를 한다.

유대인 회당 시스템의 인터넷식 운영 모델

유랑 시절 유대인들은 독실한 신앙을 어떻게 전파하고 율법 체계를 어떻게 유지할 것인가 하는 문제에 봉착했다. 이를 해결하기 위해 그들은 독특한 유대 회당 시스템을 창안했다. 유대인 10세대당 한 명의 전문적인 랍비를 두었는데, 이것은 10명이 한 명의 성직자를 부양한다는 '십일조'의 유래이다.

유대인이 더 많은 곳에는 유대교 회당을 설치하고 그 중앙에 계약의 궤를 보관했다. 마치 예루살렘의 제1성전처럼 계약의 궤 안에는《모세오경》을 넣어두었다. 유대 회당에서 매일 3회의 기도를 올리고, 교육, 정보 교류 및 일상 활동과 공공 활동을 진행하기도 했다.

유대 회당은 '집회의 장소'라는 의미이며, 기도실 하나와 《구약성경》을 연구하고 학습하는 작은 방 여러 개로 구성된다.

유대 회당 시스템에는 몇 가지 특징이 있다. 첫째는 탈중심화다. 중심이었던 예루살렘 성전이 파괴되고 없어졌기 때문이다. 탈중심화와 이산화, 분포화 3가지는 인터넷 사유의 특징과 완벽하게 들어맞는다. 유대인의 신앙 체계는 일찍부터 인터넷 사유를 갖추고 있었던 것이다.

탈중심화는 어느 한 곳이 파괴되어도 전체 시스템이 마비될 염려가 없다. 세계 각지에 분포한 유대 회당은 인적 교류와 정보 교환을 통해 전 세계 유대인의 신앙과 율법 체계를 효과적으로 계승하고 보호할 수 있었다. 나무젓가락 한 짝은 부러뜨리기 쉽지만 여러 개를 한꺼번에 부러뜨리기는 어렵다. 이와 마찬가지로 혼자일 때는 취약하지만 여럿이 모여 교류하고 기도하면 신앙은 좀처럼 흔들리지 않는다.

유대인이 운영한 신앙의 '인터넷 시스템'은 신앙의 소명 시스템이었다. 세계 각지에 흩어진 유대 회당은 상호 소통을 통해 인터넷식의 '창발' 효과를 만들어냈다. 개체로 고립된 신앙 소명은 네트워크를 통해 신앙을 '창발'하는 역량을 얻었다. 유대교가 강대한 신앙 체계를 갖추게 된 이유다.

이상의 분석을 통해 우리는 유대 민족이 다른 민족과 다른 점을 알 수 있다. 다른 민족은 멸망한 후 견고한 신앙과 전파 체계를 잃었기 때문에 빠른 속도로 자취를 감췄다. 그러나 유대인은 강력하고 견고한 신앙을 가 졌음은 물론 이를 유지하는 유대 회당 체제를 갖추었기에 나라를 잃고 2천 년이 지나도록 그 문명을 지켜낼 수 있었다.

유대인의 지혜 계승 방법

유대인의 지혜 계승 시스템도 매우 강력하다. 유대인이 매우 총명하다 는 사실은 세계적으로 정평이 나 있다. 각 분야의 '창시자'는 거의 유대인 이다. 아인슈타인, 프로이트, 마르크스 등은 완전히 새로운 영역을 개척했 다. '원자구조의 아버지', '양자역학의 아버지', '원자탄의 아버지', '수소폭 탄의 아버지', '인공두뇌학의 아버지', '엑스레이의 아버지', '페니실린의 아 버지'도 유대인이다. 1901년부터 2001년까지 100년간 전 세계의 노벨상 수상자 680명 중 138명이 유대인이다.

지금까지 전 세계 유대인을 모두 합해도 1천만 명을 넘지 않는다. 베이 징 인구에도 못 미치는 유대인이 노벨상의 5분의 1을 차지한 것이다. 미국 대학 교수의 4분의 1, 의사의 4분의 1, 변호사도 거의 4분의 1이 유대인이 다. 유대인이 머리가 좋다는 것은 전 세계가 인정하는 사실이다. 유대인이 그토록 총명한 것은 선천적으로 뛰어났다기보다는 뛰어난 지혜 계승 시스 템 덕분이다.

유대인의 필독서 《탈무드》
유대인은 어릴 때부터 어른이 될 때까지 《탈무드》를 읽어야 한다. 《구약성경》이 유대인의 정신적 헌법이라면《탈무드》는 그들의 생활 실천 가이드이다.《구약성경》만큼이나 오래된《탈무드》의 기원은 바빌론 유폐 시대로 거슬러 올라간다.

《구약성경》은 유대인과 신의 관계를 설명하는 강령적 문건이다. 따라서 비교적 추상적이고 원칙성을 강조하기 때문에 일상생활의 지침으로 사용하기에는 한계가 있다.《탈무드》는《구약성경》의 정신을 기반으로 인간과 신, 인간과 인간, 인간과 자연의 관계를 설명했으며 세세한 일상의 행위까지 다루고 있다. 예를 들어 "어미 양의 젖으로 새끼 양을 요리할 수 없다"는 원칙은 생활 수칙으로 지켜가는 과정에서 율법으로 승화되었다. 이는 《탈무드》가 있었기에 가능한 일이다.

하루 동안 얼마나 많은 일이 일어나는데, 어떻게《구약성경》의 정신에 부합한 행동을 할 수 있었을까? 통상적으로 유대의 랍비 학자 등이 자신의 논점을 제시하면 이후 격렬한 논쟁과 반박이 이어졌다. 반박에 부딪힌 것은 새로운 논점으로 수정해서 제시한다. 이후 다시 반박을 거쳐 최종적으로 광범위하게 공감을 얻은 논점만이《탈무드》에 수록된다. 더구나 이러한 논점마저 후대 학자들이 계속 반박을 제기할 수 있다. 이런 과정에서 유대인의 지혜 계승 시스템이 형성된 것이다.

《탈무드》를 완성하는 과정에서 살아가면서 일어나는 모든 문제에 대한 대토론이 벌어졌다. 바빌론 유폐 시대부터 5세기까지 대토론은 무려 1천 년간 이어졌다. 2천여 명의 가장 지혜로운 랍비와 우수한 학자들이 토론에 참여해 최종적으로 개방식 결론을 형성했다.《탈무드》를 펼쳐보면 모든 관점에 대해 수백 년이 지난 후 누군가 의문을 제시하고, 그 후 한참 지나서 누군가 이에 대해 반박한 내용이 담겨 있다. 이처럼 개방적인 제안으로 유대인의 논리적 사고력, 특히 분석 능력이 크게 강화되었다.

랍비의 어깨 위에서 세상을 바라보다

워싱턴과 뉴욕의 변호사 중 40퍼센트가 유대인이다. 미국 변호사 중 유대인 비중이 그토록 많은 이유를 《탈무드》를 읽고 나서야 알 수 있었다. 유대인은 1천 년간 토론해 온 사람들이다. 무엇보다 시공을 초월한 고강도 사고 훈련은 유대인의 논리적 분석력을 극대화했다. 이것은 유대인이 과학 분야의 인재를 많이 배출하는 중요한 배경이 되었다.

유대인의 사고 훈련은 어릴 때부터 시작된다. 모든 유대인은 5세부터 《구약성경》을 읽고 10세부터 율법서, 15세에는 《탈무드》를 읽어야 하며, 평생 그 내용을 되새기며 살아간다. 1천 년간 2천여 명의 유대 랍비의 지혜가 축적된 70여 권의 방대한 저작물이 바로 《탈무드》이다. 글자 수는 총 250만 자에 달하며 유대인 지혜의 원천이라고 할 수 있다. 이러한 지혜 계승 체계가 바로 유대인이 다른 모든 민족과 차별되는 점이다. 《구약성경》과 《탈무드》를 유대인 유랑 시대의 정신적 '조국'이었다고 해도 지나친 말이 아니다.

유대인의 세계관에서 《구약성경》은 태양계의 태양처럼 모든 문제의 중심이며, 《탈무드》는 우주 공간의 운행 규칙을 설명하는 기서(奇書)로, 인간과 신, 인간과 인간, 인간과 자연의 3대 관계를 설명하고 있다.

유대인의 절대 가치관 – 변함없음으로 변화에 대처한다

인간과 신의 관계는 신성불가침하고 영원히 변하지 않는다. 따라서 유대인의 세계관에는 절대적인 가치 체계가 확립되어 신의 뜻을 위배하는 것은 잘못이라고 규정한다. 유대인들은 고정된 가치 체계를 가지고 있다. 그들은 세상이 아무리 변해도 근본적 원칙은 영원히 변치 않는다는 진리를 알고 있다. 이것은 《탈무드》에서 중점적으로 연구한 부분이기도 하다.

중국인은 세상이 계속 변화한다고 생각한다. 인터넷 시대인 지금과 3천 년 전은 공통점이 전혀 없으며, 30년 전 부모 세대의 관념도 낡았다고 외면한다. 중국 사회는 이동하는 가치 체계를 가지고 있다. 절대적인 가치관이 없는 생활은 변수로 가득하다. 모든 사람은 하루하루 많은 변수에 부딪히며 살아간다. 수많은 사건에 부딪힌 사람들은 정신이 분산되어 다른 무리를 따라 하기에 바쁘다. 세태에 휩쓸려 주식시장에 투자했다가 주가가 폭락하면 전국적으로 실망하는 소리가 속출하며 삶의 의지를 잃은 사람들도 생겨난다.

삶의 변수가 적을수록 안정적이며, 사람들은 정력과 에너지를 한곳에 집중할 수 있다. 마치 집광 효과처럼 말이다. 삶의 변수가 많으면 시시각각 외부의 간섭을 받아 마음을 집중할 수 없다. 마치 산란광처럼 말이다. 이 또한 유대인과 중국인의 중요한 차이점이다.

몇 년 전《중국번가서(曾國藩家書)》가 중국을 휩쓴 적이 있다. 증국번은 자신의 인생 경험을 가족에게 보내는 편지로 썼다. 비록 100여 년이 흘렀지만 많은 사람들이 그의 글을 읽고 감명을 받았다. 사람 됨됨이와 처세의 도리는 시대가 달라져도 변함없기 때문이다. 살아가면서 절대 변하지 않는 것들이 있다.《탈무드》가 바로 이러한 것들을 중점적으로 연구했다. 지구는 돌고 달도 돌며 모든 것이 변하지만 궤도 운행 규칙은 변하지 않는다.

《탈무드》는 2천여 명의 유대인 랍비와 학자들이 1천여 년에 걸쳐 깨달은 지혜를 한 권에 농축한 것이다.《탈무드》의 단락마다 삶에 관한 주제가 나온다.《탈무드》를 읽는 유대인의 등 뒤에는 1천 년에 걸친 무수한 선지자들이 서 있는 것이다. 그 성현들이 그들의 인생 멘토가 되어준다. 이렇게 많은 절대 고수들의 지도를 받아 유대인의 지혜는 빠르게 성장했다. 반면 중국인은 선현들이 전해 준 지혜를 체계적으로 계승하지 않았기에 살면서 부딪히는 온갖 일들에 대한 답을 스스로 구해야 한다. 그렇기에 우리의 삶은 늘 피곤하다. 우리는 각자 자신의 역량에 기대어 앞으로 나아가는 데 필요한 '바퀴'를 직접 발명해야 한다. 그러니 큰일을 하기도 전에 우리의 시간과 정력은 이미 소진되고 심신은 피로하게 마련이다. 유대인과 비교하면 출발선에서 이미 뒤처지는 셈이다.

'여호와의 선민'이라는 심리적 암시의 초강력 에너지

나는 중국인의 지능이 유대인보다 못하다고 생각해 본 적이 없다. 그러나 우리의 성과는 왜 유대인에 비해 크게 뒤떨어질까? 그들은 지혜 계승과 견고한 신앙이라는 2가지 우위를 가지고 있기 때문이다. 유대인은 자신들이 여호와가 선택한 민족이라고 믿는다. 아무리 세상을 놀라게 하는 위대한 성과도 그들의 눈에는 전혀 놀라운 일이 아니다. 그들에게 성공은 신의 영광을 보여주기 위함이며, 신의 선택이 옳았음을 증명하는 것에 불과하기 때문이다. 이것은 매우 중요하고 강력한 심리적 암시이다.

미국의 한 심리학자가 실험을 했다. 교사가 반에서 무작위로 선정한 학생들 몇 명에게 IQ가 다른 학생들보다 뛰어나다고 알려주었다. 한 학기가 지난 후 이 학생들의 성적은 반 평균을 웃돌았다. 못 믿겠다면 직접 실험해 보기 바란다. 매일 아침 집을 나서기 전 거울에 대고 "나는 우수하다! 나는 대단하다!"고 외치는 것이다. 따뜻한 심리적 '보약'을 한 그릇 마시고 밖으로 나서면 온몸이 따뜻하다. 유대인의 신앙이 견고한 것은 이러한 심리적 암시 효과 때문이다. 그들은 회당에 모여 예배를 하면서 신앙 소명의 에너지를 극대화한다. 스스로 우수하다고 생각할수록 그들은 정말 우수해진다. 이런 결과는 역으로 심리적 암시를 강화해 긍정적 피드백을 형성한다.

중국 과학자와 유대인 과학자의 IQ는 차이가 없을 것이다. 그러나 심리적 암시의 힘이 발휘된 유대인은 아무도 생각하지 못한 것을 용기 있게 시도한다. 그들은 세상에서 가장 위대한 발명을 해내는 것을 당연하게 생각한다. 왜냐하면 그들은 신의 선민이기 때문이다. 중국 과학자는 뛰어난 과학적 발명이나 남들이 생각하지 않은 것을 시도할 때 자신도 모르게 멈칫한다. '미국이나 일본에는 이런 관념이 없는데 과연 통할까?' 천하제일의 고수를 가리는 화산논검(華山論劍)에서 정작 겨루는 것은 검법이 아닌 담력이라고 한다. 과학자들에게 담력과 용기가 없다면 과학의 최고봉을 겨루는 경쟁에서 이길 수 없다.

이란

이란은 한때 유라시아 대륙을 뒤흔들던 페르시아제국이었다.
대부분 이슬람교 시아파가 거주하는 이란은
세계 4위의 산유국으로 한때 강대국들이 경제 각축전을 벌였던
무대이기도 했다. 이란은 어떻게 정교일치 국가가 되었을까?
시아파가 이란을 선택한 배경은 무엇일까?

20장

키루스가 창시한 제국 모델

인류 역사상 최초의 대제국인 페르시아제국의 영토는 유럽, 아시아, 아프리카 세 대륙에 걸쳐 있었다. 세계 최초로 중앙집권 체제와 속주(province) 제도를 확립해 이후에 등장한 제국들의 모델이 되기도 했다. 이토록 빛나는 성과는 페르시아 3대 왕 키루스 대제, 캄비세스와 다리우스 시대에 거둔 것이다. 이번 장에서는 3명의 페르시아 왕에 대해 알아보고, 이란 사람들이 자긍심을 느끼는 영광의 시대에 대해 분석해 보자.

페르시아제국의 국부 키루스 대제

이란 남부의 도시 시라즈는 페르시아제국이 발흥한 가장 중요한 발상지다. '2천여 년 역사에서 가장 중요한 국왕 및 역사적 인물'이 누구라고 생각하느냐는 설문 조사에서 이란 사람들 대다수가 키루스 대제를 선택했다. 키루스 대제는 바빌론에 유폐된 유대인을 이스라엘로 돌려보낸 사람이다.

키루스 대제가 활약했던 시기는

키루스 대제의 초상화. 이란 사람들이 2천여 년 역사에서 가장 중요하다고 생각하는 국왕이자 역사적 인물이다.

기원전 6세기 무렵이다. 당시 이란에는 2개의 주요 왕국이 있었다. 북부의 메디아 왕국과 남부의 페르시아 왕국이었다. 메디아인과 페르시아인은 무척 가까운 혈족이며 둘 다 아리안족에 속한다. 키루스의 아버지가 메니아 국왕의 딸과 결혼했기 때문에 키루스는 메디아 국왕의 외손자이다.

키루스 대제의 신비한 탄생 전설

키루스 대제의 출생에 관해서는 많은 전설이 있다. 이란의 많은 사람에게 물어봤지만 당시 역사에 관한 기록이 부족해서 제대로 된 답변을 들을 수 없었다. 지금 통용되는 역사책은 그리스인 헤로도토스가 쓴 것이다.

키루스가 태어날 때 메디아 국왕은 외손자 머리에 2개의 뿔이 달려 있는 꿈을 꾸었다. 다음 날 메디아의 제사장을 불러 꿈에 대해 물어보니 장차 태어날 외손자가 메디아 왕국을 빼앗을 거라고 대답했다. 놀란 국왕은 신하에게 외손자 키루스를 제거하라고 명령했다. 그런데 신하는 그 일을 자신이 직접 하지 않고 수하의 목동에게 시켰다. 헤로도토스의 기록에 따르면 당시 그 목동은 신하에게 키루스를 제거했다고 보고했지만, 죽이지

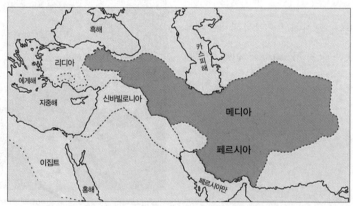

메디아와 페르시아의 지도. 메디아족은 아리안족에 속하며, 메디아 왕국은 페르시아 북부에 있었다.

않고 자신이 데려다 길렀다고 한다. 메디아 국왕은 키루스를 죽였다는 말에 걱정을 내려놓았다. 그런데 10년 후 갑자기 그 일이 떠오른 국왕은 키루스가 정말 죽었는지 확인해 보았다. 이때 목동이 키루스를 국왕에게 데리고 왔다. 국왕은 잘생긴 키루스를 차마 죽이지 못하고 시라즈 부근의 안샨 왕국에 데려다주었다. 그 후 키루스는 안샨의 왕이 되었다.

키루스 대제의 정복의 길

성인이 된 키루스는 제사장의 예언대로 메디아 왕국과 전쟁을 일으켰다. 당시 메디아 왕국은 내부적으로 혼란에 빠져 있었다. 메디아 국왕은 당시 키루스를 제거하는 임무를 수행하지 않은 신하를 엄벌에 처하기로 했다. 국왕은 신하의 아들을 죽인 다음 신하가 모르는 사이에 자기 아들의 사체를 먹게 했다. 나중에 이 사실을 알게 된 신하는 메디아 국왕에게 앙심을 품고 보복할 기회를 노렸다. 그는 키루스와 내통하면서 키루스 대군이 기원전 550년 메디아 왕국을 함락하는 데 도움을 주었다. 메디아 왕국을 멸망시킨 키루스는 메디아와 페르시아를 합병해 페르시아제국을 세웠다. 이로써 인류 역사상 최초의 제국 시대가 열렸다.

페르시아제국 주변에는 3대 강국이 있었다. 터키 서부의 리디아 왕국, 이라크의 신바빌로니아 왕국, 북아프리카의 이집트였다. 키루스는 풍요롭지만 세력이 가장 약한 리디아를 먼저 치기로 했다. 형세를 오판한 리디아 국왕은 자국의 안위를 동맹국 이집트와 신바빌로니아에게 의존했다. 그 결과 키루스의 공격에 속수무책으로 당하던 리디아는 1년 안에 정복되었다.

리디아가 멸망하자 신바빌로니아는 공포에 떨었다. 페르시아제국의 세력은 신바빌로니아를 훨씬 압도했기 때문이다. 위대한 네부카드네자르 국

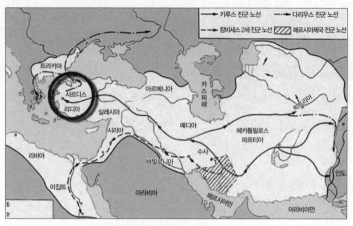

키루스 대제가 리디아 왕국을 멸하고 터키 서부 지역을 점령했다.

왕이 사망한 후 신바빌로니아에는 심각한 내란이 일어났다. 국왕은 제사 계급과 권력을 다투는 과정에서 민심을 크게 잃었다. 키루스는 그 틈을 타서 기원전 539년 신바빌로니아를 상대로 전쟁을 일으켰다. 현지 제사 계급과 민중의 지지를 얻은 키루스 대군은 신바빌로니아의 수도에 무혈입성을 했으며, 이로써 또 하나의 강국이 페르시아제국에 의해 정벌되었다.

기원전 550년 정벌을 시작한 이후 기원전 539년 신바빌로니아가 멸망하기까지 불과 십수 년 만에 키루스는 메디아, 리디아, 신바빌로니아 3대 강국을 모조리 정복했다. 이는 역사적으로 전례 없는 정복이라고 할 수 있다. 키루스 이전까지 중동 지역에 그토록 큰 제국이 출현한 적이 없었다. 키루스가 그토록 높은 위상을 갖게 된 비결은 무엇일까? 그가 페르시아제국을 세운 '페르시아의 국부'였기 때문이다.

키루스가 3대 강국을 멸한 뒤 페르시아제국 동북부 국경에 문제가 생겼다. 투르크메니스탄과 우즈베키스탄 일대에 새로운 유목 민족이 일어나 페르시아 동북부의 국경을 위협한 것이다. 키루스는 대군을 이끌고 동북부 유목 민족의 토벌에 나섰다. 그러나 이 전쟁에서 키루스 대제는 불행하게도 목숨을 잃었고, 그의 시신은 페르시아로 운반되었다.

키루스 대제가 사망한 후 그토록 큰 페르시아제국을 과연 누가 계승할 것인가 하는 문제가 대두되었다. 키루스에게는 아들이 2명 있었다. 큰아들 캄비세스는 당시 신바빌로니아 총독이었고, 둘째 아들은 페르시아에 남아 있었다. 왕위는 큰아들 캄비세스가 물려받았다.

페르시아제국을 계속 확장한 캄비세스

왕위를 물려받은 캄비세스가 가장 먼저 한 일은 부친의 복수였다. 페르시아 대군을 이끌고 북으로 진격한 그는 투르크메니스탄과 우즈베키스탄 일대의 유목 민족을 소탕했다. 그는 부친의 원수를 갚고 그곳의 반란을 성공적으로 진압했다. 북동쪽의 유목 민족을 소탕하고 페르시아로 돌아온 캄비세스의 다음 공격 목표는 이집트였다. 그러나 이집트 정벌에 앞서 마음에 걸리는 일이 하나 있었다. 먼 길을 떠난 사이 국내에 남아 있던 아우가 자신의 권력을 찬탈할지도 모른다는 우려였다. 결국 캄비세스는 비밀리에 동생을 살해했고, 그 사건은 극소수만이 알고 있었다.

기원전 525년 캄비세스는 대군을 이끌고 이집트를 정복한 후 페르시아의 파라오 왕조를 세웠다. 캄비세스는 계속 전과를 올려 서쪽의 리비아와 남쪽의 누비아, 즉 지금의 수단을 정복했다.

다리우스가 페르시아제국을 접수하다

캄비세스가 이집트 정벌을 떠난 사이 페르시아제국에 정말 내란이 일어났다. 제사장 가우마타(Gaumata)가 캄비세스의 동생이 이미 살해된 것을 알게 되었던 것이다. 캄비세스의 동생과 외모가 닮았던 가우마타는 동생 행세를 하며 왕위를 찬탈했다. 이 소식을 들은 캄비세스는 급히 회군해 페르시아로 향했다. 그러나 말에 오르다 실수로 허벅지를 칼에 찔린 캄비세스는 온몸에 독이 퍼져 죽고 말았다. 누군가 칼 끝에 독약을 발라놓았던 것이다.

캄비세스의 동생 행세를 하던 가우마타는 금세 들통이 났다. 겉모습이

닮았다고 해도 결국 허점이 있게 마련이었다. 키루스의 딸이 이를 눈치채고 남편 다리우스에게 이 사실을 알렸다. 생김새는 비슷하나 언행이나 사소한 습관이 오빠와 다르다고 말한 것이다. 다리우스는 페르시아제국의 대귀족 6명과 연합하여 가우마타를 죽이고 정권을 장악했다.

다리우스가 가우마타를 발로 짓밟고 있는 형상의 부조. 다리우스는 가우마타를 축출하고 정권을 장악했다.

제국의 초기 형태를 구축한 키루스 대제

세계 역사에서 키루스가 대제로 공인된 것은 그의 화려한 공적에 기인한다. 그는 십수 년 동안 메디아, 리디아, 신바빌로니아 3대 강국을 함락했으며, 셀 수 없이 많은 소국들을 멸하고 전례 없는 방대한 제국을 세웠다. 무력으로 다른 나라를 무너뜨린 것만으로 대제라는 호칭을 붙이지는 않는다. 그는 매우 용감한 국왕이었다. 예로부터 세상 사람들이 대제라고 부른 인물은 특출한 무공뿐 아니라 너그러운 마음씨까지 겸비한 인물이었다. 키루스가 천하를 얻은 것은 인심을 얻었기에 가능했다.

인심을 정복하는 것이 중요하다

키루스는 과거 제국들의 잘못된 행태를 반면교사로 삼았다. 가령 아시리아는 늘 다른 나라를 침략하여 사람들을 학살하고 민중을 강제 이주시키며 재산을 약탈한 매우 잔인한 제국이었다. 아시리아의 정복은 잔인한 약탈로 점철된 것이었다.

신바빌로니아도 민중을 이주시키고 제사 계급과 귀족을 모두 유배 보냈다. 신바빌로니아는 기원전 586년 남유다를 함락한 후 유대인을 바빌론으로 강제 이주시켰다. 이것이 유명한 바빌론 유폐이다. 이런 상황에서 피압박 민족의 저항은 더욱 격렬하게 끓어올랐고, 한때 강성했던 아시리아와 신바빌로니아는 빠르게 멸망했다.

키루스 대제는 패망한 두 제국을 보고 중요한 교훈을 얻었다. 무력 정벌은 차선이며, 가장 중요한 것은 인심을 정복하는 데 있다는 것이었다. 그는 신바빌로니아를 정벌한 후 모든 유대인을 석방하고 고국으로 돌려보냈을 뿐 아니라, 그들이 제2성전을 건설할 자금까지 지원했다.

종교 관용 정책 채택

키루스는 종교 정책에도 관용을 보였다. 신바빌로니아 제사 계층의 종교 신앙을 존중했을 뿐 아니라 특권을 부여했다. 캄비세스는 이집트를 멸한 후에도 그들의 종교를 존중해 주었다. 유대인과 이집트인, 메소포타미아 지역의 바빌로니아는 고대 문명의 발상지로 종교 세력이 뿌리 깊게 자리 잡고 있었다. 페르시아제국은 현지의 제사 계층을 지지하는 정책을 폈다. 그러자 각국의 제사 계층은 키루스 대제를 지지하는 반면 자기 나라의 통치자에게는 불만을 품었다. 이것이 키루스 대제의 전략이었다. 그는 우선 제사 계층에게 특권을 부여하여 그들의 충성심을 얻고 사회를 빠르게 안정시켰다. 이는 키루스 대제가 십수 년 만에 그토록 많은 나라를 공략할 수 있었던 중요한 비결이다.

중앙집권 모델 수립

그 외에도 키루스 대제는 독특한 관리 모델인 중앙집권의 속주 제도를 마련했다. 사실 속주 제도를 가장 먼저 실시한 나라는 아시리아이다. 그러나 아시리아의 속주 제도는 정교함이 부족했다. 정복 지역에 총독 한 명만 파견하고, 군대와 백성, 사법 등 각종 권력이 총독 한 사람에게 집중되었다. 제국 내부에 혼란이 일어날 경우 지방 총독이 독립을 꾀할 가능성이 컸다. 키루스 대제는 이 제도를 개혁하여 군대와 행정을 분리했는데, 이것이 핵심이었다. 총독은 행정에만 관여하고, 군대는 군사령관이 책임지는 것이었다. 그리고 중앙정부에서 감찰관 한 명을 파견해 행정관리와 군사관리를 동시에 감시했다.

물론 가장 중요한 것은 중앙정부의 설립이었다. 키루스 대제의 중앙정부는 왕실 사무청이라 불리며 주로 왕실과 속주의 관계를 처리했다. 이 중앙집권의 이론 체계와 실천 방안은 모두 키루스 대제가 창시한 것이다. 페르시아제국이 전 세계 대국들의 통치 모델이 된 이유가 바로 여기에 있다.

국법과 지방 민간 규약의 병존

키루스의 네 번째 개혁인 법률 체제 역시 눈길을 끈다. 당시 페르시아 문화는 전통적 문명 중심지들에 비해 상대적으로 낙후되어 있었다. 메소포타미아문명은 페르시아보다 역사가 길고, 이집트문명과 리디아 왕국의 수준도 페르시아보다 높았다. 키루스 대제는 현지 부족의 수준에 맞는 법률제도를 만들어 지역을 관리할 필요성을 절감했다. 각 지역마다 고유의 법률 체계가 있었으므로 중앙의 법률 체계를 강요하지 않았다.

키루스 대제는 매우 흥미롭고 중대한 법률 혁신을 단행했다. 세계 최초의 인권법안을 발표한 것이다. 역사상 최초의 성문법은 총 68개 조항으로 이루어진 함무라비법전이다. 여기에는 빌린 돈을 갚지 않으면 그 아내나 자녀를 채권자에게 보내 일을 시킨다는 내용도 있다. 함무라비법전은 채권자와 채무자, 주인과 노예의 관계, 재산, 계승, 혼인 등 사람과 사람의 관계에 관한 규범을 담고 있다. 키루스 대제는 함무라비법전을 과감하게 혁신함으로써, 돈을 갚지 않아도 가족을 채권자에게 노예로 줄 수 없도록 했다. 다시 말해 빚을 진 사람의 가족이 담보로 제공되거나 양도되지 않을

함무라비법전은 고대 바빌로니아 국왕 함무라비가 반포한 법률이다. 가장 대표적인 설형문자 법전이며, 완벽하게 보존된 세계 최초의 성문법이다.

권리를 명시한 것이다. 여기에는 인권의 색채가 깃들어 있었다. 이 밖에 임산부를 고용할 경우 2배의 임금을 지급하라는 규정을 만들었다. 임산부를 보호하는 이 내용은 인권의 시각에서 정의할 수 있다. 또 한 가지 눈길을 끄는 것이 있다. 자유인에게는 아무도 보수 없이 노동을 강요할 수 없다는 내용으로, 이 또한 개인의 인권 보호를 위한 법률이다.

법률의 관점에서 볼 때 키루스의 개혁은 사실상 함무라비법전을 업그레이드한 것이다. 함무라비법전이 사회에서 인간과 인간의 관계를 규정하는 법률이라면 키루스의 법안은 인권의 시각에서 인간과 인간의 관계를 정의한 것이다. 이 점에서 키루스의 법안은 인권법의 시초라고 할 수 있다.

국민의 세 부담을 낮추다

키루스의 다섯 번째 개혁은 아시리아, 신바빌로니아와 달리 약탈적인 정복을 꾀하지 않는 것이었다. 아시리아와 신바빌로니아의 가장 큰 문제점은 무력으로 정복지 사람들의 재산을 강탈한 것이었다. 물고기를 잡겠다고 호수의 물을 다 퍼내는 것과 다름없는 행위는 강한 반발을 불러일으켰다. 이와는 달리 키루스는 정복지의 백성을 달래고 세금을 줄여주는 정책을 썼다. 그렇게 하자 키루스 대제가 쳐들어올 거라는 소식을 들은 현지 사람들은 즉시 투항했고, 과거 수백 년, 심지어 수천 년 동안 통일되지 않은 지역까지 쉽게 손에 넣을 수 있었다. 그가 십수 년 만에 각 대국을 통일할 수 있었던 또 하나의 비결이다.

이러한 5대 개혁으로 키루스 대제는 제국의 창시자로 불리게 되었으며, 이후에 등장한 제국들은 너도나도 페르시아제국을 모방했다.

키루스의 통치 정책은 지나치게 느슨했다

다리우스 시대에 이르자 키루스의 정책에 잠재되어 있는 문제들이 드러나기 시작했다. 키루스의 정책이 지나치게 느슨한 것이었다. 이것은 진(秦)나라 말기 한 고조 유방이 복잡한 진나라 법을 폐지하고 내세운 약법삼장(約法三章)과 비슷하다. 여기에는 사람을 죽인 자, 사람을 다치게 한 자, 남의 물건을 도적질한 자는 벌로 다스린다는 내용만 명시하고 세부 사항이 없었던 것이다. 물론 초기의 질서 회복과 경제 회복에는 큰 도움이 되었다. 그러나 국가가 발전하고 경제가 복잡해지면 각 지역마다 독립적으로 행동하려는 경향이 나타난다. 이런 상황에서 기존의 정책을 고집하다 보면 문제가 생기게 마련이다. 다리우스가 왕위에 오른 후 직면한 문제가 바로 이것이었다.

예를 들어 키루스는 정치적으로 관용을 베풀어서 정복 지역의 왕과 귀족들을 그대로 두었는데, 그들은 명목상 신하의 예의를 차릴 뿐이었다. 경제가 어느 정도 회복되자 그들은 반란을 일으키기 일쑤였다. 다리우스 재위 초기에 기반이 불안하여 제국 내에 내란이 잦자 북쪽의 유목 민족도 걸핏하면 페르시아 국경을 교란했다. 다리우스는 제국을 안정시키기 위해 정치적 개혁을 통한 중앙집권 강화가 필요하다고 판단했다.

다리우스의 개혁으로 제국이 정비되었다

군사 제도 개혁

키루스는 관용 정책으로 다른 국가와 지역을 빠르게 정복했지만 지나치게 느슨한 정책은 변화하는 제국의 상황에 맞지 않았다. 다리우스 개혁의 중점은 키루스가 다져놓은 국가의 기초 위에서 중앙집권을 강화하는 것이었다.

첫째, 다리우스는 군사 제도를 대대적으로 개혁했다. 그는 '만인불사군(萬人不死軍)'의 정예부대 1만 명을 거느렸다. 전투력이 강한 페르시아인으로 구성된 정예부대는 전투 중 사망하거나 부상을 입으면 즉시 인원을 보강하여 1만 명을 계속 유지했다. 다리우스의 독창적인 발상으로 조직한 이 부대는 최정예 인원으로 구성된 전략적 기동대였다.

둘째, 그는 전국을 5대 군사 지역으로 나누고 각 지역에 사령관을 두었다. 5대 군사 지역에는 국경 수비와 대외 침공을 맡을 국방군을 배치했으며, 지방 군대를 세워 내부 치안을 담당하게 했다. 이 밖에 왕실 친위대를 두었다. 다리우스의 군사 제도 개혁은 키루스보다 한 발 앞선 것이었으며, 군사적으로 중앙집권 능력을 더욱 공고히 했다.

그리고 다리우스는 병과를 분할했다. 이것은 키루스 시대에 없었던 것이다. 병과를 보직에 따라 기병, 보병, 대상병(大象兵), 공병대 등으로 나누자 군대의 효율이 크게 향상되었다. 그리스인 용병은 보병으로 강했고, 인도인은 코끼리를 다루는 능력이 뛰어나 대상병에 편입했다. 다리우스의 병과 분할은 매우 과학적이었다. 페르시아제국은 이렇게 강력한 군사력을 기반으로 점차 안정되어 갔다.

다리우스의 초상화. 다리우스가 즉위한 후 지나치게 느슨한 키루스의 통치 정책에 대한 각종 개혁이 시급했다.

속주 제도와 교통 체제 개혁

행정 측면에서 다리우스는 페르시아제국을 20개의 속주로 나눴다. 키루스의 속주 제도를 대대적으로 개편한 것이다. 키루스 대제 시절에는 속주를 큰 덩어리로 나눈 데 비해 다리우스는 한층 세분화해서 전국의 행정 관리 능력을 강화했다.

다리우스 시대에는 전국적으로 왕도(Royal Road)를 건설했다. 효과적인 통치를 위해서는 교통이 매우 중요했기 때문이다. 전국 사통팔달의 도로 체계를 건설하면 군사를 빠르게 이동하고 상품 거래도 신속하게 이루어질 수 있었다. 페르시아제국의 유명한 페르시아 왕도는 수도인 수사(Susa)를 기점으로 리디아까지 연결되었으며 총 길이 2600킬로미터에 25킬로미터마다 역이 있었다. 그리스와의 전쟁에서 페르시아 군대가 아테네를 함락한 후 이 역 사이에 봉화를 놓는 방법으로 희소식을 알렸다. 함락 소식은 불과 4시간 만에 2600킬로미터 떨어진 페르시아의 수도에 알려졌다. 다리우스 시대에는 키루스 시대에 비해 교통, 통신, 인프라가 크게 개선되었다.

다리우스는 많은 운하를 건설하여 제국의 강을 개척했다. 그중 가장 유명한 운하가 이집트에 있다. 다리우스는 지중해로 흘러들어 가는 나일강과 홍해가 나란히 지나가는 지점에 운하를 건설했다. 이렇게 해서 페르시아만을 출발한 선단이 홍해를 지나 운하를 통과한 후 나일강에서 지중해로 나갈 수 있

페르시아 왕도. 다리우스 시대에 건설한 고속도로이다.

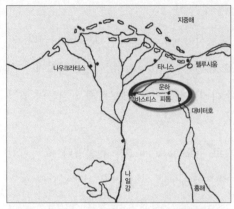

나일강과 홍해 사이의 운하가 다리우스 시대에 건설되었다.

었다. 이는 다리우스의 중요한 공적에 속한다. 이 운하는 수에즈운하보다 2천여 년이 앞선 것이었다. 교통·체계의 개선은 제국의 정권을 공고히 하는 데 중요한 역할을 했다.

화폐와 도량형 통일

다리우스 금화. 기원전 6세기 말 다리우스 1세 때 중앙정부에서만 주조한 이 금화가 전국으로 유통되었다.

경제 분야에서 다리우스는 화폐와 도량형을 통일했다. 그동안 페르시아제국은 여러 화폐가 혼용되었다. 키루스 시대에도 완전히 통일되지 않아 어

떤 사람은 은괴를 사용하고 어떤 사람은 동전을 사용했다. 또 금괴나 기타 화폐가 쓰이기도 했다. 페르시아제국이 통치하는 국가들이 각자의 화폐를 사용한 것이다. 다리우스는 화폐를 통일하고 금화, 은화, 동화 3종을 발행했다. 금화는 당연히 가장 가치가 높았으며, 주로 하사품으로 사용되었다. 은화의 은 함량은 5.6그램으로 무역 거래에 사용했다. 은화의 주조 기술은 리디아에서 배운 것이었다.

리디아는 기원전 700여 년에 세계 최초로 화폐 주조 기술을 발명했다. 이전까지는 은괴를 사용하다 보니 무게가 서로 다르고 순도도 달라 거래에 불편을 초래했다. 리디아는 최초로 주조 기술을 발명하고 국왕의 인장

을 은화에 새겨 중량과
순도의 표준으로 삼았
다. 국왕의 명의로 신용
을 담보한 것으로, 주권
신용의 기원이었다. 다
리우스는 이 시스템을
도입하여 페르시아에서
통일된 은화를 유통하기

다리우스 은화. 각 속주에서 은화 주조가 가능했으며, 은화와 동화
는 일정한 지역에서 유통되었다.

시작했다. 이를 통해 제국 전체의 무역이 유례없는 발전을 이룩했다. 각 속
주는 필요에 따라 각자 은화와 동화를 발행할 수 있었지만, 세금을 낼 때
는 은 함량에 따라 반드시 표준 은화로 환산해야 했다.

다리우스는 행정관리에서도 중대한 개혁을 단행했다. 과거에는 정권을
쥐고 있던 현지의 국왕과 귀족이 반란을 일으킬 가능성이 컸다. 다리우스
는 중요한 직책을 모두 페르시아인에게 맡기고, 현지인에게는 정부 고문
을 맡김으로써 효과적으로 현지 정권을 통제했다.

다리우스의 공적

페르시아제국은 다리우스에 의해 제대로 체제를 갖췄다고 할 수 있다.
키루스가 페르시아제국의 창시자라면 다리우스는 제국의 완결자였다. 이
때부터 다리우스는 사방으로 원정을 시작했으며, 심지어 유럽의 트라키아
와 불가리아를 침공해 3개 대륙을 뛰어넘는 대제국으로 성장했다. 다리우
스는 다시 군대를 이끌고 페르시아제국의 동북쪽 변방을 통해 아무다리야

강과 시르다리야강 사이의 트란스옥시아나를 함락한 후 남하해서 인더스
강까지 진격했다.

다리우스 시대에 페르시아제국의 면적은 500만 제곱킬로미터에 달했
으며, 인구는 수천만 명에 이르렀다. 페르시아제국은 기원전 500여 년에
'세계 최대의 제국'으로 군림했다. 다리우스는 위대한 공적을 세웠으며,
스스로도 자부심을 가졌다. 그는 높이 153미터의 암벽에 자신의 위대한
공적을 새긴 베히스툰(Behistun) 비문을 남겼는데, 그 내용을 4가지로 정리
할 수 있다. 첫째, 다리우스가 왕실의 정통 혈통이라는 점을 강조했다. 이
것은 가장 중요한 관점이다. 오늘날 이란인은 모두 시아파에 속한다. 유구
한 문명의 국가일수록 정통 혈통의 계승을 강조한다. 비록 당시 다리우스
는 정권을 장악하고 많은 공적을 세웠으나 사람들이 자신을 키루스 대제
의 직계 혈통이 아니라고 손가락질할까 봐 두려워했다. 키루스 대제와 같
은 아케메네스 가문이기는 했지만 분파가 달랐다. 훗날 그는 키루스의 딸
과 결혼함으로써 자신이 왕실 혈통과 더욱 가까워졌다고 생각했다. 따라
서 자신이 고귀한 가문 출신이며, 왕실의 혈통을 이어받은 아케메네스 조
상의 직계 후손으로 키루스와 비교해도 손색없다는 점을 강조한 것이다.

둘째, 그는 나라를 통치하는 왕권은 신이 부여한다는 왕권신수설(王權
神授說)을 주장했다. 베히스툰 비문에서 아후라 마즈다(선과 빛의 최고신) 신
이 그에게 권력을 부여하여 제국을 통치하게 했다고 특별히 강조했다. 이
것은 유사 이래 최초로 나타난 왕권신수설이다. 다리우스가 혈통을 1순위
에 놓고 왕권신수설을 2순위에 놓은 점이 눈길을 끈다.

셋째, 다리우스는 전쟁에 능한 영웅적인 면모를 강조했다. 그는 비문에
서 자신이 평생 19회의 전쟁을 치르고 10개 국왕의 반란을 평정했다고
기록했다. 이것은 페르시아인의 합법적인 통치를 주장하는 세 번째 근거

이다.

넷째, 다리우스는 정치적 업적이 탁월한 군주라는 점을 강조했다. 페르시아제국은 많은 국가를 압도하며 세력을 떨쳤다. 지금도 당시 제국의 수도 입구에는 27개 나라의 왕들이 다리우스를 알현하는 장면을 새긴 부조가 남아 있다.

베히스툰 비문은 다리우스가 합법적인 국왕임을 강조하는 내용이다. 키루스 대제부터 다리우스에 이르는 3대 왕의 통치하에서 낙후된 유목 민족이었던 페르시아가 불과 수십년 만에 유럽, 아시아, 아프리카 3대륙의 많은 나라와 지역을 통치하는 제국으로 성장했다. 이것은 페르시아인의 제도 혁신과 밀접한 관련이 있다. 지금도 이란 사람들은 자신들이 키루스 대제의 후손임을 자랑스러워한다.

21장

이란 민족주의 백년의 형세

중국이 '일대일로' 대전략을 추진하는 데 있어 이란은 고대 실크로드의 중요 거점이자 뉴 실크로드의 경유지가 되어야 한다. 이란은 눈부신 페르시아 시대를 거쳤으며 제국의 쇠락과 식민지로 전락하는 고통을 경험했다. 지금은 서방 국가의 봉쇄에서 벗어나기 위해 노력하며, 독립적이고 강인한 이슬람 국가 건설을 갈망하고 있다. 외부에서 보기에 이란은 신비로 충만한 국가이다. 이번 장에서는 이란의 진면목을 깊이 파헤쳐 보자.

정치 협상은 결렬되고 이란은 종교 부흥 노선에 앞장섰다

1948년부터 1978년 캠프 데이비드 협정을 체결하기까지 5차례의 중동전쟁이 벌어졌다. 30년에 걸친 전쟁 끝에 범아랍 민족주의 운동은 실패로 막을 내렸으며 아랍 세계는 정치적 통일을 이루지 못했다. 근본적인 원인으로 2가지를 들 수 있다. 첫째, 아랍 세계에는 정치적 통일을 실현할 만한 실력과 군사력을 갖춘 국가가 없었다. 둘째, 풍부한 석유 자원을 보유한 중동 지역에서 통일된 아랍합중국이 출현하는 것을 세계 열강들이

레자 샤 팔레비가 '페르시아'라는 국명을 '이란' 으로 변경했다.

꺼렸다. 따라서 정치 협상으로 통일을 이루는 것은 불가능했다.

범아랍 민족주의가 실패하자 아랍인과 무슬림은 이슬람문명의 부흥을 실현할 새로운 노선을 찾아야 했다. 이것이 1979년 이란에서 이슬람 혁명이 발생한 배경이다. 이때부터 오늘날까지 아랍인과 이슬람 세계는 이슬람문명을 통해 국가 발전을 이룩하는 새로운 민족 부흥 모델을 추진했다.

이란이 아랍 국가라고 알고 있는 사람들이 많다. 사실 이란인은 아랍인이 아니라 페르시아인이다. 이란 사람들은 아랍인으로 불리는 것을 가장 싫어한다. 페르시아인은 아리아인이며 아랍인은 셈족에 속한다. 원래 아리아인의 한 부족이 훗날 위대한 페르시아제국을 세운 것이다. 페르시아의 의미는 페르시아인이 통치하는 모든 지역, 또는 페르시아 문화가 미치는 지역으로 확대된다. 페르시아를 오늘날 이란으로 부르게 된 이유가 무엇일까?

이란으로 이름을 바꾼 것은 1935년이었다. 아리아 민족주의자였던 국왕 레자 샤 팔레비는 페르시아가 아리아의 부족 이름에 불과하다 해서 '이란'으로 변경했다.

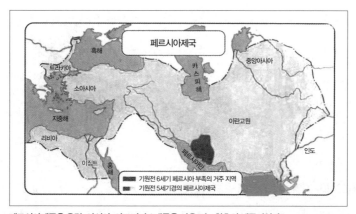

페르시아제국은 유럽, 아시아, 아프리카 3대륙을 아우르는 최초의 제국이었다.

'아리아인 국가'라는 의미의 '이란'이라는 이름은 위엄을 나타내기에 충분하다고 생각했다. 물론 처음에는 국제사회가 이란이라는 이름을 받아들이지 않았다. '페르시아'라는 이름이 더 친숙했기 때문이다. 그러자 이란 국왕은 우체국에서 '페르시아'라는 국명이 적힌 우편물을 접수하지 못하도록 금지함으로써 반드시 '이란'을 사용할 것을 강요했다. '페르시아'라고 적힌 우편물은 국내와 국외를 불문하고 접수를 거부했다. '이란'이라고 적힌 우편물만 배달해 준 것이다. 오랜 시간이 지나서야 국제사회가 '이란'이라는 이름을 받아들였다.

아리아인의 유래와 이주 과정

당시 히틀러는 '인종론'을 내세우며 푸른 눈에 금발의 게르만족이 가장 완벽한 아리아인이라고 주장했다. 이란을 추축국(제2차세계대전 당시 연합국과 싸웠던 나라들이 형성한 국제 동맹으로 독일, 이탈리아, 일본이 중심이었다. ―옮긴이) 진영으로 끌어들이기 위해 이란인도 우수한 인종이라고 치켜세웠다. 사실 아리아인은 인도·유럽어족 유목 민족의 한 분파였고, 인도·유럽어족은 많은 유라시아 민족 공동의 조상이다. 그들은 원래 흑해, 카스피해, 캅카스산맥 이북의 러시아 남부 대초원에서 생활한 유목 민족이었다.

약 5천 년 전 인도·유럽어족은 몇 갈래로 나뉘었다. 그중 한 갈래는 서유럽으로 진출해 게르만인을 포함해 유럽 백인의 조상이 되었다. 나머지는 동쪽 중앙아시아로 갔다가 이란과 인도로 남하했다. 오늘날 피부색이 옅은 인도인들은 아리아인에 속한다.

페르시아 지역 이슬람교의 융합과 변천

역사적으로 페르시아인은 자긍심이 강한 민족이었다. 자신들이 밝고 고귀함을 상징하는 아리아인이기 때문이었다. 페르시아인은 기원전 550년 세계 최초로 유럽, 아시아, 아프리카를 아우르는 페르시아제국을 건설함으로써 세계적인 표준 모델을 창조했다. 중앙집권 제도는 물론 지방 속주의 총독 제도, 화폐와 도량형의 통일도 페르시아인이 처음 만든 것이다.

페르시아는 고대부터 줄곧 유럽, 아시아, 아프리카 3대륙 문명의 허브였으며, 동아시아의 중화문명, 유럽의 로마와 비잔틴 문명, 남아시아의 인도문명을 연결했다. 역사적으로 페르시아인은 민족의 우월감뿐 아니라 문화적 우월감도 갖고 있었다. 이란 사람들과 접촉하다 보면 뼛속까지 긍지가 박혀 있음을 엿볼 수 있다. 이것은 튀르크족이나 아랍인과는 다른 독특한 기질이다.

아랍인은 무력으로 페르시아를 정복한 적이 있지만 오히려 페르시아 문화에 동화되었다. 아랍 지역에서 기원한 이슬람교는 페르시아 문화와 융합되어 독특한 시아파를 형성했다. 이것은 불교가 중국에 유입된 상황과 비슷하다. 불교는 중국에서 수백 년을 거치는 동안 유교, 도교 문화와 융합되어 원산지 인도와는 다른 중국 불교로 발전했다.

이란의 이슬람교는 아랍 지역의 이슬람교와 어떤 차이가 있을까? 이란은 시아파를 신봉하는 대표적 국가이며, 다른 아랍 국가는 수니파가 많다. 두 종파의 차이점은 2가지로 설명할 수 있다.

첫째, 시아파는 선지자 무함마드의

이란 시아파는 알리 이븐 아비 탈리브의 아들 후세인 이븐 알리만을 정통으로 인정한다.

이슬람교 경전 《코란》. 총 30권 114장 6236구절로 구성되
었다. 《코란》은 아랍어로 되어 있으며, 무슬림은 《코란》이
알라가 선지자 무함마드에게 내린 진실한 계시라고 믿는다.

사위 알리와 그 후손만을 정
통으로 여긴다. 그러나 아랍
의 다른 이슬람 국가는 대부
분 수니파로, 알리가 다른 할
리파들과 다름없는 존재라고
생각한다. 수니파는 이슬람
교를 확대 발전시킬 수 있는
종파를 정통파로 간주한다.

사실 유구한 역사를 자랑하는 국가일수록 혈연의 정통성을 강조하는 경향
이 짙다.

둘째, 이란 시아파의 신학자, 즉 울라마(Ulama)는 수니파에 없는 중요한
권력을 쥐고 있었다. 그것은 바로 이슬람 성법의 '창제권'이다. 유대인에
게는 정신적 헌법인 《구약성경》과 일상의 모든 행위를 지도하는 《탈무드》
가 있다. 이슬람교에는 무슬림의 정신적 헌법에 해당하는 《코란》이 있으
며, 유대인의 《탈무드》와 같은 기능을 하는 것이 《샤리아(Shariah)》, 즉 이슬
람 성법이다. 이슬람 성법은 《코란》과 선지자 무함마드의 언행, 즉 '순나
(Sunnah)'를 기반으로 만들어졌다.

100년에 걸친 순나 연구

'순나'는 선지자의 격언과 행위를 말한다. 문자로 기록된 《코란》을 기초
로 하기는 어렵지 않았다. 그러나 선지자의 언행은 제자들이 기록한 것 외
에 권위 있는 저작을 남기지 않았기 때문에 선지자가 죽고 나서 확인하는

것이 큰 숙제였다. 선지자의 언행을 정확하게 기록할 수 없었기 때문에 '순나'에 대한 이해도 저마다 달랐다. 시간이 지나고 널리 전파되는 과정에서 편차가 생기게 마련이다. 따라서 초기 이슬람 울라마들의 가장 중요한 임무가 순나의 진위를 확인하고 잘못된 내용을 삭제하는 것이었다.

울라마들은 선지자의 생애와 가문, 그 제자 및 추종자에 대해 연구하고 상호 대조를 통해 각 순나의 출처를 일일이 확인했다. 가령 순나를 최초로 듣고 전달한 사람이 누구이며, 선지자의 성훈(聖訓)은 어디에서 들었는지, 최초 전달자가 믿을 수 있는 사람인지 등을 조사했다. 마치 학술지의 주석을 달듯이 모든 전달자의 신뢰성을 증명했다. 100여 년의 기초 작업을 거쳐 울라마들은 선지자의 모든 성훈과 행동을 총망라해 가장 권위 있는《성훈집》을 발간했다.

모든 종교가 이러한 과정을 거친다. 유대교는 바빌론 유폐 시대에 500년간의 연구를 거쳐 비로소 완벽한 이론 체계를 수립했다. 기독교도 마찬가지였다. 터키의 카파도키아에 남아 있는 600여 개의 동굴 수도원은 기독교도들이 박해를 피하고자 건설한 것이다. 기독교도들은 그곳에서 수백 년간 기독교 사상 체계의 기반을 다졌다.

이슬람 성법의 창제 과정

《코란》과《성훈집》만으로는 무슬림의 일상생활에서 일어나는 모든 문제를 해결하기 어려웠다. 이에 신학자들은 이를 기반으로 실천에 중점을 둔《샤리아》를 만들었다. 가령《코란》에서 무슬림의 음주를 금지한다면 울라마들은《샤리아》에서 정신을 어지럽히는 알코올이 함유된 모든 액체의 음용을 금지했다. 또한《샤리아》의 조항에는 이슬람의 배교자를 사형에 처한다고 규정하고 있다.

《성훈집》 6부 중 하나. 중세 이슬람교 수니파의 울라마들이 선지자 무함마드의 성훈과 행동을 총망라한 권위 있는 경전이다.

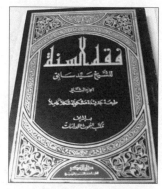

《샤리아》는 이슬람 성법을 지칭하며, 《코란》에서 계시하고 《성훈집》에서 명확히 해설한 알라의 계명을 총체적으로 다룬 것이다. 《샤리아》는 모든 무슬림이 지켜야 할 종교적 의무를 다루고 있다.

실제 생활에서는 이것을 어떻게 적용할까? 유명한 사례가 하나 있다. 1988년 살만 루슈디(Salman Rushdie)라는 영국 작가가 《악마의 시(The Satanic Verses)》라는 소설을 발표했다. 살만 루슈디는 인도에서 태어난 무슬림이었다. 비록 이 책은 소설이지만 어떤 면에서는 무함마드의 인생을 풍자하고 이슬람교를 모독했다는 평가를 받았다. 이 사례는 엄격한 《샤리아》의 규정에 따라 다르게 해석할 수 있다.

외국인이며 이슬람 국가가 아닌 지역에 살고 있는 살만 루슈디를 사형에 처할 수 있을까? 당시 이란의 종교 지도자 호메이니는 공개적으로 처단하라는 파트와(Fatwa, 성법 판례)를 선포했다. 살만 루슈디가 선지자와 이슬람교를 모독했으므로 600만 달러의 상금을 걸고 전 세계 무슬림에게 그의 처단을 호소했다. 살만 루슈디는 가명으로 도피 생활을 했다. 영국 정부는 그를 보호하기 위한 조치를 강화했으며, 그 비용이 연간 160만 달러에 달했다. 20년 뒤 파트와가 해제될 때까지 살만 루슈디는 도피 생활을 계속했다. 이 사건으로 전 세계가 들썩였으며, 각국 지도자는 이란에 파트와 철회를 호소했다. 그러나 호메이니가 고집하는 바람에 영국은 이란과 단교 직전까지 갔다.《샤리아》의 율법이 얼마나 엄격한지 짐작할 수 있는 사건이다.

《샤리아》에 대한 수니파와 시아파의 의견 차이

《샤리아》 창제 초기만 해도 수니파와 시아파는 알리의 종교적 위상 외에 본질적인 이견이 없었다. 그들 모두《샤리아》를 준수했다. 그러나 시간이 지날수록 두 종파 사이에 근본적인 차이가 발생했다.

수니파는《샤리아》율법 체계가 9세기 말에 이미 인간 세상의 모든 행위를 망라했다고 주장한다. 따라서 후대에《샤리아》를 재해석하거나 새로운 조항을 창제할 필요가 없으며, 이를 함부로 수정해서는 안 된다는 것이었다. 그러나 시아파는 이슬람교가 시대에 따라 변화해야 한다고 주장한다. 그들은 무함마드 시대와 지금은 엄연히 다르므로 현시대에 맞는 새로운 성법을 창제해야 한다고 주장한다. 권위 있는 신학자들은《코란》과《성훈집》에 근거하여《샤리아》를 새롭게 해석하고 유추할 수 있으며, 시아파

학자들이 새로운 율법을 창제할 수 있다고 여긴다. 시아파와 수니파의 큰 차이가 여기에 있다.

물론 시아파라고 해서 누구나 성법을 창제할 수 있는 것은 아니며, 최고 학자들만이 할 수 있는 일이다. 이란에서는 아야톨라가 여기에 해당한다. 그중 종교 최고지도자 호메이니와 현재의 최고지도자 하메네이, 그리고 일반 아야톨라와 미래의 아

이란의 종교 지도자 호메이니는 살만 루슈디의 사형을 판결했다.

야툴라에게 창제권이 있다.

시아파의 신학자 울라마들이 새로운 법률을 제정하고 새로운 해석 조항과 이해 방식을 제시했기 때문에 시아파의 울라마 집단은 더욱 큰 종교 권력과 사회적 영향력을 행사한다.

이란의 종교와 왕조 역량은 상호 대등하다

아랍 세계의 양대 진영

이런 배경을 알고 나서 중동 문제를 대하면 좀더 깊이 이해할 수 있다. 제2차세계대전이 끝난 후 아랍 세계에는 양대 진영이 출현했다. 그중 하나는 국왕 제도를 폐지한 이집트, 리비아, 시리아, 이라크, 예멘 등이었다. 이들은 민족주의 운동을 통해 국왕 통치를 뒤엎고 군부 독재 정권을 세워 종교를 압박했다. 따라서 종교 세력이 일어날 수 없었다. 더구나 정치에 관심이 없었던 그들은 외부와 단절한 채 종교 이론 연구에만 전념했다.

다른 한 축은 왕조 통치를 유지하는 사우디아라비아, 쿠웨이트, 바레인, 카타르, 아랍에미리트, 오만 등 페르시아만 국가들이었다. 이들은 국왕의 통치를 받으며 종교 세력은 실권이 없다. 예를 들어 사우디아라비아의 와하비파는 정치적 실권이 별로 없다. 국가의 주요 권력과 경제는 왕실이 독점하며, 국정 방침도 왕실이 결정한다. 왕실이 종교를 인도하고 종교 인사들은 보좌하는 역할이라고 할 수 있다. 수니파 신학자들에게는 성법 창제권이 없기 때문에 권력 기반이 취약한 것이다.

이란에는 울라마 학자를 존중하는 전통이 있다

이란은 시아파 신학자들이 성법 창제권을 가지고 있기 때문에 강력한 권력을 행사한다. 이란의 역대 왕조는 종교 세력과 우호적인 관계를 유지하기 위해 노력했으며, 심지어 종교 세력의 지지를 얻어야 자신들의 통치 기반을 안정시킬 수 있었다. 요컨대 시아파의 종교 역량은 역대 왕조와 대등한 위치에 있었다. 이슬람 사원, 종교 학교, 종교 법정, 종교 재산은 철저히 독립되어 국왕이 간섭할 수 없었다. 또 이란에는 종교 시설이 대피소 역할을 하는 전통이 있다. 죄를 지은 사람이라도 종교 시설에 보호를 요청하고 신학자들이 동의하면 국왕과 정부는 그 사람을 체포할 수 없다.

이슬람 혁명이 이란에서 먼저 일어난 이유

1979년 이슬람 혁명이 아랍 국가가 아닌 이란에서 일어난 것은 3가지 중요한 선결 조건을 갖췄기 때문이다. 첫째, 시아파는 정교일치의 이맘 제도를 실시하고 있었다. 둘째, 이란 시아파 신학자 집단은 성법 창제권을 갖고 있었다. 셋째, 2500년 페르시아문명의 역사는 종교의 혁신에 대해 강한 자신감을 불러일으켰다.

1979년 이슬람 혁명이 일어나기 전에 이란은 다른 아랍 국가와 마찬가지로 100년 가까이 민족주의 운동을 전개해 왔다. 이란 민족주의의 발흥은 살아남기 위한 도전이었다. 당시 페르시아는 외부의 양대 강적에 맞서야 했다. 하나는 무력으로 침략해 오는 북방의 제정러시아였고, 다른 하나는 남부 페르시아만 쪽에서 압박해 오는 대영제국의 경제적 침략이었다.

당시 페르시아제국의 세력 범위는 매우 컸다. 캅카스 이남의 조지아, 아르메니아, 아제르바이잔 3개국을 포함해, 동쪽으로는 아무다리야강 유역까지 이어졌으며 지금의 투르크메니스탄과 우즈베키스탄까지 미쳤던 것이다. 남쪽으로는 인더스강 서쪽까지 이어졌으며 파키스탄과 아프가니스탄도 한때 페르시아제국의 전통 세력 범위에 속했다.

제정러시아는 북서쪽 캅카스산맥 이남의 3개국을 포함한 페르시아의 전통 세력 범위를 침범했다. 북동쪽 동아시아 지역의 우즈베키스탄과 투르크메니스탄도 제정러시아에게 빼앗겼다. 당시 제정러시아는 페르시아의 생존을 위협했다. 또한 페르시아는 대영제국의 책동으로 동방에서 대량의 영토를 잃었다. 아프가니스탄이 독립한 것도 그중 하나였다.

영국은 페르시아 경제에도 큰 위협을 가했다. 1872년 영국의 압박하에 카자르 왕조 시대의 페르시아 국왕은 전국의 철도와 운하 건설권, 모든 광산과 삼림의 독점 개발권, 심지어 중앙은행 개설권까지 폴 로이터(Baron Paul Julius von Reuter)라는 영국 상인에게 넘겼다. 이것이 이른바 '로이터 특허권'이며, 그 유명한 로이터통신의 창시자이다.

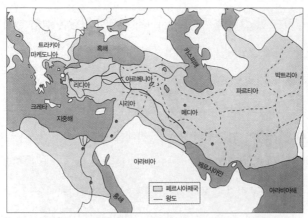

고대 페르시아 지도의 일부. 페르시아제국의 세력 범위는 매우 컸다. 동쪽은 인더스강 평원과 파미르고원, 남쪽은 이집트와 리비아, 서쪽은 서아시아와 발칸반도, 북쪽은 캅카스산맥과 아랄해까지 영토가 확장되었다.

세 차례에 걸친 이란 민족주의 운동의 고조

로이터 특허권에 반대하다

국왕이 이렇게 많은 특허권을 로이터에 넘겼다는 소식이 전해지자, 서양인들도 그 규모에 경악했다. "역사상 가장 철저하고 가장 이상한 방식으로 전국의 자원을 외국인에게 양도한 사례로 극한을 뛰어넘는다"고 평가했다. 이것은 중국 위안스카이의 매국 21조 승인과 유사한 사건이었다. 물론 페르시아 국왕에 비하면 위안스카이가 훨씬 덜했다. 중국에서 매국 21조는 5·4운동의 도화선이 되었으며, '로이터 특허권'은 페르시아 판 '5·4운동'의 도화선이 되었다.

울라마들이 이끄는 가운데 전국 각 도시 종교 학교의 학생들이 상인, 군 간부, 지주들과 연합해 대규모 시위를 벌였다. 울라마는 민족주의 운동의 지도자였으며, 이것은 페르시아 민족주의의 제1차 각성이었다. 결국 국왕은 여론에 밀려 '로이터 특허권'을 취소했다. 그러나 로이터의 중앙은행 독점권은 여전히 허용했으며, 이것이 영국 통제하의 페르시아제국은행이었다. 페르시아는 화폐 발행권을 상실했다. 이처럼 영국은 많은 국가에서 화폐 발행권을 통제하는 방법으로 경제를 공략했다. 1875년을 전후해 프랑스와 영국이 터키의 화폐 발행권을 빼앗았고, 오스만제국은행을 영국과 프랑스가 통제했다. 1860~1870년대 HSBC은행(홍콩상하이은행)은 사실상 중국의 화폐 발행권을 독점했다. 영국은 한 국가를 식민지로 만들려고 할 때 먼저 화폐 발행권부터 손에 넣고 그 나라의 금융권을 약탈했다.

담배 불매운동으로 고조된 제2차 민족주의 운동

제2차 페르시아 민족주의 운동은 1892년 담배 불매운동으로 고조되었

영국 상인 폴 로이터는 페르시아 지하에 묻힌 모든 자원과 철도 부설권, 운하 건설권, 도로 건설권, 중앙은행 개설권 등을 카자르 국왕에게 사들였다.

다. 당시 페르시아 국왕은 매국 행위를 계속하여 특허권을 외국인에게 팔아넘겼다. 1892년에는 담배 특허권을 영국인에게 팔았다. 당시 페르시아는 전국적으로 담배를 피웠기 때문에 담배 특허권을 외국인에게 넘기면 페르시아 사람들은 영국에 간접적으로 담배세를 내는 것과 같았다. 시아파의 울라마는 저항운동의 강력한 지도자로서 전국적인 통일전선을 형성해 국왕과 투쟁했다. 그들은 전국적으로 담배 불매운동을 벌였으며, 심지어 페르시아 국왕도 왕궁에서 담배를 피울 수 없었다. 이로써 국왕의 두 번째 매국 행동이 제재를 받았다.

제3차 민족주의 운동

이란의 제3차 민족주의 운동은 1906년의 입헌 운동이었다. 이번에도 울라마들이 주도하고 많은 민중이 국왕에 항의하는 운동에 참여했다. 사람들은 헌법을 제정하여 국왕의 권력을 제한해야 한다고 주장했다. 그러나 거리에서 시위하는 민중들은 국왕의 군대에 체포되었다. 울라마들은 많은 피난처를 확보해서 쫓기는 시위 군중들을 이슬람 사원에 대피시켰다. 그러나 당시 정부의 군경이 피난처까지 뚫고 들어와 사람들을 잡아갔고, 수백 년 동안 이어온 페르시아의 전통을 위반한 그들의 행위는 전국 울라마들의 분노를 샀다. 사람들은 매일 예배를 올리기 위해 이슬람 사원을 찾았고, 그곳은 울라마 집단이 군중 운동을 조직하는 중심이었다. 학자 집단은 예배를 올릴 때 왕권에 투쟁하고 입헌 운동을 지지할 것을 호소했다. 이렇게 해서 시위에 참가하는 페르시아 민중은 폭발적으로 늘어나 국왕과 첨예하게 대립했다. 울라마들은 국왕에게 입헌에 동의할 것을 요구하며 관철되지 않을 경우 집단으로 페르시아를 떠날 것이라고 밝혔다. 당시 페르시아의 사법 체계는 울라마들이 주도했으므로, 울라마가 떠나면 국가의 법률 운영이 마비될 우려가 있었다.

페르시아의 민족주의 운동은 다른 아랍 세계의 민족주의 운동과 달리 신학자인 울라마들이 지도적인 힘을 발휘했다. 이것은 다른 아랍 국가에서 볼 수 없는 특이한 현상이다.

팔레비 왕조의 심층 개혁

페르시아의 민족주의 운동은 1921년 카자르 왕조를 무너뜨렸다. 1921년 페르시아의 레자 샤 팔레비라는 청년 군 장교가 쿠데타를 일으켜 페르시아 정권을 찬탈했다. 1925년 그는 새로운 국왕에 올랐으며, 이것이 유명한 팔레비 왕조이다. 그리고 1935년 페르시아는 국명을 이란으로 바꿨다.

레자 샤 팔레비의 개혁과 케말 파샤 개혁의 차이

레자 샤 팔레비가 가장 숭배하는 인물은 터키의 국부 케말 파샤였다. 그는 정권을 잡은 후 개혁을 단행할 때 터키 개국의 아버지 '무스타파 케말 아타튀르크(Mustafa Kemal Atatürk, 케말 파샤의 존칭, 아타튀르크는 '터키의 아버지'라는 뜻이다. - 옮긴이)'를 롤모델로 삼았다. 제1차세계대전 이후에 활약한 두 사람은 이슬람 민족주의 1세대 집권자라고 할 수 있었다. 이집트의 나세르는 제2차세계대전 이후에 집권한 2세대였다.

레자 샤 팔레비와 비교했을 때 케말 파샤는 더욱 치열하고 철저한 개혁을 실시했다. 전반적인 서구화가 곧 '문명화'라고 생각한 그는 유럽 사회에 편입하고자 애쓰는 한편 아랍인이나 이슬람교와는 멀리하려고 했다. 이슬람교가 터키의 발전을 저해한다고 믿었던 것이다. 이와 동시에 문자 개혁을 선포하여 아랍 문자를 폐지하고 터키어를 전면적으로 라틴어화하여 아랍 전통과 선을 긋겠다는 결심을 보여주었다. 오늘날의 터키 문자는 모두 케말 파샤 시대 심층 개혁의 결과다.

터키의 국부 케말 파샤는 터키의 독립전쟁을 승리로 이끌었다.

양복을 입은 케말 파샤.

레자 샤 팔레비는 케말 파샤와는 달랐다. 터키인은 튀르크족으로 특별히 내세울 만한 고대 문명이 없었다. 반면 페르시아인은 유구한 역사와 전통을 자랑하며 2500년의 문명을 축적하고 있었다. 사실 레자 샤 팔레비는 페르시아어를 라틴어화하려는 계획을 세웠으나 페르시아인들의 반대에 부딪혔다. 케말 파샤는 터키의 종교에 강한 제약을 가한 반면, 레자 샤 팔레비는 부득이 시아파 울라마의 지지에 의존했다. 국왕 취임 연설에서 레자 샤 팔레비는 이란에서 시아파의 정통 위상을 보호하겠다고 맹세했으며, 종교가 국가 통일을 보장하는 가장 효과적인 수단임을 분명히 선포했다.

실패한 이란 민족주의 운동

레자 샤 팔레비는 경제와 정치 개혁을 단행해 산업을 일으키고 철도와 학교를 세웠다. 그의 개혁은 20년간 진행되었지만 실제로는 기초가 약해서 외세의 충격에 금세 무너졌다.

1941년 6월 독일이 소련을 침공했다. 이란이 나치 독일과 결탁하여 자신들의 후방을 교란할 것을 우려한 영국과 소련은 병력을 동원하여 이란을 점령했다. 소련군은 캅카스산맥으로 남하해 이란 북부를 통제했다. 그리고 영국군은 페르시아만으로 북진해 이란 남쪽을 접수함으로써 이란은 사실상 망국의 운명에 처했다.

민족주의 운동의 기본 전제는 국가 주권을 온전히 지키는 데 있다. 그런데 레자 샤 팔레비 국왕이 20년이나 지속한 개혁은 너무나 쉽게 무너져버렸다. 1941년 이란이 소련과 영국군에 점령당한 사건은 페르시아 민족주의의 처절한 좌절과 실패를 의미한다.

사실 이란은 원래 중립국으로 히틀러의 편에 서지 않았으며, 독일도 비(非)군사 고문을 이란에 파견했을 뿐이다. 이는 중립 원칙을 위배하지 않으며, 중립국 스위스에서도 얼마든지 독일인을 볼 수 있다. 영국이 이란에 독일 공민을 추방하라고 명령했을 때, 레자 샤 팔레비 국왕은 "왜?"라는 단 한마디를 했을 뿐이다. 그런데 영국과 소련은 두말도 하지 않고 이란을 분할 점령해 버렸다. 콧대 높은 페르시아인은 민족주의를 통한 구국운동이 통하지 않는다는 사실을 발견했다.

민족주의 운동의 실패로 인한 이란 전체의 심리적 충격은 실로 컸다. 훗날 이란의 종교 지도자 호메이니가 내놓은 국가 전략은 동방이나 서방에 의존하지 않고 반드시 스스로 독립해 자주적인 이슬람 국가를 세운다는 것이었다. 여기서 서방은 미국과 영국, 동방은 소련을 가리킨다. 호메이니는 자주독립 외에 다른 방법이 없다고 생각했다. 이것이 이슬람 혁명을 통해 이란이 얻은 국가 건설의 기본 방침이다.

22장

분노한 이란이 석유 명맥을 차단하다

제2차세계대전이 끝난 후 영국, 미국, 소련이라는 3대 외부 세력의 경쟁에 휘말려 이란은 내부적으로 분열되었다. 무함마드 모사데크가 이끄는 민족주의 운동은 내부 세력의 억압으로 또다시 실패했다. 영국과 미국의 지지를 등에 업은 팔레비 국왕은 백색 혁명을 발동하고 경제를 개혁하여 놀라운 경제성장을 이룩했다. 그러나 팔레비 왕조는 빠르게 무너졌고 국왕은 해외로 망명했다. 여기에는 어떤 비밀이 숨어 있을까? 이번 장은 이란이 현대 국가로 진입하는 험난한 과정을 되짚어보고자 한다.

이란은 '일대일로' 전략의 관건이다

2015년부터 중국 사람들은 이란 문제에 관심을 갖기 시작했다. 이란의 잠재적 가치가 크기도 했지만, 중국의 국운이 걸린 중요한 전략적 기회로 이용할 수 있기 때문이었다. 앞으로 중국의 30년은 서쪽으로 진출해 유라시아 대륙의 경제와 융합하는 뉴실크로드 전략에 달려 있었다. 중국의 뉴실크로드는 이란을 반드시 경유해야 하므로 이란이 바로 성공의 관건이었다. 역사적으로 페르시아는 언제나 유라시아 3대 문명의 지리적 중심, 즉 '중원 지대'였다.

중국이 뉴실크로드를 개통하려면 각국 정부와 협력하는 것은 물론, 현지의 세력 집단과 좋은 관계를 유지해야 한다. 이란 최대의 세력 집단은 시아파의 신학자 울라마들이다. 그들이 뉴실크로드를 지지하면 일은 순조롭게 풀리겠지만 그들이 반대하면 아무리 많은 돈을 들여도 실패할 것이다. 이란의 울라마 집단은 역사적으로 왕조를 바꿀 만큼 영향력이 컸다. 그들의 사고방식을 이해하지 않으면 뉴실크로드 전략을 성공적으로 추진하기 어렵다.

이란에서 3대 외부 세력의 이익 경쟁

1941년 영국과 소련이 이란을 분할 점령함으로써 페르시아의 민족주의는 좌절에 부딪혔다. 제2차세계대전 시기에 열린 유명한 테헤란 회담을 기억할 것이다. 미국, 영국, 소련 3대 열강이 테헤란에서 작전을 논의한 회담이다. 장소를 이란으로 택한 이유는 소련과 영국의 점령 지역으로 세력 균형을 이루고 있었기 때문이다. 이러한 이유로 루스벨트는 처칠과 스탈린이 주도하는 협상의 장소로 이란이 적당하다고 생각했다. 더구나 미국은 진작부터 이란의 석유 자원에 눈독을 들이고 있었다.

영국석유회사(BP)의 설립자 윌리엄 녹스 다시. 1901년 카자르 국왕과 페르시아 석유 개발권을 사들이는 계약을 체결했다.

영국과 소련은 미국이 이란에 발을 들이는 것을 원치 않았다. 그러나 미국이 소련에 지원하는 군사 물자는 이란으로 들여오는 것이 가장 편리했다. 이러한 이유로 소련은 미국의 이란 진입을 받아들일 수밖에 없었고, 영국도 거부할 명분이 없었다. 전쟁이 시작된 후 미국, 영국, 소련 3대 열강의 대격돌은 이란에서 그 서막이 열렸다.

이란에 모인 미·영·소 3국은 자국의 이익을 위한 속셈이 따로 있었다. 영국은 카자르 왕조 시대에 이란의 경제 명맥을 독점했다. 특히 가장 중요한 이란의 석유 자원을 통제했다. 1901년 영국 상인 윌리엄 녹스 다시(William Knox D'Arcy)가 2만 파운드를 주고 페르시아에서 60년 기한의 120만 제곱킬로미터 석유 개발권을 사들였다. 120만 제곱킬로미터는 어느 정도 규모일까? 이란의 영토가 165만 제곱킬로미터임을 감안하면 카자르 국왕의 매국 행위가 얼마나 심했는지 알 수 있다. 그래도 남은 45만 제곱킬로미터가 있지 않으냐고 생각할 수도 있다. 그러나 그 지역은 제정러시아가 통제하고 있었기 때문에 카자르 국왕도 건드릴 수 없었다. 그렇지 않았다면 전국을 송두리째 팔아넘겼을 것이다. 다시는 오늘날 영국석유회사(BP)의 전신인 앵글로페르시안 석유회사(APOC)를 설립했다. 이 회사는 이란에서 막대한 석유 수입을 거둬들였으며, 대부분 영국인의 지갑으로 흘러 들어갔다.

이란을 둘러싼 영국의 전략 조정

카자르 국왕이 석유 개발권을 영국인에게 넘긴 후 이란을 둘러싼 영국의 전략은 다시 조정되었다. 제1차세계대전 이전에 석유의 중요성을 가장 먼저 인식한 사람은 영국 해군 장교 처칠이었다. 당시 영국의 모든 군함은 석탄을 연료로 운항하다 보니 속도가 느리고 불을 붙이는 시간도 오래 걸렸다.

군함이 가속하려면 우선 석탄을 더 넣어야 하고, 30분 정도 지나서 석탄이 가열되어야 속도를 낼 수 있었다. 속도가 느린 데다 석탄을 넣는 데 많은 인력이 동원되기 때문에 해전에는 매우 불리했다. 처칠은 해군이 발

1909년 윌리엄 녹스 다시가 설립한 영국석유회사(BP).

전하려면 석유가 필요하다는 사실을 인식했다. 군함의 연료를 석유로 바꾸면 선체 동력 구조가 훨씬 단순해질 뿐 아니라 가동 시간과 가속이 매우 빨라진다. 처칠은 영국 전함을 석유 동력 구조로 전면 개편하는 전략을 세웠으며, 이에 따라 영국은 석유 공급을 매우 중시하게 되었다.

영국 본토에는 석유가 나지 않는데, 필요한 석유를 어디서 조달할까? 그동안 영국은 주로 멕시코에서 석유를 조달했다. 그 밖에 영국이 통제하는 석유 산지는 동남아시아의 말레이시아, 인도네시아 등이었다. 심지어 제정러시아가 통제하는 캅카스 유전에도 영국이 끼어들었다. 당시 캅카스 유전에는 석유 생산을 독점하는 두 가문이 있었다. 그중 하나가 노벨상의 그 노벨 가문이었다. 노벨 가문의 두 형제 중 한 명은 화약으로 부를 축적했고, 나머지 한 명은 석유를 통해 부를 축적했다.

캅카스 유전의 석유 생산을 독점한 또 다른 가문은 로스차일드였다. 금융업으로 유명한 로스차일드 가문은 당시 세계 석유 생산량의 10퍼센트를 장악하고 있었다. 로스차일드 가문은 머리 회전이 무척 빨랐다. 제1차 세계대전 시기에 그들은 제정러시아의 내부 상황이 돌변할 것이라고 예견했다. 이것이 바로 훗날의 10월혁명이다. 따라서 로스차일드 가문은 그 전에 해결 방법을 강구해야 했다. 훗날 그들은 영국의 석유회사와 주식거래를 했다. 요즘 말로 제3자 배정 방식이었다. 영국의 석유회사는 증자를 통해 로스차일드 가문의 캅카스 유전 자산을 사들였다. 이로써 로스차일드 가문은 영국의 석유회사 주식을 보유하게 되었다.

영국은 이 석유 산지 외에도 앵글로페르시안 석유회사를 통해 이란의 대형 유전을 통제했다. 이렇게 해서 이란의 석유는 영국이 중동 정책을 펼치는 데 중요한 기반이 되었다.

석유로 유발된 치열한 각축전

제2차세계대전이 끝난 후 영국은 이란에서 석유로 가장 큰 이익을 거둬들였다. 미국과 소련은 영국이 큰 이익을 취하는 것을 보고 가만히 있을 수 없었다. 미국의 석유회사는 이란 동남부 발루치스탄 주의 석유 채굴권을 얻으려고 했다. 영국과 미국의 경쟁 구도에 소련도 뛰어들었다. 소련 정부는 자신들이 점령한 이란 북부 5개 주의 석유 채굴권을 요구했다. 제2차세계대전 이후 미·영·소 3대 열강은 석유를 둘러싸고 이란에서 치열한 각축전을 벌였다.

이란에서 얻은 소련의 전략적 이익

그 외에도 소련이 이란을 눈독 들인 또 다른 이유가 있었다. 소련은 인도양의 항구로 남하하지 않았기 때문에 페르시아만 지역에 진입하려면 반드시 이란을 통제해야 했다. 소련의 해군 함대가 페르시아만에 기지를 세워 호르무즈해협을 장악하면 진정한 글로벌 해군으로 거듭나는 것은 물

페르시아만과 인도양을 연결하는 호르무즈해협은 페르시아만으로 진입할 수 있는 유일한 수로이다.

론 해양의 패권을 장악할 수 있었다. 소련의 속셈을 알아챈 미국은 이란 북부에서 그들을 막아야 한다고 판단했다. 미국과 소련은 이란의 통제권을 놓고 첨예한 갈등을 빚었다.

외부 세력의 경쟁이 이란 내부 세력의 분열을 초래하다

미·영·소 3대 열강의 경쟁은 필연적으로 이란 내부의 분열을 초래했다. 이란의 국왕 레자 샤 팔레비가 실각하자 새로운 왕을 추대하는 문제가 대두되었다. 미·영·소 3대 열강은 처음에 카자르 왕조의 부활을 원했다. 그러나 카자르 국왕의 후손들은 국가가 완전히 타국에게 점령된 상황에서 그 부담을 지려고 하지 않았다. 자칫 역사에 오명을 남길까 우려했던 것이다. 3대 열강은 논의 끝에 레자 샤 팔레비 국왕의 아들인 무함마드 레자 샤 팔레비를 새 국왕으로 추대했는데, 그가 바로 오늘날 유명한 팔레비 국왕이다.

이란 내부 세력은 좌파, 우파, 중도파로 분열되었다

새로 즉위한 팔레비 국왕은 미·영·소 3대 열강을 상대해야 했다. 3대 열강이 경쟁하는 가운데 이란 국내에는 좌파, 우파, 중도파 3대 세력이 출현했다. 좌파는 소련이 이란 북부 5개 주 점령 지역에서 양성한 투데당(Tudeh Party)으로, 그들의 목표는 이란 정부를 무너뜨리고 사회주의 공화국을 건설하는 것이었다.

우파는 시아파의 울라마 학자 집단으로 영국과 미국, 소련에 반대하는 것은 물론 세속화에도 반대했다. 이들은 이란에서 강력한 세력을 과시했다. 이란 사람들은 늘 이슬람 사원에 가서 예배를 올리기 때문에 학자 집단은 이란의 중하 계층과 더욱 긴밀히 접촉할 수 있었다. 정부는 울라마를 기반으로 하는 이슬람 사원과 종교 학교에 관여할 권한이 없었다. 그곳은 학자들이 사회 역량을 동원하는 중심이었다. 그들은 심지어 자신들의 비밀 무장 세력 이슬람 결사대까지 조직했다.

좌파와 우파의 중간에는 민족전선이라는 중도파가 있었다. 주로 도시에서 교육을 받은 사회 엘리트 계층으로 구성되었으며, 일부 지주와 진보 인사도 있었다. 이들은 자유주의를 표방하고 군주제에 반대하며 국가의 자주독립을 주장했다. 당시에는 이란의 중산층 인원이 제한되었기 때문에 민족전선 중도파는 숫자가 적고 권력 기반도 취약했다.

팔레비 국왕은 6대 세력에 맞서 초강력 균형 정책으로 대응했다

3대 파벌 외에 최강 세력은 당연히 이란 국왕 주위의 왕당파였다. 그들은 관료 전체와 지주, 군 간부, 그리고 상당히 많은 사회 엘리트로 구성되었다. 그들은 국왕을 등에 업고 높은 신분을 유지하는 기득권층으로 국가의 경제를 좌우했다.

팔레비 국왕은 서구 열강의 지지에 힘입어 왕위에 올랐다. 왕당파의 전략은 대외적으로는 영국과 미국에 계속 의존하고, 대내적으로는 좌파와 우파 양대 극단 세력에 타격을 가하고 민족전선의 세력을 약화하는 것이었다. 요컨대 외부 세력을 이용해 내부 세력을 견제함으로써 왕당파의 통치 기반을 굳히려 했다.

외부의 3대 열강과 내부의 3대 세력에 직면한 팔레비 국왕은 고난도의 균형 전략을 구사해야 했다. 최종적으로 각 세력의 균형을 유지함으로써 팔레비 국왕은 전략가의 면모를 과시했다.

모사데크가 민족 영웅이 되다

의석수가 많지 않은 중도파 민족전선이 큰 목소리를 낼 수 있었던 것은 지도자 무함마드 모사데크 때문이었다. 귀족 출신인 모사데크의 아버지는 오랫동안 카자르 왕조에서 재무대신으로 일했으며, 어머니는 이 왕조의 공주였다. 그는 어릴 때부터 서구식 교육을 받았으며, 유럽의 대학에서 경제학을 공부하고 법학 박사 학위를 취득했다. 따라서 그는 서구의 사회 체계와 정치 및 경제 체제에 정통했다. 모사데크는 탁월한 연설 능력과 예리한 안목으로 여론을 이끌었다. 유머를 구사하면서도 첨예함을 잃지 않았으며 눈길을 끄는 이슈로 사람들을 사로잡았다. 예를 들어 앵글로페르시안 석유회사에 대한 국유화 문제를 이슈화하자 이란 전국의 여론이 순식간에 달아올랐다. 영국과 합자하여 석유회사를 건립한 이란은 석유 개발권을 넘기고 받은 2만 파운드 외에 매년 거둬들이는 수입이 있었다. 그중 영국이 84퍼센트를 차지하고 남은 16퍼센트만 이란 정부에 돌아갔다.

이러한 이익 할당률은 순이익, 즉 모든 지출, 탐사 비용, 시추 비용, 각종 인건비를 제하고 남은 금액으로 계산한 것이다. 순이익을 계산하는 재무 자료도 영국이 장악하고 있었다. 영국이 원가를 낮게 잡으면 이란에 돌아오는 배당금이 올라가지만 원가를 높게 계산하면 이란에 돌아오는 배당금이 줄어들었다. 따라서 1901년 탐사를 시작한 이후부터 발생한 거액의 수

이란 민족전선의 뛰어난 지도자 무함마드 모사데크.

입은 대부분 영국인의 지갑으로 흘러 들어갔다. 이란의 입장에서는 분통이 터지는 일이었다.

미국은 중동 지역에 개입한 후 사우디아라비아와 손잡고 미국-사우디아라비아 석유회사를 세워 이익 배당률을 5 : 5로 정했다. 이 소식을 들은 이란 사람들은 크게 분노했다. 그들은 영국이 의리를 지키지 않고, 자신들을 약탈하고 있다고 생각했다. 미국과 사우디아라비아는 5 : 5로 이익을 나누는데 자신들은 16퍼센트인 것도 부족해서 늘 이런저런 명목으로 금액이 줄어들었다. 이란 내부에서는 영국-이란 석유회사를 국유화하여 영국인을 내쫓고 석유회사를 되찾자는 목소리가 높았다. 이것은 1956년 나세르가 수에즈운하를 국유화한 것과 비슷한 상황이다.

모사데크는 당시 폭발력이 강한 화제를 이슈화한 것이다. 이란 국내의 반영국 정서가 고조된 상태에서 이란 사람들은 영국에 대해 극도의 증오심을 가졌다. 영국 다음으로 소련도 증오의 대상이었다. 1951년 모사데크는 의회에서 영국-이란 석유회사의 국유화를 주장함으로써 전국적으로 이슈화하는 데 성공했고, 모든 사람들이 그를 지지했다.

좌파인 투데당 역시 모사데크를 지지했다. 왜냐하면 영국 세력을 내쫓는 것이 투데당에 유리하기 때문이었다. 우파인 울라마 학자 집단도 마찬가지였다. 종교 집단은 외부 세력이 이란 내부에 간섭하는 것을 강력히 반대해 왔으며, 세속화도 반대했기 때문에 외국 세력을 내쫓아야 한다는 주장을 강력히 지지했다. 민족주의를 표방하는 중도파도 이란의 주권을 되찾는 일을 지지했다.

페르시아 민족은 태생적인 자부심을 되찾은 듯했다. 서구 세력에게 점령당한 국가의 처지에 분노한 그들은 영국 세력을 내쫓자는 제안을 당연히 쌍수 들어 환영했다. 이렇게 해서 모사데크는 순식간에 이란의 민족 영웅으로 등극했다.

모사데크 축출에 대한 논의

왕당파가 모사데크 정책을 반대한 이유

3대 세력은 왕당파에 압박을 가했으며, 각 대도시에는 대규모 시위가 일어났다. 국왕은 여론의 압박에 입장이 곤란했다. 영국에 대항한다는 것은 자신들의 권력 기반이 약화된다는 것을 의미했기 때문이다.

왕당파의 권력 기반은 영국과 미국의 지지에서 비롯되었기 때문에 영국-이란 석유회사를 국유화하면 서구 세력의 반발을 불러올 것이 자명했다. 서방이 팔레비 국왕에 대한 지지를 철회하면 그의 통치 기반이 흔들릴 것이다. 이런 이유로 왕당파 의원들은 국유화를 반대했다. 특히 팔레비 정부의 총리가 결사적으로 반대했다. 그의 행동은 종교 세력의 비밀 무장 조직 이슬람 결사대의 눈길을 끌었다. 그들은 어느 날 총리가 이슬람 사원에서 예배를 올리는 사이에 그를 제거해 버렸다. 국유화에 반대하는 세력은 종교 집단으로부터 암살을 당했다. 이것만 보아도 종교 집단의 세력이 얼마나 강한지 알 수 있다.

처음에는 국왕이 이를 저지하려고 했으나 왕당파의 총리가 이슬람 결사대의 손에 암살되자 감히 공개적으로 반대할 용기가 없었다. 결국 모사데크의 제안은 1951년 의회에서 통과되었다. 왕당파 의원들은 분노를 억누르지 못했다. 그들은 법안 발의 당사자인 모사데크에게 총리를 맡아 직접 일을 추진하라고 했다. 그들은 모사데크가 책임을 감당할 수 없을 것이라고 생각했지만 모사데크는 모두의 예상을 깨고 도전을 받아들였다. 그는 총리 자리에 오르자마자 이란 군대를 파견해 영국-이란 석유회사를 접수해 버렸다.

모사데크의 행동에 대한 영국의 반응

물론 국유화라고 해서 무조건 영국에게서 회사를 빼앗는 것은 아니었다. 이란은 영국의 손실을 배상해 주어야 했다. 모사데크는 보상 금액을 제안했으나 분노한 영국은 이를 거부했다. 그들은 당장 페르시아만에 병력을 추가 배치하여 이란에 대한 무력 침공을 준비했다. 영국은 낙하산 부대를 동원해 석유회사를 무력으로 빼앗으려고 했다. 이렇게 해서 양측은 일촉즉발의 위기에 직면했다.

오늘날 영국인은 부드럽고 우아하며 신사적인 이미지를 가지고 있다. 그러나 1940~1950년대에는 결코 그렇지 않았다. 당시 영국군은 오늘날 미군보다 더 위력적이었다.

영국의 이란 침공을 반대한 미국

상황이 심상치 않게 돌아가자 미국이 중재에 나섰다. 1951년에는 한국전쟁이 한창이었고, 제2차세계대전으로 이미 많은 사람들이 죽었다. 당시 전 세계 사람들의 관심은 한반도에 집중되어 있었으며, 세계적으로 반전 정서가 무르익었다.

영국이 이란을 침공할 경우 소련까지 나선다면 어떻게 되겠는가? 당시 미국의 군사력은 한반도에 집중되어 있었으므로 소련군이 이란에 출병했을 때 미국이 대응할 여력이 없었다. 더구나 이란은 철저히 소련 편이 될 것이다. 그렇게 되면 소련은 페르시아만의 통로를 확보하고 인도양으로 진출하기가 쉬워진다. 결국 미국의 글로벌 전략 구도에 큰 차질이 생기게

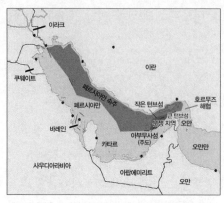

되는 것이다.

이란에 경제 제재를 가한 미국과 영국

물론 미국도 모사데크의 정책을 지지하지는 않았다. 국유화 바람이 중동 산유국 전체에 퍼지면 석유에 의존하는 서방 국가의 공급 노선

페르시아만은 소련이 인도양으로 진입하는 유일한 통로였다.

에 큰 차질이 빚어질 것이다. 미국은 중동 석유에 대한 의존이 심각한 상황이었다. 무장 침략은 상책이 아니라는 데 의견을 같이한 미국과 영국은 경제 타격과 내부 붕괴에 역점을 두기로 했다. 미국과 영국은 이란에 대한 경제제재를 가하기 시작했다. 영국-이란 석유회사가 국유화된 이후 영국은 모든 노동자와 기술자, 엔지니어를 철수했다. 당시 많은 엔지니어와 기술고문들이 본국으로 송환되었다. 모사데크와 이란 정부가 아무리 많은 돈을 준다고 해도 거부하고 이란을 떠났다.

페르시아인은 자부심이 강하지만 현대과학과 기술에는 뒤떨어진 부분이 많았다. 영국 기술자들이 철수하자 이란의 석유 생산량이 큰 폭으로 감소했다. 이와 동시에 미국과 영국이 전 세계 석유 판매 루트를 통제하자 이란은 석유를 수출할 수가 없었다. 경제제재는 큰 효과를 거뒀다. 1952년 석유 판매 루트가 막힌 이란의 경제는 나락으로 떨어졌다. 재정 적자가 폭증하고 심각한 인플레이션으로 사람들은 일자리를 잃었다. 더불어 파벌 간의 정쟁이 격화되면서 국내 정치는 혼란에 빠졌다.

모사데크의 개혁 정책과 그 영향

심각한 경제 불황 속에서 모사데크는 민중의 지지를 얻기 위해 토지개혁, 부자 증세, 왕궁과 군대 예산 삭감 및 군 간부 체제 정비라는 3대 정책을 내놓았다. 이는 분명히 재정을 개선할 수 있는 방법이었으나 뜻밖에도 통일전선의 붕괴를 초래했다.

토지개혁은 종교의 부동산과 관련이 있었다. 토지의 재분배는 울라마 집단의 경제 기반을 뒤흔들 소지가 있었던 것이다. 종교 세력의 힘은 정신적 부분 외에도 전국의 20퍼센트를 차지하는 토지에서 비롯되었다. 당시 종교에 기증한 토지에는 세금을 부과하지 않았다. 모사데크가 토지개혁을 내세우자 학자 집단은 그에게서 점점 등을 돌렸다. 경제적 이익이 걸린 문제에는 종교 단체도 예외가 아니었다. 토지개혁과 부자 증세는 중도파 민족전선 지지자들에게도 타격을 입혔다.

중도파 가운데 중소 지주와 도시의 엘리트층은 대부분 부유한 사람들이었기 때문에 부자 증세는 곧 그들의 이익을 해치는 일이었다. 석유회사의 국유화로 인한 장점을 누리기도 전에 손해를 보게 된 것이다. 이란 경제가 쇠퇴한 상황에서 증세 부담까지 안게 된 중도파 민족전선은 모사데크와 거리를 두기 시작했다.

국내 예산 삭감과 군 간부 체제 정비는 군대의 이익에 직격탄을 안겨주었다. 역사적으로 군대는 국왕이 통제하는 조직이다. 군 간부들은 모사데크에게 큰 불만을 품고 팔레비 국왕의 편으로 돌아섰다. 군 내부에서는 정변을 일으켜 모사데크를 축출하려는 움직임까지 일었다.

정변을 통한 모사데크 축출 획책

이제 모사데크가 기댈 수 있는 유일한 조직은 쿠데당이었다. 그들은 시위를 책동하는 가두 정치에 능했다. 그러나 그들은 독점을 하지 못했으며 이란의 경제 자원을 통제할 수 없었다. 이렇게 되자 시위는 갈수록 폭력적으로 변해 혼란이 가중되었다. 미국과 영국은 기다리던 시기가 도래했다고 판단하고 무장 정변을 일으킬 준비를 했다. 먼저 이란 경제를 무너뜨리면 필연적으로 내란이 발생할 것이니 그 기회를 자연스럽게 이용하려고 한 것이다.

1953년 2월 미국의 CIA, 영국의 MI6, 이란 왕당파 군 간부들이 공동으로 아작스(Ajax) 비밀 작전을 추진하여 모사데크를 축출하기에 이르렀다. 작전 총책임자는 미국 CIA 커밋 루스벨트였다. 그는 미국 대통령 시어도어 루스벨트의 손자이다. 그는 100만 달러나 되는 경비를 사용하여 아래의 몇 가지 일을 수행했다. 첫째, 유언비어를 널리 퍼뜨려 모사데크를 모함했다. 둘째, 대중의 혼란을 선동하고 부족의 반란을 책동했다. 셋째, 건달들을 모아 투데당의 시위 군중을 가장하여 폭력과 파괴적인 행동으로 공포와 혼란을 조장했다.

전국적으로 긴장과 혼란 국면에 접어들자 이란 사람들은 모사데크의  통치 능력에 더 큰 회의를 품었다. 10일 후에는 대규모 혼란이 사회적 폭동으로 비화되어 수천 명이 사망했다. 결국 반란에 가담한 군 장교들이 모사데크의 관저를 포위하고 그를 체포했다. 반역죄 판결을 받은 모사데크는 귀족 출신이었기에 사형은 면했으나, 종신형을 살다 연금 상태에서 사망했다.

커밋 루스벨트는 시어도어 루스벨트의 손자로 모사데크 축출을 담당했다.

민족의 영웅 모사데크

모사데크는 이란 역사상 매우 중요하고 명망 있는 인물로 평가된다. 영국-이란 석유회사의 국유화에 앞장선 그를 이란 사람들은 여전히 민족의 영웅으로 숭배한다. 이란인의 시각으로 볼 때 모사데크의 실각은 제2차 민족주의 운동의 실패를 의미한다. 이 기회를 틈타 영국은 이란으로 복귀했다. 영국이 약간의 양보를 했는데도 이란 석유 판매권은 여전히 미국과 영국의 손에 있었다.

민족주의 구국의 길은 실현하기 어려웠다. 투데당의 사회주의 노선에도 문제가 있었다. 이란은 투데당 배후의 소련에 경계심을 품고 있었으며, 무신론을 주장하는 사회주의 이데올로기는 시아파가 득세하는 이란과는 어울리지 않았다. 이런 상황에서 이란은 어려운 선택을 해야만 했다.

팔레비 국왕의 백색 혁명

팔레비 국왕은 중도파인 민족전선을 와해하고 이어서 좌파인 투데당도 진압했다. 모사데크를 축출한 후 팔레비 국왕은 미국의 전폭적인 지지를 등에 업고 1960년까지 이란을 완전히 통제했다.

3대 반대파 중 2개 파벌은 이미 제거했으니 남은 것은 가장 까다로운 종교 세력이었다. 팔레비 국왕은 학자들을 '검은 반혁명분자'와 '기생충'이라고 표현하며, 주권을 공고히 하기 위해 '백색 혁명'을 선포했다. 투데당이 붉은 혁명을 일으키고 종교 집단에 의해 검은 혁명이 일어난 것에 빗대어 백색 혁명은 무혈혁명을 의미한다.

백색 혁명 정책과 이란의 5개년 계획

팔레비 국왕은 백색 혁명의 최종 목표를 이란의 특색을 지닌 군주 독재 자본주의 선진국 건설에 두었다. 백색 혁명의 주요 내용은 토지개혁이었다. 팔레비 국왕의 토지개혁도 모사데크와 마찬가지로 울라마 집단의 토지를 빼앗아 그들의 경제 기반을 약화하는 것이 목적이었다. 물론 삼림 자원의 국유화, 국영기업의 사유화, 노동자 배당, 문맹 퇴치 운동, 여성 공민권 부여 등의 개혁도 포함되었다.

이란 정부는 1962년부터 1972년까지 백색 혁명을 추진하기 위한 2개의 5개년 계획을 세우고 산업에 대한 대규모 투자를 단행했다. 10년 동안 이란의 GDP 평균 성장률은 무려 11.5퍼센트에 달했다. 1973년 제4차 중동전쟁이 발발하여 석유 가격이 4배 폭등하자 이란은 거액의 돈을 벌어들였다. GDP 성장률은 1973년 14퍼센트, 1974년 30퍼센트, 1975년 42퍼센트라는 천문학적 기록을 달성했다.

이란의 경제성장 속도는 혀를 내두를 정도로 비약적이었다. 그렇다면 이란이 고도의 번영을 누리고 국민들은 윤택한 생활을 했을까. 당시에는 잠재적인 위험을 알아채는 사람이 아무도 없었다. 불과 3년 뒤 이란에 이슬람 종교 혁명이 발발하여 국왕이 도피했고, 분노한 이란 민중은 국왕을

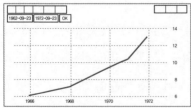

이란 GDP(1962~1972년). 10년간 이란의 GDP 성장률은 평균 11.5퍼센트에 달했다.

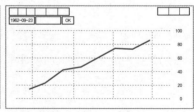

이란 GDP(1972~1980년). 이란의 GDP 성장률은 1973년 14퍼센트, 1974년 30퍼센트, 1975년 42퍼센트에 달했다.

잡아 공개재판에 넘기고자 했다. 여기에서 의문이 생긴다. 그토록 높은 경제성장률을 자랑하던 이란 정권이 어떻게 3년 만에 무너졌을까?

이란 국왕 축출의 원인

팔레비 국왕은 야심만만하고 기세등등하게 계획을 추진했지만 기초는 부실하기 짝이 없었다. 그의 정권이 무너진 데는 몇 가지 원인이 있었다. 첫째, 토지개혁의 핵심은 농업을 진작하는 것이었다. 그러나 백색 혁명을 추진하면서 이란의 농업은 오히려 전면적으로 쇠퇴했다. 과거 식량 수출국이었던 이란은 백색 혁명 이후 식량 수입국이 되었다. 식량의 해외 의존도가 점점 심각해 전국 식량의 3분의 1을 수입할 정도였다. 토지개혁을 위한 정책에 문제가 많았기 때문이다. 가령 이란은 심각한 물 부족 국가로 대부분의 지역이 심한 가뭄에 시달렸다. 따라서 이란에서는 수천 년 동안 독특한 관개 시스템인 카레즈(karez)가 발달했다. 중국 신장 지역에도 카레즈가 있다. 지혜로운 농민들은 지하에 대량의 관개수로를 건설하여 수직 우물과 연결하는 방식으로 농업용수를 확보했다.

이란 전역의 카레즈를 합하면 총 길이가 30만 킬로미터에 달하며, 이는 지구에서 달까지의 거리에 해당한다. 부지런하고 지혜로운 페르시아 농민들이 수천 년간 축적해 온 방대한 관개 시스템은 이란의 농업을 지탱하는 데 지대한 공헌을 했다. 그러나 토지개혁의 근본 목적이 순수하지 않았기에 농업 생산성 향상을 이끌어내지 못했다. 정부는 돈이 생기자 대규모 기계를 이용해 지하수를 채굴했으며, 카레즈를 폐기함으로써 농업 관개 시스템에 심각한 문제가 발생했다. 기존 시스템을 폐기하고 도입한 새로운 관개 시스템은 기계, 전력, 석유를 포함하여 많은 자금이 들어갔을 뿐 아니라 문제점도 속출했다. 관개 시스템에 문제가 생기자 식량 생산량이

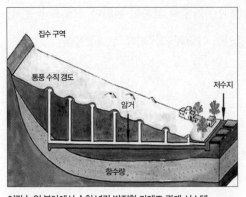

집수 구역

통풍 수직 갱도

저수지

암거

함수량

이란 농업 분야에서 수천 년간 발전한 카레즈 관개 시스템.

크게 떨어졌다. 파산한 농민들은 대거 도시의 빈민굴로 들어갔다. 문맹이 확산되고 공공시설은 부족한 도시 빈민굴 사람들의 원성이 극에 달했다. 그들은 국왕이 도시를 그 지경으로 만들었다고 한탄했다.

첫째, 팔레비 국왕은 석유로 벌어들인 달러로 부족한 식량을 수입하면 그만이라고 생각했으나 그것은 판단 착오였다. 1970년대 석유 가격이 폭등하자 세계 식량 가격은 더 맹렬한 속도로 올라갔다. 석유 가격이 4배 오르면 국제 식량 가격은 그보다 더 빠른 속도로 올라갔다. 1975년부터 1977년까지 이란의 인플레이션은 무려 50퍼센트에 달했다. 서민들은 삶을 영위하기 어려웠고, 사회적 불안은 더욱 심각한 잠재적 위험을 심어놓았다.

둘째, 팔레비 국왕은 대형 공업 프로젝트에 거액을 투자했으나 당시의 인프라 시설로는 감당할 수 없었다. 이란은 풍부한 에너지를 보유하고도 수많은 농촌 주민들이 전력 부족에 시달렸다. 심지어 수도 테헤란도 정전이 종종 발생했다. 그리고 페르시아만에 위치한 이란 중요 항구의 화물 처리 능력은 턱없이 부족했다. 항구에는 수백 척의 화물선이 하역을 기다리고 있었다. 바다에서 무려 160일을 기다리는 배도 있었다. 하역을 한 후에도 도로와 철도 수송 능력 부족으로 수백만 톤의 화물이 노천에 적치된 채 세월을 보냈다. 비바람에 노출된 화물은 변질되어 못쓰게 됨으로써 낭비가 극에 달했다.

셋째, 석유로 벌어들인 거액의 달러 수입 중 3분의 1이 미국 무기상의 주머니로 들어갔다. 겉만 번지르르한 대형 프로젝트는 심각한 낭비를 초래했고, 그보다 더 많은 자금이 부정부패로 사라졌다. 팔레비 국왕은 미국의 군사 물자와 장비를 대량 구입함으로써 미국의 주머니만 채워주었고, 그나마 남은 돈은 부실공사로 사라졌다. 이 밖에 대량의 석유 달러가 이란에 유입된 결과 화폐 초과 발행이 심각한 지경에 이르렀다. 이는 유례없는 자산 거품, 토지 가격의 가파른 상승을 유발했다. 테헤란의 토지 가격은 심지어 일주일에 한 번씩 신기록을 경신했다. 1974년 타브리즈의 토지 가격이 1971년의 10배에 달했으며, 5년간 무려 100배나 오른 도시도 있었다. 땅값 폭등은 주택 가격과 집세의 폭등으로 이어졌다. 이란 도시의 일반 시민들은 수입의 60퍼센트가 주택에 들어갔으며, 그나마 남은 40퍼센트의 수입으로 50퍼센트에 달하는 물가 상승에 대처했으니 그들의 생활이 어땠을지 짐작할 수 있을 것이다.

이러한 경제적 문제로 말미암아 이란은 1976년부터 1978년까지 심각한 경제 위기에 빠졌다. 과열된 경기는 경착륙하면서 대량의 실업 사태를 빚었으며 악성 인플레이션까지 겹쳤다. 이란의 극소수 부자들과 대다수 가난한 서민들 간의 빈부 격차는 전에 없이 벌어졌다. 이렇게 특권을 이용해 부를 축적한 계층이 되레 이란 사회를 믿지 못하고 해외에 미친 듯이 자산을 빼돌렸다.

1978년이 되자 이란 전체는 마치 곧 폭발이 임박한 화산과 같았다. 8월에 미국 CIA와 국무원이 도출한 보고서는 완전히 일치했다. 이란에는 국왕에 효과적으로 도전할 세력이 존재하지 않는다는 것이었다. 그로부터 몇 달 후 이란 정권이 바뀌었다. 그 이유는 무엇일까? 미국 CIA와 국무원을 비롯해 세계 중동 문제 전문가들은 한 노인의 존재를 간과하고 있었다. 당시 파리에 망명 중이었던 노인이 나서서 팔레비 왕조를 철저히 무너뜨리고 심지어 중동의 역사까지 좌우했다. 그가 훗날 이름을 떨친 종교 지도자 호메이니다.

23장

테헤란 탈출의 역사적 진상

이란의 가장 위대한 정치 지도자이자 최고 종교 지도자 호메이니는 혹독한 해외 망명 시절을 거쳐 1979년 2월 1일 이란으로 복귀했다. 호메이니의 고도의 정치 전략에 힘입어 학자 집단은 팔레비 왕조를 몰아내고 정교일치의 정치체제를 구축했다. 그러나 부흥의 길은 결코 순탄하지 않았다. 그 배후에는 어떤 사건들이 있을까? 이번 장에서는 호메이니가 이란 정권을 탈환한 이야기를 파헤쳐 본다.

이란 종교 혁명의 역사적 배경

호메이니는 이란 이슬람 혁명의 핵심 인물로 그에 관해 매우 흥미로운 이야기가 있다. 호메이니의 삶을 소개하는 글은 많지만 지금까지 그의 일생을 제대로 다룬 전기는 한 권도 없다.

알려진 바와 같이 호메이니는 1902년 6남매 중 막내로 태어났다. 그의 가족은 종교 가문이며 부친은 그가 어릴 때 별세했다. 종교 학교에서 이슬람교를 공부한 호메이니는 30세도 되지 않은 나이에 이란의 전국 고급 학자 자격 고시에 합격했다. 이 시험에 합격했다는 것은 이슬람 성법을 해석할 자격을 갖춘 대학자가 되었음을 의미한다.

호메이니 이론 체계

젊은 시절의 호메이니. 30세도 되지 않아 이슬람 성법을 해석할 자격을 갖춘 대학자가 되었다.

1930년대부터 호메이니는 종교 문제에 대해 자신의 주관을 갖게 되었다. 이와 동시에 그는 모든 정력을 쏟아 미래의 이란 사회 발전 방안을 구상했으니, 이것이 오늘날 우리가 말하는 '정층설계'이다.

호메이니는 이란이 이슬람 학자 집단이 이끄는 정교일치의 노선을 걸어야 한다고 생각했다. 이는 전통적인 국왕 통치 제도와는 완전히 다른 것이었다. 시아파의 교리에 따르면 시아파에는 12명의 이맘이 있으며, 최후의 이맘은 사람들 사이에 은둔해 있다가 언젠가 선악을 심판하러 나타날 것이라고 한다. 시아파는 언젠가 그날이 올 것이라고 믿었다.

호메이니는 그 이론을 한 걸음 더 발전시켰다. 그는 최후의 이맘이 도래할 때까지는 무슬림 중에서 학술 수준이 가장 높고 이슬람 성법에 가장 정통한 사람이 지도자가 되어야 한다고 주장했다. 그는 이를 종교 지도자라는 의미의 파끼(Faqih)라고 불렀다.

1940년대 초반 호메이니는 이란의 미래 발전에 관해 전반적인 구상을 마쳤다. 그는 이슬람 교리가 국왕 체제와 맞지 않으며, 국왕 통치 시대가 저물어간다고 생각했다. 따라서 그는 왕조를 철폐하고자 했다. 그는 민족주의도 이란을 진정으로 구원할 수 없으며, 울라마 학자 집단이야말로 진정한 부흥을 이룰 수 있다고 주장했다.

호메이니는 최후의 선악 대결, 즉 심판의 날이 올 때까지 이란의 부흥을 이끌 존재로 파끼를 내세웠다. 가장 지혜롭고 용감하며 가장 공신력 있는 종교 지도자라는 것이다. 그는 파끼가 국정 방침을 관장하고 정책을 펼쳐서 전면적인 부흥을 이끌어야 한다고 주장했다.

사실 젊은 시절의 호메이니는 주목을 끌 만큼 재능이 두드러지지 않았다. 종교 내공이 깊기는 했지만 그는 아야톨라에 불과했다. 아야톨라는 최고성직자를 뜻하며, 그 위에는 영향력이 더욱 큰 대(大)아야톨라가 있었다. 가령 그의 스승 부르제르디(Seyyed Hussein Borujerdi)가 바로 대아야톨라였다.

호메이니의 스승 부르제르디. 1961년 그가 사망한 후 호메이니가 두각을 나타내기 시작했다.

아야톨라의 전통대로 호메이니는 스승 부르제르디가 활동하던 1940년대부터 1950년대까지는 특별히 나서지 않았다. 그러다 1961년 부르제르디가 사망한 후 호메이니는 혜성처럼 떠오르기 시작했다. 이미 이론 체계를 정립한 그는 국가의 미래 전략에 대해 심사숙고했다. 사상이 정립되자 그는 예리한 관점으로 사태를 파악하기 시작했다. 그의 주요 관점은 이란의 학자 집단이 지나치게 보수적이어서 종교 문제에 세밀한 부분까지 과도하게 집착한 나머지 민생 문제는 등한시한다는 것이었다. 그는 학자들이 종교라는 금자탑에 숨어 학술 연구에만 몰두할 것이 아니라 사회 발전을 추진해야 한다고 주장했다.

호메이니는 팔레비 왕조 몰락을 시도했다

호메이니의 두 번째 관점은 반제국주의, 반봉건주의 사상이었다. 그는 팔레비 왕조의 통치가 합법적인 것이 아니라고 주장했다. 알라의 취지를 완벽하게 따르는 정부만이 '합법적인 정부'이며, 팔레비 왕조는 합법적인 공신력을 갖추지 않았다는 것이다. 이런 이유로 그는 팔레비 왕조를 철저히 무너뜨려야 한다고 주장했다. 호메이니의 반제국주의는 미국의 내정간섭에 반대하는 것을 말한다.

1953년 모사데크의 쿠데타 이후부터 미국을 위시한 서방 국가들은 이란의 내정에 간섭해 왔다. 호메이니는 그 점을 강하게 비판하고 반대를 표명했다. 특히 미국이 팔레비 왕조를 지원하고 많은 군수물자를 판매한 것을 엄중하게 비판했다.

호메이니가 본격적으로 정치 무대에 선 것은 백색 혁명을 강력히 반대하면서부터였다. 1962년 팔레비 국왕은 전면적인 사회 개혁을 추진하기 시작했는데, 그 주요 목적은 종교 집단을 겨냥한 것이었다. 백색 혁명에는 토지개혁이 포함되었는데, 학자 집단이 소유한 토지의 합법적인 권익을 빼앗는 것을 의미했다. 당시에는 학자 집단이 이란 농경지의 20퍼센트를 소유하고 있었다. 1962년 백색 혁명이 시작되자 호메이니와 학자들은 반대에 나섰고, 이란에는 강력한 정치적 바람이 일기 시작했다. 호메이니가 이끄는 학자 집단은 시위를 벌여 정부에 항의했으며, 팔레비 왕조의 백색 혁명을 강력히 비판했다.

호메이니를 해외에 유배 보낸 팔레비 왕조

1964년이 되자 팔레비 국왕은 호메이니의 영향력을 무시할 수 없음을 깨달았다. 결국 국왕은 왕조의 통치와 백색 혁명에 상당한 위협이 되는 호메이니를 제거하려고 했다. 그러나 이란의 관례상 국왕이 아야톨라를 죽일 수는 없었다. 아야톨라는 영원한 치외법권의 존재였기 때문이다.

그러나 호메이니를 국내에 두면 영향력이 더욱 커질 것을 우려했던 팔레비 국왕은 결국 호메이니를 이란에서 쫓아내 이라크의 성지 나자프로 유배를 보냈다. 호메이니는 비록 이라크로 유배되었지만 이란에서 그의 영향력은 점점 커졌다. 이란에 호메이니의 제자와 그의 이론을 따르는 젊은이들이 많았던 것이다. 종교 인사들과 민족주의자들도 호메이니의 비판 정신을 긍정적으로 평가했다. 호메이니는 머리가 명석하고 의지가 강한 인물이었다. 게다가 수려한 언변과 인간적인 매력 덕분에 그를 따르는 추종자들이 많았다. 이들 중에는 정치가 아크바르 하셰미 라프산자니와 종교 지도자 알리 하메네이도 있었다. 이들이 이란 국내에서 계속 활동하면서 호메이니에게 정보를 제공하거나 그를 위한 모금 활동을 벌였다. 호메이니는 비록 이란을 떠나 있었지만 국내 정세와 국왕의 모든 조치를 손바닥 들여다보듯 파악할 수 있었다.

호메이니가 떠나 있는 십수 년 동안 이란 경제는 고속 성장을 했지만 많은 문제점을 안고 있었다. 1975년부터 3년간 이란의 정세는 완전히 바뀌었다. 경제는 심각한 침체기로 돌아섰으며 물가 인상과 실업 사태가 속출했다. 정부에 대한 이란 국민의 불만은 극에 달했다. 그들은 호메이니 같은 지도자가 이란을 이끌어주기를 원했다. 이란 내에서 호메이니의 영향력이 점점 커지자 팔레비 국왕은 호메이니를 이라크에서 내쫓아달라고 사담 후세인 정부에 요구했다. 이라크에 있는 호메이니가 이

시아파의 성지 나자프. 이라크 18개 주 중 하나이며, 호메이니가 14년간 해외를 떠돌던 시절에 대부분을 이곳에서 지냈다.

파리에서의 호메이니. 파리는 테헤란과 멀리 떨어진 곳이지만 호메이니는 여전히 배후에서 혁명 계획을 세웠다.

란 내에서 영향력을 키워 팔레비 왕조를 뒤흔들 것이라고 판단한 것이다. 이라크는 팔레비 국왕의 요구에 응해 호메이니를 프랑스 파리로 쫓아버렸다. 하지만 팔레비 왕조에게는 이것이 곧 재앙이었다. 이라크에서 호메이니는 시아파 민중과 추종자의 지지를 받았지만 어쨌든 사담 후세인의 삼엄한 감시하에 있었다. 호메이니와 사담 후세인의 해묵은 감정은 이때부터 쌓인 것이다.

호메이니가 이라크에 유배되었을 때는 이란과 지리적으로 가깝지만 정보를 습득하는 데는 한계가 있었다. 따라서 호메이니의 지휘 체계가 민첩하게 움직일 수 없었다. 그러나 파리에서는 사정이 달랐다. 서방 정부가 종교에 대해 관용 정책을 채택함으로써 호메이니에 대한 통제와 감독이 느슨했다. 게다가 교통과 통신이 고도로 발달한 파리는 순식간에 팔레비 왕조에 저항하는 해외 교포들의 중심지가 되었다. 사람들은 파리에 운집하여 호메이니를 중심으로 팔레비 국왕의 통치에 반대하는 강력한 저항 세력을 형성했다. 팔레비 국왕에게는 매우 불리한 국면이었다.

위태로운 팔레비 왕조

1978년 이란은 겉으로는 평온해 보였지만 사실은 폭풍 전야였다. 이란 정부의 잇단 실책으로 내부의 갈등이 격화되었다. 이란 관영 매체는 암암리에 호메이니를 헐뜯으며 인신공격을 했다. 그 결과 전국의 민중과 호메이니 추종자들이 강한 불만을 표출하며 거리로 쏟아져 나와 시위를 벌였다. 팔레비 국왕은 허둥대며 그들을 진압하기 시작했고, 많은 사람들이 사망하는 유혈 사건으로 비화되었다. 시아파의 전통에 따르면 사람이 죽은 지 40일째에 제사를 지낸다. 따라서 40일 후 더 큰 규모의 시위가 발생했고, 팔레비 국왕은 진압의 강도를 높였다. 결국 40일을 주기로 항의 시위 규모와 파괴력이 더욱 커졌으며, 국가 전체가 혼란에 빠졌다. 당시 군중이 사망하거나 다쳤는데도 정부의 사후 처리가 적절치 않았다. 그동안 억압되었던 민중의 분노는 1979년 초 마침내 폭발했다. 민중은 팔레비 국왕이 물러날 것을 강력히 요구했다.

이슬람 혁명과 호메이니의 귀국

1979년 1월 이란 이슬람 혁명의 화산이 마침내 폭발했다. 팔레비 국왕은 병 치료를 핑계로 해외로 망명했다. 국내에 남아 있던 정부 관리들이 수습할 수 없는 상황이었다. 국왕이 달아나자 군대도 시민들을 감히 진압할 수 없었다. 이때 사람들은 호메이니가 귀국하여 이란을 통치해 달라고 요구했다. 1979년 2월 1일 호메이니가 탄 비행기가 파리를 출발해 테헤란 국제공항에 착륙하자 이란 전체는 흥분의 도가니에 휩싸였다. 300만 명이 호메이니를 영접했다. 각계각층 인사들은 호메이니에 대한 기대로 충만했다. 호메이니는 이란에 돌아온 후 짧은 시간 내에 막강한 영향력을 갖출 수 있었다. 정부가 시위 민중에게 무기를 반납하고 자기 자리로 돌아가라고 설득하는 데도 호메이니의 권위에 의존해야 했다. 그러지 않으면 정부의 목소리가 먹히지 않았던 것이다.

세력을 키우며 때를 기다린 호메이니의 정치 예술

호메이니는 종교 지도자이기도 했지만 고도의 정치술을 가진 인물이었다. 그는 귀국에 앞서 미리 이란 국내 정치 구도를 분석했다. 이란에는 4대 파벌이 있었다. 첫 번째 왕당파는 우두머리인 국왕이 달아나자 우왕좌왕하는 상태였다. 두 번째 좌파 투데당은 비록 진압을 당했지만 부활의 조짐을 보였다. 세 번째는 중도파인 민족주의자들이었고, 네 번째는 우파 학자 집단이었다. 이 4대 파벌 중 호메이니를 진심으로 지지하는 것은 학자 집단이었다.

나머지 3개 파벌은 호메이니를 진심으로 지지하지 않았다. 그가 제시한 정교일치는 종교인의 국가 통치를 의미했기 때문이다. 단지 팔레비 왕조에 대한 증오로 잠시 행동을 같이했을 뿐 호메이니에 대한 반감은 여전했다.

호메이니가 장악한 3대 권력

호메이니는 국내 정세를 분석한 후 영리한 선택을 했다. 전면에 나서거나 관직을 맡지 않고, 기존 정부에 통치를 맡기면서 자신은 재정, 군사, 정당 조직 부문에서 실권을 장악했다. 1979년 귀국 후 호메이니가 처음 한 일은 이 세 부문을 장악한 것이었다. 어지러운 정국을 수습하는 일은 기존 정부에게 맡겨버렸다.

재정 실권이란 1979년 이슬람 혁명 이후 팔레비 왕조와 귀족의 자산을 몰수해 종교기금회에 귀속하는 것이었다. '피압박자 기금'도 그중 하나였다. 사람들은 약탈한 주택과 공장, 몰수한 은행을 전부 이슬람 종교위원회와 종교기금회 명의로 돌렸다. 이에 따라 호메이니는 실질적인 재정 권력

을 쥐게 되었다. 돈줄
을 움켜쥔 호메이니는
자신을 지지하는 군사
력을 확충할 수 있었
다. 정규군이 있었지만
핵심 간부들이 팔레비
왕조 출신이었기 때문
에 신뢰할 수 없었다.

이란혁명수비대. 호메이니가 조직한 무장 세력이다.

그래서 조직한 것이 그
유명한 이란혁명수비대이다. 호메이니는 각종 민병대에서 정예병을 뽑아
혁명수비대를 조직하고 자신의 직속 관할로 두어 병권을 장악했다. 혁명
수비대는 빠르게 세력을 확장하여 이슬람 혁명을 수호하는 중견 세력으로
성장했다.

재정과 병력을 장악한 호메이니가 세 번째로 한 일은 정당 조직이었다.
이슬람혁명위원회는 모든 정부 정책에 대한 자문 역할을 수행했으며, 나
중에 이슬람 공화당으로 발전했다. 호메이니는 정당과 이슬람혁명위원회
를 통해 정부를 통제했다.

이 기간에 호메이니와 학자 집단이 전면에 나서지 않은 것은 고단수 전
략이었다. 당시 이란 정부는 갖가지 복잡한 문제에 직면해 있었기 때문이
다. 이전의 정권이 무너지면서 어수선한 정세가 한동안 지속되었으며, 무
기 탈취, 각종 테러, 내란, 변방 소수민족의 반역 등이 잇따라 발생했다.

이란은 헌법 개정으로 정교합일을 확립했다

1979년 8월 호메이니는 회심의 카드를 빼들었으니, 바로 새로운 헌법

이었다. 초안에는 "학자 집단이 국가 통치에서 결정적 작용을 한다"는 조항이 없었으나 호메이니가 이 조항을 추가해야 한다고 주장했다. 파끼가 국가를 통치하는 핵심 이념을 구현하며, 학자 집단이 국가의 지배자이자 정책 제정자가 된다는 것이었다. 특히 의회에서 학자 집단이 리더 역할을 하게 되었다.

이 조항의 추가 여부를 두고 8월부터 이란 내부 4개 파벌 간에 치열한 논쟁이 벌어졌다. 학자 집단만 유일하게 호메이니의 주장을 지지했으며 나머지는 모두 반대했다. 우두머리를 잃고 뿔뿔이 흩어지기는 했지만 왕당파의 세력은 여전했다. 좌파 투데당과 중도파 민족주의자들도 부정적이었다. 사실상 반대하는 세 파벌이 연합하여 학자 집단과 대결하는 구도였다. 따라서 새로운 헌법의 통과를 둘러싸고, 특히 국가의 정치 기반으로서 파끼를 헌법에 수록하느냐를 두고 결전을 벌였다. 호메이니의 정치적 수완이 시험대에 놓이는 순간이었다.

이란 인질 사태 배후의 정치적 권모술수

헌법을 둘러싼 논쟁은 이란 내 파벌의 갈등을 유발했다. 호메이니가 추진하는 새로운 헌법이 난항을 겪는 가운데 10월과 11월에 괴상한 사건들이 잇달아 발생했다. 그중 가장 눈길을 끄는 것은 11월 1일 일부 이란 대학생들이 미국 대사관을 점거하여 63명을 인질로 삼고 대치한 사건이었다. 명백한 국제법 위반이었으며 전 세계가 충격에 빠졌다. 사람들은 도무지 그 이유를 알 수 없었다. 역사적으로 유명한 '이란 인질 사태'는 최종적으로 해결되기까지 무려 444일이나 걸렸다.

〈아르고(Argo)〉라는 미국의 블록버스터 영화는 이란 인질 구출 작전을 바탕으로 제작되었다. 영화나 책에서는 대략적인 개요만 설명할 뿐 배후에 숨겨진 원인을 아는 사람은 극소수였다. 나는 많은 자료들을 분석한 끝에 하나의 결론을 도출했다. 이 사건은 사실 이란의 새로운 헌법 통과와 밀접한 관련이 있는 일종의 정치 책략이었다.

호메이니는 파끼가 국가를 통치하는 개념을 새로운 헌법에 포함하려고 했지만 다른 파벌들의 반대에 부딪혔다. 명망이 높고 많은 사람들의 숭배를 받고 있지만 진정한 권력은 숭배만으로 얻어지는 것이 아니다. 이런 상황에서 이란 인질 사태는 매우 좋은 계기가 되었다. 영화 〈아르고〉에는 학생들이 난입하는 것을 보고 미국 대사관 사람들이 황급히 모든 문서를 파쇄기에 넣는 장면이 나온다. 그러나 학생들은 대사관을 점거한 후 이미 파기된 수많은 문서 조각들을 일일이 맞췄다. 많은 시간과 노력을 요하는 작업이었지만 대학생들은 포기하지 않고 문서를 복원했다. 이를 통해 호메이니는 많은 정치 기밀을 알아냈다. 이란의 각 정치 파벌과 미국 대사관 사이에 비밀리 오간 통신도 포함되었으며, 이는 가장 유력하고 직접적인 증거가 되었다.

호메이니는 그렇게 손에 넣은 비밀문서를 정치에 적절히 이용했다. 신문과 방송을 장악한 상태에서 자신을 지지하지 않는 상대의 비밀을 폭로하겠다고 협박한 것이다. 정치적 보복을 당하면 전 국민 앞에 외국과 내통한 죄인이 되어 현행범으로 체포될 우려가 있었다. 호메이니는 새로운 헌법에 끝까지 반대한 파벌 지도자의 통신 기록을 신문에 공개해 버렸다. 반미 정서가 극에 달한 이란 국민들은 이 사실에 분개했다. 호메이니는 이 방법으로 반대 세력을 효과적으로 제압했다.

그뿐 아니라 세계적인 이슈를 이용해 파끼 조항에 대한 관심을 자연스럽게 전환했다. 서방 국가들은 이 사건을 대서특필했다. 미국 매체는 이란 인질 사태를 24시간 연속 보도하고, 무력 대응까지 준비했다. 이란 국민들은 위기의식을 느꼈다. 신흥 이슬람 공화국 이란이 마치 사방의 적에 포위된 것처럼 보였다. 이런 상황에서 전 국민의 관심은 헌법에 대한 토론에서 인질 사태로 옮겨 갔다. 이 모든 것은 호메이니의 고단수 전략이었다. 위기의식을 느낀 이란 사람들은 헌법 문제로 다툴 때가 아니며, 힘을 모아 외부의 적에 대처해야 한다고 생각하게 마련이었다. 결국 새로운 헌법은 12월 순조롭게 통과되었고 국민투표에서 찬성표를 받았다. 이것은 이란 인질 사태가 중요하게 작용한 결과였다. 미국의 한 역사학자는 이를 두고 이란이 외국을 이용해 국내 문제를 해결한 전형적인 사례라고 평가했다. 나는 이 분석이 상당히 설득력 있다고 생각한다.

미국이 이란의 원수가 된 이유

미국 대사관과 비밀리 접촉했던 대표적인 사람들은 왕당파였다. 그들은 이 사건으로 명예가 실추되어 더 이상 얼굴을 들고 다닐 수 없게 되었다. 팔레비 왕조의 군 장교들도 미국 대사관과 밀접한 관계를 유지했다. 호메이니가 마음을 놓을 수 없었던 이유가 여기에 있었다. 민족전선의 민족주의자들 중에도 미국과 밀접한 관계를 맺은 사람들이 많았다. 이런 사정이 다 밝혀지자 이란 민중들의 반미 정서가 극에 달했다.

팔레비 국왕은 치료를 핑계로 미국 입국을 원했고, 미국이 승인했다. 이에 이란 민중은 분노하여 팔레비 국왕을 인도할 것을 강력히 요구했다. 이또한 인질 사태의 원인 중 하나였다. 이란은 팔레비 국왕이 병을 치료하러미국에 가는 일에 왜 그토록 민감한 반응을 보였으며, 미국에 팔레비 국왕을 추방하거나 이란에 인도하라고 요구한 이유가 무엇일까?

1953년 모사데크가 쿠데타를 일으켰을 때 미국 CIA가 잠시 국왕을 해외로 대피시킨 전력이 있었기 때문이다. 미국은 영국과 합세해 쿠데타를 일으키고 모사데크가 축출되자 팔레비 국왕을 데려와 재집권을 하게 했다. 혁명수비대와 호메이니는 이번에도 같은 상황이 벌어질 수 있다고 우려했다. 국왕을 그대로 두면 어떤 나라에 있든 국내의 왕당파, 특히 군대에 대한 통제력과 영향력을 행사할 수 있고, 언제라도 신흥 이슬람 정권을 전복할 가능성이 있었다.

근거 없는 우려는 결코 아니었다. 호메이니의 명성이 높긴 했지만 사실 각종 복잡한 암투에 직면해 있었다. 1979년 실권을 장악했을 때부터 1980년까지 호메이니와 학자 집단을 노린 수많은 암살 사건이 발생했다. 그중 두 건은 심각한 결과를 초래했다. 폭발 사건으로 이슬람 공화당 총서기와 요인 72명이 목숨을 잃었고, 자칫 호메이니가 목숨을 잃을 뻔한 사건도 있었다. 그의 측근들은 모두 암살의 위협에 시달렸다.

호메이니, 신생 이슬람 정권을 안정화하다

물론 호메이니와 혁명수비대도 과격한 행동을 일삼았다. 1979년 당시 군사정변이 일어날 가능성이 있었고, 지하드 조직의 암살 위협에도 시달렸다. 따라서 호메이니와 학자 집단은 혁명 초기 3년간 많은 사람들을 학살했다. 장군 8명과 이전 정부 요인을 포함해 매월 평균 100여 명을 죽였다. 이러한 학살은 몇 달간 계속되었다. 실제로 혁명 초기에 모든 정당이 이러한 공포에 직면했다. 쌍방이 정권을 손에 쥐기 위해 목숨을 걸고 투쟁하는 상황에서 불가피한 일이었다.

호메이니는 마침내 안정적으로 정권을 구축했다. 국내의 첩자와 왕당파는 이미 제거되었으며 투데당은 진압되었다. 호메이니 측근인 학자 집단은 무사했고, 민족주의자들의 세력은 약화되었다. 국가의 주도권을 확고히 굳힌 호메이니는 비로소 학자 집단을 전면에 내세워 국가를 본격적으로 통치했다. 이슬람 혁명의 새로운 단계로 도약할 준비가 된 것이다.

24장

사우디아라비아와 이란의 단교 사건

2016년 1월 사우디아라비아와 이란이 단교한 사건에 세계의 이목이 집중되었다. 중국, 미국, 러시아 등은 두 나라에게 자제할 것을 호소했다. 이란과 사우디아라비아의 갈등은 해묵은 것이었다. 현실적 이익을 둘러싼 충돌과 함께 역사적으로 민족, 종교 파벌의 갈등도 있었다. 이번 장에서는 시아파와 수니파의 갈등으로 점철된 역사를 짚어본다.

이슬람교 종파의 재격돌

2016년 새해가 밝자마자 큰 사건이 터졌다. 1월 2일 사우디아라비아가 47명의 죄수를 사형에 처한다고 선포한 것이다. 그중에는 시아파의 유명한 학자들도 포함되어 있었다. 분개한 이란 민중은 사우디아라비아 주재 이란 대사관을 포위했다. 이라크, 시리아, 레바논, 예멘 등 시아파 국가들은 사우디아라비아의 판결을 일제히 비난했으며, 수니파와 시아파의 충돌이 격화될 것이라고 주장했다. 사우디아라비아를 위시한 모든 수니파 국가들은 이란을 비난했고, 심지어 이란과의 단교를 선포했다.

이 사건을 통해 시아파와 수니파 양대 진영이 확실하게 구분되었다. 양측이 본격적으로 상대를 비난하기 시작하면서 국제적으로 새로운 이슈가 되었다. 이 사건에 대한 각국의 입장을 통해 이 문제를 분석해 본다.

첫째, 미국은 정세가 이런 방향으로 흐르는 것을 몹시 꺼렸다. 현재 미국의 모든 중동 외교의 무게는 시리아 문제, 정확히 말해서 바샤르 알아사드 대통령의 거취 문제에 집중되었다. 모든 문제는 이를 중심으로 돌아가야 한다. 미국의 희망은 짧은 시간 내에 바샤르 알아사드를 축출하는 것이었다. 이것이 최우선적인 임무였으므로 다른 것은 어느 정도 양보해야 했다. 그런데 사우디아라비아와 이란의 갈등이 불거지면서 문제가 복잡해졌다. 이전까지만 해도 미국은 바샤르 알아사드 문제에 관한 협상에서 러시아, 이란과 타협할 여지가 있었다. 교환 조건만 적절하면 미국의 전략적 목표를 실현할 가능성이 있었다. 그러나 사우디아라비아와 이란이 첨예한 갈등을 벌이면서 협상은 어려운 국면에 봉착했다. 두 나라의 갈등은 시아파와 수니파의 대립으로 비화되었다. 시아파의 리더 국가인 이란은 바샤르 알아사드에 대한 강경한 지지로 선회할 가능성이 컸다. 이란의 영향을 받은 다른 시아파 국가들도 바샤르 알아사드를 지지할 것이다. 그러면 미국이 바샤르 알아사드 문제를 협상하기가 점점 어려워진다. 따라서 미국은 이 사건이 더 커지면 자신들이 나서서 중재해야 했다.

둘째, 러시아도 이러한 국면을 반기지 않았다. 시리아 전쟁에 개입하는 것은 군사적인 모험일 뿐 아니라 재정적으로도 리스크가 큰 일이었다. 당장은 별 문제 없지만 앞으로 어떤 변수가 떠오를지 미지수였다. 이란과 사우디아라비아의 갈등으로 시리아 문제는 시아파와 수니파의 대립으로 변했으며, 반테러 행동과 IS 척결을 위한 통일전선이 와해될 위험에 처했다. 러시아는 이 사태가 지속될 경우 시리아 형세에 새로운 변수가 나타날 것을 우려했다. 따라서 러시아도 이번 일에 반드시 개입하려고 했다.

또 다른 외부 세력인 EU와 중국은 그렇지 않아도 복잡한 중동 정세에 끼어드는 것을 원치 않았다. 유럽은 폭증하는 중동 이민자를 통제할 방안을 모색했고, 중국은 뉴실크로드 노선에 더 큰 차질이 생길까 봐 우려했다. 4대 외부 세력 중 어느 한쪽도 이 사건이 더 크게 번지는 것을 원치 않았다. 개인적으로는 강국들이 공동으로 나서서 중재하면 짧은 시간 내에 해결될 것이며, 더 큰 문제로 발전하지는 않으리라고 본다. 그러나 이번 사건은 어떻게든 해결하겠지만 향후 두 교파 간의 갈등이 더욱 격화되면 어떻게 할 것인가? 심지어 수니파와 시아파의 충돌이 17세기 유럽의 30년전쟁과 유사한 국면으로 발전할 가능성을 우려하는 사람들도 많다.

이란 시아파의 진화

시아파와 수니파의 갈등이 이토록 첨예한 이유는 무엇이며, 양대 교파의 관계는 어떤 방향으로 발전하게 될까? 미래를 전망하려면 역사를 돌아보아야 한다. 시아파와 수니파의 유래를 알아보고, 특히 이란이 어떻게 해서 시아파 국가, 나아가 시아파의 대본영이 되었는지 알아보자.

수니파와 시아파 형성의 원인

사실 이란은 처음에 수니파였다가 나중에 시아파로 바뀌었다. 그 과정에서 중동 양대 제국이 130년간 치열한 대립과 교파의 갈등을 빚었으며, 그 결과 중동 지역에서 시아파와 수니파의 세력 범위가 명확히 나눠졌다.

632년 선지자 무함마드가 세상을 떠난 후 아랍 세계는 4대 할리파 시대로 진입했다. 그리고 651년 아랍인이 페르시아의 사산 왕조를 멸망시켰다. 선지자의 사위 알리가 제4대 할리파(칼리프)에 추대되었으나 우마이야 가문이 알리의 권위에 불복하자 양측은 장기간 대립했다. 선지자 하심 가문과 함께 메카의 쿠시라이족에 속하는 우마이야 가문은 강력한 세력을 형성하고 있었다. 그들은 알리의 통치에 불만을 갖고 하심 가문과 팽팽한 대립 구도를 형성했다. 그 후 알리가 암살되고 장남 하산이 할리파 지위를 계승했다. 그러나 그는 노련한 우마이야 가문에 밀려 할리파 자리를 내놓고 말았다. 우마이야 가문은 마침내 대권을 장악하고 우마이야 왕조를 세웠다.

사실 우마이야 가문의 집권에 반대하는 아랍 부족들도 많았다. 알리를 동정하고 그 아들 후세인을 지지했던 그들은 우마이야 가문이 대권에 도전할 경우 걷잡을 수 없는 국면에 빠질 것을 우려했다. 결국 680년 우마이야 가문은 후세인과 그의 가족, 그리고 수행원들을 몰살해 버렸다. 이것이 유명한 카르발라 사건이다. 시아파는 후세인이 살해된 날을 '아슈라(Ashura, 애도의 날)'로 정하고 후세인의 순교를 기념하고 있다. 이때부터 이슬람교는 수니파와 시아파로 분열되었다. '시아파'는 알리의 후예를 이슬람교 정통 후계자로 추대했으며, 수니파는 이슬람교의 기본 정신을 견지함으로써 두 종파의 갈등이 시작되었다.

TIPS

'아슈라' 때 시아파는 3가지 추모 행사를 연다. 첫째, 사람들이 회초리로 자신의 몸을 때려 참회를 표한다. 당시 후세인을 구하지 못한 것을 후회하는 것이다. 둘째, 가슴을 세게 때리면서 애도를 표한다. 셋째, 특이하게도 사람들은 진짜 칼로 자신의 이마를 치고 부어오른 부위에 상처를 내서 얼굴 전체에 피가 흐르게 한다. 이는 알리가 기도할 때 피살된 것을 애도하는 의미다.

이란이 시아파를 편애하는 이유

후세인은 암살당했지만 그의 아들 알리는 무사했다. 이 알리가 모든 시아파가 공인하는 제4대 이맘이다. 알리, 하산, 후세인이 3대이며, 현재 이란의 국교는 '12이맘파'이다. 이맘이란 예배를 주도하는 사람으로 훗날 대학자, 종교 지도자로 의미가 확대되었다. '12이맘'은 알리의 후예들을 가리키며, 그들이 이슬람교의 합법적 지도자이다.

이란이 시아파를 편애하는 이유가 무엇일까? 후세인은 암살되기 전 페르시아 사산 왕조 마지막 황제의 딸과 결혼하여 제4대 이맘 알리를 낳았다. 따라서 알리는 선지자 무함마드의 혈통과 페르시아 왕족의 혈통을 동시에 갖고 있었다. 그의 후손인 다른 이맘들의 몸에도 그와 같은 피가 흐르고 있다. 따라서 페르시아인은 자연히 시아파에 친근한 감정을 느꼈다.

시아파 신도들의 초기 분포

그렇다면 이란은 왜 당장 시아파 국가를 건설하지 않았을까? 기회가 없었기 때문이다. 651년 아랍인은 사산조 페르시아를 멸한 후 400년간 이란을 통치했다. 따라서 시아파 신도들은 박해를 받아 재기할 수 없었다. 훗날 튀르크족과 몽골족, 티무르제국이 잇달아 침략했으며, 이런 시련이 450년이나 지속되었다. 이란은 무려 850년이나 외세의 통치를 받았다. 이 시기에 이란과 이라크 지역은 수니파의 천하였다. 이란과 그 주변 지역에 있던 시아파는 통치자들의 박해에 시달리며 고통의 시간을 보냈다.

일부 시아파 신도들은 이란을 떠나 다른 곳으로 향했으며, 그중 한 무리가 북아프리카로 가서 파티마 왕조를 세웠다. 이들이 중국 역사에서 칭하는 '녹의대식(綠衣大食)'이다. 그들의 옷차림과 깃발이 모두 녹색이었으며, 녹색을 숭상했기에 붙여진 이름이다. 시아파 통치 지역은 북아프리카 연안 전체를 포함하여 모로코에서 이집트, 시칠리아까지 이르렀다. 중동에서는 팔레스타인, 레바논, 이스라엘, 시리아를 통치했으며, 가장 강성할 때는 성지 메카와 메디나를 점령하여 아시아와 아프리카에 걸친 대제국을 건설했다. 다른 시아파 사람들은 남인도에서 일련의 시아파 왕국을 건설했다. 당시 인도에는 재미있는 현상이 출현했다. 북인도는 수니파, 남인도는 시아파의 천하였으며, 동부에는 힌두교 나라가 있었다.

이란 지역이 시아파의 중심이 된 이유

타민족의 지배를 받던 850년 동안 이란은 시아파의 활동 무대가 아니었다. 이란이 시아파의 진정한 대본영이 된 것은 1501년이었다. 그해 페르시아인이 봉기하여 타민족을 몰아내고 사파비 왕조를 세웠다. 초대 왕 이스마일은 타브리즈를 수도로 정하고, 이란의 정체성을 다졌다. 이스마일은 자신이 선지자 무함마드의 혈통, 즉 성족(聖族)의 후예이자 사산조 페르시아의 후예, 즉 왕족의 혈통이라고 주장했다. 선지자의 외손자 후세인은 사산 왕조의 마지막 공주와 결혼했으므로 그의 후손은 선지자와 페르시아 왕족의 후예가 된다.

이스마일의 출신 성분은 시아파의 소구(訴求)와 페르시아인의 민족 정서에 딱 들어맞았다. 무엇보다 이스마일은 7개 튀르크 부족의 큰 지지를 받으며 두터운 교분을 쌓았다. 그들은 용맹스러운 튀르크 기병으로 머리에는 12개의 술을 늘어뜨린 붉은 두건을 쓰고 있었다. 이는 12이맘에 충성한다는 의미로 시아파의 전형적인 표식이었다. 사람들은 그들을 '붉은 모자 군대'로 불렀다. 이스마일은 튀르크 기병을 기반으로 사람들을 결집하여 불과 10년이라는 짧은 기간에 페르시아를 재통일했다.

페르시아가 멸망한 지 850년 만에 일어난 일대 사건이었다. 당시 페르시아에는 강력한 민족주의 부흥 정서가 일었다. 페르시아 사람들은 이스마일을 위대한 인물이라고 생각했으며, 그가 알라의 가호를 받았기에 이토록 빨리 페르시아를 재통일할 수 있었다고 믿었다. 이에 따라 많은 수니파들이 시아파로 돌아섰으며, 이는 이스마일의 거대한 공적이었다.

이스마일의 페르시아 개혁 정치

이스마일의 가장 큰 임무는 시아파를 국교로 확립하는 것이었다. 그의 합법성을 보장할 든든한 기반이었기 때문이다. 선지자의 후예라는 후광에 페르시아 왕족 혈통까지 더해진 이스마일을 감히 대적할 자가 없었다. 따라서 시아파의 신앙을 강화하는 것은 왕권을 공고히 하는 것을 의미했다.

이스마일은 페르시아 전역의 수니파에게 시아파로 개종하지 않으면 나라를 떠나라고 명령했다. 그리고 개종을 거부하는 수니파 학자들을 사형에 처함으로써 왕권의 합법성을 강조했다. 이란이 오랫동안 수니파 통치하에 있었기 때문에 시아파 종교 지도자들은 이미 뿔뿔이 흩어지고 없었다. 이스마일은 다른 나라에 있는 시아파의 고급 학자들을 초빙하고 특권

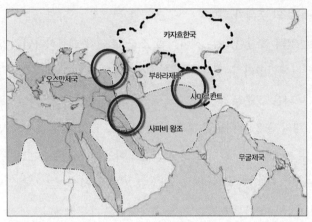

사파비 왕조는 캅카스 이남의 3대 주요 국가 아제르바이잔, 아르메니아, 조지아 대부분을 점령했다. 1511년에는 우즈베키스탄 사람들을 아무다리야강 이북으로 몰아내고 사마르칸트를 점령했다.

을 부여했다. 종교 부동산에 면세권을 주고, 종교 학교에는 자율권을 주었으며, 고급 학자들에게 사법권을 부여했다. 그리고 고급 학자들을 법으로 처벌할 수 없게 했다. 현대의 이란 팔레비 국왕은 비록 종교 지도자 호메이니를 증오했지만 감히 그를 죽일 엄두를 못 내고 유배 조치를 내릴 수밖에 없었다. 이란 울라마 학자 집단의 특권은 사파비 왕조에서 기원했다.

이스마일이 나라를 세우는 과정은 신기할 정도로 순조로웠다. 이란 전역을 지배하고 빠르게 외부로 확장해 나간 그는 북서쪽으로 캅카스 이남의 3대 주요 국가 아제르바이잔, 아르메니아, 조지아를 함락하고 동시에 이라크를 점령했으며, 동쪽으로는 사마르칸트까지 진출했다.

사파비와 오스만의 제국 쟁탈전

사파비 왕조는 10년 만에 강대 제국으로 발전했으며 시아파를 믿지 않던 사람들도 속속 시아파로 돌아섰다. 이는 사파비 왕조의 제1차 대규모 신앙 전환이었다. 사람들은 이스마일이 알라의 가호를 받았다고 생각했다. 이스마일 자신도 득의양양하여 오스만제국에 도전장을 내밀었다.

그동안 오스만제국은 주로 유럽으로 확장했는데, 여기에는 2가지 이유가 있었다. 그중 하나는 서진하여 이교도의 토지를 약탈하고 유럽인을 정복하는 성전으로, 무슬림들의 지지와 명성을 얻을 수 있었기 때문이다. 두 번째는 부유한 유럽 사람들에게서 전리품을 획득하기가 비교적 편리했기 때문이다. 전투력은 매우 강하고 재산은 없는 동쪽의 무슬림 형제를 정벌하는 것은 사서 고생하는 일이었다. 그러나 사파비 왕조의 발흥으로 말미암아 오스만제국은 동쪽에서 들어오는 새로운 도전에 대처해야 했다.

이스마일은 시아파 학자들을 계속 오스만제국으로 보내 포교 활동을 하게 했다. 그곳의 수니파 사람들이 시아파로 전환하도록 설득한 것이다. 당시 많은 사람들이 이스마일의 혁혁한 전공과 위대함을 익히 알고 있었다. 따라서 이스마일은 터키에서의 포교 활동에 큰 영향력을 끼쳤다. 일부 사람들은 시아파로 개종할 뿐 아니라 오스만제국에 반란을 일으킬 가능성이 있었다. 오스만제국은 이런 국면을 통제하지 않으면 내부 권력 기반이 무너질 판이었다. 사파비 왕조가 오스만제국의 후방 안전을 심각하게 위협하고 있었으므로 전쟁이 불가피하게 된 것이다.

사파비 왕조와 오스만제국의 접전

1514년 8월, 사파비 왕조와 오스만제국은 마침내 이란 서북쪽 타브리즈 부근에서 대규모 전쟁을 벌였다. 이것이 유명한 찰디란전투이다. 오스만제국의 술탄이 직접 12만 대군을 이끌고 전장에 나섰으며, 대포 300문과 화승총으로 무장한 병사 수천 명과 함께 페르시아를 침공했다.

1453년 오스만제국은 중포(重砲) 공격으로 콘스탄티노플 성벽을 파괴했다. 이로써 오스만제국은 이슬람 국가 중 첫 번째 화약 제국이 되었으며, 이때부터 포병을 집중적으로 발전시켰다. 그러나 무게가 수천 근이나 나가는 중포는 도시처럼 고정된 목표를 공격하는 데는 용이했지만 기병을 상대하기에는 기동성이 떨어졌다. 오스만제국의 화포 제조 기술은 서방에 못 미쳤지만 전술은 매우 뛰어났다. 화포의 살상력을 충분히 발휘하기 위해 오스만제국은 움직이면서 화포를 쏘는 전술 야전포를 최초로 제작했다. 화포를 소형화하여 낙타 한 마리가 2개의 포를 실을 수 있게 된 것이다.

동시에 그들은 전문적으로 화포를 운송하는 포차(跑車)를 제작했다. 화포가 소형화되어 사정거리와 위력은 줄어들었지만 기동성은 매우 강했다. 포차에는 바퀴 달린 삼각형 나무 포가(炮架)를 장착했는데, 이는 오스만제국이 이룩한 강력한 군사 기술의 진보였다.

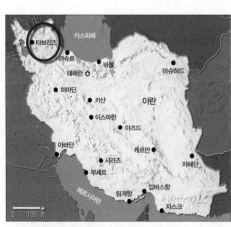

찰디란전투를 계기로 양대 이슬람 제국 간에 41년에 걸친 파괴적인 전쟁이 시작되었다.

1514년의 찰디란전투에서 오스만제국은 역사상 최초로 대규모 야전포 기술을 사용했다. 당시 그들은 300여 문의 야전포를 전선으로 옮겼다. 전열을 배치할 때 수백 대의 포차를 쇠줄로 연결함으로써 견고한 방어선을 구축했다. 포차들 사이에는 이동이 가능한 방패를 배치했다. 수백 문의 화포는 바퀴 달린 포가에 설치되어 포차 방어선 뒤에 숨겨놓았다. 수천 명의 화승총병은 방패를 엄폐물 삼아 진을 치고 대기했다.

이스마일은 열병기(총과 대포)를 보유한 제국과 전쟁을 치른 적이 없었다. 그가 이끄는 6만 명의 튀르크 기병과 페르시아 보병은 창과 칼 같은 냉병기로 무장했다. 그들은 대규모 야전포와 화승총의 위력을 경험해 본 적이 없었다. 따라서 전통적인 전법에 따라 기병이 상대의 중앙을 돌파한 후 적을 물리치는 전략을 쓰기로 했다.

그러나 이스마일의 군대는 돌격에 나서자마자 오스만제국의 대포 수백 대와 화승총 수천 대의 공격을 받아 사상자가 속출했다. 이스마일은 급히 공격 방향을 바꾸고 전열을 조정했다. 기병이 좌우 양쪽을 돌파하려 했지만 바퀴가 달린 오스만제국의 화포는 순식간에 방향을 전환했다. 결국 맹렬한 폭격에 맞닥뜨린 이스마일 대군은 혼비백산하여 사방으로 흩어졌으며 이스마일 본인도 어깨에 부상을 입고 후퇴했다. 찰디란전투는 페르시아인이 화약 제국의 위력을 제대로 실감한 전쟁이었다.

오스만 군대는 기세를 몰아 추격해 왔다. 페르시아의 수도 타브리즈를 함락하고 금은보화를 약탈했으며 이스마일의 두 부인을 납치해 갔다. 전쟁은 참패로 끝났으며 이스마일에게 드리운 후광은 일시에 빛을 잃었다.

중동 지역의 백년전쟁

페르시아 북서 지역에 거주하던 쿠르드족은 이미 페르시아에 귀순했으나 찰디란전투에서 이스마일이 참패하자 생각이 달라졌다. 그들은 강력한 오스만제국에 귀의하기로 한 것이다. 그 조건으로 자신의 지역에 대한 자치를 요구했고, 오스만제국은 그들의 요구를 흔쾌히 들어주었다.

오스만이 우위를 점한 시기

오스만제국은 찰디란전투에서 대승을 거뒀으나 이들의 앞에도 난제가 도사리고 있었다. 비록 전투에 이겼지만 사파비 왕조를 철저히 멸하지 못한 것이다. 오스만제국은 화약 제국으로 변신했는데, 화포와 화승총에 사용할 탄약을 운반하려면 대량의 후방 보급이 필요했다. 이는 기병전으로 장거리를 오가며 습격하는 것과는 달랐다. 게다가 페르시아 북서 지역은 험준한 산악 지대였다. 오스만제국이 사파비 왕조의 서북 지역을 함락하고 타브리즈를 점령하기는 했지만 후방 보급에는 큰 어려움이 따랐다.

이스마일은 견고한 방어선을 구축한 다음 물자를 다른 곳으로 옮기고 논밭을 모두 태워버리는 작전을 폈다. 적군이 거점을 함락해도 약탈할 물자를 남겨놓지 않은 것이었다. 군량과 탄약이 없으니 오스만제국은 타브리즈를 점령하고도 지켜내기 어려웠다. 게다가 오스만제국에는 매년 겨울이면 반드시 집으로 돌아가야 하는 전통이 있었다. 터키는 유럽과 아시아 두 지역에서 작전을 수행하고 있었기 때문에 매년 귀가를 해야 술탄의 다음 해 작전 지역을 알고 행군의 낭비를 피할 수 있었다. 오스만제국의 채읍(采邑, 봉건 제후가 경, 대부에게 전답을 나눠 주는 것 - 옮긴이) 제도로 말미암아 시파히(Sipahi)로 불리는 기병대 및 봉건 영주들은 매년 겨울 자신의 봉지(封地)로 돌아가야 기병과 보급 물자를 보충할 수 있었다.

지리멸렬한 시소전은 40여 년이나 지속되었다. 전쟁 상황도 달라진 것 없이 비슷했다. 오스만제국 군대가 진격하면 사파비 왕조의 군대는 물자와 논밭을 태우고 후퇴했다. 결국 오스만 군대가 사파비 군대와 결전을 치

르지 못하고 겨울을 맞아 집으로
돌아가면 사파비 군대가 돌아와
잃었던 땅을 되찾는 식이었다. 그
곳에 사는 사람들은 반복되는 시
소전 상황에서 오스만 군대가 함
락하면 수니파로 돌아서고, 사파
비 왕조가 점령하면 다시 시아파
로 개종하는 일을 반복했다.

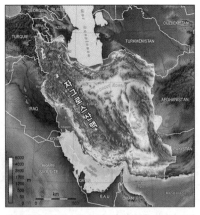

사파비 왕조와 오스만제국은 평화협정을 체결하고 자
그로스산맥을 경계로 동쪽은 사파비, 서쪽은 오스만의
영토로 정했다.

　　결국 전쟁에 지친 양국은 오스
만제국이 사파비를 멸하기는 불
가능하고, 사파비는 오스만제국을 당해 낼 수 없다는 사실을 깨달았다.
1555년 양측은 전쟁을 끝내는 데 동의하고 자그로스산맥을 경계로 동쪽
은 사파비 왕조, 서쪽은 오스만제국의 영토로 정했다. 사파비는 조지아와
아르메니아 서부를 포기했으며, 양국의 동부와 아제르바이잔을 남겨두었
다. 이라크 전역은 오스만제국에 귀속되었다. 오스만제국의 세력이 페르
시아만까지 확대된 것이다. 이때는 술레이만 대제의 재위 시기로 오스만
제국의 역량이 정점에 올랐을 때였다.

페르시아에 행운의 시기를 가져온 압바스 대제

　　사파비 왕조는 건설 초기부터 90년 내내 오스만제국의 압박에 시달리
며 암울한 시간을 보냈다. 1587년 압바스 대제가 즉위하면서 페르시아는
마침내 전환의 계기를 맞았다. 이때 위대한 술레이만 대제는 이미 세상을
떠난 지 20여 년이 지났으며 오스만제국은 유럽 전쟁터에서 내리막길을
걷기 시작했다. 1571년의 레판토해전에서 오스만 해군은 거의 전멸했으

며, 육지의 확장은 정체 상태에 빠져 있었다.

압바스 대제가 즉위했을 때 그의 나이는 겨우 17세였다. 당시 사파비 왕조는 안팎으로 매우 위험한 상황에 처해 있었다. 내부 권력은 암투에 여념이 없었으며 외부의 강적은 국경을 위협했다. 오스만제국은 유럽 확장을 중지하고 페르시아를 치는 데 집중했다. 이번에는 아제르바이잔을 함락했을 뿐 아니라 타브리즈를 네 번째 점령했다. 과거와 다른 점이 있다면 점령지에서 떠나지 않고 장기간 머무른 것이었다. 이는 사파비 왕조에 심각한 압박으로 다가왔다. 더 최악인 것은 오스만제국의 책동하에 페르시아의 오랜 적수 우즈베키스탄이 동쪽에서 쳐들어와 마슈하드와 시스탄을 점령하고 이란의 핵심 지역을 공격한 일이었다. 동서 양측의 협공에 직면한 사파비 왕조는 내부의 권력 다툼과 군대의 사기 저하까지 겹쳐 전투력을 상실했다. 사파비 왕조는 망국의 위험에 직면한 것이다.

시국을 분석해 본 젊은 압바스 대제는 전쟁으로 왕조가 멸망할 가능성이 크다는 결론을 내렸다. 그는 평화협정을 제안하고 오스만제국에게 땅을 나눠 주기로 했다. 이미 오스만제국에 점령당한 지역을 포기하는 것은 물론 수도 타브리즈까지 내주었으며, 아들을 오스만제국에 인질로 보냈다. 사파비 왕조 출범 이후 처음으로 맞은 치욕이었다. 그러나 이 조치로 압바스는 시간을 벌 수 있었다. 그는 역량을 집중하여 우즈베키스탄의 공격을 막아냄으로써 국면을 완화시킨 다음 내부 개혁을 추진했다.

압바스 대제. 최초로 상비군을 창설하고 빼앗긴 땅을 대량으로 되찾음으로써 페르시아의 국력이 전성기에 접어들었다.

압바스의 '데브쉬르메' 제도

내부 개혁을 단행할 때 가장 큰 어려움은 불안정한 왕권이었다. 따라서 압바스 대제에게 가장 시급한 일은 왕권을 공고히 하는 것이었다. 사파비 왕조가 전쟁할 때는 '붉은 두건 군대'의 힘을 빌렸다. 튀르크족으로 구성된 그들은 권력이 점점 커졌으며 페르시아 귀족 위주로 구성된 조정 문관들과의 권력 쟁탈전은 물과 불의 관계와 같았다. 붉은 두건 군대는 병권을 장악했을 뿐 아니라 총독 자리도 대거 차지하면서 왕실의 일에 공개적으로 개입했다. 심지어 왕실 귀족과 조정 대신들을 암살하기까지 했다. 압바스의 어머니도 그들의 손에 암살되었다. 그들의 세력을 억제하지 않으면 대외 작전은 물론 왕권마저 위험했다.

왕권 안정을 위해 압바스 대제는 오스만제국의 징병제도를 참고해서 국왕에 충성하는 기독교도 노예를 대량 징집하는 이른바 데브쉬르메(Devshirme)를 채택했다. 기독교도 노예를 선발하여 조정 관리와 지방 총독에 임명했다. 특히 새로운 군대와 포병을 조직하여 붉은 두건 군대를 점차 소외시켰다. 압바스는 캅카스 지역에서 50만~60만 명의 노예를 징집하여 무려 4만 명에 달하는 군대를 조직했다. 전군은 최신 화승총과 대포로 무장하고 영국군 간부가 훈련을 담당했다. 압바스 대제의 왕실수비대는 수백 명에서 3천 명으로 확충했다. 이들은 최정예 병사로 구성되었으며, 새로 조직한 군대와 포병, 왕실수비대는 황제 직속으로 두었다. 이렇게 해서 압바스 대제는 붉은 두건 군대의 세력을 점차 약화시켰다. 전쟁 때는 기병이 필요하니 튀르크족 체제는 그대로 둔 채 자신의 병력을 별도로 조직했다. 말하자면 황제 한 사람에게만 충성하고 황제만이 명령을 내릴 수 있는 신군 포병과 왕실수비대를 조직한 것이다. 압바스 대제는 두 세력의 균형을 유지한 후 실권을 거머쥐었다. 10년에 걸친 군사 개혁을 통해 신식 육군은 작전 시 500문의 야전포를 투입할 정도로 강해졌다.

수도를 이스파한으로 옮기다

정치와 군사 개혁 외에 압바스는 수도를 전선에서 떨어진 이스파한으로 옮겼다. 기존 수도 타브리즈가 오스만제국과 너무 가까워서 전쟁이 일어나면 쉽게 함락되었기 때문이다. 반면 이란의 내륙에 위치한 이스파한은 훨씬 안전했으며, 예로부터 남북의 교통 허브이자 무역 통로 역할을 하던 지역이었다.

중국의 고대 실크로드는 사마르칸트와 마슈하드를 지나 엘부르즈산맥을 따라 테헤란 근처까지 간 후, 타브리즈를 향해 계속 전진하여 터키를 거쳐 유럽까지 이어졌다. 다른 노선은 남쪽을 향해 이스파한에 이르러 자그로스산맥을 넘어 바그다드에 도착했다. 바그다드에서 지중해 연안에 도착하면 해로를 따라 유럽과 무역 왕래를 했다. 또 하나의 노선은 인도에서 출발하여 이스파한을 경과하는 것이었다. 따라서 이스파한은 동서남북을 잇는 중요한 상업 허브였으며, 예로부터 활발한 상업 무역의 중심지였다. 수도 이전으로 이스파한은 매우 번영하고 부유한 대도시로 변모했다. 유럽인들은 "이스파한이 천하의 반이다"라는 찬사를 늘어놓았다. 천하의 반이나 되는 좋은 물건들이 이스파한에 있다는 의미다.

외교와 무역을 병행하다

지정학적 전략에 뛰어난 압바스 대제는 공격을 가하기 전에 외교적인 포석을 미리 깔아놓았다. 오스만제국과 오랫동안 전쟁을 치르느라 지친 유럽 각국은 오스만제국의 동쪽에 있는 나라와 동맹을 맺음으로써 전면전을 피하고자 했다. 이것이 압바스의 전략과 맞아떨어졌다. 유럽 나라와

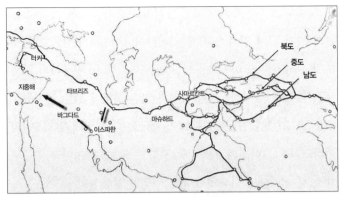

이스파한은 중국 실크로드가 반드시 경유하는 무역의 중심지다.

압바스 대제는 전략적 동맹을 맺고 오스만제국을 동서 양쪽 전선에서 곤경에 빠뜨렸다. 이와 동시에 압바스는 포르투갈과 영국 등 유럽과 적극적으로 국제무역을 전개해 나갔다. 군수물자를 수입하고 자국의 제품을 수출해서 얻은 거액의 무역 수입으로 페르시아의 국고가 넘쳤다.

10년에 걸친 정치, 경제, 군사 개혁을 통해 사파비 왕조는 근본적인 변화를 맞이했다. 국력과 군사력이 비약적으로 발전했으며 특히 화기술은 매우 성숙한 단계에 올라섰다. 마침내 전략적으로 반격할 시기가 무르익자, 1598년 압바스는 전면적인 반격을 거행하기로 했다.

오스만제국과 우즈베키스탄이라는 양대 적수와 첨예한 대립이 시작되었다. 압바스 대제는 우선 실력이 상대적으로 약한 우즈베키스탄을 타격 목표로 정했다. 수년간 고전한 끝에 마침내 동부 국경에서 가장 흉악한 적수를 물리쳤다. 마슈하드와 시스탄 등 페르시아의 핵심 지역을 되찾고, 기세를 몰아 사마르칸트까지 진격했으며 아프가니스탄을 굴복시켰다. 동쪽으로는 사산조 페르시아의 국경까지 진격했다. 동쪽 국경을 되찾은 후 압바스 대제는 잠시 쉬었다가 힘을 집중하여 오랜 적수 오스만제국을 칠 준비를 했다. 이때 오스만제국의 국력은 이미 사파비 왕조에 미치지 못했다.

　10년의 혈전 끝에 압바스 대제는 페르시아인의 100년에 걸친 치욕을 말끔히 씻고 타브리스, 아제르바이잔, 쿠르디스탄 등 서북쪽의 잃었던 땅을 모두 되찾았다. 몇 년간 사회 안정과 경제 회복에 힘쓴 압바스 대제는 제2차 대규모 전투를 전개하고 오스만제국을 대거 공략했다. 5년의 전투 끝에 이라크의 바그다드와 바스라를 포함한 메소포타미아 전역을 점령했다. 압바스 대제 시대에 사파비 왕조는 권력의 절정기를 구가했다.

130여 년의 시소전으로 시아파와 수니파 세력의 분열을 초래하다

　압바스 대제가 사망한 후 오스만제국은 국지전으로 반격하여 바그다드 지역을 재탈환했다. 1514년부터 양측은 130여 년에 걸친 시소전을 벌였으며, 둘 다 지쳐서 더 이상 싸우지 못할 때까지 전쟁을 계속했다.

　오늘날 중동 지역 시아파와 수니파의 분포는 130년 전쟁의 결과이다. 이라크 수도 바그다드의 동쪽과 남쪽은 주로 시아파가 장악했다. 이 지역이 사파비 왕조의 통치 지역이었기 때문이다. 오스만제국의 통치 지역이었던 북쪽과 서쪽은 주로 수니파가 기반을 잡았다.

교파의 세력 변화

　오늘날 IS가 바그다드 턱밑까지 도달하고서도 더 이상 전진하지 못하는 이유는 그 앞에 시아파의 집중 거주지가 있기 때문이다. 이곳은 전통적으로 이란의 세력 범위에 속한다. 이라크 정부군의 손에 들어간 바그다드 서쪽의 라마디는 수니파의 지역이다. 시아파 세력이 이곳을 공격할 수 있다는 것은 IS가 수니파 지역에서 사람들의 지지를 잃기 시작했음을 뜻한다. 이는 중요한 국면 전환이다. 수니파의 대본영은 북부의 모술이며, 이것도 130년에 걸친 전쟁의 결과이다. 따라서 언젠가 모술을 수복하는 날은 IS가 역사적 종착지에 도달했음을 의미한다. 이곳은 진정한 수니파 강성 지역이기 때문이다.

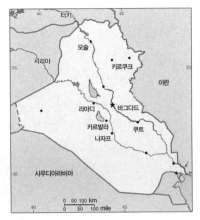

수니파의 대본영 모술.

역사는 되풀이되며, 문명은 계속 전진하는 것인가?

오늘의 상황은 사실 역사의 재현에 불과하다. 130여 년의 전쟁은 중동에 시아파와 수니파의 분열이라는 문제를 남겼다. 사우디아라비아는 수니파의 수장을 자처한다. 다시 말해 수니파가 거주하는 지역에 대해서는 모두 사우디아라비아가 발언권이 있다고 믿는다. 이란은 시아파의 수장을 자처하며, 시아파가 거주하는 지역에 대해서는 이란이 발언권을 가진다고 믿는다. 양측의 이런 심리 또한 역사의 산물이다. 페르시아와 오스만제국이 100년간 전쟁을 벌인 것처럼 오늘날 이란과 사우디아라비아가 장기간 대립하고 있다. 여전히 그때의 땅이며, 그곳 사람들이고, 갈등의 내용도 같다. 가끔은 우리의 문명이 과연 진화하고 있는지 의심스럽다.

터키

전통의 트로이에서 번영의 로마제국까지,
비잔틴제국(동로마제국)의 콘스탄티노플에서
오스만제국의 이스탄불까지,
터키에는 많은 역사의 풍파가 기록되어 있다.
그러나 오스만제국은 무엇 때문에 중국의 청나라가 그랬듯이
'눈뜬장님'이 되어 쇠락의 길을 걸었을까?

25장

터키의 치열한 해상 포위망 뚫기

2015년 4월 13일, 중국은 '일대일로'의 청사진을 공식 발표했다. '실크로드 경제 벨트'에서 흑해와 지중해 사이에 있는 터키는 반드시 거쳐야 하는 국가이다. 중국의 입장에서 터키는 베일에 싸인 것처럼 진면목을 알 수 없는 나라이다. 터키는 과연 어떤 나라일까? 이번 장은 실크로드를 따라 문명의 여정을 떠나보고, 번영과 쇠락을 겪은 터키의 운명을 살펴본다.

중동 문제의 근원

터키에 관심을 두는 3가지 이유가 있다. 첫째, 신장이 유라시아 고속철도의 중국 쪽 교두보라면, 터키는 유럽 쪽 교두보라고 할 수 있다. 고속철도는 유라시아 대륙으로 대표되는 육상권 시대 부흥의 관건이다. 따라서 두 교두보인 터키와 신장은 중요한 지정학적 가치를 갖고 있다. 둘째, 중국 신장과 터키는 유구한 역사, 문화, 민족의 혈통이 서린 곳이다. 따라서 터키는 뉴실크로드 전략의 실현 여부뿐 아니라 중국 서부 변방의 번영과 안정에도 영향을 미친다. 즉 터키는 중국의 이익과 밀접한 관련이 있다.

셋째, 오늘날 세계에서 가장 복잡한 것이 중동 문제이다. 사우디아라비아와 예루살렘 문제를 막론하고 그 원인은 오스만제국의 해체에 있다. 팔레스타인, 레바논, 이스라엘, 시리아, 사우디아라비아, 이라크, 이집트, 리

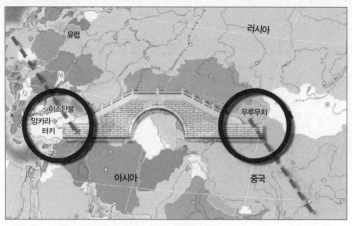

터키와 중국 신장은 유라시아 고속철도의 양대 교두보이다.

비아, 그리고 오늘날 가장 시끄러운 예멘을 포함해 모두 오스만제국의 영
토였다. 따라서 터키의 역사를 모르면 중동 문제의 근원을 이해할 수 없다.

중국과 터키의 부족한 상호 인식

중국은 자국의 거대한 이익과 직접 관련된 터키에 고도의 관심을 기울
여야 한다. 그러나 유감스럽게도 중국과 터키는 서로 깊이 이해하지 못하
고 있다. 미국, 일본, 또는 유럽에 대해서는 수천, 수만 건에 달하는 서적과
연구 문헌이 있는 데 비해 터키에 관한 연구는 그야말로 극소수에 지나지
않는다. 이것은 터키에 대한 우리의 인식과 이해가 깊지 않음을 의미한다.

터키의 한 대학 교수가 중국과 터키 관계를 분석한 글에서도 서로의 느
낌이 비슷했다. 그 대학 교수는 중국에 관한 논문을 쓰기 위해 참고 서적
을 찾아보았지만 여남은 권이 전부였다. 그것도 대부분 1980년 이전에 출

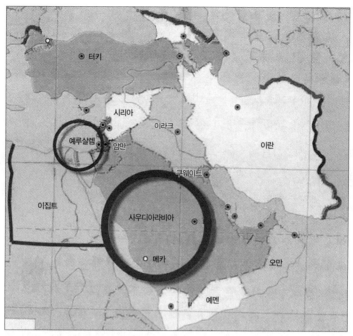

중동의 2대 문제 지역인 사우디아라비아와 예루살렘.

판한 책이었다.

터키에 관해 얼마나 알고 있는가?

뉴실크로드와 AIIB(아시아인프라투자은행) 등과 같은 프로젝트가 제대로
실행될 수 있는지, 그리고 실행하는 과정에서 세부적인 문제가 우려된다.
터키와 같은 핵심 국가에 대한 책이 10여 권밖에 되지 않고, 전문적으로
분석한 글이나 전문가도 턱없이 부족한데, 하물며 이란과 중앙아시아 5개
국은 더 말할 것도 없다. 아무리 많은 전략 아이디어와 구상이 있다 한들

상대의 풍습과 역사를 깊이 이해하지 못한 상황에서 어떻게 실행에 옮길 수 있겠는가?

국제 전략은 다른 국가와 관계를 맺고 그 나라 국민들과 협상하는 것이다. 중국의 뉴실크로드 전략과 AIIB가 투자한 모든 프로젝트는 대부분 국외에서 이루어진다. 그런데 우리가 그 국가의 사람들에 대해 얼마나 알고 있는가? 우리는 그들의 심층 수요, 심리 상태와 역사에 대해 알고 있는가? 돈만 투자하면 능사라는 생각은 버려야 한다.

터키의 교수가 제시한 데이터는 시사하는 바가 크다. 2012년 〈환추스바오(環球時報)〉는 터키에 대한 중국인의 호감도를 조사했다. 그 결과 중국인 67퍼센트가 터키를 '싫어함' 또는 '매우 싫어함'을 선택했다. 78퍼센트를 차지한 3가지 이유로 '동투르키스탄 문제', '역사적 기억', '중국인에 대해 우호적이지 않음'을 들었다.

터키 사람들이 중국인을 대하는 태도도 유사한데, 인도 사람들이 중국인을 대하는 태도보다 훨씬 덜 우호적이었다. 주요 20개국 가운데 중국을 가장 싫어하는 국가가 터키였다. 물론 터키는 다른 대국들에 대해서도 우호적이지 않았으며, 미국, EU, 러시아에 대한 호감도가 중국보다 낮다.

터키 사람들에 대한 중국인의 호감도 (단위:%)

호감도	비율
매우 우호적이며 좋아함	3.1%
어느 정도 우호적이며 좋아함	14.6%
어느 정도 비우호적이며 싫어함	45.5%
매우 싫어함	22.0%
모름	14.8%

세계 주요 대국에 대한 터키 사람들의 호감도 (단위:%)

연도 \ 국가	중국	미국	러시아	EU
우호적 태도를 지닌 터키 사람들이 총 조사 대상에서 차지하는 비율				
2005	40	23		
2006	33	12		
2007	25	9	27	17
2008	24	12		
2009	16	14	22	13
2010	20	17	28	16
2011	18	10	23	18
2012	22	15	21	16

2012년 호감도 순위: 미국 15% 〈 EU 16% 〈 러시아 21% 〈 중국 22%

터키인 자부심의 근원

터키가 EU 가입에 적극적이며 NATO 회원국으로 유럽이나 미국과 친근해 보이지만, 이것은 터키의 역사를 제대로 알지 못하는 데서 비롯된 전형적인 오해이다.

터키 사람들이 누구인가? 그들은 오스만제국의 후예로 한때 유라시아 대륙을 휩쓸고 지중해의 절반을 지배했으며, 흑해는 그들의 앞마당 연못일 정도로 기세등등한 민족이었다. 유럽 사람들은 오스만이라는 말만 들어도 다리에 힘이 풀릴 지경이었다. 터키 사람에게는 뼛속 깊이 자부심이 뿌리박혀 있다. 훗날은 어떻게 되었을까? 그들도 중국과 마찬가지로 19세기 들어 '환자'가 되었다. 터키는 유럽의 환자, 중국은 동아시아의 환자였다. 사실 터키 사람들의 심리는 중국 사람들과 같은데, 한마디로 "불복하지만 어쩔 수 없이 굴복하며, 100년이 지나도 여전히 불복하는" 심리다.

CHAPTER 3 **역사를 관망하다** _ 429

터키인은 과연 어떤 사람들인가?

터키 사람들을 이해하려면 그들의 역사를 알아야 한다. 터키 사람들이 튀르크족이라는 것은 익히 알 것이다. 전성기 때 그들의 세력은 몽골 대초원 서쪽 카스피해까지 미쳤으며, 훗날 알타이산맥을 경계로 동서 튀르크로 분열되었다. 동튀르크는 당(唐)나라에 패하고 편입되었으며 서튀르크는 훗날 중앙아시아로 이전했다. 현재 '스탄'이 붙은 중앙아시아 국가들은 대부분 튀르크어를 사용한다. 투르크메니스탄, 우즈베키스탄, 키르기스스탄(키르기스), 그리고 신장의 위구르족도 튀르크어를 사용한다. 신장 사람들이 터키에 유학을 가면 몇 달 만에 터키 사람들과 농담을 주고받을 정도다.

지도를 보면 한 가지 문제를 발견할 수 있다. 터키와 튀르크족의 동아시아 고향 땅이 이란과 이라크 등과 카스피해를 사이에 두고 있다는 사실이다. 어떻게 해서 튀르크족이 이란의 페르시아인과 이라크의 아랍인을 제치고 터키까지 가서 정착했을까? 터키의 토착 주민은 어디로 간 것일까? 이것이 바로 흥미로운 민족 이전의 역사다.

유목 민족의 중동 진입과 농경 문명의 기원

유목 민족이었던 튀르크족은 소와 양을 몰고 카스피해를 건너 터키에 도달했을 가능성이 크다. 메소포타미아와 중동 지역은 문명의 발상지 중 하나이다. 지리적 환경으로 볼 때 북쪽과 동쪽에는 유목 민족의 습격을 막아주는 천연 장막이 있다. 카스피해와 흑해 사이에는 넘기 어려운 캅카스산맥이 있고, 동쪽에는 평균 해발 고도 5천 미터의 힌두쿠시산맥이 버티고 있다.

사실 카스피해에서 힌두쿠시산맥을 가로지르는 지역이 있다. 아무다리야강 유역과 시르다리야강 사이에 형성된 '트란스옥시아나'는 핵심적인 위치를 차지한다. 초원에서 이란으로 직접 통하는 천연 통로이며, 고대의 실크로드는 반드시 트란스옥시아나를 거쳐야 중동으로 진입할 수 있었다. 말하자면 트란스옥시아나는 대통로라고 할 수 있다. 북으로는 대초원과 연결되고, 남서쪽으로는 이란과 직접 연결되는 고원지대로 메소포타미아 문명의 중심지까지 이어진다. 따라서 이 통로는 역사상 매우 중요한 길이었다. 고대 실크로드는 바로 트란스옥시아나를 거쳐 갔으며, 미래의 뉴실크로드도 이 지역을 거쳐야 한다.

트란스옥시아나는 유목 민족이 메소포타미아를 습격할 때 반드시 경유하는 곳이었다. 중동은 농경 문명이 가장 빨리 시작된 지역이었다. 유목 민족의 습격을 방비하려면 반드시 트란스옥시아나에 방어선을 구축하여 힌두쿠시산맥과 카스피해 사이의 틈을 지켜야 했다.

반대의 경우도 마찬가지였다. 유목 민족이 문명 지역을 습격하려면 먼저 트란스옥시아나부터 점령하고 이곳에 집결해야 비로소 진격할 수 있다. 역사의 규칙은 모두 이러했다.

한 시절을 호령하며 군웅을 멸시하던 튀르크제국

7세기에 아랍제국은 빠르게 확장하기 시작했다. 750년 압바스 왕조 시대에 이르러 아랍제국은 이미 아무다리야강 유역을 통제하고 이곳에 방어 진지를 구축했다. 751년 중국 당나라는 트란스옥시아나 부근의 탈라스

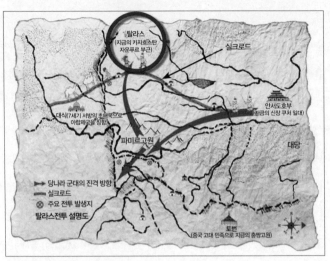

탈라스전투는 당 현종의 군대와 아랍 압바스 왕조의 전투이며, 그 결과 당나라 군대가 크게
패하여 중앙아시아 지역에서 후퇴했다.

(Talas)에서 아랍의 나라와 전쟁을 치렀다. 당 현종의 군대와 아랍 압바스
왕조의 군대는 이곳에서 전투를 벌였는데, 당나라 군대가 크게 패하고 중
앙아시아에서 후퇴했다. 아랍 군대는 트란스옥시아나를 완전히 통제하고
번성하는 단계에 접어들었다.

동쪽으로 강대한 당나라가 버티고 있었고, 서쪽의 트란스옥시아나에는
강력한 아랍 군대가 있었다. 튀르크족은 두 제국의 세력에 맞서 자신의 땅
을 지켜야 했다. 그러나 튀르크족은 아랍인과 트란스옥시아나에서 대치하
는 한편 무역을 통해 끊임없이 교류했다. 가장 중요한 성과는 튀르크족이
대거 이슬람교를 받아들인 것이었다. 아랍 군대는 사방으로 확장하며 성
전을 벌이고 있었는데, 그 목적 중 하나가 이슬람교를 전파하는 것이었다.
그들은 귀의한 튀르크족을 무슬림 형제로 받아들였다. 훗날 압바스 왕조
는 군사력이 약화하자 튀르크족 용병을 대거 영입해 동서 방향으로 토벌
에 나서 경쟁 상대를 제거했다. 점점 많은 튀르크족이 압바스 왕조의 용병

으로 이슬람 세계의 확장을 위한 전쟁에 참가했다. 이렇게 해서 튀르크족이 중동의 핵심 지역에 대거 침투하게 된 것이다.

그중 가장 뛰어난 활약을 보여준 부족은 셀주크튀르크족이었다. 그들은 압바스 왕조가 쇠락하자 통치권을 장악했다. 1055년에는 바그다드를 통제하고 아랍 왕실을 압박하여 '이슬람교 수호자'라는 의미의 '술탄' 호칭을 받았다. 이때부터 술탄이 이슬람 세계의 실권을 장악했다. 아랍인은 실권을 빼앗기고 할리파는 명목상의 지도자로 종교 사무만 담당했다. 셀주크튀르크족은 강대한 셀주크제국을 건설하여 중동 역사상 핵심적인 중간 다리 역할을 했다.

셀주크제국은 동쪽으로 트란스옥시아나, 서쪽은 지중해 동안, 북쪽은 캅카스산맥, 남쪽은 페르시아만에 이르는 광활한 지역을 통제했다. 이때가 역사상 가장 중요한 시기였다.

유목 문화의 약탈과 농경 문명의 갈등이 촉발한 개혁

"무력으로 천하를 취할 수는 있으나 무력으로 천하를 다스릴 수는 없다"는 말이 있다. 튀르크족은 바그다드를 통제하고 제국을 세웠지만 나라를 다스린 경험이 없었다. 셀주크튀르크족은 청나라 군대가 중국에서 방대한 한족(漢族)을 통치할 때와 같은 문제에 직면했다. 유목 문화가 농경 문명에 어떻게 적응할 수 있을까? 어떻게 해야 강력한 중앙집권을 구축할 수 있을까? 당시 아랍과 페르시아 지역의 문명 수준은 튀르크족을 훨씬 능가했다. 튀르크족이 거대한 이슬람제국을 통치하려면 개혁을 통해 농경 문명에 적응할 필요가 있었다.

당시 중국의 청나라 내부에도 이와 같은 갈등이 있었다. 앞선 농경 문명과 방대한 규모의 한족 인구를 통치하려면 반드시 한족 신하를 중용해야 했다. 그러나 한족을 신하로 중용하면 만주족의 불만을 사게 되니 양쪽에서 의견 충돌이 발생한 것이다.

튀르크족도 이러한 내부 갈등에 직면했다. 그중 군사 귀족들은 유목 민족의 전투법을 유지하며 약탈을 통해 전리품을 획득하자고 주장했다. 그들은 농사짓는 것을 원하지 않았다. 반면 개혁파는 문명 생활에 적응하려면 페르시아인과 그리스인을 중용하여 나라를 관리해야 한다고 주장했다. 중동은 농경 문명 지역이므로 유목 방식이 통하지 않는다는 것이었다. 여기에는 종교 문제가 개입되어 있었다. 셀주크튀르크족은 이미 이슬람교에 귀의하여 지하드 전사가 되었으므로 이슬람교 정통 사상을 수호해야 한다는 것이었다. 두 파의 주장은 첨예하게 대립했다. 군사 귀족은 병권을 장악했다. 결국 셀주크의 고위층 지도자는 개혁에 성공하려면 새로운 군사력을 구축해야 하며, 튀르크 귀족 세력, 특히 기병에 대한 의존도를 낮춰야 한다는 점을 인식하게 되었다.

새로운 군대를 조직하려면 돈이 필요했다. 그동안 무기에 의존했다면 이제는 재정을 확보해야 했다. 셀주크는 군사 채읍(왕족이나 대신들에게 공로에 대한 보상으로 지급한 영지 – 옮긴이) 제도나 봉건 분봉제와 비슷한 이크타(Iqta) 제도를 마련했다. 전국의 토지와 재산은 모두 통치자에게 귀속하며, 경제 자원에 대한 관리는 소수의 이크타로 분할했다. 이크타 영주는 재산을 관리하고 세금을 징수할 권리를 가졌다. 군 간부는 이크타의 영주로, 군인의 급여 및 보급품은 그들이 관리하는 군사 채읍에서 조달했다. 병사들은 어디서 조달했을까? 주로 전쟁 포로와 징집한 노예들로 구성된 맘루크(Mamluk) 군대를 조직했다. 이들은 급여와 보급품을 받는 새로운 상비군이었다.

'탱크 군단', 터키로 진격하다

이크타 제도와 새로운 군대 조직으로 튀르크의 전통 군사 귀족인 유목 기병은 차츰 배제되고 권력도 크게 약화되었다.

튀르크의 전통 군사 귀족은 이에 불만을 품고 늘 말썽을 일으켰다. 당시 이란 북부와 이라크의 많은 지역을 통제하고 있던 튀르크의 유목 부족은 그곳의 농민들을 약탈하며 혼란을 조장했다. 골머리를 앓던 튀르크의 통치자는 아예 군사 귀족을 적의 점령 지역으로 내쫓았다. 아직은 튀르크제국의 범위에 속하지 않는 지역으로 보내기로 한 것이다. 터키가 가장 적합한 목적지임은 자명한 노릇이었다. 국왕은 전통 군사 귀족들을 터키로 보내 이교도를 약탈하고 이슬람제국의 영토를 확장하게 했다.

이 방법은 상당히 효과적이었다. 튀르크 전통 군사 귀족의 약탈 욕구를 충족할 뿐 아니라 이슬람 세계의 강토를 확대했으며, 국내의 안정과 단결을 유지했다. 따라서 이란과 이라크에 있는 많은 튀르크족들이 터키를 향해 대진군을 시작했다. 이들이 터키를 택한 이유는 첫째, 동로마제국의 영토에는 전리품이 많았기 때문이다. 둘째, 자유분방한 유목 민족이 튀르크제국의 중앙집권 하에 구속되지 않으려고 이민을 택했다.

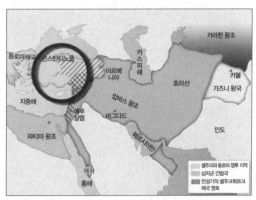

동로마제국은 유라시아 대륙의 접경 지역에 있는 수도 콘스탄티노플(오늘날의 이스탄불)에서 터키의 동부로 진출하여 튀르크 군대를 진압했다.

이란과 이라크에 튀르크족 인구가 적은 이유가 바로 여기에 있다. 당시 많은 사람들이 터키행을 택했다. 적은 수의 튀르크족만이 남아서 농경 생활을 하며 현지인에 동화되었다.

동로마제국은 비잔틴, 즉 콘스탄티노플(지금의 이스탄불)에 수도를 정하고 터키에서 이미 700년을 통치하고 있었다. 게다가 현지 주민은 일찍부터 그리스 로마 시대의 영향을 받은 기독교도들이었다. 이런 곳에 튀르크 유목 기병대가 들이닥쳐 다짜고짜 공격과 약탈을 자행했다. 동로마제국 황제는 노발대발하여 이들에게 로마 군대의 위력을 보여주고자 했다. 1071년 터키 동부 반호(Van Lake) 이북의 만지케르트에서 동로마제국과 튀르크 군대의 결전이 펼쳐졌다. 기동성과 파괴력을 갖춘 데다 활쏘기에도 뛰어난 튀르크 기병대를 보고 동로마제국 병사들은 깜짝 놀랐다. 이토록 강력한 기병대를 본 적이 없었던 것이다. 냉병기 시대에 기병의 기세는 마치 탱크로 보병을 밀어버리는 것과 같아서 도저히 막아낼 수가 없었다. 결국 동로마 군대는 참패하고 황제마저 포로 신세가 되었다.

튀르크 군대와 동로마제국 군대는 터키 반호 이북에서 결전을 펼쳤다.

만지케르트전투는 유목 민족이 유럽의 문앞까지 쳐들어온 것으로 상징적 의미를 가진다. 동로마제국의 패배로 동부의 방어 체계가 완전히 파괴되었으며, 아나톨리아(흑해와 지중해 사이의 넓은 고원 지대)의 관문이 뚫려버렸다. 불과 몇 년 만에 중앙아시아에서 온 튀르크족이 터키 동부 지역으로 밀물처럼 몰려들어 인구 비례에도 역사적인 변화가 시작되었다.

십자군 원정의 원인

튀르크족은 터키에서 위풍당당하게 세력을 넓혀갔으며, 몇 년 내에 터키 전역의 인종 구조와 종교 구조를 바꿔놓았다. 기독교도는 점점 줄어들고 튀르크족이 늘어났다. 전통적 그리스인, 아르메니아인, 그리고 현지 토착민들은 이런 상황을 견디지 못하고 대거 유럽으로 달아났다. 이렇게 해서 터키는 '튀르크화'되었다.

튀르크족은 터키에 독립국가를 건설하고 룸 술탄국이라고 불렀다. '룸'은 페르시아어로 '로마'를 뜻하며, 튀르크족이 로마인의 지역에 건설한 나라라는 의미였다. 튀르크족은 룸 술탄국의 건설에 만족하지 않고 터키 지역에 크고 작은 나라들을 세웠다. 튀르크족이 수도 콘스탄티노플 인근까지 진출하자 동로마제국은 부득이 로마 교황에게 구원을 요청했다. 이렇게 해서 약 200년에 걸친 십자군 원정이 시작되었다.

콘스탄티노플은 로마 교황과 어떤 관련이 있을까? 395년 동서로 분열된 로마제국 가운데 서로마제국은 476년 이미 멸망했고, 동로마제국은 콘스탄티노플에 수도를 정하고 1천 년 가까이 존속했다. 서로마제국은 사라졌지만 기독교는 유럽에 널리 퍼졌으며, 교황은 로마에 거주하고 있었다.

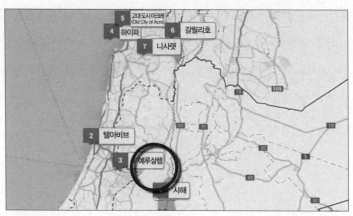

십자군 원정의 주요 목적은 성지 예루살렘을 탈취하는 것이었다.

동로마제국도 자신들의 교회를 설립했으나 로마 교황을 인정하지 않았다. 그러던 중 튀르크족이 터키로 진출할 무렵 기독교는 로마의 천주교와 콘스탄티노플의 동방정교회로 분열되었다.

이때 턱밑까지 쳐들어온 튀르크족을 막을 수 없게 되자 동로마는 로마 교황에게 고개를 숙이고 구원을 청한 것이다. 로마 교황은 이교도가 창궐하며 유럽까지 쳐들어오려 하자 즉시 유럽 왕공들에게 연락을 취했다. 십자군을 조직해 튀르크족을 토벌하고 성지 예루살렘을 탈환할 것을 호소한 것이었다. 1096년 10만여 명으로 구성된 십자군이 콘스탄티노플을 떠나 터키로 1차 원정을 떠났다. 튀르크족은 아직 터키에서 자리를 잡기도 전에 공격을 받았다. 결국 룸 술탄국의 수도는 함락되었고 사람들은 뿔뿔이 흩어졌다. 다행히 십자군의 목표는 예루살렘이었기에 터키와 계속 싸우지 않고 시리아로 남하해 예루살렘을 공격했다. 십자군도 도중에 약탈과 방화를 저질렀다. 비록 명목상으로는 종교 전쟁이었지만 전리품의 막강한 유혹 앞에서 목숨을 내놓고 싸우지 않을 자가 없었다.

유목 민족의 번성과 쇠락

시리아와 이라크에서 튀르크 군대가 십자군을 막지 못한 이유는 무엇일까? 당시의 셀주크제국은 이미 쇠락의 길에 들어섰기 때문이다. 그들은 중앙집권 제도를 확립하지 못했다. 술탄들이 총독들에게 주는 군사와 영지 규모가 지나치게 커서 나라를 세울 정도였다. 결국 총독들은 군 통수권과 통치권을 거머쥐고 막강한 권력을 휘둘렀다. 중앙정부의 기능이 마비되자 제국은 순식간에 분열되었다. 모든 유목 민족이 동일하게 겪는 상황이었다. 게다가 십자군 원정이 시작되기 전에 술탄이 사망하자 왕자들은 권력을 다퉜으며 지방은 할거 상태였다. 봉토를 받은 공국들이 사분오열했으니 십자군 원정에 대처할 수 없었다.

서쪽에서 십자군이 공격해 오기도 했지만 더 심각한 위협은 동쪽의 몽골이었다. 칭기즈칸의 손자 훌라구(Hulagu Khan, 旭烈兀)의 대군이 동북 방향의 갈라진 틈으로 중동 지역에 쳐들어왔다. 그들은 이란을 먼저 정복한 다음 이라크를 공격했다. 바그다드의 할리파가 거세게 저항하자 몽골 대군은 바그다드를 피로 물들였다. 바그다드 주민 80만 명이 살해되었고, 할리파 가족 전체가 양탄자에 싸여 산 채로 군마에 밟혀 죽었다. 이렇게 해서 압바스 왕조는 전멸했다. 이슬람 역사상 가장 큰 재앙이 몽골군의 말발굽 아래 일

칭기즈칸의 손자 훌라구는 일한국의 창시자이다.

1335년 일한국은 터키, 이란, 이라크를 포함하여 아무다리야강 남쪽, 인더스강 서쪽의 모든 지역을 경계로
했다.

어난 것이다.

터키의 룸 술탄국도 몽골의 적수가 될 수 없었으며, 결국 몽골의 종주국
지위를 인정하게 되었다. 마지막에는 몽골이 이란을 통치했으며, 이라크
와 터키 등은 유명한 일한국이 되었다. 몽골의 사한국도 중국을 통치하는
원(元) 왕조를 종주국으로 인정했다. 항렬을 따져보면 터키의 룸 술탄국이
원 왕조의 손자에 해당한다.

유목 문화를 가진 몽골은 앞선 농경 문명에 적응하지 못했다. 분봉제가
초래한 제국의 분열은 셀주크제국과 판에 박은 듯 똑같았다. 일한국이 쇠
락의 길로 접어들 무렵 다른 튀르크 부족이 일어났으니, 이들이 600년간
세계를 놀라게 한 오스만제국이다.

26장

오스만제국의 발흥

튀르크족이 세운 제국은 극적인 드라마를 연출했다. 강대한 셀주크제국은 혜성처럼 나타났다 사라졌으며, 또 하나의 강대한 오스만제국이 발흥했다. 그들은 무력으로 유럽, 아시아, 아프리카를 휩쓸어 사람들을 전율하게 했다. 유목 민족이 세운 오스만제국은 어떤 개혁을 하여 마침내 혁혁한 대제국으로 진화했을까?

오스만제국 기원의 비밀

앞 장에서는 튀르크족이 먼 길을 떠나 터키에 진출한 내용을 셀주크제국의 흥망성쇠와 함께 다뤘다. 그러나 튀르크족의 터키 침략은 시작에 불과했으며, 겨우 불씨만 심어 놓은 것에 불과했다. 몽골의 일한국이 쇠락하자 튀르크족은 터키에서 진정한 불꽃을 피웠으니, 그들이 바로 튀르크의 또 다른 부족 오스만제국이었다.

역사학자들은 오스만제국의 기

오스만 부족 지도자 오스만 1세.

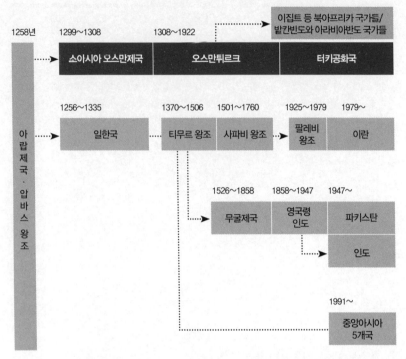

아랍제국 시대의 이슬람 세계. 일한국이 쇠락한 후 오스만제국이 발흥했다.

원에 관해 2가지 관점을 가지고 있다. 한때 이란 동북부의 한 지역을 통치했던 튀르크족 조상이 침략해 온 몽골 대군의 혹독한 통치를 피해 부족을 이끌고 유프라테스강을 건너 시리아로 향했다. 그러나 도중에 튀르크족 수령이 물에 빠져 사망하자 부족은 분열되었다. 그의 두 아들은 이란으로 돌아왔고, 또 다른 아들이 부족 400명을 이끌고 터키로 들어가 룸 술탄국에 귀순했다.

일부 학자들은 이러한 관점이 오스만 가문을 미화한 것이라고 주장한다. 오스만제국이 사실은 귀족 출신이 아니라 13세기 터키에 들어왔으며, 11세기 아나톨리아 고원에서 그들의 흔적을 찾아볼 수 있다는 것이다. 200년 동안 그들은 뿌리 없는 유목 부족으로 다른 부족이나 국가의 용병으로 활동했다.

첫 번째 관점은 오스만족이 귀족 출신임을 강조한 것이며, 두 번째 관점은 그들이 평민 출신임을 강조한다는 점이 흥미롭다. 신성한 혈통을 부각하고자 신격화한 이야기를 지어내는 것과 비슷하다. 개국 황제의 어머니가 꿈에 용이나 신선을 만나 잉태했다는 이야기처럼 말이다. 말하자면 보통 사람과 다르다는 점을 강조하는 것이다.

오스만제국의 제1차 발흥

어쨌든 1280년 오스만이 부친의 가업을 계승했을 때 그들의 나라는 이미 터키 서북 지역 흑해 부근의 땅을 점거하고 있었다. 동로마제국의 수도 콘스탄티노플의 동쪽에 면한 지역이었다. 터키의 많은 튀르크 대공국과 룸 술탄국에 비해 오스만의 영지는 보잘것없었으나 발전 전략은 매우 우수했다. 오스만은 룸 술탄국과 마찬가지로 터키 중부, 북부, 남부의 많은 튀르크 공국도 건드려서는 안 되며, 동쪽에는 더 강력한 몽골인이 있다는

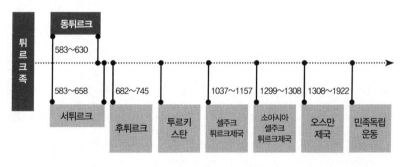

오스만제국의 원류 안내도

13세기 말 오스만제국의 수도 쇠위트.

1355년의 오스만제국은 서쪽으로 발전하는 전략을 택했다.

것을 알았다. 따라서 그는 동로마가 점유하고 있는 터키 서쪽으로 확장할 계획을 세웠다.

동로마제국이 터키에 남겨놓은 영토를 빼앗으려면 터키 북서쪽 모퉁이의 부르사(Busra)를 중심으로 두 방향으로 나눠 진출해야 했다. 따라서 북쪽으로는 흑해를 치고, 서쪽으로는 마르마라해 연안 지역을 침공하여 차나칼레를 점령하기로 했다. 해협이 점점 좁아지는 이곳은 매우 중요한 지역으로, 건너편의 갈리폴리반도가 바로 유럽이다.

오스만의 전략에는 3가지 장점이 있었다. 첫째, 부유한 동로마 지역을 공격해 풍부한 전리품을 얻을 수 있다. 둘째, 이슬람에서 이교도의 영토를 정복했다는 영예를 얻을 수 있다. 셋째, 전리품을 갈망하는 튀르크족을 더 많이 불러들여 세력을 키울 수 있다. 그 결과 오스만제국은 2대에 걸쳐 동로마제국의 아나톨리아 영토를 신속히 접수하고 유럽 침공을 준비할 수 있었다.

오스만제국 번성과 확장의 길

영토를 고스란히 바친 동로마제국

그 무렵 동로마제국의 부패는 극에 달했다. 공동 통치자였던 요안네스 5세와 6세는 권력을 쟁취하기 위해 적을 끌어들임으로써 화를 자초했다. 요안네스 6세는 오스만제국의 힘을 빌려 상대를 제거할 계획을 세웠다. 오스만제국은 요안네스 6세의 요청으로 다르다넬스해협을 건너 요안네스 5세가 장악한 트라키아(발칸반도 동남부) 지역, 즉 오늘날 터키의 유럽 영토 부분을 탈취했다. 그 보답으로 동로마 황제는 트라키아와 갈리폴리반도에서 오스만족의 약탈을 허용했다. 위풍당당한 동로마제국이 내홍으로 인해 적에게 자신의 국민을 약탈하라고 할 정도였으니, 동로마제국도 끝나 가고 있었던 것이다.

관용의 종교 정책

오스만제국은 전리품을 실컷 취하고 나면 트라키아를 동로마제국에 돌려주기로 했다. 이전에도 이와 유사한 계약을 체결한 적이 있었다. 그러나

13~14세기 동로마제국의 공동 통치 황제 중 한 명은 권력을 쟁취하기 위해 오스만제국이 다르다넬스해협을 건너 트라키아 지역에서 약탈하는 것을 허용했다.

오스만제국의 마음이 바뀌었다. 그들은 약탈을 끝내고 나서도 돌려주지 않고 트라키아를 영구히 정복해 버렸다. 성전을 선언하며 자신들이 이미 유럽 영토를 점령했다고 외쳤다. 그리고 튀르크족에게 터키를 떠나 트라키아 지역으로 대거 옮겨 오라고 호소했다.

튀르크족은 너도나도 트라키아로 향했다. 그들은 유럽 사람들의 재산을 탈취하는 것이 성전의 호소에 응답하는 영광스러운 행동이라고 주장했다. 이렇게 해서 많은 튀르크족이 콘스탄티노플을 우회해 발칸반도로 향했다. 동로마의 수도 콘스탄티노플을 직접 공격하지 않고 우회한 이유는 무엇일까? 콘스탄티노플은 지형적으로 불리할 뿐 아니라 성벽이 높고 두꺼웠기 때문이다. 기병대 위주의 튀르크족은 공성전에 약했다. 콘스탄티노플을 우회해 유럽에 진입하자 모든 것이 순조로웠다. 튀르크족은 이때부터 파죽지세로 공격과 약탈을 벌였다.

여기서 강조할 것이 하나 있다. 오스만제국이 유럽에서 행한 행동은 약탈을 포함해 일정한 규칙이 있었다. 함부로 약탈해서는 안 되고, 기독교도를 이슬람교로 개종하라고 강요해서는 안 되었다. 그들은 기독교도나 유대인은 '경전(經典)을 가진 사람들'이므로 반항하지만 않는 한 생명과 재산을 보호해야 한다고 여겼다.

유럽 동남부의 발칸반도에 사는 사람들에게는 오스만의 통치에 반대하지 않고 인두세를 내겠다고 하면 병역을 면제해 주었다. 사실 이 종교의 관용 수준은 로마의 천주교를 훨씬 능가했다. 천주교는 의견이 조금만 달라도 용인하지 않았으며, 많은 교파가 혹독한 박해를 당했다. 따라서 발칸 지역의 유럽 사람들 중에는 오스만제국을 천주교의 박해에서 벗어날 구세주로 여기는 사람이 많았다.

유럽의 도시와 농촌 지역의 영주들 중 오스만제국의 통치에 반대하거나 종주국으로 받아들이지 않는 사람들만 재산을 빼앗아 튀르크 출신 이민자들에게 나눠 주었다. 발칸반도의 유럽 농민들에게 기존의 봉건 영주들은 자신들을 착취한 폭군이었다. 그들은 농민의 세 부담을 가중하고 가혹한 노역을 시켰다. 그러나 오스만제국의 통치하에서는 모든 토지가 술탄의 재산이며, 봉토의 소유자를 엄격하게 통제했다. 봉토세와 강제 노역을 폐지하고 농업세만 부과했으므로 유럽 농민들의 세 부담이 훨씬 줄어들었다. 그들에게 오스만제국은 천주교의 폭정과 봉건주의 폭정에서 벗어나게 해준 해방군이었다.

이것은 우리가 생각하는 이슬람교의 전통 관념과는 다르다. 이슬람교는 매우 가혹하고 엄격하다고 알려져 있기 때문이다. 그러나 당시에 정말 가혹하고 엄격한 종교는 천주교였다. 오스만제국의 종교 정책은 매우 너그러웠다. 이슬람교를 믿으면 좋지만 유대교를 믿어도 상관없었다. 통치자는 종교의 자유를 간섭하지 않았다. 천주교를 믿든 동방정교회를 믿든 문제 삼지 않았다. 오스만제국은 이러한 정책으로 발칸반도 사람들에게 인심을 얻었다. 그들이 순조롭게 침공할 수 있었던 이유가 여기에 있다.

화친 정책을 통한 아시아에서의 확장 과정

오스만제국은 불가리아, 마케도니아, 세르비아, 그리스 등 많은 유럽 영토를 점령했으며, 유럽의 영주들은 그들에게 머리를 조아렸다. 터키 본토에 진입한 오스만은 무력으로 땅을 빼앗을 생각을 하지 않았다. 전사들이 전쟁에 참가한 주요 목적은 전리품 약탈이었다. 그러나 터키에서 다른 튀르크 공국들과 무력으로 싸울 경우 첫째, 빼앗을 전리품이 없으며, 둘째, 무슬림 간에 서로 죽이지 않는다는 이슬람교의 규칙을 위반하게 된다. 따라서 터키에서는 무력을 쓰지 않고 화친 정책을 폈다.

'화친 정책'이란 이쪽의 아들을 상대의 딸과 결혼시키되, 상대의 집안에서 혼수품으로 공국의 토지 절반을 내놓는 것이었다. 터키의 중부, 남부, 북부의 소공국들은 대부분 이 조건을 받아들였다. 그 이유는 2가지였다. 첫째 오스만의 세력이 이미 강력해졌고, 둘째 많은 소공국들이 여전히 위협적인 몽골과 인접하고 있어서 언제 당할지 모르는 상황이었기 때문이다. 소공국들이 화친을 선택한 것은 오스만제국의 힘을 빌려 몽골족의 위협을 막기 위해서였다. 오스만제국에 보호 우산 역할을 기대한 것이다. 그들은 동쪽의 영토 절반을 오스만제국에 할양하고 자신들은 서쪽으로 이주했다. 오스만의 군대가 동쪽에 주둔하여 자신들을 보호하게 한 것이다.

이렇게 해서 오스만제국은 유럽의 발칸반도에서 전승을 거뒀다. 그들은 불가리아, 세르비아, 그리스를 함락했으며, 많은 나라가 오스만을 종주국으로 받아들였다. 아시아 지역에서 오스만은 터키의 영토까지 확장하여 가장 강력한 공국으로 성장했다.

오스만제국의 제1차 와해 과정

이러한 화친과 관용 정책을 통해 오스만제국은 점차 아나톨리아의 최대 국가로 성장했다. 그러나 국력이 날로 번영하며 호시절을 구가하던 오스만제국도 돌연 어이없이 와해되어 버렸다.

티무르제국이 중앙아시아에서 발흥한 것이었다. 오스만제국이 유럽 영토를 공략하고 있을 때 티무르제국의 대군이 트란스옥시아나의 통로를 통해 이란, 이라크, 시리아를 침공했다. 티무르제국은 15만 대군을 이끌고 마침내 터키 앙카라 부근에서 결전의 기세를 떨쳤다.

오스만제국의 황제는 황급히 유럽 전선에서 돌아와 응전했다. 바예지드 1세는 약 7만 명의 병력을 이끌고 앙카라 근교에 당도하여 티무르 군대와 결전을 벌였다. 이것이 1402년의 유명한 앙카라전투이다. 이 전투에서 오스만 황제 바예지드 1세는 패배하여 포로로 잡혔다. 120여 년에 걸친 오스만제국의 명성이 14시간의 짧은 전투로 어이없이 무너져버렸다.

황제가 포로로 잡혔다는 소식이 전해지자 오스만의 유럽 속국들은 즉각 반란을 일으켰다. 터키의 오스만 근거지도 해체되어 버렸다. 결국 오스만제국은 120년 전의 모습으로 돌아가 티무르제국을 종주국으로 인정해야 했다.

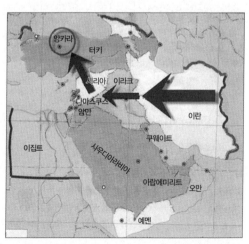

티무르 대군이 이란, 이라크를 공격하여 시리아에서 터키 앙카라까지 진격했다.

1402년부터 1413년까지 오스만 왕자들의 내부 싸움이 그치지 않았고, 그 결과 왕위를 11년이나 비워두는 사태가 초래되었다. 이 시기를 '오스만 대공위(大空位) 시기'라고 한다.

오스만제국의 제2차 건국

대공위 시기에 오스만제국은 그토록 번영했던 대제국의 기반이 사실은 부실했음을 깨닫고 깊이 반성했다. 오스만제국은 발칸반도의 많은 지역을 점령했지만 명목상의 종주국에 불과했다. 그쪽에서 들어오는 공물만 받았을 뿐 통치의 근간이 단단하게 뿌리내리지 못했다. 제국에 위기가 닥쳐도 유럽의 제후들은 도움을 주기는커녕 오히려 그 기회를 이용해 반란을 일으켰다.

오스만제국 자체도 단순한 부족 연맹에 불과했기 때문에 이익을 보고 단합했다가 이익이 사라지면 등을 돌렸다. 이런 상황에서 황제가 잘못되면 제멋대로 뿔뿔이 흩어져버렸다. 따라서 튼튼한 제국을 건설하려면 제도를 반드시 혁신해야 한다는 사실을 깨달았다. 아랍, 비잔틴, 페르시아 3대 문명과 융합하고 이슬람교의 교리와 접목하여 자국에 적합한 중앙집권 제도를 마련해야 비로소 유목 문화에서 농경 문명으로 완전히 진화할 수 있다고 판단했다. 오스만제국은 제도 혁신 없이는 장기간 안정적인 통치가 불가능하다는 결론을 얻었다. 그들은 잃어버린 제국의 영토를 회복하고 통치 제도를 강화하는 '제2차 건국'을 시작했다.

환골탈태의 제도 혁신

농업사회의 가장 중요한 자산은 토지이며, 토지가 모든 것의 근간이 된다. 중앙집권제의 기반이 바로 토지제도이다. 따라서 오스만제국은 토지 개혁부터 착수했다. 오스만제국은 셀주크제국 전통의 이크타를 폐지하고 티마르(timar) 제도로 교체했다.

티마르 제도와 이크타 제도의 차이

티마르 제도와 이크타 제도는 둘 다 봉건 채읍 제도라는 점에서는 같다. 그러나 이크타 제도와 비교했을 때 티마르 제도는 본질적으로 2가지 혁신을 기했다. 첫째, 이크타가 재산에 관한 권력이라면 티마르는 재산에 대한 의무에 가까웠다. 과거 이크타 제도는 국왕이 영주에게 몇 개의 도시와 주변 땅을 포함한 토지를 나눠 주었다. 영주는 중앙정부에 세금을 납입하지만 납입 여부를 감독하는 체계는 없었다. 영주가 인권, 재산권, 정권까지 모두 쥐고 있었던 것이다. 이런 상황에서는 장차 영주가 할거할 가능성이 매우 컸다.

이와 달리 티마르 제도는 재산에 대한 책임을 더욱 강조했다. 땅을 받은 영주는 정부의 규정을 엄격히 지켜야 한다. 토지에서 나는 모든 수입은 등급에 따라 기병 1명 또는 2명의 마필, 사료, 병기 공급을 도맡아야 한다. 따라서 정부는 기병의 보급 물자를 신경 쓰지 않아도 된다. 전면 도급제로 모든 전쟁 비용을 티마르 제도를 통해 조달하는 방식이었다. 이것이 이크타와 다른 점이었다.

둘째, 티마르 제도와 이크타 제도는 정부의 관리 감독 정도가 다르다. 티마르 제도는 정부의 관리 감독이 엄격하다. 토지는 반드시 경작해야 하며 3년 동안 정해진 기준에 미달하면 땅을 회수한다. 농민의 세 부담과 노역 기준은 정부가 정하고, 현지 법관이 감독을 담당한다.

이크타 제도에서는 영주가 알아서 세금을 거뒀으며 자신의 영지 안에서 어떻게 처리하든 정부가 상관하지 않았다. 티마르 제도는 매우 엄격한 규정으로 운영되었다. 우선 영주는 영지 내의 모든 토지를 반드시 경작해야 하고 경작지를 묵히는 것을 금지한다. 그뿐 아니라 병충해, 농토 관리, 관개 등을 포함한 수확을 책임진다.

술탄이 전쟁을 일으키면 모든 티마르의 영주는 자신의 기병을 이끌고 참전해야 한다. 영지의 경영 상태가 좋지 않다는 이유로 3년 연속 기병을 동원하지 않으면 정부가 영주의 티마르를 회수한다. 따라서 영주들은 큰 압박을 느끼고 토지를 열심히 경작해야 한다.

정부가 국민의 세금과 노역 시간을 엄격히 규정했기 때문에 영주는 자기 마음대로 세금을 부과할 수 없었다. 나라에서 10퍼센트를 세금으로 정했는데 영주가 15퍼센트를 거둬들일 수 없었다. 현지에는 이것을 전문적으로 감독할 지방 관리들을 두었다. 티마르 제도는 이크타 제도에 비해 훨씬 짜임새 있고 독립적이었으며, 군사와 경제 직능을 담당할 수 있는 기초적인 제도였다. 또한 티마르 제도는 매우 효율적이었다. 대량의 농토를 정리한 후 전보다 많은 농작물을 수확했다.

국가 조직 구조의 기본

오스만제국의 정부 조직은 사실상 토지제도를 기반으로 세워졌으며, 티마르와 같은 최소 단위를 중심으로 구성되었다. 예를 들어 당시 전국에 3만 3천 개의 티마르가 있었는데 한 티마르에서 기병 1명만 양성해도 술탄의 명령이 떨어지면 당장 3만 3천 명의 기병을 동원할 수 있었다. 게다가 중앙정부는 3만 3천 명에게 돈 한 푼 들이지 않고 작전을 거행할 수 있었다.

정부 조직은 티마르를 중심으로 건립되었다. 한 지역에 몇 개의 티마르가 하나의 산자크(지방행정단위)를 형성하고, 몇십 개의 산자크가 하나의 속주를 형성했으며, 속주는 중앙정부를 구성했다. 티마르의 영주를 시파히, 산자크의 행정 총독을 베이, 속주의 총독을 파샤라고 불렀으며, 중앙정부의 행정 수장을 수상(Grand Vizier)이라고 불렀다. 각종 행정 명령과 문서는 수상이 공포했으며, 수상은 술탄의 명령에 따랐다.

중앙집권제의 형성

과거 유목 부족 연맹은 전쟁 시에는 힘을 합치고 평상시에는 각자 독립적으로 활동했다. 이제는 중앙정부가 정기적으로 국무회의를 개최하고 수상, 즉 정부의 총리가 회의를 주재했다. 회의는 매주 4회 개최되었고 회당 7~8시간이 걸렸다. 회의 참가자는 기타 고관(Vizier, 장관에 해당), 대법관, 재정관, 그리고 일부 귀족들이었다. 오스만제국은 회의를 통해 일상 운용 체제를 마련하여 수상이 명령을 내리고 각 부처가 집행했다. 이런 식으로 중앙에서 지방으로, 나아가 말단 행정조직에 이르는 중앙집권 체제가 형성되었다.

재정관은 과거 오스만제국에는 없던 새로운 개념이었다. 그동안 전쟁에서 전리품을 약탈해 오면 그중 5분의 1을 술탄에게 바쳤다. 따라서 그때까지는 술탄의 개인 금고가 곧 국고였으며, 국가의 재정지출은 술탄의 금고에서 충당했다.

오스만제국은 개혁을 통해 국고와 술탄의 개인 금고를 분리했다. 국고를 통합 관리하는 것은 매우 중대한 개혁이었다. 이 밖에 재정예산 결산제도를 수립해 국가의 예산을 정하고 돈의 사용처를 평가하여 불필요한 지출을 줄였다. 오스만제국은 고정자산 관리 부처를 설립하여 전국의 유휴 토지, 삼림, 목장 등 경제 자원을 등록해 국가 장부 관리 체제를 만들었다. 이는 새로 출범한 정부 개혁의 중요한 특징이었다.

새로운 세수 체제에 따른 국력 안정화

이전에는 다 같이 전쟁을 통해 전리품을 획득했다. 그러나 나라가 안정된 후에는 장기간 태평성대를 누리려면 새로운 세수(稅收) 체제를 확립해야 했다. 무슬림은 십일조를 냈다. 농업 수입의 10퍼센트를 국가에 납입한 것이다. 그리고 병역 의무를 이행해야 했다. 무슬림이 아닌 사람들은 인두세, 즉 병역을 면제하는 대신 비용을 냈다. 인두세는 수입에 따라 3단계로 분류했다.

상인이나 수공업자는 시정세(市政稅)를 납입하고 유목민은 양세(羊稅)를 납입했으며, 다른 가축에도 당연히 세금이 부과되었다. 석탄을 비롯한 광산업자는 생산한 광물의 20퍼센트를 광물세로 납입했다.

터키는 삼면이 바다로 둘러싸여 있기 때문에 흑해, 에게해, 지중해, 다뉴브강, 그리고 내륙의 많은 강에 있는 부두에 세관을 세우고 관세를 거뒀다. 각 도시의 시장에 세무서를 세우고 소금, 비누, 광산, 담배 등 전략적 물자는 정부 직영으로 둠으로써 재정수입을 늘렸다.

전쟁이 일어나 정부의 재정으로 충당하기 어려울 때는 술탄이 특허세(特許稅) 징수를 선포할 수 있었다. 이 세금을 국무회의세라고 부르며, 수상이 술탄의 지시를 하달했다. 따라서 나라의 재정은 질서가 잡혔으며, 수입도 점점 늘어나 전체적인 국력이 안정적으로 상승했다.

앞서 나가는 관용의 종교 정책

종교 부문은 수니파가 주도했다. 그러나 이데올로기 문제에 대해서는 상당히 관용적인 태도를 보였다. 독특한 밀레트(Millet) 제도를 통해 각 종교 지도자에게 전권을 부여하여 각자의 종교를 관리하게 했다. 전국을 이슬람교 교구, 유대교 교구, 천주교 교구, 기타 교구의 4대 밀레트 교구로 나눴다. 황제는 각 종교 지도자의 권력을 보장했으며, 그 보답으로 정부를 지지하게 했다. 이는 매우 너그러운 정책이며, 서구 전역을 돌아봐도 이런 나라가 없었다.

사람들은 흔히 이슬람교가 매우 독단적이며 종교적으로 편협하다고 여긴다. 그러나 사실상 정반대였다. 오스만제국의 종교 정책은 당시 유럽에서 가장 관용적이었다. 이러한 종교 정책을 채택했기 때문에 유대인들이 사방에서 오스만제국으로 몰려왔다. 이른바 유대인과 이슬람 세계가 태생적으로 서로를 적대시한다는 관념은 역사적 사실에 부합하지 않는다.

제국의 황제가 종교 지도자의 권력을 보장하는 것은 근본적으로 불가능한 일이다. 그러나 오스만제국에서는 나라에 충성하면 권력이 보장되었기 때문에 동방정교회, 유대교, 기타 종교 지도자들은 환영 일색이었다. 다른 곳에서는 감히 상상할 수 없는 종교 자주권을 획득했기 때문이다. 그들은 자신의 이익이 술탄의 이익과 일치하기 때문에 신도들이 정부에 반대하는 것을 허용하지 않았다.

유목 민족 최초의 철저한 법률 혁신

오스만제국은 두 종류의 법률 시스템을 구축했다. 하나는 세속 사회의 법률로 로마-비잔틴의 전통을 계승했다. 그들은 모든 피정복 지역의 다양한 사회적 법률제도를 체계적으로 정리해 완벽한 법전을 편찬하고, 권력의 법제화를 이루고자 했다. 법률로써 정부의 행위를 제약하고 모든 사회 활동에 대한 규범을 제시했다. 이는 유목 민족 역사상 최초로 완벽하고 체계적인 법률을 정리한 것이었다. 나머지 하나는 종교 법률이었다. 이슬람 성법은 무슬림만을 대상으로 했으며, 다른 종교는 각자의 종교 법률로 책임을 졌다.

이렇게 독특하고 완벽한 중앙집권제를 수립한 것은 유목 민족 역사상 최초의 일이었다. 일련의 개혁 조치를 통해 오스만제국은 유목 부족 연맹에서 진정한 중앙집권 국가로 '환골탈태'했다.

서로 '노예'가 되겠다고 다투는 데브쉬르메 제도

이렇게 엄격한 제도는 당연히 튀르크 귀족의 강한 불만을 샀다. 영지와 기병 무장 조직을 보유한 그들은 재산권과 병권을 동시에 장악했으며 왕실의 운영에도 깊이 개입했다. 심지어 왕위 계승 쟁탈전에도 끼어들었다. 따라서 이들은 새로운 정치 개혁의 최대 걸림돌이었다.

중앙집권적 정치 개혁을 추진하려면 튀르크 귀족의 역량을 약화해야 했다. 술탄은 새로운 세력을 양성하여 튀르크 귀족 세력과 균형을 이루고자 했는데, 이것이 유명한 데브쉬르메 제도이다.

데브쉬르메는 일종의 노예 모집 제도이다. 그런데 스스로 노예가 되겠다고 나설 사람이 있을까? 하지만 오스만제국에서는 많은 사람들이 자기 자식을 '노예'로 만들기 위해 연줄까지 동원했다. 이슬람교는 무슬림 형제를 노예로 삼는 것을 금지했다. 따라서 변방이나 농촌에서 기독교도 집안의 총명하고 유능한 청소년을 노예로 모집했다.

변방에서 온 청소년들은 전문적인 학교에서 엄격한 훈련을 받았다. 그들은 문화와 종교를 학습하는 것은 물론 군사 기술을 익혔으며, 나라를 다스리는 방법과 군대를 지휘하는 방법까지 교육받았다. 그야말로 문무를 겸비한 인재라고 할 수 있었다. 시험 성적이 우수하면 황제의 근위병이 되거나 정부에 들어가 공무원으로 일할 수 있었다.

초기의 시파히 경기병.

이렇게 선발된 인재는 비록 노예라는 호칭으로 불렸지만 그들은 술탄한 사람의 노예였다. 황제만을 위해 충성하며 각종 전문 훈련을 받은 인재들은 복잡한 사회적 관계도 없으니 당연히 황제가 가장 신뢰할 수 있는 심복이었다. 그들은 왕궁의 가장 중요한 자리에 배속되었다. 심지어 최고 행정장관인 수상에 오르기도 했으니, 그야말로 노예 출신 총리였다.

어떤 학자가 통계를 낸 결과 200년 동안 오스만제국의 수상 48명 중 튀르크족은 5명에 불과했고 나머지는 페르시아인, 그리스인, 알바니아인, 아르메니아인 등 타민족이 차지했다. 그들은 대부분 노예 출신이었다.

따라서 유럽 사람들은 오스만제국의 인재 등용 제도에서 배울 점이 많다며 부러워했다. 오스만은 신분을 따지지 않았다. 노예든 이교도든 능력만 있으면 오스만제국의 2인자인 수상에 오를 수 있었으니 얼마나 큰 영예인가! 공무원의 절반 이상도 데브쉬르메 제도를 통해 양성한 인재들이었다.

따라서 많은 사람들이 자신의 자녀를 노예로 보내려고 했다. 출세의 지름길이었기 때문이다. 이 밖에 황제는 전통 귀족의 영지를 빼앗아 데브쉬르메 출신에게 하사하기도 했다. 따라서 이들의 세력은 빠르게 팽창하여 튀르크 귀족과 균형을 이루었다.

과거 튀르크 귀족 시파히가 황제를 안중에도 두지 않은 이유는 그들이 기병 무장 조직을 장악했기 때문이다. 병권 중에서도 가장 중요한 부문이 기병이었다.

튀르크 귀족의 세력을 약화하기 위해 술탄은 별도의 근위군을 조직했다. 이들은 황제의 사적인 무장 조직으로 중앙정부의 재정으로 비용을 충당했으며, 병사 전원이 데브쉬르메 제도로 훈련된 노예 출신이었다. 이들은 높은 급여를 받았으며 말타기와 사격에 능했다. 훗날 이들은 오스만제국의 중앙군이 되어 뛰어난 작전 능력을 발휘했을 뿐 아니라 화승총과 화포 등 화기로 무장하고 포병 군단도 구축했다. 1450년 유럽은 아직 냉병기 시대에 머물렀으나 오스만제국은 이미 강력한 소총과 포병 부대를 보유하고 있었다. 기술적으로 유럽 군대보다 최소한 100년은 앞섰던 것이다. 이렇게 해서 전통 기병을 거느린 튀르크 귀족의 기세가 크게 약화했다.

오스만제국의 질풍노도와 같은 확장

대공위 시기가 끝난 후 술레이만 대제가 즉위할 때까지 오스만제국은 100년에 걸쳐 제도를 구축했다. 16세기 중반이 되자 유목 부족 연맹에서 중세 대제국으로 화려하게 변신했다. 무엇보다 제도적 장치가 있었기에 오스만제국은 무려 600년간 지속될 수 있었다.

술레이만 대제는 선왕이 축적한 물질 자산과 정신 자산이 임계점에 달한 상태에서 이를 기반으로 마침내 오스만제국 역사상 유례없는 대확장을 완료했다.

유럽 지역에서 술레이만 대제는
베오그라드와 헝가리를 함락한 데
이어 오스트리아의 합스부르크 왕
조를 무너뜨리고 빈을 거의 함락할
뻔했으며, 기수를 돌려 독일 남부
바이에른까지 침공하여 유럽 전역
을 흔들어놓았다. 아시아 지역에서
는 이라크를 점령하고 페르시아의

술레이만 1세(1494~1566).

사파비 왕조를 거듭 와해했으며, 캅카스 이남의 3개국인 아르메니아, 그루
지야, 아제르바이잔을 정복했다. 이후 남하하여 아라비아반도(홍해 연안 헤
자즈 포함), 즉 오늘날의 메카와 메디나를 정복했다.

오스만제국은 해군 역량도 막강했다. 오스만제국의 해군은 베네치아와
나란히 지중해 패권을 차지했다. 인도양에서는 페르시아만의 호르무즈해
협을 놓고 포르투갈과 다퉜으며, 아덴만 부근에서 포르투갈을 몰아내고
예멘을 통제했다. 멀리 동남아의 수마트라섬까지 진출하여 현지의 무슬림
이 지방정부에 저항하는 것을 도왔다.

16세기는 오스만제국이 가장 번영했던 시기였다. 지중해의 절반이 그
들의 활동 무대였으며, 흑해는 오스만의 안마당 연못이나 다름없었다. 발
칸반도는 거의 독차지했으며 중동에서는 페르시아까지 오스만에게 귀속
되는 등 그 판도가 서구 여러 나라를 훨씬 뛰어넘어 로마제국이 가장 강성
했던 시기를 방불케 했다.

그러나 오스만제국은 이미 정점을 지나 하향세에 접어들고 있었다. 그
사실을 전혀 인지하지 못한 채 오스만제국은 빠르게 내리막길을 걸었다.

27장

오스만제국의 붕괴

18세기 대항해시대의 발전으로 세계무역 체계는 비약적인 변화를 맞았다. 유럽은 이때부터 경제의 선순환에 진입했다. 신항로를 발견한 유럽은 해상무역의 대통로를 장악했다. 이러한 변화에 적응하지 못한 오스만제국은 무역 통제권을 차츰 상실했다. 내우외환이 겹치는 가운데 제국은 황혼기에 접어들었다. 한편 청나라도 무역 주도권을 상실한 데다 내란까지 겹쳐 쇠락의 길을 걸었다. 이번 장에서는 두 나라가 몰락한 진상을 파헤쳐 본다.

대국 쇠락의 내부 요인

19세기 들어 서방에서 유행하는 말이 있었다. 이 세상에 2대 환자가 있는데 유럽의 환자는 오스만이고, 동아시아의 환자는 중국이라는 것이었다. 필자는 오스만의 쇠락을 분석할 때 종종 중국과 비교하곤 한다. 중국과 유럽은 천리만리 떨어져 있으며 직접적인 교류도 거의 없었는데 말이다. 중국은 1840년 영국에 의해 문호가 개방되기 전까지 서방에 대해 알지 못했다.

그러나 터키는 상황이 달랐다. 오스만제국은 유럽의 수많은 영토를 장악했으며, 르네상스의 중심 베네치아도 지척에 있었다. 서구의 대문이라고 할 수 있는 빈은 발만 뻗으면 닿을 위치였다. 오스만은 유럽의 핵심 강권을 놓고 합스부르크 왕조와 100년 넘게 싸웠으며, 몇 년에 한 번씩 전쟁을 일으켰다. 터키와 프랑스는 맹방 관계였으며, 베네치아와는 무역을 계속했다. 유라시아 각국과의 민간 교류도 활발했다. 터키는 중국과 비교할 수 없을 정도로 유럽에 대한 이해가 깊었다. 서방 세계에서 일어난 산업혁명도 중국은 한참 후에야 알았지만, 터키는 바로 옆에서 모를 수가 없었을 것이다. 그런데 어떻게 변화에 그토록 둔감했을까?

17세기부터 19세기까지 200년 동안 중국과 터키 모두 '눈뜬장님'이었다. 중국은 조상이 물려준 전통이 건국의 근본이며 서방의 그것은 보잘것 없는 재주에 불과하다고 여겼다. 터키 사람들도 이와 유사한 생각을 가지고 있었다. 그들은 이슬람문명이 오스만제국에서 완벽하게 꽃피웠다고 생각했다. 이교도가 오스만제국보다 뛰어난 제도를 만들 수 있다는 것을 믿지 않았다. 서방에 대한 자신감으로 말할 것 같으면 터키가 중국보다 더 강했다. 17세기까지만 해도 오스만제국은 유럽을 마음대로 휩쓸고 다녔기 때문이다.

무역 통로의 장악은 경제를 장악하는 것과 같다

오스만제국의 쇠락을 초래한 가장 직접적인 외부 요인은 무엇일까? 가장 중요한 한 가지는 글로벌 무역 대통로의 변화이다. 무역 통로와 에너지 통로를 장악하고 금융의 흐름을 통제하는 나라가 번영한다. 이러한 통제권을 상실하면 쇠락하게 마련이다.

17세기 오스만제국의 학자는 무역 상인들의 이동이 오스만제국에 타격을 입혔다고 분석했다. 당시에 이미 세계를 인식한 유럽 사람들은 세계 각지로 선박을 운항하며 중요한 항구들을 장악했다. 과거에는 인도와 중국의 화물이 관례에 따라 아덴만을 거쳐 홍해를 경유해 수에즈 지역으로 운반되었다가 마지막에 오스만제국이 통제하는 이집트에 도착하여 화물을 하역했다. 당시에는 수에즈운하가 없었기 때문에 무슬림이 세계 각지에 화물을 보내는 것이 별로 문제되지 않았다. 그러나 헝가리 사람들이 아프리카 최남단 희망봉을 경유하는 새로운 항로를 개척한 이후로는 중국과 인도의 화물이 수에즈 지역을 경유하지 않고 포르투갈, 네덜란드, 영국의 선박을 통해 직접 유럽으로 운반된 후 세계 각지로 분산되었다.

그중 유럽 사람들은 자신들에게 필요 없는 물건에 5배의 폭리를 붙여 이스탄불과 기타 이슬람 지역에 판매하고 큰돈을 벌었다. 이슬람 각지는 무역 수입이 상대적으로 줄어들었다. 오스만제국은 예멘 연해 지역을 손에 넣어 이 지역을 통과하는 무역을 장악할 필요가 있었다. 그러지 않으면 얼마 지나지 않아 유럽 사람들이 이슬람 지역마저 통제할 우려가 있었다.

무역 통로 이전이 초래한 경제 붕괴

무역 통로를 상실함에 따라 중동 전역, 특히 아랍 국가의 경제는 300년 동안 침체되었으며, 이 상황은 유전을 발견하면서 비로소 완화되었다.

오스만제국의 무역 손실에 금은 공급 부족으로 인한 경제 손실까지 더해져 화폐 공급량에 영향을 미쳤다. 오스만제국은 은본위 국가로, 정부가 주조한 은화를 악체(Akçe)라고 불렀다. 그러나 제국 자체의 은 생산량이 부족했기 때문에 다른 나라와의 무역으로 이를 충당했다. 오스만제국은 유럽에 양곡, 구리, 양모를 수출하고 유럽의 공업 제품을 대량 수입했다. 이 과정에서 무역 역조가 발생했다. 다시 말해 오스만제국의 은화가 외국으로 유출된 것이다. 오스만제국은 과거 동방 무역 통로를 장악하여 거액의 이익을 취했기 때문에 백은(白銀)을 계속 공급받을 수 있었다. 따라서 화폐 공급에도 문제가 없었으며 물가와 인플레이션 수준은 대체로 안정적이었다. 그러나 국제무역 통로를 유럽에 빼앗긴 후부터 동방 무역을 통한 백은 공급이 끊겼다. 설상가상으로 서방과의 무역 적자로 인해 은화 유출이 계속되었다. 국내의 화폐량이 급격히 줄어들었으며, 사람들은 금은 부족 현상을 감지하기 시작했다. 이는 특정 시기에 우연히 발생한 것이 아니라 국제무역 통로의 변화에 따라 지속적으로 나타난 문제점이었다.

4대 충격파에 노출된 오스만제국

무역 적자로 인한 백은의 유출이 계속되자 화폐량 부족이 갈수록 심각한 상태에 이르렀다. 이에 따라 일련의 연쇄반응이 일어났다.

재정 세수가 급감했다

가장 먼저 타격을 입은 것은 당연히 정부의 재정수입이었다. 거액의 세수를 확보했던 동방 무역의 길이 막혀버렸으니 재정 적자가 점점 커질 것은 자명했다. 물론 지출을 줄이는 방법도 있었지만 다민족 대제국에는 늘 문제가 도사리고 있었으며 잦은 전쟁으로 지출을 줄이기가 어려웠다. 게다가 술레이만 대제 이후 제국 변방의 팽창이 포화 상태에 달했기 때문에 전리품 약탈을 통해 전쟁 비용을 충당하기도 힘들었다. 이제는 전쟁을 할수록 적자만 커졌다.

재정 적자를 감당할 수 없게 된 정부 앞에는 2개의 선택지가 남아 있었다. 서방 국가에 돈을 빌리거나 자국의 화폐가치를 떨어뜨리는 방법이었다. 적대적인 서방 국가에게 돈을 빌린 적이 없었던 정부는 화폐의 은 함량을 줄이는 방법으로 대처했다. 그러나 이 방법은 더 복잡한 문제를 불러왔다.

화폐가치 절하가 인플레이션을 초래했다

두 번째 충격파는 화폐의 은 함량을 줄임으로써 인플레이션이 일어난 것이다. 가치가 하락한 은화를 받아 든 사람들은 불만을 터뜨렸다. 그동안 순도 100퍼센트였던 은 함량이 10퍼센트 줄어든 것이다. 은화의 순도가 줄어들자 상인들은 물건 가격을 올리는 방법으로 손해를 충당했다. 첫 단계의 상인이 물건 가격을 10퍼센트 올리면 그다음 단계의 상인은 15퍼센트 인상했으며, 그다음 단계는 20퍼센트, 마지막 단계는 아예 30퍼센트 인상했다. 이렇게 물가는 연쇄적으로 인상되었으며 결국 통제 불가능한 상태에 빠졌다. 물가가 천정부지로 오르자 매점매석 심리가 발동하여 상품 공급 부족으로 이어졌다. 시장의 거래가 막히니 경제의 활력이 떨어지고 생산이 위축되었다. 그 결과 상품 부족은 더 심각해지고 물가는 고공행진을 계속했다.

17세기 오스만제국의 인플레이션은 어느 정도였을까? 평균 물가가 4~5배 상승했으며, 양곡 가격은 20배 올라 경제가 전반적으로 혼란에 빠졌다. 이런 상황을 개선하기 위해 정부가 시장에 개입하여 물가를 규제하기 시작했다. 그 결과 국내 가격은 낮고 국제 가격이 높은 현상이 발생했고, 이에 따라 밀수가 성행했다. 오스만제국의 양곡, 구리, 양모 제품은 밀수를 통해 유럽으로 대량 유출되었으며, 이는 국내 상품의 부족을 초래해 물가가 더 높이 치솟았다. 세수가 더욱 줄어들어 상황이 악화되자 정부는 화폐가치 절하 폭을 더 늘렸다. 이런 식으로 악순환이 계속되자 사회 심층 구조에도 타격을 입었다.

티마르 제도가 붕괴했다

세 번째 충격파는 제국의 기반인 티마르 제도를 강타한 것이었다. 오스만제국의 사회구조는 군사 채읍 제도 위에 세워졌다. 영지가 있기에 영주는 기병을 양성할 수 있었다. 그러나 인플레이션으로 사료와 무기 생산 원가가 폭등하자 영주들은 참전 비용을 감당하기 어려웠다. 3년 연속으로 기병을 동원하지 못하면 티마르 제도 규정에 따라 영지를 반환해야 한다. 군사 귀족 출신인 영주들은 뇌물을 주고 재산을 지키거나 아니면 파산할 수밖에 없었다. 파산한 시파히 귀족들은 술탄 정부에 큰 불만을 품고 반란을 일으켰다. 오스만제국에는 국내 반란이 잦았는데, 반란 주동자는 대부분 영지를 몰수당한 군사 귀족들이었다.

밖으로는 전쟁을 치르고 안에서는 반란을 진압하느라 힘에 부친 오스만제국은 결국 외부의 납세 징수 청부업자에게 도급을 주고 현금을 챙기는 방법으로 채읍 제도를 바꿨다. 납세 징수 청부업자는 정부로부터 경영권을 인수하여 납세 업무를 담당했다. 정부가 간여하지 않으니 청부업자들은 농민들을 착취하기 시작했다. 그들은 정부에 경영권 비용을 한 번에 지급했기 때문에 정부는 그 일에 아예 손을 뗐다. 그러자 청부업자들이 임의로 세금을 올리고 노역을 늘리는 바람에 농민들은 가혹한 착취를 당했다. 그동안 농민들은 술탄 정부에 충성을 다했다. 정부가 농민들의 이익을 법적으로 보호하여 세금을 10퍼센트 이상 올리지 않았기 때문이다. 그러나 청부업자에게 납세 경영권이 넘어간 후 세금이 큰 폭으로 올라갔으며 파산한 농민들은 땅을 포기하고 유랑자 신세가 되었다.

납세 징수 청부업자 제도란 토호들이 매년 정부에 일정액의 현금을 지급하고 채읍의 관리권을 인수하며, 이를 통해 획득하는 초과 수익은 자신들이 챙기는 방식이었다. 많은 채읍이 나라에 환수되어 경매에 부쳐질 때 납세 징수 청부업자들이 대거 수매에 나섰으며, 그렇게 사들인 채읍을 종교 재산이나 종신 재산으로 전환하는 방법으로 사유화했다. 이것이 터키식 토지 점거였다. 이 과정에서 납세 징수 청부업자들은 점점 많은 토지를 보유했다. 화폐가치가 폭락하는 상황에서 실물 자산인 토지를 사들이지 않고 가만히 있다가는 재산 가치가 떨어지기 때문이었다. 이에 따라 납세 징수 청부업자 계층이 빠르게 팽창하여 대규모 토지 독점 계층으로 성장했다. 이것은 오스만제국 정치 위기의 불씨로 작용했다.

납세 징수 청부업자 제도가 지방 할거를 초래했다

네 번째 충격파는 대량의 영지가 사유지로 변한 후 영지의 농민들이 사실상 정부와 분리된 상황이었다. 그동안 농민들은 국유 토지에서 경작하고, 티마르는 국가가 관리하기 때문에 농민의 세금과 노역을 함부로 늘릴 수 없었다. 농민은 술탄에 충성하고 술탄은 그들을 보호했다. 그러나 이제는 토지가 납세 징수 청부업자의 사유재산으로 바뀌었기 때문에 농민과 정부의 관계가 단절되었다. 납세 징수 청부업자들은 더 많은 수익을 올리기 위해 마음대로 세금과 노역을 늘렸다. 농민은 이제 술탄의 백성이 아닌 납세 징수 청부업자의 백성이 되어버렸다. 납세 징수 청부업자 계층은 자신들의 이익을 보호하기 위해 지방 관리와 결탁하거나 심지어 사적으로 군대까지 조직하여 현지의 경제, 정치를 통제하기 시작했다. 지방 할거 세력으로 성장한 그들은 중앙정부와 대등한 세력을 형성하게 되었다. 이것은 오스만제국의 붕괴를 초래하는 불씨로 작용했다.

오스만제국에서 납세 징수 청부업 제도의 폐해가 가장 심했던 곳은 북아프리카 지역이었다. 이곳은 지중해 동안의 시리아, 팔레스타인, 레바논과 인접한 지역으로 지방 할거 현상이 다른 지역보다 더 심했다. 현지 관리들은 납세 징수 청부업자와 결탁하여 재산과 토지, 군대를 보유하고 중앙정부에는 등을 돌렸다. 중앙정부가 강력할 때는 복종했지만 중앙정부가 쇠락하자 즉각 독립을 선포했다. 이는 오스만제국의 생존을 심각하게 위협했다.

필자는 터키 역사를 다룬 책을 읽으면서 경제 분야의 문제점들을 발견했다. 그러나 대부분 현상을 묘사하는 데 그칠 뿐 핵심 논리를 분석한 내용을 찾아볼 수 없었다. 이는 주된 것과 부차적인 것을 모호하게 만든다. 민족의 충돌, 종교의 갈등, 부정부패, 정권과 이익 다툼, 지방의 반란 등 많은 문제들은 사실 모든 제국이 쇠락할 때 나타나는 현상이다. 핵심은 어지럽게 얽힌 현상을 정리하여 논리적으로 근원을 찾아내는 것이다.

청나라와 오스만제국 쇠락의 유사점

이상의 분석을 통해 오스만제국의 진정한 문제는 국제무역 통로의 이전에 있었음을 알 수 있다. 일단 외부에 불가역적인 변화가 발생하면 내부에서 각종 문제가 연이어 나타난다. 모든 정치 위기의 배후에는 경제 위기가 도사리고 있다. 경제 문제가 발생할 때는 화폐에서 그 징후를 엿볼 수 있다. 청나라와 오스만제국의 쇠락 과정에서 화폐와 관련해 유사한 현상을 발견할 수 있었다.

아편 무역이 청나라 경제에 큰 타격을 입혔다

청나라도 오스만제국처럼 백은을 화폐로 사용했다. 두 나라 모두 백은을 수입했다. 그러나 청나라 초기의 무역은 흑자를 기록했다. 청나라는 차, 비단, 자기 3대 제품을 수출하고 서방의 백은을 수입했다. 옷감 시장을 예로 들어보면 중국은 수공업과 내륙 수로 운송 시스템이 사방으로 발달했기 때문에 남북을 오가는 운송 비용이 매우 낮았다. 따라서 중국 본토 옷감에 대해 외국 옷감의 경쟁 우위가 두드러지지 않았다. 중국 사람들은 국내에서 생산하는 옷감을 사용했다. 영국과의 무역에서 중국은 계속 무역 흑자를 거둬 화폐용 은을 벌어들였다. 따라서 중국은 국제무역로를 장악하지 않아도 화폐 공급에 문제가 없었다. 그러나 18세기 말이 되자 영국은 아편 무역을 이용해 중국과 경쟁하기 시작했다. 대량의 아편 무역이 활발하게 진행되자 중국의 백은이 유출되기 시작하면서 무역 적자가 점점 심해졌다. 더불어 중국의 화폐 공급에도 큰 차질이 생겼다.

은의 품귀 현상과 화폐가치 하락으로 중국 화폐 시스템이 혼란에 빠졌다

1800년부터 1840년까지 중국의 백은 유출은 화폐 시스템의 심각한 위기를 불러왔다. 은이 귀해서 화폐가치가 떨어지는 현상이었다. 청나라는 백은과 동전(銅錢)을 동시에 유통했다. 원래 백은 1냥으로 동전 1천 개를 교환할 수 있었다. 이는 청나라 건국 이후 1800년까지 안정된 환율이었다. 그러나 백은이 외부로 유출되자 1840년 아편전쟁 전까지 백은과 동전의 환율이 1 : 1600으로 올라갔다. 1850년 이후에는 1 : 2000으로 올라갔으며, 이후에도 계속 상승했다. 백성들은 장사를 하거나 양곡을 팔 때 동전을 받고 세금은 은화로 납입했다. 백은의 가치가 올라가고 동전 가치가 떨어지자 과거 1천 개의 동전으로 내던 세금은 2천 개의 동전이 필요하게 되었다. 세금이 배로 오른 셈이었다. 백성들의 생활은 갈수록 곤궁해졌다.

이것은 태평천국의 난이 강남 지역에서 활발했던 원인이기도 하다. 백성들이 은화로 세금을 낼 수 없게 되자 국고는 바닥났다. 1800년 이전에는 국고에 7천만~8천만 냥의 은화가 있었으나, 1840년 아편 무역으로 경제 시스템에 문제가 발생하기 시작하자 국고의 은화가 점점 줄어들었다. 아편전쟁 직전에는 국고에 겨우 500만~600만 냥의 은화가 남아 있을 뿐이었다. 청나라 정부는 태평천국의 난을 진압하려고 했지만 국고가 텅텅 비어 있었다. 결국 서양인에게 손을 벌렸지만 그들이 담보 없이 돈을 빌려줄 리 만무했다. 중국은 관세와 상업세 등 각종 세수와 정부의 각종 자원을 담보로 돈을 빌렸다.

국고가 바닥난 청은 서양에 빚을 진 데다 태평천국의 난도 진압하지 못했다. 어쩔 수 없이 손을 놓고 지방정부에 무장 군대의 조직을 맡겼다. 이때 상군(湘軍), 회군(淮軍) 등 지방 무장 조직이 발흥했다. 그러자 지방의 군사, 재정, 정치 권력이 강화되어 중앙정부에서 떨어져나가 지방 할거가 성행함으로써 중앙집권제가 마비되고 말았다.

지방정부도 돈이 없어서 서양으로부터 돈을 빌려야 했다. 지방정부는 자원을 서양인에게 담보로 잡혔으며, 결국 절반의 식민지 형태가 되었다. 이런 상황에서 국내의 자주 경제 개혁은 성공할 수 없었다. 자원이 다른 사람의 손에 들어간 상황에서 경제 발전을 이루기란 불가능했다. 경제를 고려하지 않으면 문제의 핵심을 볼 수 없다. 결국 청나라는 중국의 관세와 기타 세금 수입, 철도권 등을 담보로 서양에 더 많은 돈을 빌림으로써 재정 주권을 상실했다.

나라의 분열은 점점 심각해졌다. 청나라는 통일 대국처럼 보였지만 실제로는 18개의 속주로 분열되어 있었다. 내우외환이 계속되면 나라의 해체는 필연적이었다. 이런 현상은 오스만제국의 붕괴와 매우 닮아 있었다.

제국 붕괴를 결정하는 마지막 방아쇠

오스만제국이 붕괴된 가장 큰 외부 요인은 국제무역로의 영구적인 전환이었다. 청나라의 쇠락을 앞당긴 근본적인 외부 요인은 아편 무역의 성행으로 중국 화폐 시스템이 혼란에 빠진 것이었다. 국제무역로 이전과 아편 무역의 성행이라는 두 외부 요인이 오스만제국과 청나라의 경제를 심각하게 악화시켰고, 그 과정에서 각종 요인이 상호작용을 하여 위기가 더욱 커지고 복잡해졌다. 경제 위기는 정치 위기로 변질되었으며, 터키에서는 심지어 민족 위기와 종교 충돌 등으로 비화되었다. 이 모든 것이 외부 요인으로 인해 파생된 것이었다.

뻔히 보면서도 발견하지 못하는 것

서방은 경제 선순환에 돌입하다

오스만제국과 청나라는 경제의 악순환에 처한 반면 유럽은 무역 이익으로 공업 생산에 투자하고, 공업 생산이 무역 이익을 늘려주는 선순환 궤도에 진입하여 점점 강력한 사회를 형성했다. 청나라와 오스만제국의 외부 환경은 갈수록 열악해졌으며, 내부 개혁을 통해 악순환의 고리를 끊어야 했다. 중요한 것은 시간이었다. 시간이 늦어질수록 악순환은 점점 심각해진다. 마지막 기회를 놓치면 제국을 구하지 못하고 붕괴할 수밖에 없었다. 이것은 외부 요인으로 인한 경제, 사회, 통치 제도와 통치 기반의 악화가 초래한 불가역적 과정이다.

'경로 의존성'

내부 요인을 분석하면 앞에서 말한 '눈뜬장님' 현상을 볼 수 있다. 뻔히 보이는데도 마음으로는 받아들이지 못하는 것이다. 술레이만 대제와 강희제는 500년에 한 번 나올까 말까 한 세기의 영웅이었다. 그들이 집권했을 때 서방은 이미 심상치 않은 움직임을 보이고 있었다. 그 징조를 그들이 감지하지 못했을까? 그 당시 변화를 감지하고 개혁했다면 상황이 달라지지 않았을까?

변화를 감지하지 못한 것은 그들뿐 아니라 서방 사람들도 마찬가지였다. 그 이치는 간단하다. 1990년대 인터넷 기업들이 대거 창업했을 때를 생각해 보라. 포털사이트, 전자상거래, 검색엔진, 실시간 통신 등 다양한 인터넷 사업이 등장했다. 그러나 그들마저 오늘날 인터넷 생태를 예측하지는 못했다. 그런 상황에서 10년 후 인터넷이 어떻게 변할지 감히 예측할 수 있을까? 1990년대에 오늘의 시장을 겨냥하여 개혁을 요구할 수 있었을까? 불가능하다. 강희제와 술레이만 대제도 마찬가지였다. 사실 서방 사람들조차 그렇게 변할지는 몰랐을 것이다.

어차피 보이지 않는 상황이라면 과거 성공의 경로를 따라가는 수밖에 없다. 이른바 '경로 의존성'이다. 벽에 부딪치고 나서야 그 길이 잘못되었음을 깨닫게 되며, 진정한 개혁은 그때부터 시작된다. 게다가 많은 시행착오를 되풀이하게 마련이다. 벽을 보았을 뿐 아직 길을 발견한 것은 아니기 때문이다.

청과 오스만제국의 '벽에 부딪친' 사건

오스만제국과 청나라도 '벽에 부딪친' 사건이 있었다. 오스만제국의 경우 1683년 최후의 빈 공격이 실패로 끝난 일이었다. 청나라의 경우 1686

년 아극살(雅克薩)전투(청과 제정러시아의 국경 분쟁)로, 훗날 '네르친스크조약'을 맺게 된 일이었다.

3년 차이로 두 전투가 벌어지기는 했지만 시사하는 바는 일치한다. 서방이 점점 강대해지고 있다는 사실이었다. 청나라 군대는 아극살에서 승리했지만 제정러시아 군대는 물러나지 않고 10개월 동안 포위당한 채 군량 보급이 끊기자 화친을 청했다. 청나라 군대는 압도적인 병력으로 제정러시아 군인 800명을 상대했지만 10개월 동안 아극살에 거점을 둔 제정러시아 군대의 토목 요새를 함락하지 못했다. 청나라 군대의 홍의(紅衣) 대포 20문으로 제정러시아의 경화기를 당해 내지 못한 것이다.

장비 측면에서 보면 제정러시아 군대는 850정의 신식 수석총으로 무장했다. 이 총은 사정거리가 300미터에 이르는 당시 가장 앞선 소총이었다. 청나라는 구식 산탄총 100정을 보유하고 나머지 사람들은 모두 칼과 창으로 무장했다. 게다가 청나라 군대의 구식 산탄총은 사정거리가 100미터에 불과했다. 홍의 대포로는 토목 구조의 요새를 무너뜨릴 수 없었다. 보병이 300미터까지 접근하면 상대의 사정거리 안에 들어가기 때문에 벽에 접근하기 어려웠다. 칼과 창을 든 보병 수천 명이 덤벼들어도 850정의 신식 수석총으로 무장한 상대를 대적하기 어려웠다. 그런 상황에서 성을 함락할 수 있겠는가?

전투력 면에서 중국과 제정러시아의 화력 차이가 매우

1683년 빈 침공은 오스만제국의 참패로 끝났다.

큰 것을 알 수 있다. 강희제가 예리한 눈썰미를 가졌다면 그 결과를 미리 알았을 것이다. 그러나 중국은 당시 어떤 조치도 취하지 않았다. 앞서 말한 것처럼 아직 벽에 부딪치지 않았기 때문이다. 상대의 총에 가로막히면 잠시 멈췄다가 계속 공격했으며, 상대가 지칠 때까지 이를 반복해서 항복을 받아냈다. 따라서 중국은 그때까지도 아무런 개혁을 취하지 않았다.

터키의 '4대 현대화'

1683년 빈 침공에서 오스만제국이 참패한 사건이 그들에게 경종을 울렸다. 그들은 유럽이 특별한 기술을 발전시켰음을 인식했다. 이슬람 전통과 접목할 수 있다면 오스만의 기세를 다시 떨칠 수 있다고 생각했다. 이것이 오스만 판 '중체서용(中體西用, 중국 본래 유학을 중심으로 하되 부국강병을 위해 서양 문명을 받아들여야 한다는 주장 – 옮긴이)' 개념이다. 중국이 아극살전투에서도 여전히 깨닫지 못한 것은 벽에 가로막혔지만 진정으로 부딪치지 않고 승전으로 마감했기 때문이다.

오스만제국 최초의 개혁은 '튤립 시대'부터라고 할 수 있다. 오스만제국의 부자들은 서방의 예절과 생활 방식을 모방하기 시작했다. 가령 성벽을 서양식으로 쌓고 프랑스식 분수를 설치하고 거실에 프랑스식 소파를 놓았으며, 심지어 옷차림도 서양식을 모방했으니, 사상 해방 운동이라고 할 수 있었다. 18세기 초에 오스만제국은 서양의 역사, 철학, 천문학 서적을 번역하고 인쇄기를 도입해 출판사를 차리고, 이스탄불에 많은 공공도서관을 세웠다. 중국보다 훨씬 일찍 시작된 일종의 계몽운동이었다.

19세기 초에 오스만제국은 심층 개혁의 두 번째 단계를 추진했다. 정치 제도와 경제 세도를 개혁하여 이른바 '4대 현대화', 즉 군대의 서구화, 토지 사유화, 정부 관료 제도화, 정치체제의 세속화를 추진했다. 1839년 술탄은 '귈하네 헌장'을 발표함으로써 자유, 평등, 법제의 분위기가 형성되었다.

1876년 터키는 헌법을 반포하고 군주입헌제로 전환했다. 술탄은 명목상의 통치자가 되고, 헌법을 보유함으로써 서방과 매우 비슷한 형태가 되었다. 1909년에는 다당의회제도가 등장했다. 사람들은 선거에 참여해 투표했으며, 그 열기가 뜨거웠다. 이로써 전면적인 정치 개혁이 이루어졌다. 그러나 1918년 제1차세계대전이 종식되자 오스만제국의 체계는 전면적으로 붕괴하고 터키만 남았다.

오스만제국은 200년의 개혁을 거쳐 헌정을 구축하고 다당제를 건설하고서도 결국 붕괴하고 말았다. 지금까지 계산하면 300년에 걸쳐 서구화 개혁을 진행하고도 터키는 여전히 성공한 대국으로 우뚝 서지 못하고 있다. 터키 개혁이 실패한 이유와 향후 터키가 나아갈 방향에 대해 자세히 이야기해 보자.

28장

1천 년간 무너지지 않은 콘스탄티노플

중국인에게 터키는 촌스러운 이미지를 풍긴다. 중국어 표기로 보면 터키(土耳其)는 지극히 '촌스러운(중국어에서 '土'는 '세련되지 않고 촌스럽다'는 의미가 있다. – 옮긴이)' 이름이다. 그러나 실제로 터키에 가보면 완전히 다른 인상을 받는다. 촌스럽기는커녕 서양의 분위기가 물씬 풍긴다. 특히 이스탄불은 이국의 정취가 가득한 도시이며, 상당히 유서 깊은 문화를 가지고 있다. 1500년의 성소피아대성당, '중세 건축의 기적'이라 일컫는 블루모스크가 있다. 1천 년 역사에 빛나는 예레바탄 지하궁전은 로마인이 건설한 지하 저수 시설로 놀라움을 자아낸다.

세계 전쟁사의 전환점, 콘스탄티노플전투

2015년 여름 이스탄불의 성벽을 보기 위해 터키를 방문했다. 콘스탄티노플의 성벽은 군대에 관심이 있는 사람들 사이에서 성지로 알려져 있다. 1100년 동안 단 두 차례밖에 함락되지 않았기 때문이다.

1453년에 일어난 콘스탄티노플전투는 전쟁사의 일대 전환점이었다. 이때를 기점으로 세계는 냉병기 시대를 마감하고 화기(火器) 시대로 진입했다. 콘스탄티노플전투를 이해하려면 정복자 메메드 2세에 대

콘스탄티노플전투의 지휘자 메메드 2세.

께 일어날 필요가 있다. 이 전투를 지휘하던 당시 그의 나이는 겨우 21세였다.

메메드 2세의 집권 노선

세계를 통치하는 꿈

메메드 2세는 장남이 아니었으며, 그에게는 2명의 형이 있었다. 게다가 황제의 총애를 받지도 않았기 때문에 왕위를 계승할 가능성이 없었다. 그런데 두 형이 잇따라 사망하자 황제는 그를 후계자로 키우기 시작했다.

메메드 2세는 어릴 때부터 자유분방하고 총명한 아이였다. 7~8개 언어를 구사했으며 영웅을 특히 숭상했다. 어릴 때부터 알렉산드로스 대왕과 카이사르에 열광한 그는 수하들에게 그리스와 로마의 영웅 전기를 읽어달라고 했다. 그런 이야기를 들을 때마다 그의 몸속에 뜨거운 피가 솟구쳤다. 그는 왕궁 벽에 유럽 지도를 붙여놓고 틈만 나면 들여다보면서 주변 사람들에게 교황이나 신성한 로마 황제가 거주하는 곳이 어디인지, 유럽에는 몇 개의 나라가 있는지 물었다. 그는 무슬림의 알렉산드로스 대왕이 되어 세상의 흐름을 바꿔놓겠다는 뜻을 세웠다. 알렉산드로스 대왕 시대에는 동진하여 인도까지 진출했으나 메메드 2세의 희망은 서진하여 전 세계를 정복하는 것이었다. 당시 그의 나이는 겨우 12세였으니, 어릴 때부터 얼마나 큰 이상을 품었는지 알 수 있다.

메메드 2세의 원대한 계획

하루빨리 권력을 승계하고자 했던 황제는 메메드 2세가 12세 때 왕위를 물려주었으며 그를 보좌할 대신들을 포진했다. 메메드 2세는 이때부터 콘스탄티노플을 침공할 계획을 세우기 시작했다. 초등학교 6학년 나이에 그토록 큰 포부를 드러냈으니, 대신들이 반대하는 것도 당연했다.

그 결과 메메드 2세와 보좌 대신들의 관계에 금이 갔으며 권력투쟁에서 열세에 처하고 말았다. 결국 물러났던 황제가 복귀하고 메메드 2세는 냉대를 받았다. 메메드 2세는 13세 때 인생 최대의 참패를 맞았다. 이 사건은 어린 그의 마음에 큰 충격을 주었다. 천하를 손에 넣겠다는 야심만만한 계획을 세웠으나 내부의 권력에서 밀려나 한직으로 쫓겨난 것이다. 그렇게 6년이 지나는 동안 메메드 2세는 스스로 반성하고 날카로운 포부를 깊이 감췄다.

1451년 황제가 세상을 떠나자 19세의 메메드 2세가 왕위에 재등극했다. 그는 더 이상 경솔한 소년이 아니라 포부가 큰 정치가였다. 왕위에 오른 다음 날 아침 메메드 2세는 부왕의 노대신들을 불렀다. 그가 물러나는 데 일조했던 대신들은 보복당할까 봐 떨고 있었다. 그런데 뜻밖에도 아무

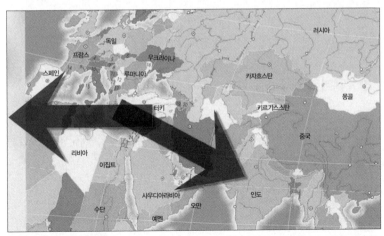

알렉산드로스 대왕은 동진하여 인도까지 정복했으나 메메드 2세의 희망은 서진하여 전 세계를 정복하는 것이었다.

무라트 2세(메메드 2세의 아버지).

일 없이 지나가자 노대신들은 안도의 한숨을 쉬었다. 메메드 2세는 자신의 위신이 제대로 서지 않은 상태에서 잠시의 통쾌함을 위해 큰 국면을 흔들어서는 안 된다는 사실을 알고 있었다. 그보다는 위대한 승리로 왕권과 대업을 견고히 다지는 일이 시급했다. 메메드 2세는 19세의 나이에 이미 왕도의 심리를 꿰뚫고 있었다.

물론 콘스탄티노플 침공보다 더 위대한 승리는 없었다. 그는 무려 6년 동안 이 견고한 도시를 침공할 방법을 궁리하고 구체적인 부분까지 계획을 세웠다. 그가 왕위에 오르고 가장 먼저 한 일은 측근과 수행원을 이끌고 콘스탄티노플 외곽으로 나가 지형을 살피는 것이었다. 여름까지 계속 지형을 살핀 그는 취약한 부분이 어디인지 낱낱이 조사했다. 이렇게 얻은 정보를 오랫동안 세운 계획에 반영하여 성의 방어 체계를 철저히 연구했다.

콘스탄티노플 공격을 위한 사전 준비

메메드 2세는 콘스탄티노플을 공격하려면 오스만의 해군과 대포로는 역부족임을 깨달았다. 따라서 그는 제해권(制海權)을 장악하고 공격용 중화기를 개발하기로 했다. 그가 이런 결론을 도출한 것은 콘스탄티노플의 독특한 지형 때문이었다.

콘스탄티노플은 삼각형에 가까운 형태로 꼭지점 부분이 바다를 향해 튀어나오고, 양 측면이 바다와 면해 있었다. 한 면은 파도가 높은 마르마라해, 다른 한 면은 입구를 쇠줄로 막아놓은 골든혼만이었다. 당시 콘스탄티노플은 성벽에서부터 길이 300미터의 쇠줄을 늘어뜨려 맞은편 갈라타 타워까지 연결해 수심이 깊은 해역 전체를 자신들의 내해로 삼았다. 마르마라해의 유속은 매우 빨라 해상로를 통한 공격은 불가능했다. 배가 접안할 수 없으며, 설사 접안하더라도 성벽 위에서 쏟아지는 화살이나 화기의 공격을 당해 낼 수 없었다. 다른 한쪽 면은 앞부분이 쇠줄로 가로막혀 있기 때문에 해군이 진입할 수 없었다. 콘스탄티노플 성벽이 1100년 동안 단 두 차례밖에 함락되지 않은 비결이 여기에 있다. 그중 한 번이 바로 1453년

갈라타 타워에서 골든혼만까지 연결된 쇠줄이 콘스탄티노플의 내해를 에워쌌다.

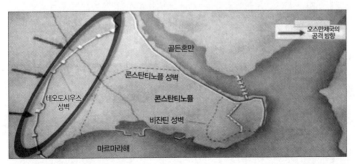

콘스탄티노플은 지형이 험하여 공략하기 어려웠다. 유일한 공격 포인트는 육지에 면한 벽, 즉 삼각형의 밑변에 해당하는 곳이었다.

메메드 2세에 의한 것이다. 나머지 한 번은 1204년 4차 십자군 원정 때였다. 이 두 번을 제외하고는 아무도 콘스탄티노플을 함락하지 못했다. 콘스탄티노플의 지형이 지나치게 험하기 때문에 유일한 병력 동원 경로는 육지에 면한 벽, 즉 삼각형의 밑변에 해당하는 곳이었다.

육지에 면한 성벽의 3중 방어 시스템

콘스탄티노플은 육지에 면한 성벽 방향에 해자, 외벽, 내벽의 3단계로 강력한 방어 시스템을 구축했다. 해자에서 내벽까지 거리는 70미터에 달했고, 해자의 폭은 7미터, 수심은 3미터였으며, 내벽의 고도는 수십 미터에 이르렀다. 해자의 바닥에서 바라보면 9층 건물 높이에 해당한다. 육지에 면한 성벽의 탑은 최소한 20미터 이상으로 6층 건물 높이에 해당한다. 거대한 성벽 바로 아래 서면 공략하는 측의 절망감을 느낄 수 있다.

TIPS

콘스탄티노플 성은 1천 년간 무너지지 않은 고성으로 지상의 견고한 방어 시설 외에 지하에도 매우 신비하고 복잡한 저수 시설이 있다. 그 주요 기능은 성의 급수를 확보하는 것이다. 1453년 오스만제국이 콘스탄티노플을 함락했을 때는 지하 저수 시설을 발견하지 못했다. 18세기 들어 도시 확장 공사를 하던 중 방대한 지하 시설이 비로소 모습을 드러냈다.

제해권 통제

콘스탄티노플 성은 육지에 면한 성벽이 난공불락의 견고함을 자랑하며 바다에 면한 성벽도 공격하기 어려웠다. 그래서 공격하는 측은 겹겹이 포위하는 작전을 구사하곤 했다. 그러나 콘스탄티노플은 후방의 보급이 끊

이지 않았다. 흑해 연안의
그리스 식민지에서 보스포
루스해협을 통해 식량과 탄
약, 부대를 지속적으로 공급
받을 수 있었다. 따라서 콘
스탄티노플은 오랫동안 난
공불락의 요새로 건재했다.
포위하는 상대는 시간이 지
날수록 오히려 사기가 떨어

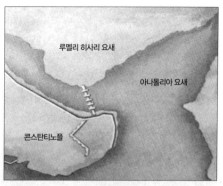

'길목을 차단한다'는 뜻의 루멜리 히사리 요새는 보스포루스
해협을 차단하는 역할을 훌륭히 수행했다.

지고, 전염병 창궐과 후방 보급 문제까지 겹쳐 아무 성과 없이 철수하기
일쑤였다. 1100여 년간 공성을 시도한 자들은 대부분 실패했다. 아랍인은
5년간 성을 포위하고 버텼으나 패하고 돌아갔는데, 패인은 제해권을 장악
하지 않은 데 있었다.

　메메드 2세는 해협 장악의 중요성을 일찍이 인식하고 반드시 제해권을
빼앗아 오리라 결심했다. 제해권 없이는 콘스탄티노플을 함락할 수 없었
기 때문이다.

　첫째, 공격에 나서기 1년 전부터 보스포루스해협의 가장 좁은 구역에
전국의 역량을 동원하여 해협의 길목을 막는 '루멜리 히사리(Rumeli Hisarı)
요새'를 건설했다. 공성전의 첫걸음은 이렇게 시작되었다. 해협을 통제함
으로써 흑해로 들어오는 지원을 차단하는 것이었다.

　루멜리 히사리 요새는 총 4개 동의 대형 탑과 19개의 소형 탑으로 이루
어졌다. 메메드 2세는 여기서 특이한 발상을 했다. 고관 4명에게 탑의 건
설을 맡기고 정해진 시간 내에 완공하지 못하면 죽이겠다고 한 것이다. 메
메드 2세 자신은 탑과 탑 사이의 성벽 건설을 직접 지휘했다. 그는 2천 명

의 기술지를 모집하고 기술자 1명당 조수 2명을 배치하여 총 6천 명을 공사에 동원했다. 이와 함께 군대식 관리 제도를 마련하여 기한 전에 완공하면 상을 주고, 하루라도 늦으면 죽였다. 이런 방법으로 요새의 건설에 박차를 가했으며, 불과 4개월 반 만에 준공하는 중세 건축사의 기적을 창조했다.

루멜리 히사리 요새가 준공된 후 메메드 2세는 대포를 성벽 전면의 수면과 가까운 곳에 배치했다. 대포의 사정거리는 1킬로미터에 달했다. 보스포루스해협의 가장 좁은 폭이 660미터이므로 해협을 충분히 통과할 수 있었다. 수면 가까이 설치한 것은 돌을 물 위에 던져 수면을 튕기면서 나아가도록 설계했기 때문이다. 해협 중간에 들어온 배가 멈추라는 신호에 불응할 경우 포탄을 쏘면 물 위에서 몇 번 튕기면서 배의 현을 정통으로 격침했다. 위에서 떨어질 때보다 살상력이 훨씬 위력적이었다. 뿐만 아니라 요새의 위치 선정도 절묘했다.

60도 내에서는 마음대로 조준이 가능하여 보스포루스해협의 길목을 억제하는 역할을 훌륭히 수행했다. 따라서 이름을 '길목을 차단한다'는 뜻의 '루멜리 히사리 요새'라고 지은 것이다. 이 요새를 건설한 후부터 흑해에서 들어오는 배는 신고하지 않으면 함부로 이곳을 통과할 수 없었다.

제국의 해군을 조직하다

오스만제국은 방대한 함대를 조직하여 골든혼만에서 불과 4킬로미터 떨어진 트윈컬럼항(Twin column harbor)에 수백 척의 전함을 배치했다. 한편으로는 골든혼만의 콘스탄티노플 함대를 위협할 수 있었으며, 다른 한편으로는 마르마라해 방면에서 오는 해상 원군을 저격할 수 있었다. 도시 건너편 갈라타 타워에 서면 이곳의 지형이 한눈에 들어온다.

성 공격을 위한 중포 제작

메메드 2세는 콘스탄티노플의 제해권을 완전히 장악했다. 이어서 두 번째 중요한 전략에 들어갔는데, 바로 공성전을 위한 중포를 제작하는 것이었다. 오스만제국의 가장 위력적인 무기는 공성 전용 중포였다. 콘스탄티노플의 성벽은 웬만한 포격에도 끄떡없을 정도로 견고했기 때문에 중세 공성용 투석기로는 별 효과가 없었다. 사실 오스만제국은 그전까지 중형 화포 제작 기술이 없었다. 그러나 헝가리의 포탄 기술자가 합류함으로써 이 문제가 해결되었다. 우르반(Urban)이라는 헝가리 기술자는 기독교도였기 때문에 원래 콘스탄티누스 11세에게 의탁해 대포를 제작해 주었다. 황제는 기뻐했으나 중포를 제작할 돈이 없었으며 심지어 임금을 지급하지도 못했다. 우르반은 더 이상 견디지 못하고 그곳을 떠나 메메드 2세에게 의탁했다.

메메드 2세는 인재를 알아보는 혜안을 가지고 있었다. 그는 우르반의 가치를 높이 평가하고 필요한 물자와 돈, 인력을 충분히 제공해 주었다. 우르반은 불과 몇 개월 만에 세계 최대 구경, 최강의 위력을 갖춘 대포를 제작했다. 이 대포는 제작자의 이름을 따서 우르반 대포라고 한다. 우르반 대포는 길이 약 9미터, 구경 30인치(약 70센티미터)로 성인 한 명은 족히 들어갈 수 있는 크기였다. 이 대포는 소 60마리가 끌어야 겨우 움직였다. 포탄

비잔틴제국의 마지막 황제 콘스탄티누스 12세.

의 무게는 무려 500킬로그램에 달했다. 우르반 대포의 시험 발사 당일 오스만제국의 수도에는 경보가 발령되었다. 나이가 많고 심장병이 있는 사람은 귀를 막고, 임산부는 유산할 우려가 있으니 조심하라는 경고가 내려졌다. 마침내 굉음과 함께 시험 발사가 시작되었다. 500킬로그램에 달하는 원형 대리석은 공중에서 1.6킬로미터를 날아가 땅에 떨어지는 순간 2미터 깊이의 큰 구덩이가 파였다. 10여 킬로미터 밖에서도 포성이 들렸다. 무게 500킬로그램의 거대한 돌덩이가 빠른 속도로 하늘에서 떨어져 벽돌 구조의 성벽을 파괴하는 장면을 상상해 보자. 게다가 실전에 쓰일 포탄의 무게는 680킬로그램이었다.

콘스탄티노플을 공략하기 위해 메메드 2세는 각종 구경의 대포를 69문이나 제작하고 15개의 포병 중대를 동원했으며 성벽 중 가장 취약한 부분을 집중 포격했다. 이는 중세 최대 규모의 포병 화력이었다. 이전까지 세계 역사상 이렇게 다양한 구경의 중포를 동원해 집중적으로 포격한 황제와 나라는 어디에도 없었다. 이는 세계 전쟁사의 일대 전환점이 되었다.

세계 역사상 위대한 결전 : 1천 년 고성의 함락

해군의 제해권과 중포까지 장악한 오스만제국은 모든 준비를 마쳤다. 20만 대군과 수백 척의 군함을 동원해 수륙양면작전으로 콘스탄티노플을 공략했다. 콘스탄티노플의 수비 병력은 8천 명에 불과했으며, 4만 명의 주민이 있었다. 공성전은 긴장감 없는 대학살이 예견된 듯 보였다.

그러나 상황은 생각처럼 수월하지 않았다. 성벽은 거포의 맹공에 산산조각 나서 무너졌지만 성의 수비대는 지혜를 발휘했다. 그들은 벽돌로 쌓은 성벽이 거포의 공격을 막아낼 수 없다는 것을 알고 밤새 성 주민 전원을 동원해 나뭇조각, 잡석, 진흙, 그리고 주변에서 구할 수 있는 것들을 모두 쌓아 올려 성벽의 취약한 부분을 막았다. 진흙과 나무로 쌓은 부드러운 성벽은 마치 주먹으로 솜을 치는 것처럼 거대 화포의 충격을 효과적으로 흡수했다. 3층의 방어 시스템은 완벽하게 작동했고 오스만제국의 병사들 중에 사상자가 속출했다. 수많은 시체가 해자를 메울 정도였다. 전세는 교착 상태에 빠졌다.

오스만제국 해군의 한계

육지에 면한 성벽을 공략하는 중요한 순간에 메메드 2세는 대규모 해군의 공세 명령을 내렸다. 수백 척의 함정이 일제히 골든혼만의 쇠줄을 향해 돌진했다. 쇠줄 안쪽에는 콘스탄티노플과 동맹국의 전함들이 있었다. 메메드 2세의 함대가 수적으로 우세했으나 해군의 작전 기술과 선박의 신호가 맞지 않아 전투에서 별다른 우위를 점하지 못했다.

당시 메메드 2세의 함정은 노를 젓는 갤리선이었다. 길이 약 40미터에 폭은 4미터도 되지 않는 좁고 긴 모양의 갤리선은 속도가 빠르고 민첩하다는 장점이 있다. 갤리선은 노 젓는 작업 폭이 오늘날 비행기 좌석처럼 되어 있어서 반드시 일어서서 노를 밀고 다시 앉아서 잡아당겨야 했다. 체력 소모가 큰 방식이었다. 전속력으로 20분 정도 운항하면 병사들의 체력이 바닥났다. 게다가 이런 배의 선현(船舷)은 수면에 아주 가까웠다. 이에 비하면 제노바, 베네치아, 콘스탄티노플 선박의 선현은 높은 편이어서 비록 속도는 늦었지만 교전할 때 높은 곳에서 아래쪽을 향해 공격하기가 쉽고 활을 쏘거나 표창을 투척하기에도 유리했다. 따라서 양측의 함대가 격돌했을 때 기독교도의 해군이 우위에 있었다.

속전속결의 공성전이 승리를 보장하기 어려운 포위전으로 바뀌려 하자 메메드 2세는 갑자기 동서고금을 통해 본 적 없는 기괴한 전법을 구사했다. 앞에서도 말했듯이 그는 6년간 일선에서 물러나 공성전을 위한 계책만을 생각했다. 그는 해군에게 육지를 통해 산을 넘어 골든혼만에 진입하라고 명령했다. 그의 계책은 과연 절묘했다.

트윈컬럼항에서 갈라타 산지를 넘어 골든혼만의 도로에 이르는 길은 산비탈 높이가 약 70미터에 거리는 2킬로미터였으며, 경사각은 대략 8도였다. 메메드 2세는 사전에 이 방법을 생각하고 현장 측량을 했을 것이다. 현지에서 명령을 내릴 때 간이 궤도 건설에 사용되는 목재, 받침대, 굴대, 대량의 윤활유와 전함을 끌 소를 미리 준비해 두었다. 전함을 한 척씩 수면에서 끌어내면 소가 산꼭대기까지 끌고 갔다. 그다음 목재 궤도를 따라 산을 내려가 골든혼만의 맞은편으로 이동했다. 가장 놀라운 것은 메메드 2세가 전원이 배에 앉아서 마치 바다에 떠 있는 것처럼 노를 저으라고 명령한 것이었다. 깃발을 펄럭이고 돛을 편 채 악대의 음악 소리가 울려 퍼졌다. 콘스탄티노플 성벽에서 이 광경을 지켜보던 사람들은 경악한 나머지 입을 다물지 못했다. 오스만제국의 전함이 산에서 항해를 한 것이다. 성

오스만 해군은 갈라타 산지를 넘어 골든혼만에 진입했다.

을 지키던 수비대의 사기는 극도로 위축되었다. 이것은 메메드 2세가 구사한 고도의 심리전이었으며, 그의 계책이 얼마나 세밀한지 알 수 있는 대목이다.

완전히 붕괴된 콘스탄티노플의 정면 방어 체계

하루 동안 오스만제국의 전함 70척이 골든혼만에 진입해 바다에 면한 성벽을 위협했다. 육지에 면한 성벽을 지키던 병사들 일부가 바다에 면한 성을 수비했다. 그렇지 않아도 부족한 병력은 8천 명에서 4천 명으로 줄어들었다. 사상자가 많아서 남은 4천 명이 20여 킬로미터의 성벽을 지켜야 했다. 성벽 하나당 평균 수비 병력이 몇 명 되지 않았다. 이렇다 보니 정면

바다에 면한 성벽 뒤쪽에서 오는 적을 맞는 상황.

오스만 군대가 콘스탄티노플의 3개 문을 돌파했다.

수비 저력이 크게 약화되있나. 육지에 면한 성벽의 최전선에는 2천 명의 병사만 남게 되었다. 이 숫자로 20만 오스만 대군의 공격을 어떻게 막을 수 있겠는가?

역사서의 기록을 보면 메메드 2세는 총지휘부를 육지에 면한 성벽 밖의 높은 지점에 설치하고 전체적인 전황을 감독했다고 한다. 오스만제국이 중간의 제5 군용문을 파괴한 후 양끝에 있는 에디르네(Edirne) 문과 차리휴즈(Chari Huges) 문을 포함해 3개의 문이 동시에 열렸고, 오스만 대군은 성안으로 돌격했다. 이로써 콘스탄티노플의 방어 체계는 몇 시간 만에 완전히 붕괴되었다.

최종적으로 정면의 성벽이 무너지자 54일에 걸친 공성전은 끝이 났다. 오스만제국은 큰 희생을 치른 끝에 마침내 콘스탄티노플을 함락했다.

메메드 2세의 고성 보호

그토록 많은 인명이 희생되었으니 성안의 사람들은 오스만제국이 틀림없이 보복할 거라고 우려했다. 주민을 학살하고 재산을 약탈하며 기독교 교회를 파괴할 것이라고 생각했다. 1204년 십자군이 콘스탄티노플을 함락했을 때도 그랬기 때문이다.

메메드 2세는 공성전을 벌이기 전 콘스탄티노플을 함락하면 3일간 마음 놓고 약탈할 것을 명했다. 이유는 간단했다. 물질적 보상 없이 누가 목숨을 걸고 성을 함락하려 들겠는가? 그러나 메메드 2세는 방화와 과도한 살인은 금지했다. 그는 콘스탄티노플을 오스만제국의 수도로 건설할 계획이었기 때문에 파괴를 금지한 것이다.

488

블루 모스크는 무척 특색 있는 건축물이다. 콘스탄티노플이 함락된 후 지은 것으로 500~600년의 역사를 가진 사원은 아치형 구조로 되어 있다. 4개의 아치형 구조 아래 3개의 작은 아치가 있으며, 아치의 수는 총 12개이다. 이러한 아치형 구조는 처음에 흙더미를 쌓은 후 한층 한층 위로 괴면서 올라가는 방식으로 만든다. 가장 중요한 것은 꼭대기 중앙의 돌이다. 가운데 끼울 때 치밀하게 들어맞지 않으면 건축물 전체가 무너져버린다. 따라서 마지막 돌을 끼우는 공정이 가장 중요하다. 당시의 설계사는 매우 수준 높은 사람이었다. 벽돌을 쌓은 후 마지막 돌을 빈틈없이 끼워 넣었다. 그 후에는 역학의 원리로 벽돌들이 서로 맞물려 전체 구조가 혼연일체된다. 직접 보면 정교한 설계와 정확한 시공에 감탄을 금치 못한다.

1453년 5월 29일 새벽 콘스탄티노플은 최종적으로 함락되었다. 오스만제국의 병사들이 대거 몰려들어 도처에서 살인과 방화를 자행했다. 나중에 입성한 메메드 2세는 그 모습에 몹시 분노했다. 성소피아대성당에 도착했을 때 한 무리의 병사들이 교회 바닥을 깨부수고 있었다. 메메드 2세가 그 이유를 묻자 병사는 이교도의 교회이기 때문이라고 대답했다. 메메드 2세는 크게 노하여 그 자리에서 칼을 뽑아 병사들을 베어버렸다. 교회의 벽난로와 벽 뒤에 숨어 있던 시민들이 잇따라 뛰어나와 그에게 목숨을 살려달라고 청했다. 그는 당장 모든 사람을 사면하고 약탈은 당일 일몰 전까지 끝내야 하며, 이튿날에는 도시의 질서를 회복할 것이라고 선포했다.

훗날 서방 사람들은 메메드 2세와 오스만제국은 비록 '야만인'이지만 파괴자는 아니라고 평가했다. 그들은 몽골인과 달랐다. 몽골인은 약탈과 살해를 자행한 후 모든 것을 불태웠다. 그러나 메메드 2세의 오스만제국은 성소피아대성당을 보호했을 뿐 아니라 수리하여 이슬람 사원으로 개조했다. 대성당 정면에는 원래 성모마리아가 예수를 안고 있는 그림이 있었으나, 그들이 들어가서 회칠을 한 후 이슬람교의 표어를 걸었다. 그러나 파괴하지는 않았기에 오늘날 이스탄불에는 1500여 년의 역사를 가진 대성당이 여전히 우뚝 서 있다.

이국의 정취가 충만한 초대형 도시

메메드 2세는 콘스탄티노플을 오스만제국의 수도로 건설하고 이스탄불로 이름을 바꿨다. 콘스탄티노플이 함락되었다는 소식이 서방에 전해지자 사람들은 콘스탄티노플의 문명이 끝나고 암흑의 시대로 진입했다는 생각에 하늘이 무너지는 것 같았다.

그러나 오스만제국의 관리하에 이 도시는 빠른 속도로 과거의 번영을 회복했다. 콘스탄티노플의 인구는 10여만 명을 빠르게 회복하여 15세기 말에는 수십만 명으로 늘어났다. 이렇게 해서 콘스탄티노플은 유럽에서 인구가 가장 많고 규모가 가장 크며 가장 번영하고 활력이 넘치는 초대형 도시로 성장했다.

오늘날 이스탄불 인구는 1600여만 명이며, 다양한 민족과 다양한 신앙을 가진 사람들이 모여 산다. 새벽 1시에 이스탄불 공항에서 비행기를 기다리다 보면 그 늦은 시간에도 여전히 많은 사람으로 붐비는 모습을 볼 수 있다. 이 아름다운 도시는 여전히 유라시아 대륙의 이국적 정취가 넘치는 환상의 땅이다.

鸿观

옮긴이 차혜정

서울외국어대학원대학교 한중통역번역학과를 졸업하였으며, 국제회의 동시통역을 전공하였다. 가톨릭대학교
및 서울외국어대학원대학교에서 중국어 통번역 강의와 동시통역사로 활동하며 현재 번역 에이전시 엔터스코리
아에서 출판기획 및 중국어 전문 번역가로 활동하고 있다.
주요 역서로는 《화폐전쟁》, 《시진핑:국정운영을 말하다》, 《기축통화 전쟁의 서막》, 《시간이 너를 증명한다》,
《골드만삭스 중국을 점령하다》, 《위안화 파워》, 《인플레이션의 습격》, 《스한빙 경제대이동》, 《알리바바, 세계
를 훔치다: 알리바바처럼 일하고 마윈처럼 미쳐라》, 《새로운 중국을 말하다》 등 다수가 있으며, KBS 2부작
《쌀, 더 이상 물러설 수 없다》, MBC 《공감 특별한 세상》, 《한글 위대한 문자탄생》, 차이나TV 《마지막 황비》 등
의 영상번역에 참여했다.

관점

초판 1쇄 발행 2018년 6월 20일 | 초판 2쇄 발행 2018년 7월 5일

지은이 쑹훙빙
옮긴이 차혜정
펴낸이 김영진

사업총괄 나경수 | 본부장 박현미 | 사업실장 백주현
개발팀장 차재호
디자인팀장 박남희 | 디자인 당승근
마케팅팀장 이용복 | 마케팅 우광일, 김선영, 정유, 박세화
해외콘텐츠전략 강선아, 이아람
출판지원팀장 이주연 | 출판지원 이형배, 양동욱, 강보라, 손성아, 전효정

펴낸곳 (주)미래엔 | 등록 1950년 11월 1일(제16-67호)
주소 06532 서울시 서초구 신반포로 321
미래엔 고객센터 1800-8890
팩스 (02)541-8249 | 이메일 bookfolio@mirae-n.com
홈페이지 www.mirae-n.com

ISBN 979-11-6233-548-2 03320

와이즈베리는 참신한 시각, 독창적인 아이디어를 환영합니다.
기획 취지와 개요, 연락처를 bookfolio@mirae-n.com으로 보내주십시오.
와이즈베리와 함께 새로운 문화를 창조할 여러분의 많은 투고를 기다립니다.

「이 도서의 국립중앙도서관 출판시도서목록(CIP)은 서지정보유통지원시스템 홈페이지(http://seoji.nl.go.kr)와
국가자료공동목록시스템(http://www.nl.go.kr/kolisnet)에서 이용하실 수 있습니다.
(CIP제어번호: CIP2018014854)」